〈カラー口絵〉

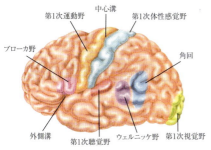

figure 図 2-2-2　ヒトの左大脳半球の外側面と各部位における機能の局在（Smith et al., 2003）

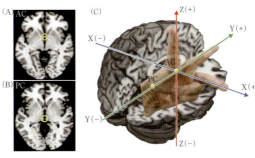

figure 図 6-6-2　脳の座標系

(A) 前交連（AC）の位置。(B) 後交連（PC）の位置。どちらも黄色の丸の中で，左右半球の連絡がある。(C) ヒトの脳の座標系。前交連を原点として，前交連と後交連を結ぶ直線がY軸，Y軸に直交する軸がX軸とZ軸になる。

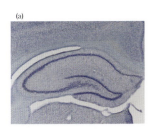

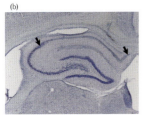

figure 図 4-1-1　興奮性神経毒イボテン酸によるラット海馬の損傷（Okada & Okaichi, 2009 より改変）

(a) 無処置のラット海馬　(b) 海馬 CA1 損傷。矢印ではさまれた部分の神経細胞が損傷されている。(c) 海馬 CA3 損傷。

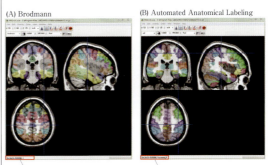

figure 図 6-6-6　MRICron で，脳の構造画像上に色分けしたBrodmann の脳地図（A）と AAL（B）をオーバーレイした画像

それぞれのウィンドウの左下に青色の十字カーソルのX, Y, Z座標，その画素の信号値，Brodmannの番号（AではBrodmannの3野）あるいは主な脳溝，脳回，領域の名前（BではPostcentral_R, すなわち右の後中心回）が表示される（赤枠内）。

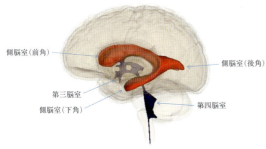

figure 図 6-5-2　脳室系

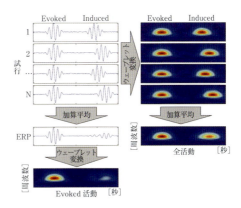

figure 図 7-1-7　時間 - 周波数解析による evoked 成分と induced 成分の分離（Herrmann, et al., 2014）

Springer 社の許可を得て掲載。

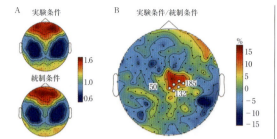

❶図 7-1-8　覚醒時に使用した脳領域での局所的な slow wave activity の増大（Huber, et al., 2004）

A：回転順応課題（実験条件）と統制課題（統制条件）を実施後のノンレム睡眠時に記録した slow wave activity（SWA）；B：統制条件から実験条件への SWA の変化率を示している。実験条件で有意に SWA が増大した電極を白で示している。
Nature Publishing Group の許可を得て掲載。

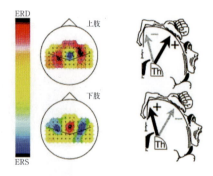

❶図 7-1-9　上肢及び下肢の運動に伴うアルファ帯域脳波の事象関連脱同期（ERD）及び事象関連同期（ERS）（Pfurtscheller & Lopes da Silva, 1999）
Elsevier 社の許可を得て掲載。

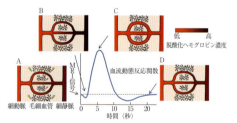

❶図 8-1-1　BOLD 効果と血流動態反応関数

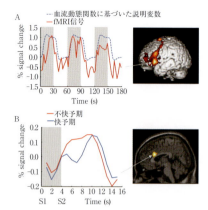

❶図 8-1-4　ブロックデザイン（A）と事象関連デザイン（B）の fMRI 研究

B は Elsevier より許諾を受け，Onoda et al.（2008）の図を改変した。

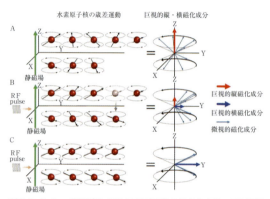

❶図 8-2-1　歳差運動する水素原子核の集合と T1・T2 緩和

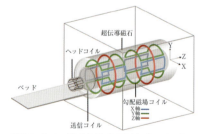

❶図 8-2-2　核磁気共鳴画像法（MRI）装置

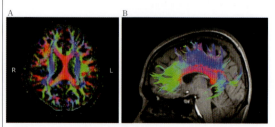

❶図 8-2-3　拡散テンソル画像と拡散テンソルトラクトグラフィーの一例

赤色は左右方向，緑色は前後方向，青色は上下方向の線維束があることを示している。

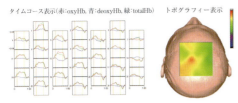

●図 8-3-1　NIRS における表示例

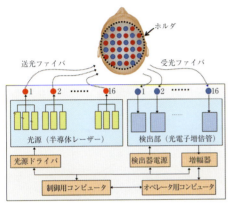

●図 8-3-4　fNIRS 装置の構成

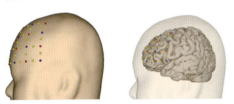

●図 8-3-5　送受光プローブの頭表上と脳表上における位置関係

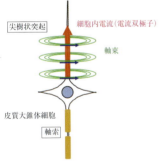

●図 8-4-1　脳磁界の発生機序

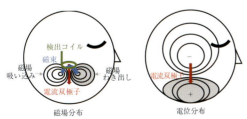

●図 8-4-2　電流双極子がつくる磁場分布（左）と電位分布（右）

磁場は電流双極子に伴い磁束が磁場のわき出しから吸い込みに向かって磁束が生じる。電流双極子の直上で磁束が最も大きくなる。電流双極子に伴い、右図のような正と負の電位が生じる。

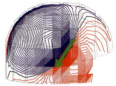

N1m の等磁界線図

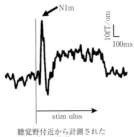

聴覚野付近から計測された N1m ピーク波形

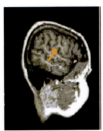

MRI との重ね合わせた図

●図 8-4-5　N1m ピーク波形（左）とその等磁界線図（右上）と電流源を個人の MRI との重ね合わせた図（右下）

●図 8-5-1　PET を用いた分子イメージング

①生体内の特定の分子を調べたい場合は、そのターゲット分子とだけ結合する分子に放射性同位体を付けた「分子プローブ」をつくり、投与する。②放射性同位体の原子核が崩壊するとき、陽電子を放出する。③その陽電子が周囲の電子と衝突して発生するガンマ線を計測して画像化することで、ターゲット分子がどこに、どれだけ存在しているかがわかる。

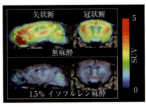
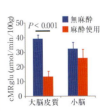

●図 8-5-2　microPET を用いた無麻酔下および 1.5% イソフルラン麻酔下における [^{18}F] FDG の脳内への取り込み画像（左）と脳グルコース代謝率（右）

(SUV, standardized uptake value; cMRglu, cerebral glucose metabolic rate)

◎図 8-5-3　パーキンソン病モデルサルにおける^{18}F-FDOPA 画像

ドパミン細胞に特異的な神経毒である MPTP（1-methyl-4-phenyl-1,2,3,6-tetrahydropyridine）の全身投与によって、サルはパーキンソン病の患者に非常に良く似た運動障害症状を示すが、この時、線条体における^{18}F-FDOPA の取り込み、すなわちドパミン合成能が著しく低下しており、ドパミン神経の変性が起こっていることがわかる。

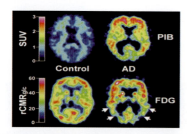

◎図 8-5-4　健常者およびアルツハイマー病患者における^{11}C-PiB（上）と^{18}F-FDG（下）画像

健常者（左、Control）に比べて、アルツハイマー病の患者（右、AD）では、前頭葉などに著しい^{11}C-PiB の取り込みの増加が認められ、βアミロイド蛋白が蓄積していることがわかる。一方、[^{18}F] FDG-PET での結果は、白い矢印で示された脳の後頭部のグルコース代謝に有意な低下が認められ、脳機能に障害が生じていることが判別できる。

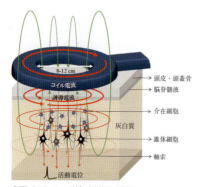

◎図 8-6-2　磁気刺激の原理

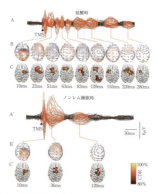

◎図 8-6-3　覚醒時（上段）と睡眠時（ノンレム睡眠、下段）の右運動前野への磁気刺激によって誘発された脳波の比較（Massimini et al. 2005）

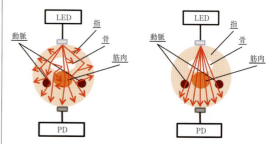

◎図 9-2-9　指の断面における近赤外光（赤い矢印）の経路の模式図

左：現実的なモデル、右：散乱がないと仮定する場合のモデル
LED：発光ダイオード、PD：フォト・ダイオード

Ilya Repin　予期せぬ帰宅　油絵　ロシア・モスクワ
Tretyakov Gallery

◎図 12-1-7　絵「予期せぬ帰宅」を見たときの視線の軌跡（Yarbus, 1967）

1. 自由視。2. それぞれの人たちの年齢は？　3. ここにいる人たちはどんな服を着ていますか？

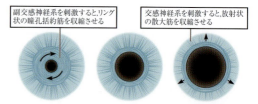

◎図 12-2-1　瞳孔径を縮小させる瞳孔括約筋と散大させる瞳孔散大筋

Copyright © 2004 Pearson Education, Inc.
publishing as Benjamin Cummings.

Physiological Psychology and Psychophysiology

生理心理学と
精神生理学

日本生理心理学会 企画
堀 忠雄・尾﨑久記 監修
Tadao Hori & Hisaki Ozaki
坂田省吾・山田冨美雄 編集
Shogo Sakata & Fumio Yamada

第 I 巻 基礎

北大路書房

まえがき

　2012年5月に北海道大学で開催された第30回日本生理心理学会大会でのシンポジウム"生理心理学の30年とこれから"において「新生理心理学 全3巻」（宮田 洋先生監修）の改訂版作成が話題となりました。そこで2013年の日本生理心理学会理事会と評議員会において全3巻を全面改訂することを決定し，当時の理事長（堀　忠雄 広島大学名誉教授）と副理事長（尾﨑久記　茨城大学）が正副編集委員長として監修と全体調整にあたり，各巻の編集を下記の先生方にお願いすることになりました。

1巻「基礎」：山田冨美雄先生（関西福祉科学大学）と坂田省吾先生（広島大学）の編集で，生理心理学基礎実験などに必要な基礎的知識と技術の紹介と解説。

2巻「応用」：鈴木直人先生（同志社大学）と片山順一先生（関西学院大学）の編集で，生理心理学的実験や調査法の応用。

3巻「展開」：室橋春光先生（北海道大学）と苧阪満里子先生（大阪大学）の編集で，発達，教育など臨床実践のデータ収集と解析に基づく展開。

　本書作成にあたっては，100名を超える生理心理学・精神生理学のエキスパートに新たに書き起こして頂き，この度「生理心理学と精神生理学 全3巻」として刊行する運びとなりました。これもご執筆頂いた諸先生方の熱意と編集委員各位のご尽力の賜物と心から感謝申し上げます。

2017年3月

堀　忠雄

刊行に添えて

　この度，日本生理心理学会企画による「生理心理学と精神生理学」全3巻が刊行されますことは，学会会員として，また生理心理学・精神生理学研究に携わる者として，誠に喜ばしいできごとです。

　生理心理学会では2013年に「新 生理心理学」(宮田 洋 監修 1998年)の改訂方針を決め，学会内に出版企画委員会を設け作業を進めてきました。しかし本書をご覧になればおわかりのように，それは改訂という範疇を超えて，最新の研究動向を見据えながら，新たな原稿の執筆を各分野の大勢の専門家にお願いして出来上がったものです。当初の企画では「改訂 生理心理学」というタイトルを想定していましたが，各巻の編集を進めていただく過程でタイトルについても議論することとなり，あえて学会の機関誌と同名の「生理心理学と精神生理学」とするのが望ましい，という結論に至りました。

　生理心理学は他の多くの心理学とは異なり，研究の対象ではなく研究方法によって定義された心理学であるため，研究分野があまりに広く，かつ生理学的手法といえどもその種類は多岐にわたるので，体系的・網羅的な著書の刊行は容易なことではありません。そのためか，心理学の図書のなかでも生理心理学に関する図書はとりわけ数が少ないのが現状です。「新 生理心理学」発行よりすでに19年が経過しており，ここに今，日本生理心理学会が総力を挙げることで本書の刊行に至ったという感が否めません。この間，監修および各巻編集の任を担われた先生方，さらに執筆者の皆様に感謝いたします。

　昨年2016年には，日本生理心理学会が国際心理生理学機構（IOP）の連携学会として承認され，わが国の生理心理学の発展と，本学会の国際的な活躍が益々期待されています。本書が，心理学を学ぶ学生や大学院生，生理心理学・精神生理学の研究に関心を持つ人たちにとって有益な道標となり，さらにはこの分野の研究者にも有効に活用され，生理心理学・精神生理学の発展に大いに寄与することを願っています。

2017年8月
日本生理心理学会理事長　　一谷　幸男

第Ⅰ巻の編集者を代表して

　私たちは「こころ」をどのようにとらえることができるでしょうか。「こころ」を理解しようとする研究アプローチはたくさんあります。生理心理学はそのアプローチのための強力なツールを豊富にもっています。社会的にこころの問題を抱えた人々を救うためにも，これらの方法を理解して活用していくことが求められています。「こころ」をよりよく理解するための理論的基礎をしっかりと理解することも必要です。

　1998年に日本生理心理学会が母体となって「新 生理心理学」が刊行されました。その後，測定機器の進歩と共に人間の理解も深まってきたようにみえます。しかし安易な数値データに頼りすぎて，その数値が意味するところを見失っている報告も少なからず見受けられます。日本生理心理学会の会員は生理学と心理学とにまたがる学際領域で研究を行なっており，神経科学の広い知識をもった学究の徒が集っています。今回，日本生理心理学会企画として多くの会員の協力を仰いで「生理心理学と精神生理学」全3巻を刊行できることは大きな喜びです。

　第Ⅰ巻では動物実験を含む基礎的部分を重点的に解説しています。第Ⅰ巻は第1部1章で生理心理学とは何かの歴史的な視点から始まり，今後の展開と課題へと道筋を示しています。2章では脳の構造やニューロンと活動電位，神経伝達物質について解説し，基礎的な知識から発達的観点を含む包括的な考え方を示しています。発達は機能的変化とみることもできますので，脳の可塑性についても理解に至るでしょう。第2部の脳と行動の研究法（動物実験）では動物実験を中心とした行動的な実験法や，脳の損傷や直接的な刺激を含む伝統的な手法に加えて，最近多く用いられるようになってきた遺伝子改変技術の解説もあります。さらに基礎的な脳の組織学的研究法について解説しています。ヒトの脳の見方についても初学者にもわかるように明示してあります。

　第3部と第4部ではヒトを対象とした生体反応の計測技術の「中枢編」と「末梢編」に大きく分けてまとめてあります。中枢編では研究手法として非常によく用いられる脳波，事象関連電位の解説を7章に記載し，8章では非侵襲的な脳イメージング技法について測定法ごとに節を立てて詳しく解説しています。第4部では末梢編として，心臓循環器系，呼吸器系，温熱系，視覚－運動系，骨格系と分けて解説しています。さらに最終14章では近年手軽に使用されるようになってきた生化学的指標について用いる場合の留意点も含めて解説されています。第Ⅰ巻は4部構成で全14章からなっています。全体を見渡してわかるように，身体から計測できる多くの生理指標をその意味と理解を含めて詳細に解説しています。

　各分野のスペシャリストの執筆者にご協力をいただき，21世紀の第Ⅰ巻「基礎」をお楽しみください。第3部の編集では宮内哲先生に多大な貢献をいただきました。記して感謝の意を表します。北大路書房の薄木敏之氏にもたいへんお世話になりました。本書が心に興味をもつ初学者から真に「こころ」の理解をめざす探究者にいたる

まで広く利用されることを期待しています。公認心理師法が，2015（平成27）年9月9日に議員立法により成立し，9月16日に公布されました。生理心理学と精神生理学の重要性は公認心理師に寄与する意味でも益々高くなってきています。本書が国民の「こころ」の健康の保持増進に寄与することができれば編集者，執筆者一同にとってこれに勝る喜びはありません。本書が有効に活用され，少しでもお役に立てることを願っています。

2017年5月

第I巻編集代表　　坂田　省吾

第Ⅰ巻　基礎

目　次

まえがき
第Ⅰ巻の編集者を代表して

第1部　生理心理学とは何か　　1

1章　生理心理学の歴史　　3

1節　生理心理学の誕生と隣接領域の展開　　3
　1．生理心理学の誕生　3
　2．生理心理学の隣接領域における主な展開　4
　3．生理心理学の展開と境界設定　8

2節　20世紀の到達点と今後の課題　　9
　1．現在の生理心理学　9
　2．これまでの到達点　10
　3．生理心理学のこれからの展開と課題　12
　4．今後の生理心理学の道筋　14

2章　脳科学としての生理心理学研究法　　17

1節　生理心理学研究法の基礎知識　　17
　1．生理心理学と精神生理学の考え方　17

2節　神経系の構造　　19
　1．中枢神経系（CNS）　19
　2．末梢神経系（PNS）　22
　3．髄膜と脳室系　23

3節　ニューロンの構造と活動電位　　24
　1．ニューロンの構造　24
　2．活動電位の発生メカニズム　24
　3．活動電位の伝導　27

4節　シナプスにおける情報伝達と神経伝達物質　　28
　1．シナプスにおける情報伝達　28
　2．神経伝達物質　30

5節　発達的観点：経験・記憶・発達の神経メカニズム　　32
　1．生理心理学と発達的観点　32
　2．発達とは　33
　3．発達的心理生物学的システム論　33
　4．発達と環境：経験の効果　34
　5．経験と遺伝子発現（記憶のメカニズム）　35

第2部　脳と行動の研究法（動物実験）　　37

3章　脳への操作による心理・行動研究　　39

1節　古典的条件づけ　　39
　1．古典的条件づけの手続き　40
　2．古典的条件づけと神経活動　41

2節　オペラント条件づけ　　41
　1．オペラント条件づけの強化スケジュール　42
　2．オペラント条件づけと神経活動　43

3. オペラント条件づけと機能的脳部位　43
　　　4. ニューラルオペラント　43

　　3節　空間学習 ……………………………………………………………… 44
　　　1. 対象空間の規模　44
　　　2. 場所同定のための手がかり　45
　　　3. 認知地図　45
　　　4. 空間学習と関連する脳領域　46
　　　5. 迷路　48
　　　6. 反応学習・場所学習　49

　　4節　社会的学習 …………………………………………………………… 49
　　　1. 社会行動を動物で研究する意義　49
　　　2. 社会的手がかりを与える対象（他個体の提示）　50
　　　3. 利用可能な感覚情報　51
　　　4. 単体で行う学習課題と同様の課題を他個体の存在下で行う事態　52
　　　5. 向社会的行動（援助行動）　53
　　　6. 観察学習, モデリング　54
　　　7．ミラーニューロン　54

4章　脳の直接的操作 …………………………………………………… 55

　　1節　損傷法 ………………………………………………………………… 55
　　　1. 不可逆的損傷　56
　　　2. 可逆的損傷　57
　　　3. 脳定位手術　58

　　2節　電気刺激法 …………………………………………………………… 58
　　　1. 電気刺激法の目的別分類　59
　　　2. 電気刺激法の技術　60

　　3節　薬理的刺激法 ………………………………………………………… 61

5章　脳と行動の遺伝子操作 …………………………………………… 67

　　1節　行動と遺伝子 ………………………………………………………… 68
　　2節　遺伝子改変技術 ……………………………………………………… 71
　　3節　遺伝子改変動物の行動研究 ………………………………………… 74

6章　動物を用いた脳の組織学的研究法 …………………………… 79

　　1節　生理心理学における組織学的研究法 ……………………………… 79
　　　1. 生理活性物質の局在を組織学的に見る方法　79
　　　2. ニューロンの活動を組織学的に見る方法　83

　　2節　標識追跡法 …………………………………………………………… 84
　　　1. 順行性追跡　85
　　　2. 逆行性追跡　86
　　　3. 双方向性追跡　86
　　　4. ウイルスによる感染を用いた標識　86
　　　5. 経シナプス性追跡　87
　　　6. 固定標本における技法　87

　　3節　脳活動の測定法 ……………………………………………………… 87
　　　1. ニューロン活動の記録　87
　　　2. 化学的活動の記録法（マイクロダイアリシス法）　91

　　4節　内分泌系の測定 ……………………………………………………… 93
　　　1. 血中濃度測定　94
　　　2. 測定法　96

　　5節　脳画像を読む ………………………………………………………… 97
　　　1. 脳解剖の基礎知識　97

    2. 画像の基礎知識　98
    3. 脳画像（MRI）の評価・解析法　99
    4. 基本的な画像の見かた：脳部位の同定　99

  6 節　初めて脳画像を見る人のために　……………………………………………………… 103
    1. 脳の座標系　103
    2. 脳の断面の画像　104
    3. 解剖学での方向・軸に関する用語　104
    4. 脳領域の名称　106
    5. MRIcron　106

第 3 部　生体反応の計測技術 1：中枢反応　　　　109

7 章　中枢活動 1：脳波 ………………………………………………………………………… 111

  1 節　脳波基礎律動 ………………………………………………………………………… 111
    1. 脳波の特徴　111
    2. 脳波の発生メカニズム　111
    3. 脳波記録法　114
    4. 脳波解析　116
    5. 健常成人の脳波に関する最近の知見　119
    6. Fm θ　122

  2 節　事象関連電位の測定と解析 ………………………………………………………… 125
    1. 概要　125
    2. ERP の測定　129
    3. ERP 波形の算出　131
    4. ERP の解析　133

8 章　中枢活動 2：脳イメージングの技法 …………………………………………………… 137

  1 節　Functional MRI ……………………………………………………………………… 137
    1. BOLD 効果　137
    2. fMRI による脳活動の測定と解析　138
    3. fMRI の特徴　140
    4. fMRI の解釈　141
    5. fMRI の応用　141

  2 節　VBM・DTI …………………………………………………………………………… 142
    1. 磁気共鳴の原理と核磁気共鳴画像　143
    2. 磁気共鳴画像装置 (MRI 装置)　144
    3. ボクセルベース形態計測　144
    4. 拡散テンソル画像法　145

  3 節　fNIRS ………………………………………………………………………………… 147
    1. はじめに　147
    2. 計測原理　147
    3. 装置構成　149
    4. 測定　149
    5. 解析　150

  4 節　MEG ………………………………………………………………………………… 151
    1. 脳磁図とは　151
    2. 脳磁図の計測　152
    3. 脳磁図の解析　152
    4. 脳磁図の生理心理学への応用　153
    5. 脳磁図の問題点と将来　155

  5 節　PET ………………………………………………………………………………… 155
    1. はじめに　155
    2. PET の計測原理と装置　155
    3. PET による脳機能計測　156
    4. 多彩な PET プローブとその応用　157

5. まとめ　158

6節　経頭蓋磁気刺激 ………………………………………………………………………… 158
 1. 経頭蓋磁気刺激の原理　158
 2. 脳機能計測法としてのTMSの特徴　160
 3. 反復磁気刺激　161
 4. 経頭蓋電気刺激　161

第4部　生体反応の計測技術2：末梢反応　163

9章　心臓循環器系　165

1節　心電図 …………………………………………………………………………………… 165
 1. 心臓活動の概観　165
 2. 自律神経系による支配　166
 3. 測定法・測定原理　167
 4. 研究事例　170
 5. むすび　173

2節　脈波 ……………………………………………………………………………………… 173
 1. はじめに　173
 2. 光電式容積脈波の基本　173
 3. 実場面における光電式指尖容積脈波の測定　178
 4. 脈波測定の展開　180

3節　血圧 ……………………………………………………………………………………… 183
 1. はじめに　183
 2. 心臓血管系の基礎　184
 3. 血圧の基礎　186
 4. 血圧の測定法　187
 5. 典型的な血圧反応（血圧反応の見方）　191

10章　呼吸器活動　197

1節　呼吸の生理学 …………………………………………………………………………… 197
 1. 呼吸活動の機序　197
 2. 呼吸の調節機構（化学性調節・神経性調節・行動性調節）　197
 3. メカニカルな調節機構　198
 4. 呼吸活動の測定方法　199

2節　呼吸リズム解析の正常・異常 ………………………………………………………… 200
 1. 胸部-腹部呼吸運動系の協調とゆらぎ　200
 2. ダイナミカル・システムとしての呼吸運動システム　201
 3. 呼吸運動協調システムと生理心理　203
 4. まとめ　205

11章　温熱系　207

1節　発汗 ……………………………………………………………………………………… 207
 1. 皮膚と汗腺　207
 2. 発汗の分類　208
 3. 精神性の発汗と皮膚電気活動　208
 4. EDAの特徴と定位反応　209
 5. EDAの研究動向　210

2節　皮膚電気活動（EDA） ………………………………………………………………… 211
 1. EDAの分類　211
 2. EDAの測定　212

3節　体温 ……………………………………………………………………………………… 214
 1. 体温調節の概略　214
 2. 体温調節機構　215
 3. 熱放散機構としての末梢循環　217

4. 末梢循環の測定　218
　　5. まとめ　222

12章　視覚－運動系　223

1節　眼球運動　224
　　1. 眼球運動の生理的基盤　224
　　2. 眼球運動の種類　224
　　3. 眼球運動の測定　226
　　4. 眼球運動と認知過程　227

2節　瞳孔運動　228
　　1. 瞳孔運動の生理的基盤　228
　　2. 瞳孔運動の記録と分析　229
　　3. 瞳孔と心的過程　230

3節　瞬目活動　231
　　1. 瞬目活動の生理的基盤　231
　　2. 瞬目活動の種類　232
　　3. 瞬目の計測　235
　　4. 瞬目の解析　236
　　5. 従属変数としての瞬目と独立変数としての瞬目　239

13章　骨格筋系　243

1節　筋電図法：筋電図計測技術・解析技法　243
　　1. 骨格筋の組織学と生理学　243
　　2. 筋電図の計測技術と解析技法　244

2節　動作解析：3D動作解析技術　247
　　1. 3D動作解析とは　247
　　2. 3D動作解析の種類　248
　　3. 3D動作解析における位置の記述方法　249
　　4. 3D動作解析の将来性　249

3節　活動量・アクチグラフの原理，リズム解析　250
　　1. アクチグラフの原理　250

14章　生化学的指標　255

1節　概論　255
　　1. ストレスに対する生理学的な反応　255
　　2. 各指標の概観　257

2節　内分泌系指標　258
　　1. 唾液の採取法　258
　　2. コルチゾール　259
　　3. 性ホルモン　260
　　4. 唾液中ステロイドホルモンの測定法：ELISA　261

3節　自律神経系指標　261
　　1. カテコールアミン（アドレナリン，ノルアドレナリン）　262
　　2. カテコールアミンに代わるANSあるいはそれに関連する指標　263
　　3. 質量分析　264

4節　免疫系指標　265
　　1. 免疫系の概略　265
　　2. リンパ球サブセット　266
　　3. サイトカイン　267
　　4. C反応性蛋白（CRP）　267
　　5. 唾液中分泌型免疫グロブリンA（s-IgA）　268
　　6. 血中免疫指標の計測手法　268

5節　各指標を利用する際の留意点 …………………………………………………… 269
　　1．実験前の制限事項や留意事項　　270
　　2．実験の時間帯　　270
　　3．唾液検体を扱う際の留意点　　271
　　4．生化学的指標の利用に向けて　　272

コラム①：生理心理学の始祖 ハンス・ベルガー ………………………………………… 273
コラム②：electroencephalogram, electroencephalograph, electroencephalography ……………… 275

引用文献・参考文献 …………………………………………………………………… 276
索引 ……………………………………………………………………………………… 303

監修者のことば

第 1 部

生理心理学とは何か

生理心理学の歴史

1節　生理心理学の誕生と隣接領域の展開

1. 生理心理学の誕生

(1) 19世紀後半における心理学の独立

　心理学を意味する psychology という英語は，遅くとも16世紀には登場していたラテン語の psychologia から転用されたもので，18世紀初めにはすでに英語の文献で使用されていた。一方，日本語の「心理学」は mental philosophy の訳語として明治初期に西周によって作られた用語であり，元々は「心理上の哲学」の簡約形であった（Haven, 1857; 西, 1875）。西訳の『心理学』は当時の文部省から出版されており，書名として使われたことも一役買って，心理学という日本語は現在のように psychology の訳語としてすぐに定着していった。

　当初，哲学の一分野という位置づけが強かった心理学であるが，19世紀後半になると独自の専門分野として展開していく。この心理学の独立にあたって大きな役割を果たしたものが，当時，新心理学（new psychology）と呼ばれた新しい心理学の流れであり，その中心にあったのが「生理学的心理学」である。生理学的心理学の影響力は国際的な心理学会議の名称にも反映されている。2016年7月に横浜で第31回の会議が開催された国際心理学会議（International Congress of Psychology）は1889年に第1回の会合がパリで開催されており，当時の正式な名称は第1回「国際生理学的心理学会議」だったのである。この学会は3年後の第2回（1892）には「国際実験心理学会議」と改称し，そして第3回（1896）から現在の「国際心理学会議」へと名称が変更されている。

(2) 生理学的心理学

　「生理学的心理学」は physiological psychology の訳語であり，現在では「生理心理学」という訳のほうが一般的である。生理学的心理学という用語を書名に使った最初の1人はイギリスの医師 Dunn であり，彼の小論『生理学的心理学試論』（1858）では知情意に関する精神機能と身体（特に脳・神経系）との関係が論じられていた。19世紀中盤のイギリスには Dunn のほかにも Carpenter や Brodie など精神生理学（mental physiology）にあたる分野を開拓した医学者の一群が存在していたが（Lorch,

2016)．このような心理学と生理学の融合は同様にドイツでも認められた。精神生理学のもう1つの用語であるpsychophysiologyは19世紀前半にはpsycho-physiologyのような形で使われていたが，後述するような固有の分野として精神生理学または心理生理学と呼ばれるようになったのは20世紀に入ってからのことである。

　Carpenterの『精神生理学原論』(1874)は英米で影響力の強い著作であり，1877年開設の東京大学で最初に心理学を担当した外山正一も同書を使って授業を行っていた(三上，1909)。しかしながら，新心理学を支えることになる「生理学的心理学」の代表的著作といえば同年に初版の完全版が発表されたドイツのWundtの主著『生理学的心理学綱要』(1874)のほうである。この著書のなかでWundtは「生理学的心理学」とは生理学の方法論（内部の反応の変化を外部への変化として測定）と，心理学の方法論（外部から与えられた刺激に対して内部の反応の変化を観察）の双方を有すると述べている(Wundt, 1874)。また「生理学的」という形容詞には実験生理学で用いられていた実験機器を用いるという意味も含まれており，生理学的心理学は実験心理学と言い換えることもできると書かれている。自身も生理学者であったWundtは，実験的場面で生理的反応を測定するという実践を心理学に持ち込み，文系の学部に初めて実験室が登場した（一般にWundtの心理学研究室の始まりは1879年とされているが，この年に実験室が初めて登場したというわけではない）。19世紀末の心理学実験室には，容積の変動から血流量を計測するプレチスモグラフ(plethysmograph)や脈波計(sphygmograph)に混じって，クロノスコープ(chronoscope)と呼ばれる時間計測器が普及しており，現在の心理学にも継承されている反応時間(reaction time)が主に測定されていた。

　Wundtの『生理学的心理学綱要』(1874)はそれまでの心理学や精神生理学のどの本とも異なり，神経系の図や知覚の模式図など多彩な図版を掲載しているのが特徴である。初版でさえも155枚の図版が掲載されていた。この著作はアメリカの心理学者にも大きな影響を与え，Laddは『生理学的心理学要説』(1887)を，Jamesは『心理学原理』(1890)をそれぞれ執筆したが，いずれも少なからぬ枚数の図版を載せている。Wundtは初版(1874)以降も改訂を続け，最終版の第6版(1908-11)は3巻本の大作となった。

　あとで述べるように，19世紀の技術では非侵襲的に脳の活動（脳波）を測定することはできなかったので，混乱を避けるため日本語では慣例として，19世紀後半に登場したphysiological psychologyを「生理学的心理学」，20世紀以降のものを「生理心理学」と訳し分けている。ちなみに日本で最初にこの用語が使われたと思われる書物の題名では「生理的心理学」（元良・米山，1897）となっているほか，上述のLaddの縮約版(Ladd, 1890)の邦訳は『生理的心理学』という表題である。

2．生理心理学の隣接領域における主な展開

　19世紀の生理学的心理学はのちに実験心理学として包括されることになるが，当時の研究テーマであった視覚・聴覚・触覚の研究，反応時間の測定，生理学的反応の記録などは，生理学の世界における研究テーマの直系に位置していた(Danziger, 1997)。こうした心理学と生理学の密な関係は，1890年に心理学者のEbbinghausと生理光学研究者Königの編集で創刊された『心理学・感官生理学雑誌』の名称にも

現れている。

アメリカの心理学史家 Boring は『実験心理学の歴史（第2版）』のなかで，生理学的心理学が基礎においた19世紀の生理学的知見として「感覚神経と運動神経の区別」「特殊神経エネルギー」「感覚理論」「骨相学」「脳の機能局在」「反射作用」「神経インパルスの電気的性質」「神経インパルスの伝導速度」「個人方程式」の9つを挙げている（Boring, 1950）。ここでは19世紀以降に進展した心理学の隣接領域における展開をまとめてみた。

(1) 神経生理学の進展

すでに1870年にドイツの神経学者 Fritsch と Hitzig は，イヌの大脳皮質を電気刺激すると，その領域に応じて首や肢など特定の身体部位が特徴的な反応をすることを報告していたが（Finger, 1994），19世紀末から20世紀初頭は神経生理学の研究が革新的に進んだ時代でもあった。脳機能の全体説と局在説の論争に代表されるように，動物の脳を部分的に切除した後の変化に関する研究は19世紀にも行われていたが，動物の行動が電気的あるいは化学的刺激によってどのように変わるのかということが詳細に研究されるようになったのは20世紀になってからである。とりわけ20世紀初頭に脳定位固定装置（stereotaxic apparatus）が発明されると，より正確に局所的な部位を刺激したり損傷したりすることができるようになり，生理心理学は20世紀に入ってから急速に発展していった。

また，20世紀初頭にかけて，神経線維の染色法が改良され，神経組織の構造に関する研究の隆盛を招いた。その間に1881年にドイツの解剖学者 Waldeyer は神経細胞や樹状突起と神経軸索をまとめて単位としたニューロン（neuron；日本語の旧訳では神経元や神経単位）という用語を発表したが，ニューロンどうしが融合して神経連絡が行われるという網状説と，ニューロンの末端は融合せずに微小な隙間をもったまま接触しているという接触説との間に論争が起こった（Jacobson, 1993）。網状説を支持していたイタリアの神経解剖学者 Golgi と接触説（後のニューロン説）を支持していたスペインの神経解剖学者 Ramón y Cajal は，ともに1906年にノーベル賞を受賞することとなったが，その後の研究によって神経系は融合せずに，小さな隙間を介して接していることが明らかとなった。そのことが確定するよりも半世紀前の1897年にイギリスの生理学者 Sherrington はこの隙間をシナプス（synapse）と呼んで理論化し，現在でもシナプスは神経科学の基本用語として使用されている。

(2) 脳波の測定

神経の電気的活動の研究はすでに19世紀半ばにドイツの生理学者 Du Bois-Reymond が行っており，現在の皮膚電気活動に近い現象も観察していたといわれる（Andreassi, 2007）。ただし，脳自体の電気的特性については調べられてこなかった。1875年にイギリスの医師 Caton はウサギやサルの脳から記録した自発的な活動電位について簡単な報告をしているが，これがおそらく脳の電気的活動を発見した最初の学術的報告であろうと言われている（Finger, 1994）。心電図はすでに20世紀初頭には知られていたが，心臓と比較すると脳は脳膜や頭蓋骨，頭皮などに覆われていて生じる電流も小さく，脳を露出せずに測定することは困難であったのである。

1929年になってドイツの医師 Berger はヒトの脳から規則的な電気的活動を記録できることを学術雑誌に報告した（Berger, 1929）。ヒトの脳波の記録を論じたものとし

てはこれが世界で最初の論文である。Bergerが成功した理由の1つは，最初に脳腫瘍の手術後の患者で実験を行ったため，脳の表面に直接電極をあてることができ，きれいな波形が得られたからである。その後Bergerは微弱な電流をうまく増幅することで，人間の頭皮の表面に電極をあてても規則的な波形が得られることを見出し，この波形にElektrenkephalogrammというドイツ語名を与えたが，これがいわゆる脳波（英語ではelectroencephalogramで脳電図のこと）の名称の原型である（コラム①参照）。

　Bergerは1秒間に10回程度生じる波と，それより速くて20回程度起こる波とがあることに気づき，前者をα（アルファ）波，後者をβ（ベータ）波と呼んだが，こうしたBergerの報告はしばらく無視されていた。1922年にアメリカの生理学者Erlangerとその弟子Gasserが陰極線管を用いてカエルの末梢神経の活動電位を増幅することに成功すると（Gasser & Erlanger, 1922），この測定技法が広く普及した1930年代半ばにイギリス人の神経生理学者Adrianを中心とした研究者たちによって英語の論文となったことでBergerの脳波の存在が広く知られることとなった（たとえばAdrian & Matthews, 1934）（コラム①参照）。

　Adrianらのアルファ・ブロッキングの現象が視覚刺激によって誘発されていたように，1960年代以降は特定の刺激と脳波を関連づける事象関連電位の研究が進んだ。すでにCaton（1875）の報告の中には陰性変動（negative variation）という用語が使われているが，特にこの分野で刺激となったのは随伴性陰性変動（Walter et al., 1964）およびP300の発見である（Sutton et al., 1965）。

　脳波の発見は睡眠研究にも新たな局面を開いた。1930年代後半にはすでに睡眠中の脳波が覚醒時と異なることが報告されていたものの，1953年になると睡眠中であるにもかかわらず急速眼球運動を伴うレム睡眠が初めて報告されたのである（Aserinsky & Kleitman, 1953）。筋電図や眼電図とともに脳波を測度として使用することで，レム睡眠とノンレム睡眠の区別だけではなく，睡眠深度も客観的に区別することが可能になり，この分野の研究が一層進んだ。

(3) 脳の局所刺激法と損傷法

　上述のように，19世紀後半にFritschとHitzigが用いた方法は大脳の表面を電気的に刺激するものであった。このような特定の脳部位を刺激する刺激法あるいは破壊する損傷法は電気的方法と化学的方法に大別できる。細い電極を脳の特定の部位に埋め込んで，微弱な電流を流す電気刺激法によって，生理心理学の歴史に名を残したものとして，脳内自己刺激行動の研究がある（Olds & Milner, 1954）。Oldsらは脳の一部に電極を埋め込んだラットをスキナー箱に入れ，自分で電気刺激を与えることができるようにした。中隔や海馬，視床下部など多くの部位において，電気刺激は正の強化効果をもち，たとえば中隔に電極を埋め込んだラットのなかには，電気刺激を得るために12時間のあいだに7500回以上もレバー押しをしたものもいた。電流の代わりに薬物などの化学物質を用いて刺激することもできる。

　損傷法では，脳部位を大きく切除する方法もかつては使われたが，現在ではより局所的な処置にとどまるようなものが選ばれることが一般的である。細い電極を用いて電気や熱で特定の脳部位のみを破壊する物理的損傷法のほかに，薬物を用いて化学的に損傷する方法もある。たとえばテングダケに含まれるイボテン酸（ibotenic acid）は脳内のグルタミン酸受容体に対して強力な興奮作用をもつことが知られているが，結

果的にその神経に細胞死をもたらすため，神経毒（neurotoxin）として損傷法に使用される。化学的損傷法においては，特定の神経伝達物質を有する神経連絡だけを選択的に阻害することもできるので，処置の結果と特定の神経系の機能を結びつけるうえで有効なものが多い。

19世紀末のニューロン説において，当初は神経の活動は電気的な変化として捉えられていたが，異なるニューロン間の神経連絡も電気的なものであると結論するには大きな問題が残っていた。ニューロン間の連絡は一方向にしか進まないことが観察されていたのである。神経伝導の研究を行っていたDu Bois-Reymondは神経を伝わった興奮が筋収縮を引き起こすメカニズムとして，1877年という早くから化学物質によるとする化学的伝達を予想していたが，このことが確認されたのは20世紀に入ってからのことである（Finger, 2004）。

神経系の働きに影響を及ぼす化学物質としては，副腎の作用に似たアドレナリン（1901年に日本人の高峰譲吉が単離に成功），交感神経系に最もよく作用するノルアドレナリン，副交感神経系に作用するアセチルコリンが相次いで同定されてきた。なかでも1921年にLoewiが実施した画期的な実験で，一匹のカエルの迷走神経を刺激したときに放出された物質が，別のカエルの心臓の拍動の変化を左右することがわかり，神経終末からの情報は化学物質によることが実証された。

こうした神経伝達物質の研究はホルモンや向精神薬などに関わる研究とともに，生理心理学のなかで進んできた。ホルモン（hormone）という用語はイギリスの生理学者Starlingによって1905年に作られたものである。Starlingは1902年の研究で小腸内に存在し膵臓に作用する物質を抽出してセクレチンと名付けたが，他にも同様に身体内の内分泌腺から血中に放出されて作用する物質をまとめてホルモン（ギリシア語のhormaoには「動かす」という意味がある）と称したのである。ホルモンの多くは生理的調節に関わるが，脳内に存在する内分泌腺（下垂体および松果体）と体内に存在する内分泌腺はいずれも神経系からの信号によって調節されている。やがてホルモン分泌は経験によって左右されることが明らかとなるにつれ，ホルモンは生理心理学における重要なテーマとなった。

向精神薬（psychotropic drug）は精神に作用する化学物質の総称である。古くからアルコールやタバコ（主成分の1つはニコチン），コーヒー（主成分はカフェイン）などの嗜好品が心理的効果も持つことは知られていたが，学習や記憶に及ぼす薬物の効果が心理学において研究されるようになった背景の1つに，精神疾患の治療薬として向精神薬が用いられるようになったことが挙げられる。なかでも1940年代に合成され，1952年に精神病（現在の統合失調症）患者に対して初めて臨床試験が行われたクロルプロマジン（chlorpromazine）は，古典的な抗精神病薬として1950年代から1960年代にかけて臨床現場で頻繁に用いられた。やがて，その作用メカニズムとして神経伝達物質との関連が明らかになると，今度は特定の神経系や受容体（receptor）を操作する手段として薬物が用いられるようになり，特定の神経系と行動との関連が研究できるようになった。

3. 生理心理学の展開と境界設定

(1) 分化と境界設定

このように，20世紀になると生理心理学は隣接領域の分野における技術的進展の影響もあって，さまざまな手法を取り入れた学際的な分野へと展開していった。特に20世紀後半は神経科学の進展が顕著であり，生理心理学あるいは精神生理学の研究は大枠ではこの神経科学のなかに含まれることになったが，一方では，神経科学という枠組は大きすぎるためにその内部では分野の細分化も生じている。生理心理学や精神生理学という分野を他の隣接分野と比較するにあたって，Pinel（2003）はこれをバイオサイコロジーの下位区分として説明している。

Pinel（2003）によれば，バイオサイコロジーには生理心理学，精神薬理学，神経心理学，精神生理学，認知神経科学，比較心理学という主要な6つの分野がある。このうち最初の2つは動物研究が主であり，その基盤となる行動の生物学的基礎を扱うのが比較心理学である。上述の刺激法や損傷法を用いて動物の脳を直接操作する研究が「生理心理学」であり，一方，「精神生理学」は脳波や眼球運動や自律神経系の測度を用いて，非侵襲的に生理過程と心理過程との関連を研究するものである。脳波を測定する場合でも，人間の場合は皮膚上に電極を貼付する精神生理学に該当するのに対し，動物の場合は脳内に電極を挿入する生理心理学である。「認知神経科学」という区分はPinel（2000）から登場してきた新しい区分であるが，画像診断の技術が進展したために，神経心理学のように脳機能の障害をもつ者を対象とする分野と異なり，一般の人間を対象とした研究ができるようになったのである。ここでは精神生理学と同様の電気生理学的な記録も用いられることがあるので，人間を対象とした研究の境界設定は曖昧なところも多い。

なおFechnerの精神物理学と区別する意味で，近年のpsychophysicsを心理物理学と訳す傾向があるが，同様のことは他の分野でもいえる。医学界ではpsycho-を精神と訳す伝統があり，たとえばpsychotherapyという語を医師は「精神療法」，心理学者は「心理療法」と訳すのが慣習となっている。心理学者の少ない分野である精神薬理学（psychopharmacology）については，このままの訳で長く用いられてきた。一方，psychophysiologyについては「精神生理学」として長く使われてきた経緯もあるが，近年は「心理生理学」と訳すことも多い。本稿では学会誌の名前に使われている「精神生理学」の訳語を採用している。

(2) 学会の設立と専門誌の発刊

生理心理学を取り巻く変化の推移は学会名や専門誌にも現れている。海外では1947年からアメリカ心理学会が『比較生理心理学雑誌』（*Journal of Comparative and Physiological Psychology*）を発行していたが，1982年になると『比較心理学雑誌』と『行動神経科学』の2誌に分かれて編集されるようになった。精神生理学関係では1964年に精神生理学研究協会（Society for Psychophysiological Research）が設立され，同年に専門誌『精神生理学』（*Psychophysiology*）が発刊された。その後，国際精神生理学機構（International Organization of Psychophysiology）が1982年に設立され，翌1983年には『国際精神生理学雑誌』（*International Journal of Psychophysiology*）が創刊された。また1987年からは英独の学会の編集で『精神生理学雑誌』（*Journal of*

Psychophysiology）が発行されている。

　一方，日本では1968年に「生理心理学懇話会」が発足し，1970年から「生理心理学・精神生理学懇話会」という名称で定期的に会合が行われていた。当初は，生理反応の測定装置などの機材を有する心理系の大学が少なかったので，研究の交流の場をもって若手の研究者を育てたいという動機があったようである（宮田，2012）。1980年代に入ると，会員の増加や専門誌の希望もあって，1983年には日本生理心理学会が設立され，学会誌として『生理心理学と精神生理学』が発刊された。この誌名には細分化されながらも歴史を重んじて発展させていこうとする研究者の思惑が反映されているといってよいだろう。この間，若手研究者も増加し，日本生理心理学会の会員数は創設時の230名から30年間で600名弱まで倍増しており，2000年度からは『生理心理学と精神生理学』誌に掲載された論文に対して優秀論文賞が設けられている。

　日本生理心理学会では毎年，年1回の学術大会が催されており，主として動物を用いる生理心理学と人間を対象とした精神生理学との2つの分野における研究が発表されてきた。過去30年間における研究内容としては，動物実験，脳波・事象関連電位，障害児・者，睡眠，虚偽検出という5つの領域に区分できる（宮田，2012）。近年は，動物を用いた研究は減少しているものの，研究テーマ自体は多様化しており，たとえば新幹線の乗車や入浴といった日常生活でみられるような身近な事柄がテーマとして取り上げられることが増えてきた。

　心理学界を取り巻くグローバルで学際的な状況のなかで，日本生理心理学会は神経科学という広大な領域に埋没することなく，心理学の基礎を支えながらも常に応用の世界に目を向ける独自の立ち位置を有しているように思える。

注：本節に出てくる英単語の使用に関する文献はすべて Oxford English Dictionary（全20巻，1989，第2版）によるものである。

2節　20世紀の到達点と今後の課題

1．現在の生理心理学

　生理心理学の代表的な学術雑誌である *Psychophysiology* に，2014年に掲載された原著論文と短報論文のうち，53本は脳波による研究を報告する論文であり，その多くが事象関連電位（event-related potentials: ERP）に関するものである。次いで45本の論文が，心拍，心拍変動性（heart rate variability: HRV），皮膚電気活動（electrodermal activity: EDA）などの自律神経系活動に関する電気生理学的指標を用いた研究を報告している。また12本の論文は機能的磁気共鳴画像法（functional magnetic resonance imaging: fMRI）や機能的近赤外分光法（functional near-infrared spectroscopy: fNIRS）を用いた神経画像研究に関するものであり，5本の論文はホルモンなどの内分泌系指標や，免疫細胞，抗体，炎症性物質などの免疫系指標を扱う精神神経内分泌免疫学（psychoneuroendocrineimmunology: PNEI）と呼ばれる領域のものである★1。こうした状況は，日本生理心理学会の年次大会での研究発表の動向とも，ほぼ一致しているように思われる。

このように現在の生理心理学では，中枢にせよ末梢にせよ，電気生理学的指標を用いた研究が主流である。そして比較的新しく導入された神経画像研究やPNEI研究が，一定の地歩を占めるに至っている[★2]。本節では，こうした実態を踏まえて，生理心理学のこれまでの到達点を振り返り，今後予想される展開や検討されるべき課題について述べたい[★3]。

2. これまでの到達点

(1) 脳波・事象関連電位による情報処理過程の探求

脳波，特にERPの各成分の分析により，認知心理学が探求してきた人間の情報処理過程を，脳の機能と対応づけて検討する研究が発展している。

たとえばよく知られたERP成分であるミスマッチ陰性電位（mismatch negativity: MMN）は，規則的に繰り返される音刺激の系列の中に逸脱した音刺激が提示された際に観測される潜時200 ms程度の陰性成分である（Näätänen, 2007）。条件分析的な研究の蓄積により，この成分は単なる音の変化やその新奇性への反応ではなく，先行する刺激パターンにより形成される知覚の予測と実際の知覚のずれを反映することが示されている（Winkler, 2007）。こうした成分の存在は，脳が，外界からの信号を単に受動的かつボトム・アップ的に処理しているのではなく，知覚対象に関する内的モデルを持ち，そこからの予測と外界からの信号の差異（予測誤差：prediction error）を計算し内的モデルを更新することによって能動的に知覚経験を形成していることを意味する（Winkler et al., 1996）。この知見は，脳は将来を予測し，その予測と実際の刺激や結果との一致性を評価して行動を変えたり，予測の仕方を変えたりして適応を図っているという予測的符号化（predictive coding: Friston, 2005; Bastos et al., 2012）と呼ばれる近年の理論的主張を基礎づけている。また，視覚でも同様に，先行する刺激パターンからの逸脱に反応するERP成分（visual mismatch negativity）が発見されており（Kimura, 2012），その成分は色や線分の傾きといった単純な刺激性質の逸脱から表情のような複雑な刺激性質の逸脱までを広く反映する（Stefanics et al., 2014）。こうした知見は，予測的符号化は特定の感覚モダリティや特定の処理レベルに限定されたものではなく，脳の一般的な処理原理であることを示唆している。

このように，脳波やERPを認知心理学などで仮定された情報処理過程を反映する指標として利用するだけでなく，脳波やERPの分析から人間が行う情報処理についての新しい理論的枠組みを提出できるということが，生理心理学の意義として重要であると思われる。

(2) 自律神経系活動

心拍，血圧，EDAなどの自律神経系活動に関する電気生理学的指標は古くから利用されており，特に，身体的な反応を伴う感情（Davidson et al., 2003）やストレス（Cacioppo, 1994）などの研究では重要な指標とみなされている。ただし，自律神経系活動の指標の解釈には，さまざまな制約があることも認識せねばならない。たとえば，メタ分析によれば，感情やストレスの研究における自律神経系指標の結果の一貫性は低く（Quigley & Feldman-Barrett, 2014），特定の指標を特定の感情状態などと単純に対応づけるような解釈には慎重になるべきである。

また近年，交感神経系と副交感神経系活動の関与の度合いを推定する指標として

HRVが多く利用されるようになってきた★4。特に，HRVが内側前頭前皮質，線条体，扁桃体などによりトップ・ダウン的に規定されていること（Thayer et al., 2012），HRVが脳の安静時ネットワーク★5の活動と関連すること（Chang et al., 2013）などが明らかになり，HRVが自律神経系活動だけでなく，認知や感情などの過程における制御能力を反映しうることが主張され，その指標としての有用性が高まっている。

(3) 神経画像研究

過去20年間，fMRI, fNIRS, 陽電子断層撮影法（positron emission tomography: PET），などの神経画像法を用いた研究が著しく発展した。特に生理心理学では，特定のERP成分によって検討されていた問題を，同様な課題を用いた神経画像研究で補完し拡張しようとする方略が有益な知見をもたらしている。行動の誤りに反応して惹起するエラー関連陰性電位（error-related negativity: ERN）は誤りの検出を反映するのか葛藤を反映するのかという議論が続いていたが，ERNとfMRIの同時計測によってそれら2つの機能を時間的・空間的に分離した知見（Iannaccone et al., 2015）などはその好例である。

そのような，知覚，注意，作動記憶（working memory），実行系機能（executive function），感情，社会的行動，などの特定の心理的過程と関連する脳の部位を探索する研究方略は，脳マッピングと呼ばれる。脳マッピングの研究段階は現在までにほぼ完了し，さまざまな心理的過程と関連する脳部位が示されているが，そこには相当のオーバーラップがある。つまり，何であれ個別の心理的要因と1対1に対応する特定の脳部位は存在せず，複数の脳部位を含む神経ネットワークが，さまざまな心理的過程に関わっていることが明らかになりつつある（たとえばLindquist et al., 2012）。

(4) 精神神経内分泌免疫学

代表的なストレス・ホルモンであるコルチゾール（cortisol: Allen et al., 2014）をはじめ，近年では愛着に関連するオキシトシン（oxytocin），攻撃性や優位性に関連するテストステロン（testosterone）など，さまざまなホルモンの心理的過程への関連が検討されている。各種の課題に伴う各ホルモンの動態が検討されているのに加え，我が国では例が少ないが，これらのホルモンを薬物として投与することで行動への影響を検討し，さらにはfMRIなどを用いて脳機能への影響を検討する研究も行われている（Eckstein et al., 2014）。

心理学領域での免疫機能の研究は，当初は唾液など非侵襲的に採取できる検体から測定できる分泌型免疫グロブリンA（secretory immunoglobulin A: s-IgA）に関するものが主流であった（Bosch et al., 2002）。現在では，ナチュラル・キラー（natural killer: NA）細胞をはじめとする各種のリンパ球サブセットの数や活性，各種のサイトカイン（cytokine）などの炎症物質，など多様な免疫関連指標の，各種課題に伴う動態が検討されている。応用としては，ガンなどの疾患におけるストレスなどの心理的要因の影響を，免疫機能の変容を媒介として理解しようとする研究が進んでいる（McDonald et al., 2013）★6。また脳と免疫系の機能的関連にも関心が集まっている。Ohira et al. (2008; 2009)らは，^{15}Oを核種とするPET★7と血中のリンパ球の同時計測により，急性ストレスがコントロール不能な場合にはリンパ球サブセットの急性ストレス反応を顕著に抑制すること，そこには事象間の随伴性評価に関連する前部帯状皮質と前頭眼窩皮質を中心とする神経ネットワークが関連していることを示した。こ

うした研究により，脳神経系と内分泌系・免疫系の間の双方向的でダイナミックな様相が，徐々に明らかにされつつある。

3. 生理心理学のこれからの展開と課題

上述したこれまでの研究の流れは，当然ながら，今後も受け継がれ精緻化されていくであろう。ここでは，それに加えて，今後生理心理学に生じると予想される新しい潮流について述べたい。

(1) 脳機能研究のパラダイム・シフト

これまでの神経画像研究では，参加者に刺激を提示して反応を求める課題を間欠的に行わせ，それに対して誘発される脳活動の変化を観測する方法が主流であった。このタイプの研究を脳賦活研究（activation study）と呼ぶ。こうした方法は，古典的な実験心理学の実験パラダイムと相性がよく，これが生理心理学を含む心理学分野において，神経画像研究が大いに普及した原因のひとつであった。

しかし，こうした課題遂行に伴う脳活動で消費されるエネルギーは，脳全体のエネルギー消費のうち5％以下に過ぎない。残る95％の脳活動は，かつてはノイズと考えられていたが，さまざまな脳領域から成る複数の神経ネットワークが高度に構造化された自律的活動を行っていることが発見された。これを安静時ネットワーク（resting-state network: Raichle & Mintun, 2006）あるいは大規模ネットワーク（large-scale network: Bressler & Menon, 2010）と呼ぶ。現在の神経画像研究の関心は，脳賦活研究によって脳機能の局在を調べることから，こうした神経ネットワークの様相を探求することに移っている（詳しくは，宮内（2013）を参照）。さらに精神医学領域では，こうした神経ネットワークの活動パターンの機械学習（machine learning）★8による精神疾患の自動診断や，ニューロ・フィードバック★9などの技法を用いての神経ネットワークの活動変容による疾患の治療，などが試みられている。

こうした観点に立てば，今後の脳機能研究の主たる目標は，複数の大規模な神経ネットワークの活動からいかにして，知覚，認知，感情，意識などのさまざまな精神機能が創発されるかを描出することになろう。こうした神経ネットワークの活動は複雑で非線形なものであろうから，その解析にはグラフ理論★10や複雑系科学★11に基づく新しい技法が必要となる。これは，単に研究技法の変化のみならず，これまでの心理学における人間観を描き替える程の「パラダイム・シフト」である。特に生理心理学は，脳機能研究の進展に目を背けるわけにはいかないので，こうした研究の新しい潮流とどう向き合うのかが，喫緊の課題となるであろう。

(2) 神経科学における研究技法の進歩

近年，光遺伝学（optogenetics）★12や，DREADD（designer receptor exclusively activated by designer drug）システム★13と呼ばれる，ニューロンや脳領域の活動を興奮させたり抑制したりする操作を精緻に行える技法が開発された。最近，これらの技法と心理学で洗練されてきた実験パラダイムを組み合わせて，行動を導く脳機能を検討する研究が盛んになってきた。たとえば，光遺伝学により側坐核のドーパミン神経終末の活動を促進させると，ラットが遅延する報酬をより我慢強く待つ意思決定が導かれることが示されている（Saddoris et al., 2015）。またDREADDシステムによりラットの島皮質の活動を促進すると，動物用アイオワ・ギャンブリング課題において，ハ

イリスク・ハイリターンの選択肢を選ぶ意思決定が優勢になることが示されている（Mizoguchi et al., 2015）。

こうした研究に，生理心理学をはじめ心理学が長年蓄積してきた行動を分析する実験パラダイム，そして，そこで得られた多くの行動現象に関する知見を提供することにより，神経機構のより精緻な解明に貢献しうる可能性がある。一方で，こうした脳機能を精緻に操作しうる技法により，たとえば学習心理学の領域で未解決の問題を解く糸口が得られるかもしれない。心理学者が，最新の神経科学的技法を用いた研究を単独で行うことは難しいが，少なくとも生理心理学の研究者は，神経科学との共同研究を推進すべきである。

(3) 計算論的アプローチの導入

心理学の理論やモデルでは，生体の情報処理を，刺激の感覚的受容から内的処理を経て反応へと至るいくつかの継時的処理過程として表現することが多い（ボックス・モデル）。しかしこの考え方では，個々の処理段階はまさにブラック・ボックスとして扱われており，そこにどのような処理メカニズムが働いているのかを知ることは難しい。これに対して，内的な処理メカニズムを数理的なモデルで表現し，コンピュータ・シミュレーションを行ったり，実験で得られたデータへのフィッティングを行ってモデルの妥当性を検証したりする，計算論的アプローチ（computational approach）が提唱されてきた★14。

生理心理学において最も成功した例は，フィードバック関連陰性電位（feedback-related negativity: FRN）の機能についての研究である。FRNはギャンブルのような選択課題において，正答・誤答，あるいは利益・損失を告げるフィードバック信号に対して惹起するERPの一成分である。この成分の振る舞いは，強化学習（reinforcement learning）★15モデルにおいて試行ごとに計算される報酬予測誤差（reward prediction error: RPE）により精度よく説明できる（Walsh & Anderson, 2012）。しかも，RPEの計算に基づき次の試行でどのような選択を行うかという意思決定も精度よく予測できる。さらに，fMRIでの研究により，RPEは側坐核で計算されていることがわかっており，神経基盤も頑健である。もうひとつの例は，2-(4)で述べた，ストレスのコントロール可能性によるリンパ球などの生理的反応の調整である。この現象について，コントロール可能性を評価する前頭前皮質各領域－線条体－扁桃体と，そこに働くドーパミンとノルアドレナリンの機能を表現する計算論的モデルが提唱されており，そのシミュレーション結果は，内側前頭前皮質や側坐核におけるドーパミンやノルアドレナリンの実測データの，一見複雑な挙動を精度よく再現することに成功している（Fiore et al., 2014）。このモデルを自律神経系，内分泌系，免疫系への反応にまで拡張することもおそらく可能であり，コントロール可能性という古典的な心理学的要因が，脳と身体の複雑なストレス反応に影響していく様相を表現することが可能になるかもしれない。

こうした計算論モデルに基づくアプローチは，生理心理学で研究されている現象とそのメカニズムを数理的に記述するために有望であり，生理心理学を神経科学やミクロな生物学と接合していくためにも有益であると思われる。

4. 今後の生理心理学の道筋

　脳波，心電図（心拍数），皮膚電気活動などの伝統的な電気生理学的指標は，今や，心理学の広範な分野で利用されるようになった。また，測定装置の小型化と廉価化により，社会の現実場面での応用研究も容易になり，多く行われるようになってきた。そうした傾向は，生理心理学の学術的・社会的貢献という意味から喜ばしいことである。ただし，それらの他分野や実社会への生理心理学の応用を有意味なものにするには，生理心理学が精緻で頑健な基礎研究の知見を提供し続ける必要がある。そのためには，生理心理学が閉じた学問体系になるのではなく，神経科学，生理学，認知科学など隣接する自然科学の諸分野と整合性，連続性を保ちつつ発展することが重要であると考えられる。本節で述べた，脳機能研究や神経科学研究の動向への目配り，計算論的研究の導入による数理化は，そのための道筋であるとも言えよう。

注）
- ★1：同一の論文で，複数の異なる研究方法を用いているものもあり，それらは重複してカウントされている。
- ★2：もちろん，神経画像研究やPNEI研究を専門とする学術雑誌は複数存在する。神経画像研究やPNEI研究の論文の多くは，そうした専門誌に掲載されている。その中で，論文の著者が，何らかの意味で生理心理学としてのアイデンティティを感じている研究が，*Psychophysiology*などの生理心理学誌に投稿されているのだと推測することができよう。
- ★3：紙面の制約により，生理心理学の動向全体を包括的にレビューすることはできない。ここでは，限られた研究を具体例として引用しつつ記述することを許容されたい。
- ★4：HRVの高周波（high frequency: HF）成分は心臓迷走神経系（副交感神経系）の，低周波（low frequency: LF）成分は交感神経系の活動を，それぞれ反映すると一般に考えられている。ただし，HF成分の意義は一般に認められているものの，LF成分がどの程度交感神経系活動を反映するのかについては多くの批判があり（たとえばGoldstein et al., 2011），慎重に取り扱うべきである。
- ★5：近年，特定の刺激処理，課題，反応を行っていない場合（安静時）でも脳の複数領域が構造的・自律的に活動していることが発見され，これを安静時ネットワーク（resting-state network）と呼ぶ。
- ★6：当然ながら，ストレスにより免疫機能が一律に低下するなどの単純な理解をしてはならない。免疫はフィードバックとフィードフォワードの影響経路が多重に存在する極めて複雑なシステムである。ストレスのような心理的要因が，それらの経路をどのように動かして疾患を発症させるのかというメカニズムは生物学的に精緻に検討されねばならない。
- ★7：^{15}Oの半減期は2分であり，ヒトに使用できる核種の中では最も短い。これを利用したPETは，数分の課題に伴う脳血流の変化を測定することによりfMRIのような脳の賦活（activation）を検討することができる。その時間分解能はfMRIには遠く及ばないが，急性ストレスや感情のような数分以上持続する心理的現象に伴う脳機能の分析には有用である。
- ★8：コンピュータによって，与えられたデータの潜在的なパターンを抽出し，データを分類したり，新たなデータを予測したりする技法。
- ★9：fMRIにより観測した脳活動を，視覚刺激や聴覚刺激により被検査者にリアルタイムで提示し，特定の脳領域や神経ネットワークの活動を変容（促進あるいは抑制）するよう自己学習させる技法。
- ★10：たとえばバスの路線図のような，複数の要素のつながりを点（ノード（node））と線（エッジ（edge））で表現したものを一般にグラフ（graph）と呼ぶ。グラフ理論は，そのようなグラフの特性を数学的に解析する理論である。
- ★11：気象現象，生体内の化学反応，社会の経済現象，など，多くの要素が相互に関連しあいながら全体としてまとまった挙動を示し，しかし全体の挙動を単純に個々の要素に還元して説明できないようなシステムを複雑系（complex system）と呼ぶ。複雑系科学は，こうした複雑系の特性と挙動をモデル化とシミュレーションによる可視化を通じて検討しようとする分野である。
- ★12：光によって活性化されるタンパク質分子を，遺伝学的手法を用いて特定の細胞に人工的に発現させ，その機能を生体外から光で操作する技法。これまで動物の脳機能研究に主に用いられてきた電気刺激やムシモールなどの薬物による刺激に比べて，特定の神経活動を高い時間精度で操作することが可能である。

★13：動物には内在しない人工化合物（リガンド）にのみ反応する人工受容体を，遺伝学的手法を用いて特定の脳部位に発現させ，外的にリガンドを投与することにより脳機能を操作する技法。この技法のために開発された人工受容体を DREADD (designer receptor exclusively activated by designer drug) と呼ぶ。光遺伝学の技法に比べると空間分解能，時間分解能は劣るが，長時間にわたり比較的広範囲な脳領域を操作する目的に使われる。

★14：数理モデルを用いる研究は心理学でも従来から存在したが，ここでは，必ずしも数学的に厳密な解析によらずとも，主としてコンピュータによりモデルに基づく計算を行ってシステムの挙動を調べるような研究を，特に計算論的研究と呼ぶ。このアプローチは，複数の要素が相互に影響しあうような非線形の現象に有効である。

★15：強化学習は，人間や動物の意思決定の原理を表現する計算論的モデルとしてよく知られている（Sutton, & Barto, 1998）。これは，得られる報酬の見込みを最大化するような行動を試行錯誤で学習するという原理を定式化した理論である。

脳科学としての生理心理学研究法   2章

1節　生理心理学研究法の基礎知識

1. 生理心理学と精神生理学の考え方

　生理心理学は脳や神経系を実験的に操作してそのときの行動に及ぼす影響を検討するのが一般的な方法であった。大きな枠組みで言えば，4章で述べられているような脳の直接的操作による損傷法や刺激法である。たとえば，図2-1-1に示したように，ネコの脳の扁桃体背内側部に電極を入れて，弱い電気刺激をすると電気刺激をしている間だけ情動的な怒りの行動を示す（Fernandez de Molina & Hunsperger, 1959）。扁桃体の活動が怒り行動を引き起こしているとして，独立変数としての脳への電気刺激と，従属変数としての行動の変化をみた実験である。あるいは，ラットの腹内側視床下部を両側性に損傷すると，過食行動が生じて損傷をしていないラットの3倍もの体重増加を示した実験も，食欲に関して歯止めがきかなくなった結果生じたと判断された（Hetherington & Ranson, 1942）。この結果から腹内側視床下部は満腹中枢であるとみなされた。その逆に視床下部の外側野には摂食中枢があることも報告された。

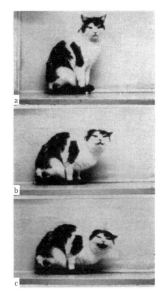

●図2-1-1　扁桃体背内側部に電極を入れたネコ（Fernandez de Molina & Hunsperger, 1959を一部改変）

a) 電気刺激をする前　b) 25秒電気刺激をしたとき頭を低くして耳を伏せている　c) 35秒電気刺激をしたときにはうなり声をあげて防御反応を示している。

　これらの実験は何れも生体の脳を直接操作することによって，従属変数としての行動への影響を検討したものである。1970年代頃まではこれらの動物実験が中心であった。ヒトの脳を直接操作することは研究倫理上多くの問題がある。もちろん治療の必要上，脳の操作をすることはある。また脳梗塞，脳出血，事故等で脳細胞が損傷されることもある。その場合に生じる行動異常や行動障害は動物実験から得られた結果と比較して解釈される。しかし，このような脳・神経系の実験的操作と，それが行動に及ぼす影響の検討は因果関係を明らかにするためには基本的に動物実験に依拠するところが大きい。また，刺激法も電気刺激や磁気刺激だけではなく，薬物投与による刺激もある。さらに最近では光遺伝学（optogenetics）とよばれる方法も開発され，遺伝子改変した細胞を組み込んだ脳内への光刺激も用いられるようになってきた。

　それに対して，実験的に行動を操作することによって，脳・神経活動がどのように

変化するかを検討するのが精神生理学的方法である。生理心理学的方法とは独立変数と従属変数の関係が逆になる。たとえば認知的な判断課題を行っているときの脳活動を測定して，その課題解決に関係している脳部位を推定する。多くの文字刺激を提示してその中の特定の文字刺激をターゲットとして，その刺激が提示されたときのみボタン押し反応を求め，他の文字刺激は無視をする等，文字を別の刺激に置き換えればいろいろな課題設定が考えられる。睡眠と覚醒も脳活動と密接に関係している。実験参加者を実験室の中に寝かせ睡眠中のレム睡眠のときに活動している脳領域を同定し，そのときに起こしてどんな夢を見ていたのかを報告してもらって，夢内容と脳活動との関連を検討する等，いろいろな場面と脳活動の関係を検討することができる。これは第三部で脳波との関連において詳細に知識を得ることができる。従属変数としての生体の反応計測も第四部で詳述されているように，自律神経系の反応をはじめ，眼球運動，筋活動，免疫反応等，非常に多くの反応を測定することが可能である。さらに最近ではfMRIを用いたヒトの脳活動測定のように非侵襲的な画像診断も多用されるようになってきた。これは8章で知ることができる。

生理心理学が目標とするのはヒトの行動の解明である。生理心理学は当初から動物実験を中心に研究が進められてきたが，現在の医学研究もその多くが動物実験を基礎として成り立っているように，その根底には脳および身体の構造がヒトと相同であると考えるからである。つまり，動物実験から得られた結果をある意味の条件つきでヒトに外挿することができる。1970年代以降の生理心理学研究についても，第3章で述べるように学習行動を独立変数として，そのときの脳活動を従属変数として測定する研究も多数ある。たとえば，1971年にO'Keefeは特定の場所にいるときに発火する海馬の細胞を発見し，場所細胞（place cell）と名付けた（O'Keefe & Nadel, 1978）。その後2005年にMay-Britt & Edvard Moser夫妻は，海馬に信号を送る嗅内皮質に空間内で規則正しく格子状に発火する細胞を見つけ，これをグリッド細胞（grid cell）と名付けた（Hafting, T., Fyhn, M., Molden, S., Moser, M.-B. & Moser, E.I., 2005）。彼らの発見はGPS機能を果たす場所細胞とマップのどの位置にいるのかを教えるグリッド細胞があり，その信号を使ってラットが空間の認識をしていることを示した（図2-1-2）。彼らはこの脳内ナビゲーションシステムの研究で2014年にノーベル生理学・医学賞を受賞した。この研究は独立変数として行動しているときの，脳内の細胞興奮を従属変数として計測したものである。

生理心理学も精神生理学もどちらも脳と行動の関係を検討している点では同じである。また観察・記録法として脳と行動の関係を検討するのもどちらにも共通している。この本のタイトルを「生理心理学と精神生理学」としているのも，脳と行動の関係を互いに手を取り合って両方向から研究して包括的に研究を進めているからである。

◐図2-1-2 場所細胞とグリッド細胞の概念図
ラットの海馬に場所細胞があり，嗅内皮質にグリッド細胞がある。格子状のマップの中で今どこにいるかの位置情報を場所細胞が教えてくれる。これが脳内ナビゲーションシステムの概略である。ノーベル財団のプレスリリースから引用。

2節　神経系の構造

この節では、ヒトの神経系の肉眼解剖的構造と機能について述べる。神経系は大きく中枢神経系（central nervous system: CNS）と末梢神経系（peripheral nervous system: PNS）に分類される。中枢神経系は脳と脊髄であり、末梢神経系はそれ以外のすべての神経系を含み、体性神経系（somatic nervous system: SNS）と自律神経系（autonomic nervous system: ANS）から成る。

1．中枢神経系（CNS）

中枢神経系は脳と脊髄から成り、脳は頭蓋骨、脊髄は脊柱の中に存在する。脳は前脳、中脳、および菱脳の3つに大別され、さらに前脳は終脳（大脳半球）と間脳に、菱脳は後脳と髄脳に分けられる（図2-2-1）。したがって脳は、終脳、間脳、中脳、後脳、髄脳の5つに分類できる。脳のうち、終脳と小脳を除いた部分、あるいは間脳も除いた部分（延髄、橋、中脳の部分）を脳幹とよぶこともある。

(1) 脳

前脳は、終脳（大脳半球）と間脳から成る。

1) 終脳

終脳は大脳皮質、大脳辺縁系、大脳基底核から構成される（図2-2-1）。大脳半球の表面は大脳皮質で覆われており、大脳辺縁系、大脳基底核は皮質下構造を成し、大脳皮質の奥深くに存在する。

①大脳皮質　大脳皮質には左右の半球を分ける大脳縦裂があり、表面には多数の脳溝（凹）と脳回（凸）がある。明瞭な溝である外側溝と中心溝により、大脳皮質は4つの葉（よう）に分けられる。それらは前頭葉、頭頂葉、側頭葉、後頭葉である（図2-2-2：カラー口絵参照）。大脳縦裂の一番奥には、左右の大脳半球を連絡する神経線維の束である脳梁が両半球間にまたがって存在する。

前頭葉は中心溝より前方の部分であり、中心溝のすぐ前の部分である中心前回には第一次運動野がある。身体各部の随意運動の指令を行う部位で体部位との運動局在があり、人工的に電気刺激することにより対応した部位の運動が生じる。体表の面積と脳内対応部位の面積は比例せず、身体の細かい、複雑な運

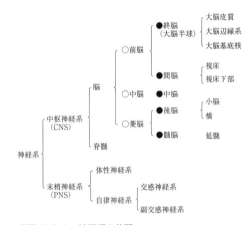

⬥図2-2-1　神経系の分類
○は脳の3つの分類、●は5つの分類を示す。

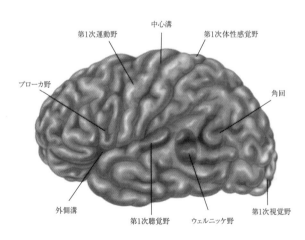

⬥図2-2-2　ヒトの左大脳半球の外側面と各部位における機能の局在（Smith et al., 2003）→カラー口絵参照

動が可能である部位（手，指，顔）ほど脳内の面積が広いという特徴がある。第一次運動野の神経線維は内包，大脳脚を通過して延髄まで下行し，延髄の下端で大部分は左右交叉してから（錐体交叉），脊髄に達する。これを錐体路という。その後脊髄の運動ニューロンの軸索は，筋を支配する。したがって運動野は左右反対側の運動を司る。前頭葉の前方部分には広い前頭連合野と呼ばれる領域があり，その中には運動性言語中枢（Broca野）がある。多くのヒトで左半球に存在し，この部位の損傷により発話の障害（運動性の失語）が生じる。

　頭頂葉は中心溝より後ろの部分であり頭頂後頭溝まで及ぶ。中心溝のすぐ後部である中心後回には第一次体性感覚野がある。身体各部の感覚受容器からの情報は脊髄に伝わり，その後視床の中継を介して第一次体性感覚野に達する。脳では身体表面の左半身・右半身とは左右が交差した体部位局在があり，電気刺激することにより対応した部位の感覚が生じる。体表の面積と脳内対応部位の面積は比例せず，身体の細かい知覚が可能である部位ほど脳内の面積が広い。

　側頭葉は外側溝の下方にあり，前頭葉と頭頂葉の腹側部にあたる。外側溝の下表面には第一次聴覚野が存在する。聴覚情報は蝸牛神経から延髄の蝸牛神経核，中脳の下丘，視床内側膝状体を経て，皮質聴覚野に達する。片側の耳からの情報は両側の半球に届く。第一次聴覚野のやや後方の上側頭葉後部にはWernicke野とよばれる部位があり，多くのヒトで左半球に存在し音声言語の理解に関わる。この部位の損傷で感覚性の失語が生じるため，感覚性言語中枢ともよばれる。

　後頭葉は脳の後端部であり，頭頂葉と側頭葉の後方にあたる。大脳半球の内側面にある鳥距溝の上と下の壁面には第一次視覚野があり，網膜の視覚情報が視神経，視交叉，視索を経て視床外側膝状体に達し，そこで中継された後に第一次視覚野に届く。脳底にある視交叉において網膜の内側（鼻側）半分からの神経線維が交叉するので，左右いずれの眼についても左視野の情報が右半球，右視野の情報が左半球の視覚野へと達する。第一次視覚野の損傷で，その脳部位に対応する視野部分が見えなくなる。

　第一次運動野と第一次感覚野以外の大脳皮質領域は連合野とよばれ，ヒトでは著しく発達している。感覚野と運動野の間に介在するこの領域では各種の高次機能が営まれると推測され，それには知覚，注意，学習，記憶，思考，判断，言語等が含まれる。
②大脳辺縁系　　大脳半球のうち脳幹を取り囲むようにして，系統発生的に古いとされる旧皮質，古皮質（辺縁皮質という）が存在し，これらと密接な関係がある構造をまとめて，大脳辺縁系とよぶ。辺縁皮質には嗅脳，帯状回，海馬傍回が含まれ，辺縁系の中心には海馬，扁桃体，中隔核がある。海馬はヒトでは内側側頭葉の奥深くに埋もれた構造で，記憶・学習機能とくに顕在記憶（エピソードや意味の記憶），空間記憶，作業記憶との密接な関係が知られている。扁桃体は，嗅覚情報を処理し，また情動性や生体にとっての刺激の意味づけに関与するといわれる。
③大脳基底核　　大脳皮質（灰白質，ニューロンの細胞体が集まる部位），大脳髄質（白質，神経線維の部分）のさらに深部に位置する細胞核群で尾状核，レンズ核（淡蒼球と被殻），前障から成る。尾状核と被殻を合わせて新線条体とよぶ。大脳基底核は大脳皮質と視床との相互線維連絡が密であり，錐体外路系の一部として筋の緊張，運動の制御に関わる。不随意運動を主症状とするパーキンソン病やハンチントン舞踏病は，

いずれもこの部位の神経変性疾患である。

2) 間脳

間脳は，第3脳室の周囲で終脳と中脳の間に位置し，視床と視床下部がその中心である。また視床上部に松果体と手綱核がある。

視床は，間脳の背側部分を占め，左右一対のフットボール状の構造である。多くの核から成り，大脳皮質の特定の領域と連絡がある。身体末梢から大脳皮質への感覚情報の中継点としてはたらく。とくに，視覚情報は外側膝状体，聴覚情報は内側膝状体で中継されそれぞれ大脳皮質視覚野，聴覚野へ送られ，体性感覚情報は視床の後腹側核で中継されて体性感覚野へ送られる。また，視床背内側核は前頭葉と密接な神経線維連絡があり，記憶・学習機能に関わっている。

視床下部は，間脳の下部を占める。脳を底部から眺めると一対の乳頭体と，視床下部から垂れ下がった（脳）下垂体を見ることができる。下垂体は視床下部と密接につながっており，脳の一部ともいえる。視床下部は自律神経系の中枢としてはたらくと同時に，内分泌系の制御を行う。ホメオスタシスとよばれる生体の内部環境の恒常性維持を支えており，個体の生存や種の保存に直接に関わる摂食，水分調節，体温維持，性行動，攻撃行動を制御している。概日リズムの中枢である視交叉上核は視床下部の前部に位置する。内分泌系は視床下部細胞が産生するホルモンによって，階層的に制御されている。視床下部－下垂体－副腎系（HPA軸）はその代表的な例である。

3) 中脳

中脳は橋の上方にあって中脳水道の周囲に位置し，背側部の中脳蓋，中間部の被蓋，腹側部の大脳脚から成る。中脳蓋には一対の上丘と下丘があり，脳幹の背側表面にある4つの丘として見える（四丘体）。それぞれ視覚系，聴覚系の機能を担う。被蓋には中脳水道周囲灰白質，赤核，黒質，腹側被蓋野などが含まれる。黒質は黒質線条体路としてドーパミンニューロンが投射する起始核として重要であり，その変性によってパーキンソン病が生じる。赤核は大脳皮質と小脳から運動情報を延髄・脊髄へ送る経路として重要である。大脳脚は大脳皮質から下行する運動線維が通過する部分である。

脳幹網様体には，神経細胞と神経線維が混在しており，網の目のようになった構造が，脳幹の中心部で延髄から中脳レベルにまで及んでいる。感覚受容器から視床を経て大脳皮質に至る経路とは別に，各種の感覚入力はこの脳幹網様体賦活系に送られ，これが大脳皮質の広範な部位に投射して，睡眠－覚醒水準の維持を果たしている。

菱脳は，第四脳室を取り囲む部分であり，後脳と髄脳に分けられる（図2-2-1）。

4) 後脳

後脳は，小脳と橋から成る。

小脳は，表面が横に走る多くの細い溝で覆われていて，左右2つの半球から成る。中央は虫部でつながっている。小脳皮質で覆われており，その下に白質（髄質）があり，小脳核が深部にある。小脳核は小脳皮質からの投射を受け，小脳外へ情報を送る。小脳半球は上・中・下小脳脚で橋の背側面とつながっている。小脳は協調運動，平衡機能，姿勢の制御を行っている。そのため，小脳の損傷は滑らかな運動出力を不可能にする。また運動学習にも関与することが明らかとなっている。

橋（きょう）は，延髄と中脳をつなぐ「橋」の部分に当たる。小脳の腹側にあり大

きく膨らんでいる。大脳皮質からの線維を中継して小脳へ送るための中継核があり，両者の情報連絡にとって重要な役割を果たす。橋にはいくつかの脳神経核がある。

5）髄脳

延髄を指す。脳のうち最も尾側の部分であり，吻側には橋が，尾側には脊髄がある。また背側には小脳がある。延髄の腹側部には錐体およびオリーブ核があり，明瞭な隆起として見える。延髄には多くの脳神経核が存在する。また自律神経の中枢がいくつも存在し，呼吸中枢，循環中枢，咀嚼中枢，嚥下中枢，嘔吐中枢，発汗中枢などである。したがって，生体の生命維持に不可欠の脳部位である。吻側，尾側，背側などの用語は，図6-6-4，6-6-5参照。

(2) 脊髄

脊髄は縦につながった椎骨から成る脊柱管の中にあり，上方は脳幹部につながっている。全身の皮膚，筋肉，関節からの情報を脳へ送り，また脳からの情報を末梢の効果器へ伝える。上から順に頸髄，胸髄，腰髄，仙髄，尾髄に区別される。脊髄からは脊髄神経が出入りしている。脊髄の横断面図（図2-2-3）を見ると基本的構造がわかる。中央に灰白質，その周囲に白質が見られる。灰白質には前角と後角があり，後角へ感覚入力線維が入り，前角から運動出力線維が出ていく。白質には脊髄から脳へ向かう上行伝導路と，脳から脊髄へ向かう下行伝導路が別々の部位に分布して走っている。脊髄が損傷されると，切断部より下方の身体部分の筋の麻痺，皮膚の感覚麻痺が生じる。

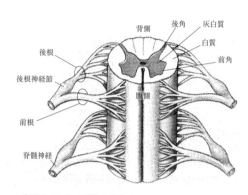

◐図2-2-3 脊髄の構造 (Pinel, 2006)

2．末梢神経系 (PNS)

末梢神経系は中枢神経系以外のすべての神経系を含み，中枢神経系に出入りする神経系である。脳に出入りするのが脳神経，脊髄に出入りするものが脊髄神経である。末梢神経系を分類すると2通りが可能である。1つは末梢神経系を神経線維に沿った情報の流れの方向で分けると，末梢感覚器官から中枢神経系に向かって信号を伝える求心性神経と，逆に中枢神経系から末梢の効果器に向かって信号を送る遠心性神経になる。前者は外界の感覚情報，内臓の感覚を脊髄や脳に伝え，後者は脳や脊髄からの指令を身体各部の筋，腺や内臓に伝える。末梢神経系のもう1つの分類は機能的な分類であり，体性神経系と自律神経系に二分される。体性神経系は外界の様子を感知したり外界に働きかけるというような，外部環境とのやりとりを担い，一方自律神経系は内臓感覚を中枢に伝えたり，内臓を含めた身体内部の諸器官を制御している。

(1) 体性神経系

体の感覚・運動を制御する。すなわち外部感覚受容器から感覚情報を受け取り，骨格筋の収縮を制御する。

1）脊髄神経

脊髄のレベルで出入りしている末梢神経系で31対あり（頸神経8対，胸神経12対，腰神経5対，仙骨神経5対，尾骨神経1対），椎骨の間から出る。運動ニューロンの細胞体は中枢神経系内にあるが，その軸索である運動出力線維は前根から出て，末梢神

経系にある。また体性感覚神経（感覚入力線維）は後根から脊髄に入るが、これらのニューロンの細胞体は脊髄の外にあって、脊髄に入る直前のこの膨らみ部分は脊髄神経節（または後根神経節）とよばれる（図2-2-3）。前根と後根は脊髄の外で合わさり脊髄神経となる。前根と後根が合わさったあと、前枝と後枝に分かれ身体各部に分布する。

2）脳神経

脳から起こり主に頭部を支配している末梢神経系で、12対の神経の大部分が脳底部から出入りしている。頭部や頸部の感覚、運動に関わる。嗅神経（第Ⅰ脳神経）や視神経（第Ⅱ脳神経）のようにもっぱら感覚に関わるもの、動眼（第Ⅲ）、滑車（第Ⅳ）、外転神経（第Ⅵ脳神経）や舌下神経（第Ⅻ脳神経）のように運動に関わるもの、三叉神経（第Ⅴ脳神経）、顔面神経（第Ⅶ脳神経）のように両方が含まれるものがある。さらに副交感神経の成分を含む脳神経もいくつかある。第Ⅹ脳神経である迷走神経の分布は頭部、頸部、さらには広く胸腔、腹腔の臓器にまで及ぶ。咽頭・喉頭の運動による嚥下や発声、気管・心臓・胃腸の感覚、副交感神経成分としての心拍数の減少、胃腸の消化活動促進も含んでいる。

(2) 自律神経系

この名称は、無意識下においても自律的に制御されるという意味である。自律神経系は解剖学的に2つの系からできている。交感神経系と副交感神経系である。身体のほとんどの器官がこれらの両方から支配されており、両者の作用のバランス、つまり拮抗作用で器官の活動を調節している（表2-2-1）。たとえば交感神経が優位であると心拍数増大、血圧上昇が生じ、副交感神経が優位であると心拍数減少、血圧低下が生じる。表2-2-1からもわかるように、交感神経系はエネルギーを消費する活動（逃走-闘争場面）に関係し、一方、副交感神経系はエネルギーを蓄える方向の活動（向栄養）、たとえば胃や腸の消化運動を促進することに関係する。

自律神経系は一部体性神経系の中に混入しているが、独立の神経系を形成しており、体性神経系とは異なり、中枢から末梢への経路の途中でシナプスの交換がある。神経節で交換が行われ、節前線維と節後線維を経て標的の器官に達する。交感神経系の運動ニューロンでは神経節が脊髄（胸髄と腰髄）前根を出てすぐの脊柱の近くにあり、この交感神経節の連鎖である交感神経幹に入るか、また一部は腹部の内臓近くにある交感神経節に入りシナプスを形成する。そこでシナプスした次のニューロンが節後線維（軸索）を標的器官へと送る。副交感神経系では、節前ニューロンは一部の脳神経の中と仙髄に含まれ、神経節は器官の傍に存在する。そこでシナプス交換を行い、節後線維が標的器官に達する。つまり、交感神経は神経節が中枢神経側にあり、一方の副交感神経は神経節が効果器側にあるのが特徴である。

3．髄膜と脳室系

脳や脊髄の周囲は髄膜といわれる3層の膜で保護されている。外側の厚くて丈夫な

●表2-2-1　自律神経系のはたらき （杉岡, 1995）

臓器	交感神経活動	副交感神経活動
心臓	心拍数増加 筋力増大	心拍数減少 筋力減弱
血管	一般に収縮 （骨格筋はコリン性）	
瞳孔	散大	縮小
毛様体筋		収縮（遠近調節）
涙腺		分泌促進
唾液腺	分泌（軽度に促進）	分泌促進
汗腺	分泌（コリン性）	―
消化管	運動抑制（括約筋促進） 分泌抑制	運動促進（括約筋抑制） 分泌抑制
胆嚢	弛緩	収縮
膀胱	弛緩	収縮

硬膜，中間の層であるスポンジ状のクモ膜，脳や脊髄表面の凹凸に直接接している軟膜である。クモ膜と軟膜の間にはクモ膜下腔があり，脳脊髄液で満たされている。柔らかい組織である脳は3重の膜に覆われ，かつ脳脊髄液に浮かんだような状態であり，急な衝撃に対してもそれを軽減できる。

　脳の中には脳脊髄液で満たされた中空の部分があり，お互いにつながっている。終脳部分で左右の大脳半球にみられる側脳室，間脳レベルの正中部でみられる第三脳室，さらに中脳水道を経て菱脳レベルで小脳と延髄の間にみられる第四脳室である。これらはクモ膜下腔へと接続することで脳脊髄液が脳室内を循環している。脳脊髄液は脈絡叢とよばれる組織で作られる。脳では，上矢状静脈洞の中へ突き出しているクモ膜顆粒を経て静脈系に吸収される。

3節　ニューロンの構造と活動電位

1. ニューロンの構造

　脳・脊髄・末梢神経系をひっくるめたすべての神経系において，情報処理を担う素子はニューロン（神経細胞，neuron）である。それぞれのニューロンは，他のニューロンからの信号を受け取り，その入力信号が十分な大きさであった場合に別のニューロンに対して信号を出力するという機能をもち，それを反映するかのような非常に特徴豊かな形態を示す（図2-3-1）。核を含んだ部分である細胞体（cell body）からはいくつもの突起が出て枝分かれをしており，これを樹状突起（dendrite）という。細胞体からはもう1本の比較的長い突起が出ており，軸索（axon）という。典型的にはこの樹状突起や細胞体において信号入力があり，細胞体から軸索に沿って信号が伝わると一方向性の伝導（conduction）が生じる。細胞体から軸索への移行部を軸索小丘（axon hillock）または起始円錐（cone of origin）といい，軸索の末端部を軸索終末部（axon terminal）という。軸索はグリア細胞（glia）が何重にも巻いた組織によって覆われていることがあり，この組織のことを髄鞘（myelin sheath）といい，髄鞘間で軸索がむき出しになっている部分をランビエの絞輪（node of Ranvier）とよぶ。また，他のニューロンとの信号伝達部位である接合部分のことをシナプス（synapse）という。

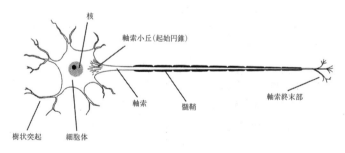

○図2-3-1　ニューロンの模式図（岡田，2012a）

2. 活動電位の発生メカニズム

　神経系における信号は大別して化学信号と電気信号に分けられる。他のニューロンからの入力や別のニューロンへの出力は神経伝達物質という化学信号であり（次節参

照），単一のニューロン内での信号は電圧の変化という電気信号である。電気信号のうち，シナプス後部に電圧の変化が生じ，シナプス入力が統合されて軸索小丘に伝わるのが局所電位（localized potential），軸索小丘以降の軸索に沿って軸索終末部まで伝わるのが活動電位（action potential）である。本節ではこの電気信号の性質についてシナプス入力から出力までの過程を述べる。

(1) 膜電位

ニューロンの活動を表す電気信号は，細胞膜をはさんだ細胞内外の電位差（電圧）のことである。細胞膜の外側を基準にしたときの細胞膜の内側の電圧を膜電位（membrane potential）という。膜電位を測定するには微小電極を細胞内に刺入し，細胞外電極（基準となる電極）との間の電位差をアンプ装置で増幅して記録する。信号入力の無い状態，すなわち静止状態における膜電位（静止膜電位，resting membrane potential）は一般にマイナス数十ミリボルトの値となる。膜電位が静止膜電位よりもプラス方向に変化した場合を興奮（excitation）または脱分極（depolarization），マイナス方向に変化した場合には抑制（inhibition）または過分極（hyperpolarization）という。

(2) イオン・チャネル

膜電位変化を担っている実体は，細胞内外に存在するイオンの動きである。陽イオンが細胞外から細胞内に流入すると膜電位は上昇し，陰イオンが細胞外から細胞内に流入すると膜電位は下降する（イオンが流出する場合はそれぞれ逆の結果となる）。ただし，脂質二重層でできた細胞膜をイオンはそのまま横切ることはできず，細胞膜に存在するある特定のタンパク質（膜タンパク）を介して膜の内外を往来する。この，イオンの透過できる小孔を有した膜タンパクがイオン・チャネル（ion channel）である。イオン・チャネルの開閉を制御するものはイオン・チャネルの種類ごとに異なっており，ある特定の化学物質が結合することによってイオン・チャネルが開く場合（リガンド型），イオン・チャネル周囲の膜電位変化によって開く場合（膜電位依存型），振動や圧などの機械的な力によって開く場合（機械受容型）に大別できる。透過可能なイオンの種類はイオン・チャネルの種類ごとに決まっており，イオン・チャネルの開閉にはエネルギーを必要とせず，イオンは電気化学ポテンシャル（細胞内外のイオン濃度差による濃度勾配と，膜電位とイオンの極性の関係による電位勾配を総合した力）の向きに従って流入または流出する。膜電位は，そのときに透過性の高いイオンの平衡電位（あるイオンの濃度勾配と電位勾配が釣り合って電気化学ポテンシャルがゼロとなりそのイオンの流れが見かけ上なくなる膜電位）に近づくという関係がある（膜電位と平衡電位との関係については岡田，2015 参照）。

(3) シナプス後部の膜電位変化

入力信号としての神経伝達物質が樹状突起や細胞体の受容体に結合してイオン透過性が変化すると，シナプス後部の膜電位が変化する。一つのニューロンには一般に数百～数万の単位の数のシナプス入力があり，それぞれのシナプス後部における膜電位変化の総合されたものが最終的なシナプス入力の大きさとして軸索小丘に伝わってくる。軸索小丘までの受動的な膜電位変化のことを局所電位という。しかし，脂質二重層からなる細胞膜は完全な絶縁体ではないため電流の漏れが生じるので，局所電位は距離が離れるにつれて振幅が減衰し，遠くまで伝わることができない。軸索に沿って信号の振幅を減衰させずに軸索終末部まで伝える方法として，ニューロンは軸索小丘

以降の部分では活動電位と呼ばれる膜電位変化を用いている。

(4) 膜電位依存性チャネル

軸索小丘およびそれに続く軸索の細胞膜には，膜電位依存性 Na^+ チャネルと膜電位依存性 K^+ チャネルが多数存在している。いずれのイオン・チャネルも脱分極によって開く（活性化される）タイプのものであり，前者は Na^+ を，後者は K^+ を選択的に透過させる。シナプス入力の総合された信号が，ある閾値を超える大きさの脱分極として軸索小丘に伝わってきた場合，軸索小丘の膜電位依存性 Na^+ チャネルが活性化されて Na^+ がこのイオン・チャネルを介して細胞内へと流入する。Na^+ は陽イオンであるから，このイオンの流入によってその部分の脱分極が大きくなるので Na^+ チャネルが一層活性化され，その結果 Na^+ 流入がさらに促進される，という自己再生的なサイクルが瞬時に（1ミリ秒以内に）進む。その結果，その部分での膜電位は非常に短時間のうちに Na^+ の平衡電位付近（プラス数十ミリボルト）まで上昇することになる。しかし，この Na^+ チャネルよりも時間的に若干遅れて膜電位依存性 K^+ チャネルが活性化されて K^+ の流出が始まることと，この Na^+ チャネルが活性化直後に自らを不活性化する機構（イオンの透過を阻害する仕組み）を有していることから，プラス数十ミリボルトまで上昇した膜電位は速やかに下降し（再分極という）静止膜電位に戻る。この，一過性の大きな興奮性膜電位変化が活動電位である（図2-3-2）。以上のことからわかるように活動電位の発生に関しては，膜電位が閾値を少しでも超えればフルサイズの振幅の活動電位が生じるのであって，閾値の超え方が大きいか小さいかは活動電位の振幅には影響しない。さまざまな振幅をとりうる局所電位とは異なり，活動電位の発生は全か無かの法則（all-or-none law）に従うことになる。

(5) 不応期

活動電位の発生後に膜電位が静止膜電位に戻ってから数ミリ秒程度は，その部位に大きな脱分極が生じたとしても活動電位は生じない。これは，膜電位依存性 Na^+ チャネルの不活性化状態がその時にはまだ続いていて，活動電位が新たに発生し得ない状態を示し，この時間帯のことを絶対不応期という（図2-3-3）。しかし絶対不応期に続き，Na^+ チャネルの不活性化状態が順次解除されて再び元の活性化しうる状態に戻りゆく過程がくる。この過程において活動電位発生のための閾値は，無限大（絶対不応期に相当）から徐々に下がってきている途中である。もしこのときにかなり大きな脱分極があれば，次の活動電位が発生可能である。ただしまだ不活性化が完全に終わっていない Na^+ チャネルもあるので，活動電位の発生のための閾値は通常よりもまだ高めである。この，通常よりも十分な大きさの脱分極があればそれによる活動電位が生じる期間のことを相対不応期という（図2-3-3）。相対不応期が終われ

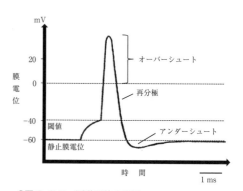

◎図 2-3-2　活動電位の波形

この図では静止膜電位を -60 mV，閾値を -40 mV としている。膜電位が 0 mV を超えてさらに上昇する部分をオーバーシュート，活動電位の下降相を再分極，一過性に膜電位が静止膜電位を下回る部分のことをアンダーシュートと呼んでいる。

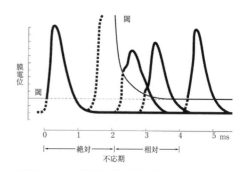

◎図 2-3-3　軸索小丘における振幅から頻度への変換（岡田, 2012b）

軸索小丘において活動電位が生じるための閾は，相対不応期には下がりつつある。軸索小丘において伝わってくる脱分極の振幅が大きいほど，次の活動電位は相対不応期のはじめのほうで生じることになり，単位時間あたりの活動電位発生頻度は高くなることになる。

ば，活動電位発生のための膜電位の閾値は元のレベルに戻る。上述のように膜電位依存性 Na^+ チャネルは軸索小丘だけでなく軸索に沿って軸索終末部まで存在しているため，軸索小丘で生じた活動電位によってすぐ近隣の部位でもフルサイズの活動電位が生じ，それがさらにその近隣の部位の活動電位を誘発するという繰り返しによって，活動電位は軸索終末部まで振幅を減衰させずに伝わることになる。

(6) 活動電位発生の頻度

全か無かの法則によって，活動電位の振幅はニューロンへの入力の大きさにかかわらず一定となるため，活動電位の発生のための閾値をどの程度超える脱分極だったのかは，活動電位の振幅には反映されていない。しかし，シナプス入力が大きいほど活動電位の単位時間当たりの発生頻度が高くなるという形で，シナプス入力の大小が軸索においても情報として保たれている。この，軸索小丘における振幅から頻度への変換は，1発目の活動電位が生じてから2発目の活動電位が生じるまでの時間間隔の違いということで可能となっている。すなわち，軸索小丘において活動電位の発生閾値を大きく超える脱分極が伝わってきていたとしたら，2発目の活動電位は相対不応期の前のほう（まだ閾値がかなり上の方にある時点）で生じうるが，活動電位の発生閾値をぎりぎり超える程度のあまり大きくない脱分極が伝わってきたら，相対不応期の後のほう（閾値が十分に下がってきた時点）でしか2発目の活動電位は生じない（図2-3-3）。この活動電位間の間隔が，単位時間当たりの発生頻度の差としてシナプス入力の大きさを保存していることになる。

3. 活動電位の伝導

活動電位が軸索を伝わることを伝導という。この伝導は振幅の減衰を伴わずに軸索終末部まで続くが，伝導速度に関しては，髄鞘をもたない軸索（無髄線維）の場合は比較的遅く，秒速1メートル程度である。一方，髄鞘をもつ軸索（有髄線維）の場合，髄鞘が一種の絶縁体の役目を果たすことにより，無髄線維に比べて効率のよい伝導が可能である。髄鞘で覆われている部分では電流の漏れが少ないため改めて活動電位をその部分で生じさせる必要はなく，軸索が次に露出した部分（ランビエの絞輪）の部分において膜電位依存性 Na^+ チャネルの活性化によって活動電位を発生すればすむ。つまり，軸索に沿ったすべての部分において活動電位を発生させねばならない無髄線維に比べると有髄線維の伝導速度は著しく速く，秒速100メートルにも達する（また軸索が太いほど伝導速度が速い）。このように，有髄線維においてランビエの絞輪のみにおいて飛び飛びに活動電位を発生させて伝導するやり方のことを跳躍伝導という。軸索終末部に活動電位が到達すると，次節で述べるような神経伝達物質の一連の放出過程が開始されることになる。

なお，ニューロンの中には活動電位を発生させない例外もある。たとえば網膜において視細胞から信号を受け取って神経節細胞へと信号を出す双極細胞は活動電位を発生しないニューロンの一例だが，双極細胞は軸索が短く局所電位がそれほど減衰せずにすむので，このニューロンの場合は活動電位の発生が不要なのである。

4節 シナプスにおける情報伝達と神経伝達物質

1. シナプスにおける情報伝達

シナプスは，ニューロンが他のニューロンや細胞と接して信号連絡をする接合部である。ヒトを含む脊椎動物のシナプスには，電気シナプスと化学シナプスの2種類が存在するが，成体の神経系にみられるシナプスのほとんどは化学シナプスである。

(1) 電気シナプス

電気シナプスでは，シナプス前膜とシナプス後膜が3 nm 程度離れたギャップ結合がみられる。ギャップ結合では，6つのコネキシンと呼ばれるタンパク質が結合してコネクソンと呼ばれるチャネルを形成し，さらに接合するそれぞれの細胞に存在する2つのコネクソンが結合してギャップ結合チャネルを形成している。ギャップ結合チャネルの中心孔の直径は1～2nm と比較的大きいので，イオンや小分子は双方向に通過できる。したがって，化学シナプスとは異なり，電気シナプスを介した情報伝達は双方向性である。イオンが直接チャネルを通過することで情報が伝達されるため，電気シナプスの伝達は非常に早く，確実である。シナプス前ニューロンで生じた活動電位は，瞬時にシナプス後ニューロンで活動電位を発生させることになる。

(2) 化学シナプス

一方，化学シナプスでは，シナプス前膜とシナプス後膜の間に20～50 nm のシナプス間隙がある。前述した電気シナプスと比べると約10倍の距離があることから，化学シナプスでは電気シナプスのように直接イオンや分子をやりとりすることができない。そこでニューロンは，このシナプス間隙に化学物質（神経伝達物質）を放出し，放出された物質がシナプス後膜に存在するタンパク質（受容体）に結合することで情報を伝達する。神経終末には，エネルギーを作り出すミトコンドリアとともに，神経伝達物質を含む直径約50 nm の球形のシナプス小胞が多数存在する。細胞体や神経終末で合成された神経伝達物質は，シナプス小胞膜に埋め込まれている輸送体というタンパク質の働きによって，小胞内に濃縮・貯蔵される。

活動電位が軸索を伝導してくると，神経終末では細胞膜の脱分極によって，電位依存性カルシウム・チャネルが一時的に開き，細胞外からカルシウムイオンが一気に流入してくる。このカルシウムイオンの流入が信号となり，シナプス小胞はシナプス前膜に融合し，シナプス間隙に神経伝達物質を放出する。

放出された神経伝達物質は，シナプス後膜にある受容体と結合して，特定のイオンに対する膜の透過性を高め，膜の電位差をプラスの方向に変化させる興奮性シナプス後電位（excitatory postsynaptic potential: EPSP），あるいはマイナスの方向に変化させる抑制性シナプス後電位（inhibitory postsynaptic potential: IPSP）を生じさせることによって神経情報を伝達する。ただし，単一のシナプスで一度に生じる膜電位の変化は極めて弱く，そのニューロンの活動電位を生じさせることはできない。そのニューロンに活動電位が生じるかどうかは，同時に複数のシナプスで生じた膜電位の変化（興奮性あるいは抑制性のどちらも含む）を総和した結果として決まり（空間的加重），膜電

位の総和が閾値を超えていれば活動電位が生じる。また，放出された神経伝達物質の一部は，シナプス前膜にある自己受容体に結合し，神経終末からの伝達物質放出を抑制する。伝達物質としての役目を終えて受容体から遊離した神経伝達物質は，シナプス前膜にある輸送体によって再取り込みされるか，あるいはシナプス間隙中の酵素によって分解・不活性化される。

シナプス後膜にある受容体は，特定の神経伝達物質を特異的に認識し，結合させるが，特定の神経伝達物質が結合できる受容体の種類（サブタイプ）は複数存在する。たとえば，アセチルコリンが結合するアセチルコリン受容体には，ムスカリン性受容体とニコチン性受容体があり，ノルアドレナリン受容体にはα（アルファ）受容体とβ（ベータ）受容体，ドーパミン受容体にはD1～D5受容体といったように各受容体のサブタイプが複数存在する。さらに構造解析から，受容体は2種類，イオン・チャネル型受容体と代謝調節型受容体に分類される（図2-4-1）。

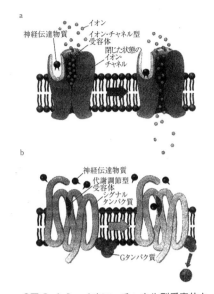

●図2-4-1　イオン・チャネル型受容体と代謝調節型受容体の模式図

(3) **イオン・チャネル型受容体**

イオン・チャネル型受容体は，中心に小孔を形成する4個あるいは5個のサブユニットからなる膜貫通性タンパク質である。神経伝達物質が結合していない状態では小孔は閉じているが，チャネルの細胞外にある結合部位に伝達物質が結合すると，1マイクロ秒以内に小孔が開き細胞外からイオンが流入してくる。流入するイオンの種類によって，EPSPあるいはIPSPのどちらが生じるかが決まる。電位依存性チャネルとは異なり，伝達物質依存性チャネルは特定のイオンに対する選択的な透過性を持たないが，原則として，イオン・チャネルがナトリウムイオンに対する透過性を持っていたら，ナトリウムイオンの流入によって脱分極，すなわちEPSPが生じるのに対して，塩化物イオンに対して透過性がある場合には過分極，すなわちIPSPが生じる。ニコチン性アセチルコリン受容体やグルタミン受容体のうちのNMDA（N-methyl-D-aspartate）受容体，AMPA（α-amino-3-gydroxy-5-methyl-4-isoxazole-propinate）受容体，カイニン酸受容体などはナトリウムイオン透過性をもつ興奮性のイオン・チャネル型受容体である。一方，グリシン受容体やGABAA受容体は塩化物イオン透過性を持つ抑制性のイオン・チャネル型受容体である。

(4) **代謝調節型受容体**

代謝調節型受容体はGタンパク共役型とも呼ばれ，1本鎖のポリペプチドが細胞膜を7回貫通する構造で，膜の内側に存在するGタンパク質を介して情報を伝達する。神経伝達物質が膜の外側にある認識部位に結合することで伝達物質－受容体－Gタンパク質の複合体ができると，Gタンパクが活性化される。活性化されたGタンパク質は，膜上に存在するGタンパク質共役型イオン・チャネルや，セカンドメッセンジャーと呼ばれる膜内に存在する化学物質（サイクリックAMP，サイクリックGMPおよびイノシトール三リン酸など）を合成する酵素（たとえばアデニル酸シクラーゼ）を活性化する。その結果として，イオン・チャネルの機能が調節されたり，細胞内の物質代謝の変化が起こったりすることで神経情報が伝達される。したがって，膜の一部に局所的な効果をもつイオン・チャネル型受容体とは異なり，代謝調節型受容体による

伝達は，セカンドメッセンジャー系を介するので，シナプス後部の広範囲の活動に影響を及ぼすが，その速度はかなり遅い。代謝調節型受容体としては，ムスカリン性アセチルコリン受容体，GABAB 受容体，代謝型グルタミン酸受容体，ドーパミン受容体，アドレナリン受容体などがある。

2. 神経伝達物質

ある物質が神経伝達物質であるためには，①神経終末部への局在，②生合成系の存在，③神経終末部からの遊離（放出），④再取り込み機構の存在，⑤分解・不活性機構の存在，⑥特異的な受容体の存在といった条件を満たさなければならない。最初の神経伝達物質としてアセチルコリンが同定されてからこれまでに，数十種類の物質が神経伝達物質として認められている。アセチルコリン以外の主要な神経伝達物質は，①アミノ酸，②アミノ酸に由来するアミン，③アミノ酸から構成されるペプチドの3種類に分類されるように，その基本となっているのは生体にとって不可欠なアミノ酸である（表2-4-1）。以前は，一つのニューロンはただ一つの神経伝達物質を用いると考えられていた（デールの法則）が，現在では多くのニューロンが二種類以上の神経伝達物質やペプチドを持っていることが知られており，そのような共存の組み合わせは脳部位によって異なっている。ここではこれまでに最もよく研究されてきたアセチルコリンとカテコールアミンについて述べる。

●表2-4-1　主要な神経伝達物質

アミノ酸	アミン	ペプチド
γ-アミノ酸（GABA）	アセチルコリン（Ach）	コレシストキニン（OCK）
グルタミン酸（Glu）	ドーパミン（DA）	ダイノルフィン
グリシン（Gly）	アドレナリン	エンケファリン（Enk）
	ヒスタミン	ニューロペプチドY
	ノルアドレナリン（NA）	ソマトスタチン
	セロトニン（5-HT）	サブスタンスP
		甲状腺刺激ホルモン放出ホルモン
		血管作動性腸ペプチド（VIP）

(1) アセチルコリン

アセチルコリンは神経筋接合部で用いられる神経伝達物質であり，脳幹や脊髄のすべての運動ニューロンで合成される。また中枢神経系でも多くの場所で作用し，特に脳では新皮質に軸索を投射している大脳基底核や，海馬に投射している内側中隔に多くのコリン作動性ニューロンが存在し，学習や記憶に関わっていると考えられている。自律神経系では，交感神経系での節前神経や副交感神経系での節前・節後神経でアセチルコリンが用いられている。

アセチルコリンの合成には，コリンアセチルトランスフェラーゼ（ChAT）という酵素が必要である（図2-4-2A）。ChATは細胞体で合成され，軸索輸送によって神経終末へと送られる。コリン作動性ニューロンのみがChATを含むため，この酵素はアセチルコリンを伝達物質として用いるニューロンを同定するための良い指標とされている。

アセチルコリンはアセチルコリンエステラーゼ（AChE）によって，コリンと酢酸に分解される。ここで生じたコリンは，シナプス前膜から再取り込みされ，アセチルコリンの合成に再利用される。AChEはサリンのような多くの神経ガスや殺虫剤の標的となっており，AChEの抑制はアセチルコリンの分解を妨げ，結果として骨格筋や心筋のコリン作動性シナプスにおける情報伝達を妨げる。

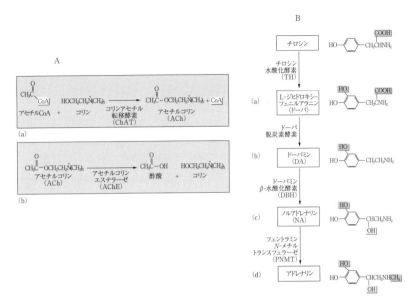

○図 2-4-2　アセチルコリンとカテコールアミンの生合成

(2) カテコールアミン

　カテコール基と呼ばれる化学構造を持つチロシンを前駆物質とする神経伝達物質は，ドーパミン，ノルアドレナリン（ノルエピネフリン）およびアドレナリン（エピネフリン）であり，これらはカテコールアミンと呼ばれている（図2-4-2B）。カテコールアミン作動性ニューロンは脳内の多くの部位に存在し，運動，気分，注意といった機能に関わっている。すべてのカテコールアミン作動性ニューロンは，チロシン水酸化酵素（TH）を持っており，チロシンからドーパを合成する。THの活性がカテコールアミン合成の律速段階になっており，様々なシグナルによってTH活性を調節することで，カテコールアミン作動性ニューロンの活動は調節されている。ドーパは，ドーパ脱炭酸酵素によってドーパミンに変換される。この酵素自体はカテコールアミン作動性ニューロンに豊富に存在するため，生成されるドーパミン量は前駆物質であるドーパの量に依存する。難治性の運動障害として知られるパーキンソン病では，脳内のドーパミンニューロンの変性によってドーパミン量が減少している。このパーキンソン病の治療法の一つがドーパの投与であり，前駆物質を増やすことで情報伝達に利用できるドーパミン量を増やす。

　ドーパミンは，ドーパミンβ-水酸化酵素によってノルアドレナリンに変換される。ノルアドレナリンは交感神経系の節後ニューロンでも伝達物質として用いられている。さらにノルアドレナリンは，フェントラミンN-メチルトランスフェラーゼによってアドレナリンに変換される。アドレナリンは脳内の神経伝達物質としてだけでなく，副腎髄質から血流に放出され，体内の受容体に作用する。

5節　発達的観点：経験・記憶・発達の神経メカニズム

1. 生理心理学と発達的観点

　心理学は意識と行動の科学である。意識の成り立ち，メカニズムを知ろうとする営みから始まり，行動の成り立ち，メカニズムを知ろうとする営みへと展開し，今や意識と行動の関係を近接学問領域の成果も踏まえてより多面的・包括的に論じられるまでに発展した。その際，意識や心をどのように理解するか，という議論の出発点から生理的過程との関係は重要な焦点であった。即ち自然科学的方法によって意識を追求しようとした心理学の発足当初から，生理心理学は心理学の問題の核心を担ってきた。

　現在脳科学（神経科学）の急速な発展を背景として脳と心の関係，意識と行動の神経メカニズムについては非常に多くのことが明らかにされている。脳（神経）科学の一角を占める生理心理学は意識と行動のメカニズムに関して，本書に見られるように（共時的視点からは）かなり多くのことを論じることが可能になっている。

　意識・行動の成り立ちという視点からはどうであろうか？　心理学における意識・行動の成り立ちに関しては発達心理学（個体発生）や進化心理学（系統発生）が多くの議論を積み重ねている。「成り立ち」をどのように理解するかというと，少なくともそれぞれの意識や行動が時間経過とともにどのように形成され，変化するか，という発生・発達的（通時的）観点が含まれる。これまで生理心理学の議論において発達的観点が自覚されていた報告は必ずしも多いとは言えない。意識や行動の基礎過程を明らかにしようとする生理心理学であればこそ，そこに発達的視点を導入することにより，それぞれの意識，行動の意味・役割がより明確となる。

　ところで，心理学を自然科学として見るか，社会科学，あるいは人文科学として見るかについては様々な議論がある。しかし生理心理学が生物学を背景とした自然科学的立場に立つことに議論の余地はない。発達心理学の祖 Vygotsky の共同研究者で神経心理学の開拓者でもある Luria（1959; 松野・関口，1969）は自然科学としての心理学の原則を3つあげて，発達的視点の意義を強調した。

①それぞれの心理過程は生体と環境との具体的な相互作用の結果，形成された複雑な機能構造物である（相互作用説）。
②科学的心理学は心理活動の形成＝発達に関する学問にならなければならない：発達は生体と環境とのリアルな相互作用の過程における心理活動の形成である（発生的観点）。
③人間の心理活動の形成は常に周囲の人々との生きた交際の条件で行われ，その過程で子どもは大人から多くの世代の経験を習得する（内化理論）。

　近年の生物学・心理学・社会学を統合した発達科学構築の動きの中で，比較行動学者 Gottlieb（Cairns et al., 1996; 本田・高梨，2006）は，系統発生の観点から発達的心理生物学的システム論を唱え，分子レベルから社会行動の相互作用と創発のプロセスを明らかにしようとする。彼は「個体発達は相互に影響し合う多層の水準で階層的に組

織されている。遺伝情報は神経系の構築を通して行動に関与し，環境に働きかけ，環境からの作用もそれぞれの水準を通して遺伝活動に影響する，即ち相互作用によって発達は進む。」と述べる（図2-5-1）。

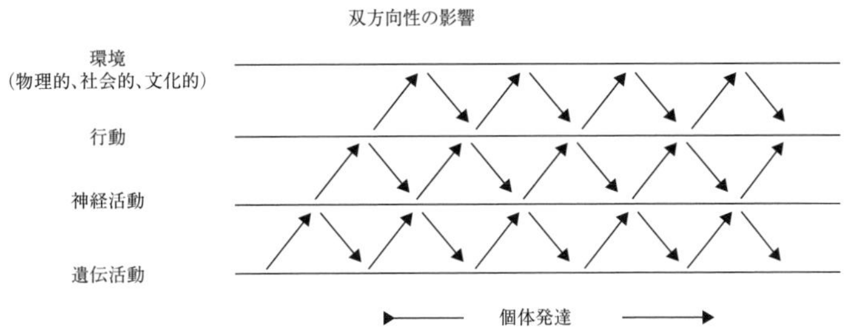

●図2-5-1　発達心理生物学的システムの枠組み：水準間の行き来の双方向性

2. 発達とは

　Gottliebの立場を紹介する前に，筆者の発達理解を示しておきたい。通常，われわれは子供が大きくなって大人になるプロセスを「発達」と言う。発達は生まれたばかりの他者への依存状態（新生児，乳児期）から，より自立した自由な生活様式の獲得（児童期，青年期）を経て，次の子供たちを産み育て（成人期），さらにその次の子供たちの健全な育ちを保証する役割を果たす（老年期）という経過をたどる（生涯発達）。より厳密には発達（development）は機能的変化，つまり，いろいろなことができるようになること（機能・能力の獲得過程）を意味する言葉として用いられる。なぜできるようになる必要があるかというと，発達は生物の増殖過程における個体のプロセス，子どもが大人になり，親になるプロセスだからである（谷口，1995）。

　生物と無生物の違いは，第一に生物は持続的物質代謝を行う開放系であり，第二に自己保存（個体維持）と同時に自己増殖（種の保存）を行うことにある。発達は広い意味で，個体（あるいは個体群）が次の個体（個体群）を産み，育てるはたらき（生殖能力）を獲得していくためのプロセスである。ここでは発達を生物の増殖過程における個体のプロセスとみなしている。受精卵に始まり，構造・機能の形成（成体化）と配偶行動を経て次の受精卵を形成し，その受精卵が生殖能力を獲得し，成体となるためのプロセスが発達である。ただし，人では生殖（種の保存）は社会的に行われている。

3. 発達的心理生物学的システム論

　発達的心理生物学的システム論の主張の背景には，これまで一方向であると考えられていた遺伝子の効果が，近年細胞の置かれた環境によって変わるという双方向性が理解されるようになったことがある。遺伝子（DNA）の役割は蛋白質を作り出すことであるが，この蛋白合成をもたらす遺伝子発現は細胞の置かれた環境，その結果としての細胞質特性により変わることが明らかにされた（Gottlieb et al., 2006）。

　Gottlieb（Cairns et al., 1996; 本田・高梨，2006）の主張の特徴は，①発達における多階層水準（遺伝子，細胞質，器官，器官系，生体，行動，環境）間の相互作用，即ち遺伝子発現への他階層からの作用（双方向性），を強調し，②遺伝子はその環境によって発現し，蛋白を合成する，即ち遺伝子によって形成される構造・機能は（遺伝子が置かれた）環境によって変わる，③発達の原動力は相互作用としての経験（特定要素間の関係＝協働）である，というものである。要するに，遺伝の影響は決定的ではなく，発達経過中の経験（環境）に左右されることを強調する。

　Gottliebによる，遺伝と環境の双方向性と経験による非決定性のプロセスを，図2-5-1における各水準の変化として見ておきたい（谷口，2011）。

①遺伝子は刺激を受けて遺伝子発現即ち蛋白合成を行う。
②神経レベルではその蛋白合成によって，シナプス後膜の構造が変わり，伝達物質の伝達効率が変化する。その結果，神経回路が形成され，記憶（学習）が成立することになる。脳は概念や行動単位を構成する要素情報をそれぞれ特定の場所に神経回路として蓄積（記憶）する。発達は記憶のプロセスでもある。
③行動レベルでは，記憶―とりわけ長期記憶―の成立は新たな機能・能力（移動，言語・コミュニケーション，書字，概念操作等）の獲得を意味する。それによって次の世代を生んで育てるという生殖能力を獲得し，幼体から成体への過程を進む。これが発達である。

Gottliebに先だって生体における機能創発の原理を神経系のレベルで示したのはPavlovである。Pavlovは行動と神経をつなぐ条件反射（神経の一時結合）を発見し，心理学における学習理論の構築を可能にした。即ち，心理学に対して行動と神経系の間の未知の環を提示した。今日，条件反射形成による一時結合の実体は，前記②のように遺伝子発現によるシナプス伝達効率の変化即ち神経回路形成であることが知られている。

Pavlovは食物と化学成分をむきだしの消化器官に取り出すことを可能にし，消化腺の活動を観察した。彼の「見せかけの食事」法―即ち動物ののどに外部への出口を開けて，口からの食物を胃ではなく外に出す―は口の中の食物の消化液の分泌に対する影響を観察可能にした。この方法を使って彼は口の中の食物の味が胃液分泌の原因となることを示した。Pavlovは口と胃の消化腺の間の信号は神経系によってコントロールされると考え（神経主義），現在の大脳生理学につながる高次神経活動の生理学を構築した。

4. 発達と環境：経験の効果

ここで，人の発達における経験の効果（環境の役割）を脳の可塑性研究から紹介する。日本人の子供であっても幼児期から英語圏で育てば英語を話すようになるなど，言語獲得が環境に依存することはよく知られた事実である。他方，生後早期からの視覚障害や聴覚障害は発達的に認知障害や言語障害をもたらす。先天性の聴覚障害（先天聾）の場合，そのままでは言語は発達せず，一生言語障害を持って過ごすことになる。現在では聴力損失の程度にもよるが，生後半年ころから補聴器を使って聴能訓練や言語指導をすれば，音声言語の獲得は可能である（永渕，1991）。

先天性白内障は生まれつき角膜や水晶体が白濁して光がまっすぐ網膜に届かないために視覚障害となる。その際，光覚が残っていれば角膜交換などの外科的な開眼手術によりその障害を除去することができる。しかし成育後に開眼手術を行ってもそのままでは文字の読み，書きを含め視覚による形態認知は困難である（鳥居・望月，1992）。開眼手術により幼児期早期に光入力が保証されれば視覚による生活が自然に可能になる。

脳の発達は神経細胞の増加，軸索の伸長，樹状突起の分岐，髄鞘化，シナプスの形成を伴う。その過程では神経系の過剰発生と淘汰が認められる。即ち，発達期に神経細胞は過剰発生し，その後退行，細胞死という現象が生じる。神経軸索も胎児期あるいは新生児期には沢山の神経細胞との間に異所性投射が存在し，それが発達とともに

退行し，本来あるべき投射部位に限局してくる。他の神経細胞との接点（シナプス）を構成する樹状突起も増加と減少のプロセスを経る（谷口，1995）。

神経組織がなぜ過剰発生するかというと，脳の神経回路網形成に遺伝情報がそれほど決定的役割を果たしているわけではなく，生後の環境に合わせて神経回路網を調整あるいは編成していくことを可能にすることにある。過剰細胞，過剰投射は生後の環境要因（経験）が神経回路網を形成することのできる基盤となっている（津本 1986）。過剰な神経細胞並びに過剰な神経投射の内，外来刺激パターンが活動性を引き起こす経路は保持され，それほど活性化されないシナプスはその接続が失われるメカニズムがある（用・不用説）。

5. 経験と遺伝子発現（記憶のメカニズム）

前記の仕組みを背景として，脳は豊かな環境で育つと重くなったり，皮質が厚くなったり，また神経細胞の樹状突起の分岐数が増えたり，より発達するという豊環境効果が知られてきた（清野，1995）。近年この効果に最初期遺伝子 Arc が関与していることも明らかにされている（Pinaud et al., 2001）。最初期遺伝子（IEGs）は，多様な細胞刺激に応答して一過性に，急速に活性化される遺伝子であり，近年遺伝子発現に関わって急速に研究が積み重ねられている。それらは，新しいタンパク質が合成される前の，刺激に対する最初の段階の応答において，転写レベルで活性化される持続的応答メカニズムである。即ち環境と遺伝子の相互作用の最前線であり，遺伝と神経活動との間をつなぐ。遺伝学的方法については別項で詳述されるので，記憶との関係に関わって簡単に紹介する。

たとえば，短期記憶から長期記憶へ組み込まれるには，遺伝子の転写・翻訳を伴う蛋白合成が必要となることがわかってきた（津本，1999）。電話番号を覚えるなどの短期記憶はシナプス後膜のグルタミン酸受容体がリン酸化して活性化し，イオンを通しやすくなることによって担われており，これは数時間で消失する。これに対し，長期記憶には mRNA が活性化し，蛋白合成（遺伝子発現）が必要になる。これはシナプスの構造的変化をもたらし，24時間以上持続する（柚崎，2003）。短期記憶は海馬によって保持され，その保持時間は30分から最大4時間程度までである。その後記憶は海馬から皮質に固定化される（井ノ口，2011）。この記憶の固定化にあたっては想起＝最初期遺伝子 Arc の活性化（発現）が重要な役割を果たしている。（Tzingounis & Nicoll, 2006）。

経験に伴う脳の可塑性の現れとしては①ロンドンのタクシー運転手の勤務年数と海馬後部容積の相関，②視覚障害（全盲）者の後頭葉視覚皮質による点字（触覚情報）処理，③聴覚障害者の聴覚言語野による読唇処理などが知られている。他方，ストレスによる海馬皮質体積の減少もよく知られた事実である。近年では発達脳に対する虐待の否定的影響も報告されている。これらは経験と脳の情報処理システム構築との関係を如実に示している。行動や意識はこのように形成された神経システムの産物である。

学習・記憶の実体を神経回路形成として明らかにしたように，生理心理学には心理学的仮説構成概念の妥当性を自然科学的に検証する役割がある。この役割は社会科学・人文科学の概念と自然科学の概念の橋渡しにつながることを期待したい。

第 2 部

脳と行動の研究法（動物実験）

脳への操作による心理・行動研究

　脳機能の測定のためには，まず行動的な研究を理解しておく必要がある。脳に対して何の操作もしていない状態での行動研究の成果の上に，生理心理学的な研究が存在する。脳への直接的な操作をしなくても刺激条件の変化だけで行動的な変化は生じる。人に対しては直接的な脳の操作は研究倫理上許されないので，動物実験が必要になる。学習とは「経験によって獲得される比較的永続的な行動の変化」と定義される。学習を理解するために実験的な手続きとして用いられる条件づけ手続きを理解しておくことは，動物実験の計画においては必須である。条件づけの研究を理解した上で，脳の操作により行動が変化したのか，あるいは変化しなかったのかを見極めなければ，間違った結論を導いてしまう恐れがある。実験的研究においては統制条件が非常に重要である。統制条件とは脳波測定における閉眼安静状態のように，極力外的刺激を入れないときの安静状態が望ましい。

　この章では，動物実験で用いられる条件づけ操作である古典的条件づけ（classical conditioning）とオペラント条件づけ（operant conditioning）について基礎的な研究の概説をした後，薬理学的な研究も含めてよく用いられている空間学習（spatial learning）と社会的学習（social learning）についても解説する。古典的条件づけとオペラント条件づけの結果における最大の相違点は，反応が刺激によって受動的に引き起こされるのか，能動的に自発的な反応が生起するのかの違いである。古典的条件づけでは条件刺激により条件反応が受動的に引き起こされるのに対して，オペラント条件づけでは弁別刺激の下で生体が能動的に自発的反応を起こす。古典的条件づけにおいては，一般に無条件刺激により引き起こされた無条件反応と学習された条件反応が同じである。オペラント条件づけでは，条件づけする反応を実験者が能動的に形成することができる。この反応タイプの大きな違いは脳内神経機構も異なることが容易に推察される。まずはこの2つの条件づけについて見ていくことにする。

1節　古典的条件づけ

　Pavlov がイヌを使って消化腺の研究をしているときに見つけた現象は，後に古典的条件づけとよばれるようになった。それは多くの学習心理学の教科書に記載されている（たとえば，今田，1996）。Pavlov は 1904 年のノーベル生理学・医学賞の受賞講演の中でこの条件づけの話をしている。食べ物を口に入れることで唾液が分泌され

るのは，無条件刺激（unconditioned stimulus: US）に対する無条件反応（unconditioned response: UR）である。しかし，イヌに食べ物を入れる皿を見せただけで唾液が分泌される反応は条件反応である。このときの皿は餌と結びついた条件刺激（conditioned stimulus: CS）であり，そのときの唾液分泌反応は条件反応（conditioned response: CR）である。US→URからCS→CRになっているが，このときのURとCRは同じ唾液分泌反応である。その反応が生起するタイミングが学習によって変化する。

古典的条件づけではCS-USの関係性が重要であり，現在の多くの実験においては操作のしやすい音をCSとして，電気ショックをUSとして用いている。CSとしての音の高低，大小，長短を刺激変数として操作することが多い。USとしての電気ショックも同様にその強弱，長短，CS-USの関係性を独立変数の実験操作として変化させる。

古典的条件づけではCS-USの時間的接近も重要であるが，それ以上にCS-USの随伴性の要因がもっと重要である。CS-USの提示確率とnoCS-USの提示確率が同じであれば条件づけは成立しない（Rescorla & Solomon, 1967）。古典的条件づけの生起しやすさをCS-USの随伴性空間（contingency space）として図に描くことができる（図3-1-1）。

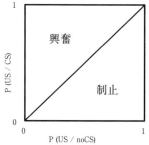

◯図3-1-1 古典的条件づけにおける反応生起に関する随伴性空間
（今田, 1996）
興奮の領域では古典的条件づけが成立し，制止の領域ではその逆の反応が生起することになる。共に等確率の斜線部では条件づけが全く生起しないことを示している。

1. 古典的条件づけの手続き

古典的条件づけではCS-USの関係性から，一般に基本的な5つの条件づけ手続きが知られている（図3-1-2）。同時条件づけ（simultaneous conditioning），延滞条件づけ（delayed conditioning），痕跡条件づけ（trace conditioning）はいずれもCS→USの時間方向性をもつが，CSとUSの時間関係が同時条件づけでは標準的な長さのCSの最後にUSが含まれ，延滞条件づけではCSの長さが延長され，痕跡条件づけではCSの提示後に間隔を置いた後にUSが提示される。一方，逆向条件づけ（backward conditioning）ではCSとUSの時間関係が逆になっており，US→CSの提示となる。一般に逆向条件づけでは条件づけは成立しないことが知られている。また時間条件づけ（temporal conditioning）ではUSを提示する規則的な時間間隔（timing interval）がCSとなる。時間条件づけでは条件づけが成立する。

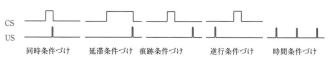

◯図3-1-2 古典的条件づけにおける5つの基本的手続き（坂田, 2003）

この時間条件づけの手続きを用いて，音刺激を一定の短い間隔で提示するとその間隔が予測可能となる。このときに同時に脳波を計測して音刺激提示時点をトリガーとして加算平均をすると，いつも提示される音刺激が提示されないときに欠落刺激電位（missing stimulus potentials: MSP）が観察される（Simson et al., 1976）。これは一定の時間間隔も明確なCSとして機能することを示している。また刺激の間隔を予測することで脳電位が陰性にシフトする現象である随伴性陰性変動（contingent negative variation: CNV）の研究もなされている（Sutton et al., 1967）。

2. 古典的条件づけと神経活動

ウサギを用いた瞬膜／眼瞼条件づけ(nictitationg membrane/eyelid conditioning) 研究から古典的条件づけと神経活動の関係をみることができる。音刺激をCS，目に対する空気の吹きつけをUSとして同時条件づけ手続きを行うと，音刺激だけでウサギは瞬膜を閉じるようになる。この神経回路を調べると，本来USにより小脳の登上線維（climbing fiber）が興奮してURが生じていたが，CSが橋核を経由して苔状線維（mossy fiber）から平行線維（parallel fiber）の信号として到達するときに，登上線維信号との間で干渉が起きて伝達効率が落ちる。小脳プルキンエ細胞（Purkinje cell）への抑制として働く室頂核（pontine nucleus）にCSからUSへの入力経路が新規に作られていき条件づけが成立するようになることがわかった（Thompson, 1986）。CS-USの刺激連合学習を使うことでその神経回路を明らかにすることができた例である（図3-1-3）。

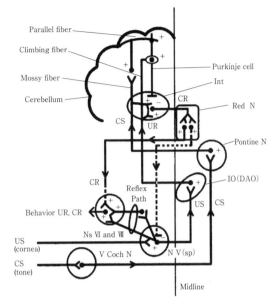

●図 3-1-3 眼瞼条件づけにおける音CSによる瞬膜反射USとの神経回路の説明（Thompson, 1986）

ラットを用いた条件性抑制（conditioned suppression）も実験的によく利用される実験例である。たとえば，ある一定の能動的反応をさせる条件下で，音−電撃をCS-USとしてあらかじめ学習させておくと，CSが提示された時にその反応が抑制されるようになる。CS提示前の30秒間の反応率とCS提示下の30秒間の反応率を測定して抑制率を求めることができる。抑制が生じない時にはその指標は0.5となるが，抑制が大きいほど抑制率は小さな値を示すようになり，凍結反応（freezing response）を示して反応が全く出ない状態になるとその指標は0になる。USとしての電撃の強度が大きい程，抑制率も小さな値を示すようになる。たとえば，この時のラットの脳波を測定してCS提示時点で脳波を並べて加算平均をすると，条件づけの強さに応じて誘発電位の振幅も大きくなる。CSによる誘発電位の振幅を指標として学習の指標とすることも可能である（坂田・杉本, 1990）。

2節 オペラント条件づけ

生理心理学，神経科学においてはオペラント条件づけが多く用いられている。動物に主観的判断を求める課題として適している。オペラント条件づけはSkinnerが始めたものであるが，その弟子であるReynolds（1975）によれば「オペラント条件づけは，行動の実験科学である。オペラント条件づけという用語は，厳密には，ある行動の結果によって，その行動の生起頻度が変容される過程を意味するが，長い間使われているうちに，心理学における1つの包括的な研究方法を意味するようになった。こ

の研究方法の一般的特徴は，行動を決定論的かつ実験的に分析する点にある。」と述べているように，環境要因が行動の変容に及ぼす効果を客観的手法を用いて実験的に分析することにある。その関係性は，「環境内に存在する弁別刺激－自発するオペラント反応－反応に続く強化事象」の三項随伴性（three-term contingency）として知られている（図3-2-1）。

◆図3-2-1　3項随伴性の説明図

反応に強化子が伴うことを強化とよび，この強化が次のオペラント行動の出現頻度を増減させる力をもつ。弁別刺激とはオペラント反応が生じたときに環境に存在する事柄である。

1. オペラント条件づけの強化スケジュール

オペラント条件づけではオペラント反応とそれに続く強化事象の反応－強化随伴性が特に重要である。強化子（reinforcer）に何を用いるのかも重要な要因となる。多くは一次性強化子としての餌や水が用いられている。餌を強化子とするための動因操作として自由摂食時体重の85％体重に制限する等の手続きが用いられる。反応－強化随伴性の関係を規定する強化スケジュールには，反応数に依存する比率強化スケジュールと経過時間に依存する間隔強化スケジュールがある。さらに，反応数あるいは経過時間を固定したスケジュールか，変動するスケジュールがある。この組み合わせにより，反応強化スケジュールには基本的手続きとして代表的な4つの強化スケジュールがある（表3-2-1）。具体的な実験においては，図3-2-2のような実験箱を用いて，これらの基本強化スケジュールの組み合わせや弁別刺激の設定により，実験者が明らかにしようとする標的行動のシミュレーション実験が可能となる。

固定比率強化スケジュール（fixed ratio reinforcement schedule: FR）では決まった回数のオペラント反応に対して強化が随伴する。FR強化スケジュールでは設定された回数の反応をひとまとまりとした行動パターンが出現するようになる。変動比率強化スケジュール（variable ratio reinforcement schedule: VR）では毎回強化される反応回数が変動するために，行動パターンとしてはVRの値に応じて比較的高い反応率の連続した反応が出現する。強化子がいつ随伴するかは予測できないために休むことなく反応が出現する。強化子への依存性の高さを調べる研究に応用される。FRもVRも反応率に依存する比率スケジュールであるために，オペラント行動の出現頻度をその値により比較的容易にコントロールできる。

◆表3-2-1　オペラント条件づけの強化スケジュールの説明

	比率強化スケジュール（Ratio）	間隔強化スケジュール（Interval）
固定（Fixed）	固定比率強化スケジュール（FR: fixed ratio）決まった回数の反応に対して1回強化する。たとえば，FR10であれば，10回の反応に対して1回強化される。	固定間隔強化スケジュール（FI: fixed interval）決まった時間間隔経過後の初発反応に対して強化する。たとえば，FI30秒であれば，30秒経過後の初発反応が強化される。
変動（Variable）	変動比率強化スケジュール（VR: variable ratio）変動する回数の反応に対して1回強化する。たとえば，VR10であれば，6回で強化されるときもあれば，14回で強化されるときもある。	変動間隔強化スケジュール（VI: variable interval）変動する時間間隔経過後の初発反応に対して強化する。たとえば，VI30秒であれば，15秒経過後の反応が強化されることもあれば，45秒経過しないと強化されないこともある。

◆図3-2-2　ラット用オペラント箱

固定間隔強化スケジュール（fixed interval reinforcement schedule: FI）では，固定された強化設定時間後の初発反応が強化されるため，これを訓練すると試行の最初ではオペラント反応が出現せず，経過時間とともに強化設定時間付近に反応が集中するような行動パターンが観察される。時間経過に依存したスケジュールであるので，強化が設定された時間に応じた行動が出現する。変動間隔強化スケジュール（variable interval reinforcement schedule: VI）は強化設定時間が試行ごとに変動するために強化出現の間隔を予測できない。行動パターンとしては一定の間隔で反応するようになり，横軸を経過時間，縦軸を累積反応数とした累積記録をグラフ化すると反応パターンはVIの値に応じた傾きをもつ直線となる。

2. オペラント条件づけと神経活動

単純な実験箱の中で光刺激や音刺激を弁別刺激として用いることで，刺激に制御された行動を出現させることができる。もともと意味の無い刺激に対しては刺激提示に対して定位反応（orienting response: OR）が生じるだけであるが，その刺激を繰り返し提示することでやがてその反応も消えていく。しかし，その刺激に意味を付与する訓練を行うと，その刺激に対して脳の情報処理が行われるようになると予想される。たとえば，8 kHzの音提示でレバー押し反応をすれば餌の強化子が提示され，4 kHzの音提示ではレバー押し反応をしても強化されないような，音の高低の弁別課題をラットで訓練すると，提示された音刺激に対して85％以上の正反応をするようになる。このときのラットの脳波を前部帯状皮質（anterior cingulate cortex: ACC）から記録して，音刺激をトリガーとして時間軸を揃えて加算平均を行うとヒトの頭皮上から測定された事象関連電位のP3として報告されている（Picton & Hillyard, 1974）のと同様の陽性電位の成分がラットでも観察される（Hattori et al., 2010）。

3. オペラント条件づけと機能的脳部位

海馬からは振幅の大きなサイン波状の同期した脳波が測定され，これを海馬 θ（シータ）波（hippocampal theta）とよんでいる。海馬は場所の認識や記憶のみならず，学習とも関連していると考えられている大脳辺縁系の脳部位である。オペラント条件づけを用いて，光刺激と音刺激の刺激弁別を学習させると，感覚モダリティの異なる刺激弁別であればラットでも容易に学習させることができる。このような単純弁別課題では海馬の働きは必要ないと考えられている。しかし，負パターニング課題とよばれる複雑な刺激弁別課題に対しては海馬の働きが必要とされている。この課題は光刺激提示に対してはレバー押し反応を強化し，音刺激提示に対してもレバー押し反応を強化するが，光刺激と音刺激の同時提示に対してはレバー押し反応を強化しない課題である（﨑本ら，2010）。海馬 θ 波の出現パワーは弁別刺激の刺激特性に応じて変化し，特に行動抑制を要求する課題に対しては一時的な海馬 θ 波パワーの減少も観察されている（Sakimoto & Sakata, 2014）。これらの脳波パワーの変動と行動パターンとの関係性は今後さらに研究が盛んに行われる必要がある分野である。

4. ニューラルオペラント

行動パターンと脳機能の関係性は従来からの研究の方向性であるが，最近では

ニューラルオペラント課題も行われるようになってきた。これはオペラント反応としての行動をニューロン活動に置き換えたもので，ニューロン活動そのもので報酬を得る実験課題である。最初は従来の行動オペラント課題を形成し，そのときのニューロン活動を測定しておき，その行動と相関するニューロン活動を中心として，ニューロン活動だけから強化を随伴させる課題である。これをニューラルオペラント課題とよび，ラットの運動皮質からマルチニューロン活動を記録して海馬ニューロンと同期した活動記録も行い，独立成分分析によるマルチニューロン活動の分離解析法を用いてニューラルオペラント課題を行った報告がある（Sakurai & Takahashi, 2013）。

脊髄損傷により動かなくなった四肢を，脳活動を検出することでロボットアームを動かすように人工義肢のスイッチを入れる指令として使うことができる。応用的利用は現実のものとなりつつある。ニューロン活動の検出方法については6章3節に詳細に記述されている。また，脳への電気刺激に関しては4章2節も参照されたい。

3節　空間学習

空間学習は，複数の対象の空間的関係に関する学習である。古典的条件づけやオペラント条件づけといった学習は，一般的に，光，音，あるいは食物のように，特定の感覚器によって知覚できる刺激を対象とした学習である*。これに対して，空間学習が対象とするのは，特定の感覚モダリティに依存しない情報から構成される表象であり，知覚された情報というよりも認知された情報である。空間を構成するためにはなんらかの物理的実質が必要だが，必ずしもそれが一般的な学習の対象となる知覚できる物理的実質である必要はない。そのため，空間学習で学習される対象が何であるのかという点については注意せねばならない。

ある場所は，その場所が含まれる空間内のある一地点を基準とし，それに対する相対的な位置関係として規定される。どのような地点が基準となるかはさまざまだが，定住する生体の場合は住まいや巣などが相当することが多いと思われる。

*複数の感覚モダリティに属する刺激からなる複合刺激などを用いた学習など，例外もある。

1. 対象空間の規模

空間学習を考える上で，現在地と対象となる空間位置が含まれる空間の規模は重要である。空間の広がりという意味では，空間には切れ目がなく，われわれ自身が物理的に存在しているこの宇宙空間全体に広がっていると捉えることも可能だが，特定の行動を対象とする場合や，心的表象としての認知的空間という観点からは，対象となる生体を中心とした限られた空間が問題となってくる。また，空間の規模は，対象としている行動が生じる空間の物理的な大きさの違いだけではなく，その行動に必要となってくる心的処理の違いとしても捉えることができる。

〈大規模空間〉対象となる場所が，現在地からは感覚情報として直接入力できないような位置となる状況である。自己の身体の移動を伴う，現在地から見えない目的地へ向かう行動が生じる，あるいは課題として要求される。ナビゲーションの多くは大規模空間内での行動だといえる。

〈中規模空間〉対象となる場所に到達するために，自身の移動は伴うが，その移動は現在地から見える位置に対して行われる状況である。つまり，現在地点から直接見渡せる場所が対象となる。

〈小規模空間〉自身の移動を伴わずに直接見渡せる範囲に関する学習事態である。視野内の位置が対象となる。小規模空間内での行動には，場合によっては記憶を必要としない。

2. 場所同定のための手がかり

現在地を同定するためには，いくつかの外的手がかりが用いられる。これにはさまざまな呼称のされ方があるが，ランドマークとよばれることが多い。遠位手がかりと近位手がかりに分けることができる。

〈遠位手がかり〉

当該環境内の多くの場所から利用できる手がかりのことを遠位手がかりとよぶ。その手がかりによって，目的とする場所と現在地の相対的な位置関係が示されることが多く，直接目的地の方向を示すことは少ない。目的地の方向を示すものはビーコンともよばれる。自然環境下において，多くの動物が使用する太陽，月，星の布置（星座）も遠位手がかりに含まれる。実験場面においては，実験室内に置かれた装置や壁に貼られたポスターなども遠位手がかりである。

〈近位手がかり〉

限定された場所でしか利用できない手がかりは近位手がかりとよばれる。狭義のランドマークは，近位手がかりとなるランドマークのことをさす。例として，交差点の角にあるポストや銀行の看板などを挙げることができる。室内や大きな建造物の近くにいる場合は，自身を取り囲む壁などの形状から現在地を識別することができる。このような手がかりは幾何学的手がかりとよばれる（Cheng, 2008）。たとえば，長方形の形状をした部屋の中にいるとすれば，左手に長い方の壁，右手に短い方の壁となる壁の見え方で現在地を同定する。ただし，上記のような見え方をする位置は部屋の中で二点あり，幾何学的手がかりのみしか利用できない場合は，それらのどちらかを決定することはできない。

3. 認知地図

大規模空間内の移動は，多くの場合は，現在地から直接見えない目的地に移動する事態であるために，その環境の空間構造に関する記憶が必要になってくる。このような空間の内的表象は認知地図（cognitive map）とよばれる。認知地図は，Tolman (1948) によるラットを対象としたいくつか迷路実験の報告が起源だとされている。Tolman は，迷路内のあるスタート地点からゴール地点まで走行することをラットに学習させ，その後，迷路の構造を変更しても，ラットがゴールにたどり着くことができることを示した。これは，ラットがスタート地点からゴール地点の間の刺激 – 反応関係の系列だけを学習していたのではなく，迷路環境全体の空間構造を学習しているとされた。

認知地図の分類には諸説あるが，ルートマップとサーヴェイマップに分ける考え方が最も一般的である（Shemyakin, 1962）。ルートマップは空間を経路的に表した表象で，

「この交差点を右に曲がり直進した後，次の交差点は左に曲がる」というように現在地から目的地までの要所でどのように進むかという，場所とそこでの行動の系列から成る。サーヴェイマップは，空間を鳥瞰図的に表した表象で，現在地と目的地の位置関係が幾何学的に表象されていると考えられている。狭義にはサーヴェイマップをして認知地図という場合もある。新たな環境下で認知地図が形成される際には，まず二地点間を結ぶルートマップが形成され，複数のルートマップが統合されることでサーヴェイマップが形成されると考えられている（Siegel & White, 1975）。

遠位手がかりが利用できる場合は，その手がかりとの相対的な位置関係によって目的地の方向を同定できるために，環境の空間構造の記憶は必要としない。目的地の方位が，その遠位手がかりの方位と一致する場合は，その手がかりの方向へ向かえばよいので，比較的単純な処理で済む。しかし，それらが一致しない場合は，目的地の方位はその遠位手ががりとの相対的な方角として計算されなければならない。さらに，太陽や星の布置を遠位手がかりとする場合は，日内での時刻の情報も考慮する必要がある。

場所同定の手がかりが複数利用でき，それらが競合する場面が注目されることもある。たとえば，隠蔽や阻止といった，光，音，あるいは食物のような明確に規定できる刺激を対象とした古典的条件づけにおいて認められる現象が，空間学習でも認められるのかなどについて議論されている（Cheng & Newcombe, 2005; Kosaki et al., 2013; Pearce, 2009）。

4. 空間学習と関連する脳領域

(1) 海馬とその関連領域

海馬は大脳辺縁系の一部位であり，ヒトの場合は側頭葉の内側に，齧歯類の場合は脳の中央部背側から腹側にかけて皮質下に埋め込まれるような形で存在する。大脳辺縁系に含まれる海馬は，空間学習に密接に関わることが知られている。たとえば，実験的に海馬を損傷されたラットは，放射状迷路やモリス型水迷路などの空間学習課題の遂行が障害される（Olton & Papas, 1979; Morris et al., 1982）。海馬のニューロンには，生体がある環境内の特定の空間領域にいる時に活発に活動電位を発するものがある（図3-3-1; O'keefe & Dostrovsky, 1971; O'keefe & Nadel, 1978）。このような細胞は「場所細胞（place cells）」とよばれ，生体がplace fieldとよばれる反応領域内にいる時に，その向きに関わらず（どの方向を向いていても）活動性を上げる。ほとんどの場所細胞の反応領域は環境内で一カ所である。このことは，現在地がどこであるのかという情報が海馬に表現されていることを示しており，ラットでは場所細胞群の活動から，ラットがどこにいるのかを同定すること（デコーディング）も可能である（Brown et al., 1998; Wilson & McNaughton, 1993）。

海馬への主要な情報の入力源は嗅内皮質である。嗅内皮質は内側部と外側部に分けることができるが，空間的な情報は主に内側部が扱っている（Hargreaves et al., 2005）。嗅内皮質内側部には，特徴的な反応を示すグリッド細胞（grid cells）が存在する（Fyhn et al., 2004; Hafting et al., 2005）。グリッド細胞の反応する領域は場所細

○図3-3-1 場所細胞の応答の例（Lever et al., 2002より改変）
9個の場所細胞の円形フィールド内での発火頻度を表している。明るい方が発火頻度が高い。

○図3-3-2 嗅内皮質内側部ニューロンの応答例
(a)グリッド細胞の例（Hafting et al., 2005より改変）。(b)境界細胞の例（Solstad et al., 2008より改変）。

のように環境内の一か所ではなく，複数の反応領域が正三角形状パターンに整然と並んでいる（図3-3-2a）。さらに，オープンフィールドなどの環境の境界近辺で活動性を上げる嗅内皮質内側部ニューロンの存在も報告されている（境界細胞，border cell；図3-3-2b；Solstad et al., 2008）。また，解剖学的に海馬と密接に関連するPapez回路に含まれる脳領域では（Papez, 1937），生体が特定の方位に頭を向けている時に活動するニューロン（頭部方向細胞，head-direction cell）が存在する（Ranck, 1984; Taube et al., 1990）。このようにさまざまな空間的情報が脳内のさまざまな領域で扱われていることが明らかになってきている。

(2) 頭頂葉

空間認知については，頭頂皮質も深く関与する。頭頂皮質は自己中心的な空間認知，つまり，自身の位置を基準として対象の位置を認知することに関わり，海馬系は他者中心的な空間認知，つまり，地図上での位置認知のように自身の位置には依存しない対象位置の認知に関わるという考え方もある。

頭頂葉内側部に位置する後部帯状皮質や脳梁膨大後皮質が損傷されると，道順障害とよばれる特徴的な空間的能力の障害がみられる。道順障害の患者では，現在地がどこであるかということは理解できるのだが，そこからどう行けば目的地に到達できるかわからなくなる（Takahashi et al., 1997）。Sato et al. (2006; 2010) は，サルの頭頂葉内側部のニューロンが特定ルートをたどることに関係していることを示した。コンピュータ・グラフィックスによって作り出した立体的な仮想建造物内で，指定した目的の部屋までジョイスティックを使って移動するナビゲーション課題を行っているサルの頭頂葉内側部のニューロン活動を記録した（図3-3-3）。その結果，「仮想建造物内のある地点において左に旋回する」というような特定の場所で特定の行動を行った時に活動するニューロンが頭頂葉内側部で見つかったのである。

さらに興味深いことに，一部のニューロンは，同じ場所での同じ行動であっても行き先によって応答を変化させる，つまり特定の目的地を目指している時にだけ活動を示した（図3-3-4）。そのようなニューロンは，たとえば「正面の部屋へ向かっている時に，その途中にある地点において直進する」という3つの条件が揃った場合にのみ活動したのである。ある目的地を目指してナビゲーション行動を行う際には，この

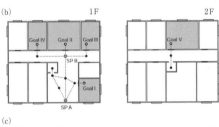

◎図3-3-3 Sato et al. (2006) の実験場面
(a)使用した仮想建造物内の1シーン。(b)仮想建造物内のフロアマップ。2箇所のスタート地点（SP A, B）から5箇所のゴール地点（Goal I〜V）へ移動するナビゲーション課題をサルに課した。(c)左：サルは手元のジョイスティックを操作して，仮想建造物内を移動する。サルは偏光メガネをかけており，実際には立体像が見えている。右：実験室の全景。

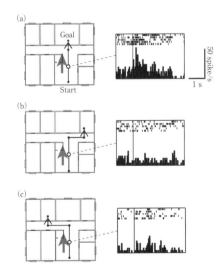

◎図3-3-4 ルート特異的なニューロン活動の1例
このニューロンは，正面の部屋へのルート途中の地点（○）で直進した時に応答した（a）。しかし，他の部屋へのルートをたどっている時には，同じ場所で同様に直進しても応答しなかった（b, c）。つまり，特定のルートをたどっている際に，ルートの途中の場所での適切な行動に関する情報を持っていることを示唆している。

ようなニューロンがルートの途中の地点において，そこからどう進めばよいのかということを表現していると考えられる。このような情報が目的地に到るまでの要所ごとにあれば，目的地まで正確なルートをたどることができる。

このようなニューロンが観察された頭頂葉内側部が正常に働かないと，道に迷ってしまうことになる。上記のナビゲーション課題を行っているサルの頭頂葉内側部を不活性化する処置を行うと，ナビゲーションが正確にできなくなる（Sato et al., 2006）。

5. 迷路

動物（特に齧歯類）で空間学習について研究する場合は迷路が用いられることが多い。以下に代表的なものを挙げておきたい。

〈T字（Y字）迷路〉

特に齧歯類において用いられることの多い迷路で，文字通りT字形あるいはY字形をした迷路である。3本の走路（アーム）から構成されており，設定する課題により使用法はさまざまだが，通常そのうちの1つをスタート地点とし，残りの二本のアームへの進入を選択させる。正しいアームの先端部まで走行すると報酬が与えられることが多い。Y字迷路の場合は3本のアームが同じ角度でつながっているので，連続して試行を行うこともある。つまり，選択したアームの先端まで走行させた後に，そのアームをスタート地点として，残りのアームを選択肢とする（一方は前の試行でスタート地点だったアーム）。

〈放射状迷路〉

Olton & Samuelson（1976）によって開発された迷路（図3-3-5）で，中央のプラットホームから，通常8方向のアームが放射状に延びる構造になっている。中央プラットホームをスタート地点として各アーム先端まで走行し，アーム先端に置かれた報酬を得ることを課題とする。もっとも効率よく報酬を得るには，一度訪れたアームを覚えておき，そこには行かないことである。一度訪れたアームを再び訪れる反応はエラーとして扱い，それをもとに課題成績を評価する。

〈水迷路〉

Morris（1981）によって開発された迷路（図3-3-6）。円形のプールに水面下が見えないように濁らせた水を張り，プール内の任意の場所に，水面にちょうど隠れるプラットホームを設置する。水に浸かっている状態を嫌う動物は，水から逃れようと泳いでいるうちにプラットホームを見つける。プール内のプラットホームに行きつくまでに要する時間を行動指標とする。場所の学習が進むにつれて，その時間は短縮していく。

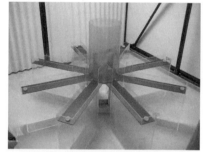
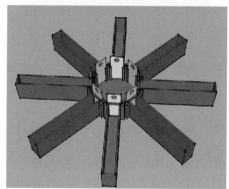

●図3-3-5　放射状迷路の例（http://www.viewpoint.fr/en/p/equipment/radial-arm-maze より）

●図3-3-6　水迷路の例（http://mikeclaffey.com/psyc170/notes/notes-memory.html より）

この他，空間学習に関する実験に用いられる代表的な迷路として，十字迷路やバーンズ迷路（Barnes, 1979）などがある。

6. 反応学習・場所学習

目的地へのナビゲーションを学習する際に，どのように行けばよいのかを学習する場合を反応学習，どこに行けばよいのかを学習する場合を場所学習とよぶ。どちらの学習が優勢かを調べる方法として，たとえば，ある実験室内で北方向に置かれたT字迷路で東側のアームに行くことを学習させ，その迷路を南方向になるよう逆方向に置きテストを行う。その場合に予測される反応は，反応学習がなされていたとすると，西側のアームに行くことであり，場所学習がなされていたとすると，東側のアームに行くことである。Tolman et al. (1946) は，十字迷路を用いて，場所学習群と反応学習群の2群のラットに分けて，どちらの学習が早く成立するかを検討したところ，ラットにおいては場所学習の方がはるかに早く成立することを報告している。

ラットにおいて，目的地に到達すると，エサのような報酬を得ることのできる報酬性の学習事態では，学習が進むにつれて，場所学習から反応学習と遷移していくことが知られている（Packard & McGaugh, 1996）。一方で，目的地に到達すると，浸水状況のような嫌悪的な状況から逃避できるような嫌悪性の学習事態では，学習初期には反応学習が優勢で，しだいに場所学習に遷移するとの報告もある（Asem & Holland, 2013）。

4節　社会的学習

社会とは，複数の個人・個体から形成される集団，およびそこに生じる相互作用をさす。社会的行動とは，個体間で生じるあらゆる行動をさし，生得的行動と学習性の行動に分けることができる。同種個体が集まって群れを形成する種があるが，その群れの形成や，繁殖時に行われる雌雄間の相互作用は，その種の生得的な特性である。社会的行動の学習には，他個体の行動によって自身の行動が変容することと，自身の行動によって他個体の行動を変化させることを学習する場合を想定することができる。しかし，そもそも社会的行動自体が個体間の相互作用であるために，社会的学習には両方の成分が含まれ，両者を区別することが難しい場合が多い。

1. 社会行動を動物で研究する意義

社会的行動に限ったことではないが，ある心的機能の神経メカニズムを明らかにしようとする場合には，動物を対象とした研究が必須である。この点は動物研究の大きな意義の1つである。また，対象動物の生態を研究するという意義がある。現存している動物種はあらゆる環境にあらゆる方略で適応している。つまり，さまざまな動物が，それぞれの同種内あるいは異種間から構成される社会環境に適応していることになる。個体間相互作用の一般的な法則を見いだすためには，それぞれの動物種がどのような社会を構成し，そこからどのような情報を抽出し，どのように環境に適する形に行動を変容させていくのかについて検討することは重要な視点となる。また，ヒトを含めた動物のそれぞれの種の行動様式や，適応すべき環境の類似点や相違点を見い

だすことも同様に意味のあることだと考えられる。

しかし，動物を対象として研究をする場合は，それがヒトと全く同じ心的プロセスではないという可能性には，やはり注意を払うべきである。ただし，その背後にはなんらかの類似した基礎的，基盤的なプロセスやメカニズムの存在を想定することが可能であり，この点からも，さまざまな動物種における社会的行動やその学習プロセスの類似点や相違点について慎重に吟味した上で議論することは重要である。

2. 社会的手がかりを与える対象（他個体の提示）

動物を対象とした社会的行動に関する研究では，問題とする個体に対して社会的手がかりを与える他個体として，親や子，同腹の兄弟姉妹，ケージメイト，全くなじみのない他個体，他種の動物などを想定することができる。実験上の手続きとして，遺伝的な遠近や，生後に他個体にさらすことによって，なじみの程度（親和性）を操作することが行われる。

(1) 親子（母子）関係

親子関係は遺伝的に近縁な関係の代表であり，その間で行われる代表的な社会行動として，養育に関わる行動を挙げることができる。特に齧歯類の場合には，母親が子に対して行う，なめる行動（licking），授乳（nursing），毛繕い行動（grooming），巣に運ぶ行動（retrieving）などの養育行動が対象となる。

親子関係の社会行動の研究の一例として母子分離による行動の変化を観察する方法がある。ほ乳類の多くの動物は，生後間もない期間は脆弱であり，主に母親からの養育を必要とする。そのため，親や同腹の兄弟姉妹から分離されることは死活問題となる。実験場面では，母子分離が行われた際に，子から発せられるシグナルや，親側の子の探索を始めとする養育行動が検討される。たとえば，生まれて間もないラットは，母や同腹ラットから分離されると，超音波帯域にあたる発声を行うことが知られている（Hofer, 1996; Noirot, 1972）。母ラットは，子ラットの超音波発声を聞きつけると，子ラットを探す行動，身体への接触行動，および巣に連れ戻す行動などを示す（Uematsu et al., 2007）。

また，親の存在を手がかりとして，子に生起する社会的学習の1つに刷り込みがある。刷り込み（刻印づけ，インプリンティング）とは，発達の初期段階において，特定の刺激によって行動が変化させられることで，鳥類などの一部の種に認められる現象である。出生直後の初期経験によって生じる行動の変化，つまり学習であるために初期学習の一例とされる。自然状況下であれば，母子間や異性間など同種他個体との間で生じる現象であるが，実験的にそれ以外の対象に引き起こすことも可能である。刷り込みについては，Lorenzのハイイロガンの報告がよく知られている。ハイイロガンのヒナは，生後すぐに接した動く対象を追随する行動をみせる（Lorenz, 1949）。この追随行動は頑強で，一旦学習されると新たな対象への追随を再学習させることはできないと言われている。刷り込みが引き起こされる期間は，生後のある一定期間であり，その期間は臨界期（感受期，敏感期）とよばれる。臨界期を決定づける神経メカニズムについては，多くの研究がなされている（Horn, 2004）。

(2) 他個体の識別

新奇な刺激を好む性質を用いた実験によって，ラットが他個体を識別することが

可能であることが示されている（Thor & Holloway, 1982; Gheusi et al., 1994）。一度特定の個体にさらしておいて，その後再び同じ個体にさらした際に当該個体が行う社会的探索行動（匂いをかいだり接触したりする行動）を，新奇個体に対する探索行動と比較する。Thor & Holloway (1982) の場合，社会的探索行動と定義されたのは，刺激となった他個体に対して鼻先を 1 cm 以内に近づける行動，あるいはスニッフィング，追随，毛繕いなどで他個体へ直接接触する行動であった。ラットが一度さらされた個体について記憶しており，その個体と他とを識別することが可能だとすると，その個体に対する探索行動は新奇個体に対するよりも減弱すると考えられ，実際そのことが認められたのである。

(3) 他個体の提示方法

　実験場面において，当該個体に対して社会的な手がかりを与える他個体などのように提示するのかについては，いくつかの方法を挙げることができる。オープンフィールドなどの環境を用いる場合は，自由に接触可能な状態で提示する手続きや，一定区画に刺激となる他個体を閉じ込めて提示し，物理的な接触を制限する手続きなどがあり得る。また，実験箱を使用する場合においては，刺激となる個体がレバーなどの操作体に接触することを避けるために，隣接する別区画を用意し，そこにその個体を入れて提示する場合もある。区画間の境界には，穴を開けた透明なアクリル板や金網などを使用して，ある程度の接触を許す場合もある。

　直接接触が可能な状況においては，両個体に生じる行動を観察することになるが，多くの場合，出現する行動を映像として一定の期間記録し，対象行動の出現までの時間（潜時），出現頻度，持続時間などが測定される。その際に対象となる行動は，たとえば齧歯類の場合は，親和的行動として，直接的な接触，匂い嗅ぎ（スニッフィング，sniffing），追随（following），他個体に対する毛繕い（grooming）などである。また，攻撃的行動として，追跡（chasing），噛みつき（biting），ひっかき・なぐり（boxing），つかみかかり（wrestling）などの行動，防御的行動として，逃走（escape），防御的直立姿勢（defensive upright posture），凍結（freezing）などの行動も観察対象となり得る。

　攻撃性を検討するテストの１つに，resident-intruder テストがある。このテストでは，一定期間飼育ケージで飼育し，その環境に馴致させた後に他個体をそのケージ内に投入し，それらの間で生じる攻撃行動や防御行動を観察する。齧歯類の場合，特にオス個体では成長すると攻撃性の増加に伴い，社会的な優劣の順位が形成されることが知られている（Terranova et al., 1998; Thor & Holloway, 1984）。優位個体と劣位個体のそれぞれに特有の行動がみられ，一定期間同じケージなどの同じ場所に入れ，それぞれの個体の行動を観察することによって，社会的順位を調べることができる。

3. 利用可能な感覚情報

　社会的行動を検討する際，当該個体と刺激となる他個体が直接的に接触可能である場合，および間接的な相互作用しか許されない場合のいずれにおいても，どういった感覚情報を通して相互作用がなされるのかという点は留意しておく必要がある。利用できる感覚情報を制限することが実験的操作となることもある。

(1) 嗅覚情報

　化学物質を介した情報のやりとりは進化的にも古くから使用されており，社会的

な相互作用においても，嗅覚情報は非常に重要であるといえる。多くの動物が，他個体の出す化学物質であるフェロモンに対して反応し，それに誘発されて特定の行動を示す。たとえば，ヒツジにおいては，出産後24時間以内に子の匂いにさらされることによって，自身の子に対して母性的行動を示すようになることが知られている（Keverne & Kendrick, 1994）。出産に伴って大量に分泌されるオキシトシンが嗅球に作用し，子の匂いの記憶が形成されると言われている（Kendrick et al., 1997）。また，ラットは苦痛を与えられると，警戒フェロモンに当たる匂い物質を発し，他個体に危険情報を伝えると考えられている（Kiyokawa et al., 2004）。

(2) 視覚情報

Langford et al.（2006）は，痛み刺激を与えられたマウスの痛み反応が，他個体と一緒に痛み刺激を与えられた方が，単独で与えられたときよりも大きいことを示した。追加の実験において，この他個体による影響は，聴覚や嗅覚の遮断によって変化はないが，視覚情報を遮断すると消失すると報告されており，視覚情報の重要性が示唆されている。

(3) 触覚情報

齧歯類の場合は，スニッフィングによって多くの情報を入力しようとするが，同様にヒゲによる触覚からも外界の情報を取り込む。そのため，鼻先を探索対象に向ける行動が多く認められる。直接的接触を制限することによって，触覚情報のやりとりは簡単に阻止できるため，実験場面においてよく使用される手続きである。

(4) 聴覚情報

前述したように，齧歯類の場合，母子分離がなされた場合には，子が超音波発声を行うことが知られている。母親は子の超音波発生に対して敏感に反応し，子を探索する行動が生じる。また，聴覚情報を使用した相互作用の代表である音声コミュニケーションは，遠方まで情報を届けられるという利点があり，ヒトを含め，多くの動物で使用されているコミュニケーション手段である。

4. 単体で行う学習課題と同様の課題を他個体の存在下で行う事態

通常は，古典的条件づけやオペラント条件づけの実験課題は単独個体を対象に行われるが，同様の課題パフォーマンスを他個体の存在がある場合と比較することによって，社会的な影響を検討する方法がある。たとえば，Church（1959）は，電撃を受けている同種他個体にさらされることが，恐怖条件づけの条件刺激になり得ることを示した。彼らの実験では，レバー押し反応を指標として，電撃に対する条件性抑制を検討した。条件刺激となる他個体が，評価対象となる当該個体と同様に電撃を受ける場合の方が，刺激個体が電撃を受けない場合よりも，当該個体のレバー押し反応が強く抑制された。つまり，電撃を受け苦痛を示している他個体の提示が恐怖反応を引き起こしたのである。

学習課題を課すわけではないが，単独時と他個体が存在する時で，痛み刺激に対する反応の違いを検討する研究もある。Langford et al.（2006）は，マウスに酢酸を腹腔内投与することによって引き起こされる痛みに対する反応を検討した。この際，痛み反応として注目したのは，背中を弓なりにして胴を伸ばすことを特徴とする「もがき（writhing）」反応である。彼らの実験では，酢酸の腹腔内投与後に1匹でいるマウ

スよりも，同様に酢酸投与を受けた同じケージで飼育されている他個体がいる場合の方が，痛み反応が増大することが認められた。痛みに苦しむ他個体が存在することによって，その個体からの情動が伝染し，苦痛が増大したと考えられた。

また，彼らの第2実験では，ホルマリンを前肢あるいは後肢に皮下投与することによって痛み刺激を与え，痛みの程度を，投与部位をなめるリッキング反応を指標として測定した。この実験でも同様に，同ケージで飼育された他個体も同様にホルマリンを投与された場合に，痛み反応が増大することが認められた。この痛み反応の程度は，他個体の示す痛み反応に伴って変化した。つまり，あまり痛そうでない他個体がいる場合は自身の痛みも弱まり，強い痛みを示している他個体がいると自身の痛みも増す，ということを示唆している。また，このようなそばにいる個体の影響は，その個体が同ケージで飼育されていた場合にのみ認められ，日常的に一緒に飼育されていない新奇個体がそばにいても，反応の増強は認められなかった。

5．向社会的行動（援助行動）

複数の個体間において，ある個体の情動が他個体に伝わり，情動が共有されることを情動伝染（情動伝播）とよぶ。その情動の共有が能動的に行われる場合は共感とよばれる。情動が伝染することは学習過程に影響を及ぼす。伝染する情動を弁別刺激とした学習過程を想定することもできるだろう。

情動伝染や共感といった他者の情動に対する感受性は，生体が他個体と円滑にコミュニケーションを行い，適応的な社会生活を送る上で重要な能力になる。向社会的行動とは，報酬を期待せずに他者に利益をもたらす自発的行動をさし，他者への共感を動機として生起すると考えられている（Hoffman, 2000; Mussen & Eisenberg-Berg, 1977）。

動物の向社会的行動に関する報告は霊長類を対象としたものが多いが，齧歯類を対象とした研究も存在する。たとえば，Rice & Gainer（1962）は，ラットを対象に，レバーを押すことで天井から吊るされた対象を降ろせる実験場面を作り出し，吊るされている対象が他個体である場合と非生物物体（発泡スチロール）とでレバー押し反応を比較した。その結果，物体の場合はさほどレバーを押さなかったが，他個体が吊るされている場合はレバー押し反応が認められ，吊るされるという苦痛から他個体を解放するという援助行動であるとされた。

Ben-Ami Bartal et al.（2011）も，ラットにおいて拘束されている他個体を助ける向社会的行動を示すことを報告している（図3-4-1）。この実験では，ペアで飼育されたラットの一方を，アクリル製のチューブ内に拘束するというストレス状況下におき，もう一方の個体の行動を観察した。そうすると，拘束されていた管に取り付けられた蓋を開け，他個体を解放する行動がみられた。この行動は物理的報酬が無い状況でも生じたため，苦痛を受けている他個体への共感を動機とした向社会的行動であると考えられた。

しかし，同居他個体を解放したラットは，その後拘束管の中へ頻繁に出入りする行動を示した。ラットは一般的に狭く暗い場所を好む性質であるた

●図3-4-1　Ben-Ami Bartal et al.（2011）の実験場面
援助ラットは，狭いアクリル製のチューブ内に閉じ込められているケージメイトを，ドアを開けて自由にさせる援助行動を見せた。（http://www.wired.com/2011/12/rat-empathy/all より）

め，この研究で観察された拘束管の蓋を開ける行動は，拘束された他個体を解放するためではなく，管の中に入ることを動機として生じた可能性が考えられる。Sato et al. (2015) は，この点を解決するために，より嫌悪的であると考えられる浸水状況にペアの一方を置く実験事態を考案し，その状況においてもラットが他個体を嫌悪状況から解放するという援助行動を示すことが確認された。

6. 観察学習，モデリング

他個体の行動や，その行動の結果を通して学習することを観察学習とよぶ。特に他個体と同じ行動をすることは模倣とよばれる。観察学習や模倣を行うためには，対象となる他個体の行動の運動情報やその行動の意味情報を取り入れ，それを自身の行動として出現させなければならず，非常に高度な情報処理を必要とする。

観察学習についても，オペラント学習によって説明されうる。つまり，他者が行った行動と同様の行動をすることによって，何らかの報酬が得られるということを経験すると，その行動の出現頻度が上昇することになる。このようなことを繰り返すことによって，他者の行動を模倣するという行動自体が強化される可能性が高い。しかし，模倣行動はヒトや一部の動物において認められているだけで，ほとんど動物では認められない行動様式であり，模倣行動を実行するためには，なんらかの高次機能を実現する神経基盤が必要である可能性が高いと思われる。

7. ミラーニューロン

模倣行動の神経基盤として想定されているのが，ミラーニューロン（あるいはミラーシステム）である（Rizzolatti & Craighero, 2004; Rizzolatti & Fogassi, 2014）。ミラーニューロンは，自身が行動したときに活動するニューロンと同じニューロンが他個体の同じ行動を観察した際にも同様に活動する，という特徴を持つ。ミラーニューロンの応答様式が形成されるためには，上記のように，他個体の行動を観察することによって，つまり，感覚情報として入力することによって形成された表象と，自身の運動に関する表象がひとつのニューロンに集約されなければならない。これがどのように行われているのかは現在明らかではないが，それらがひとつのニューロンで表現されていることは，観察学習，模倣などの神経基盤に足りうると考えられている。また，ミラーニューロンの中には，当該行動が何のために行われるのかということに感受性を持つものがある（Fogassi et al., 2005）。このようなニューロンは，観察している他者が，ある対象をその後に食べるためにつかむという場面と，別の場所に移し替えるためにつかむという場面で異なった応答を示す。このことは，ミラーニューロンが観察している他者が行う行動の意図を反映しているといえ，その社会的コミュニケーションでの重要性を示す証拠として捉えられている。

ミラーニューロンは当初は視覚的に他者の行動を見たときと自身が同じ行動を行った時に活動するというものであったが，その後は聴覚刺激に感受性を持つミラーニューロンも報告されている（Kohler et al., 2002）。このニューロンでは，音の出る行動を行ったときと（たとえば，紙をビリビリと破く），その行動によって出る音を聞いたときの両方に応答する。また，鳴禽類のミラーニューロンについても研究が進められている（Mooney, 2014）

脳の直接的操作

4章

1節　損傷法

　損傷（lesion）とは，外傷や傷害のことを意味し，特に脳の一部を壊すことを脳損傷すると表現する（Carlson, 2004）。動物の脳のある部分に損傷を与え，その後の動物の行動に起こった変化を観察するという実験によって，実験者は，破壊した脳部位の機能を考察することができる。もし脳のある部位が損傷された結果として，その動物の行動から特定の遂行能力が失われた場合，その失われた能力から当該脳部位の機能を推論できるのである。損傷は，さまざまな脳領域や神経系がどのような機能を担っているのか，そのさまざまな脳機能がどのように結びついて特定の行動に結実するのかを明らかにすることという生理心理学的研究の大きな目的を達成するための，最も古典的かつ最も重要な方法のひとつである。

　損傷を用いた脳機能の研究には，いくつかの注意点が存在する。まず，特に重要なことは，脳の神経回路が担うのは何らかの機能に過ぎず，決して行動のすべてを担っているわけではないことを忘れないことである。行動を遂行しているのは常にその個体そのものであり，脳機能と行動は必ず区別して考えられなければならない（Carlson, 2004）。たとえば，ある脳部位の損傷を受けた動物が，聴覚刺激を用いた弁別学習の障害を示したとしても，ただちにその脳部位が弁別学習に関係していると結論することはできない。その脳領域が，聴覚刺激の感覚処理に関係していたかも知れないし，学習課題の運動的な実行（レバーを押すなど）や，報酬や罰に対する動機づけ，覚醒水準，注意水準などに関係していたのかも知れないからである。更に，脳の各領域が，相互に神経連絡しており，その連絡している脳領域の各機能が組み合わさってひとつの機能を形成する可能性にも，留意しなければならない。ある脳領域の損傷がある機能を障害させることがわかったとしても，簡単にその領域がその機能の本質的な中枢であると結論付けることはできない。その機能の中枢は別の脳領域にあって，その損傷された領域がその中枢領域の正常な神経活動に関与しているだけかも知れないからである。損傷を用いてある脳領域の機能を決定するには，多角的な諸実験と研究計画が必要であるといえるだろう。

　損傷は，さまざまな脳領域の機能とそれらの結びつきの結果として表出された行動を理解するための最も古い方法のひとつであるが，同時に近年の遺伝学的あるいは分

子生物学的手法の高度な進展により，目覚ましい発展を遂げつつある。以下にその具体的な方法について説明する。

1．不可逆的損傷

典型的な損傷法として，不可逆的な慢性損傷法がある。外科手術によって慢性損傷を施した後，回復期間をおいて，比較的長期の行動観察を行う際に用いられる。研究対象とする脳部位や神経系によって，適した方法を選択する必要がある。

(1) 吸引法

大脳および小脳の表層にある皮質領域を損傷したい場合の，最も古典的な方法である。麻酔下の動物の頭皮を切開し，頭蓋を取り除き，硬膜を切開して皮質を露出させる。真空ポンプにつながったガラス製もしくは金属製のピペットで，標的の部位を吸引する。

(2) 電気破壊法

深部に隠れた脳領域や神経線維束を損傷したい場合の，古典的な手法である。標的部位が直接目視できないため，脳定位固定装置と脳定位地図によって損傷の標的部位をあらかじめ決定し，先端部分を残して絶縁した金属電極をその部位に挿入し，その電極から動物の直腸に挿入した金属電極や動物の耳や口が触れている脳固定装置に向けて高周波電流（radio frequency）を流すことによって行う。高周波電流が流されると，熱が発生し，絶縁されていない電極先端部分に接している脳部位が破壊されることから，この方法は熱凝固法ともいわれる。かつては直流電流を流す電気分解法が採られたこともあったが，電気分解法では術後残留する金属イオンによって，損傷領域周辺の正常細胞の活動に異常が生じるとして，そのような副作用のない熱凝固法が推奨されている（Reynolds, 1963, 1965）。

(3) 神経毒による破壊法

吸引法や電気破壊法による損傷では標的部位の組織が全て破壊されるため，その領域の細胞の細胞体だけでなく，その領域を通過している神経線維をも切断してしまうことになる。通過線維の損傷を防ぎ，より選択的な損傷をするためには，カイニン酸，イボテン酸，N-メチル-D-アスパラギン酸（NMDA）などの興奮性神経毒を用いて損傷を行う。これらの興奮性神経毒は，ガラス製や金属製のカニューレによって標的の脳部位に注入されると，その部位にある神経細胞のグルタメイト受容体を刺激してこの神経細胞の細胞体を選択的に破壊する。このようなタイプの損傷法により，その領域の損傷による遂行障害が，当該領域の神経細胞損傷によるものなのか，単にその利用域を通過する神経線維の破壊によるものなのかを区別することができる（Jarrard, 2002）。図 4-1-1（カラー口絵参照）は，ラットの海馬下位領域を神経毒損傷した脳切片写真である。

使用する神経毒によっては，ある特定の種類の神経細胞だけを損傷することができる場合がある。6-ハイドロキシドーパミン（6-OHDA）は，ドーパミンやアドレナリンなどに類似したカテコールアミン系の物質であり，注入された部位の軸索末端から神経細胞に取り込まれる。一旦取

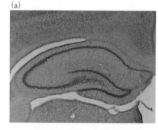
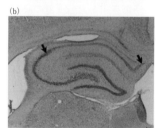
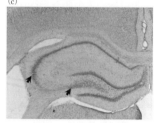

⬤図 4-1-1　興奮性神経毒イボテン酸によるラット海馬の損傷
（Okada & Okaichi, 2009 より改変）
→カラー口絵参照
(a) 無処置のラット海馬　(b) 海馬 CA1 損傷。矢印ではさまれた部分の神経細胞が損傷されている。(c) 海馬 CA3 損傷。

り込まれたこの物質は神経毒性を持つため,カテコールアミン系であるドーパミン作動性神経細胞やアドレナリン作動性神経細胞を選択的に損傷できる。また,6-ハイドロキシドーパミン注入と同時に,ノルアドレナリン再取り込み阻害剤であるデシプラミンを動物に投与しておくと,ドーパミン作動性神経細胞のみを選択的に損傷できる。

(4) 免疫毒による破壊法

ある領域の特定の種類の神経細胞だけを損傷する場合に,免疫神経毒を用いた損傷法を行う。最も有名なものは,ある種類の神経細胞に特異的に発現する受容体などのタンパクに結合する抗体に,リボソームを不活性化させて神経細胞死を引き起こすサポリンを結合させたものを注入し,その特定の神経細胞を損傷する方法である。標的の脳領域に注入されたこの免疫毒は,抗原となるタンパクを標的として結合し,そのタンパクを持つ神経細胞だけを破壊する。こうした免疫毒には,ラットの前脳基底部のコリン作動性神経細胞にほぼ重複するように発現している低親和性神経成長因子受容体 p75 を抗原とする 192-IgG サポリン等がある。

このサポリンを用いた免疫毒による損傷法では,標的としたい神経細胞に適切な抗原タンパクが見つからない場合がある。このような場合に適した方法として,イムノトキシン細胞標的法(Kobayashi et al., 1995)がある。この方法では,あらかじめ,遺伝子改変によって,げっ歯類には本来存在しないヒト型インターロイキン 2 α(アルファ)受容体をラットやマウスの特定の神経細胞へ選択的に発現させておき,標的脳部位に Anti-Tac-Fv という当該受容体を抗原とする抗体に緑膿菌毒素を結合させた免疫毒を注入することで,標的脳部位の標的神経細胞のみを特異的に損傷することができる。Anti-Tac-Fv に含まれる緑膿菌毒素は,細胞のタンパク合成を不可逆的に阻害することで,ヒト型インターロイキン 2 α受容体を発現している神経細胞のみを死滅させる。

(5) 偽損傷

電気破壊法や神経毒,免疫毒を用いた損傷法では,電極やカニューレが通過した部位の脳組織に微細な損傷を与えてしまう他,頭蓋の切除や頭皮の切開,あるいは手術の経験それ自体など,動物の行動に影響を与える可能性のある操作をいくつか伴うことになる。そのため,脳損傷を施した動物と何の処置もしていない動物の行動を単純に比較することはできない。脳損傷をした動物の統制動物として,偽損傷(sham lesion)を受けた動物を用いる。偽損傷は,実際に電流を流したり,神経毒や免疫毒の含まれた溶液を注入する代わりに,電極を挿入するのみであったり,溶媒を注入するのみであったりする他は,実際の損傷動物と全く同じ操作を行う。

2. 可逆的損傷

多くの場合,以上に述べたような不可逆的な損傷法が採用されるが,時折可逆的な損傷法を採用する方が実験の目的に適う場合もある。一般的な可逆的損傷法としては,脳の標的部位に局所麻酔や GABA 受容体作動薬であるムシモールを投与することによって,その標的部位の神経細胞の活動を一時的に不活性化する方法がある。また,これまでの可逆的損傷法よりも,より選択的に神経細胞の興奮と抑制を可逆的にコントロールする方法として,オプトジェネティクス法(光遺伝学)などいろいろな手法が開発されている。オプトジェネティクス法は,チャネルロドプシン 2 やハロロドプシンなどの光感受性タンパクを標的の神経細胞に発現させて,その神経細胞に適切な

波長の光を照射することによって，当該神経細胞を興奮させたり抑制させたりするというものである。このような方法の発達によって，脳内の非常に特異的な神経回路の機能が明らかにされつつある。

3．脳定位手術

動物の脳の損傷にあたり，電極挿入部位や溶液の注入部位を正確に決定するためには，脳定位手術を行う必要がある。それには，脳定位地図を参考にして，電極挿入部位や溶液の注入部位の座標を決めておき，脳定位固定装置に正しく動物を取りつけ，あらかじめ決められた座標に従って電極やカニューレを脳内に挿入しなくてはならない。実験終了後は，組織学的手法によって，行った損傷が目的通りのものであったのかを確かめる必要がある。

脳定位固定装置（図 4-1-2）は，動物の頭部を固定するホルダーと，電極やカニューレを支持する装置，3次元座標によって動物の頭部や電極，カニューレの位置を指し示すことのできる3軸（吻側―尾側，背側―腹側，外側―内側）の目盛からなる。脳定位固定装置は，HorsleyとClarkeによって1908年に初めて用いられたが，現在では，ラットやマウス，マーモセット，ニホンザル，ハト，カメなどいろいろな種の動物のための固定具が準備されている。

また，さまざまな脳部位がどこにあるのかということに関して，脳固定装置に固定された動物の脳構造の解剖学的位置を示したものが，脳定位地図である。ラットやマウス，マーモセットなど，さまざまな種の脳定位地図が用意されている。たとえば，Paxions & Watson（2005）では，ラットの頭蓋の冠状縫合線と矢状縫合線の交点である冠矢交差点（bregma）から吻側―尾側，背側―腹側，外側―内側の方向にどのくらいの相対的距離で各脳部位が位置しているのかを示している。この脳定位地図に従って電極やカニューレの挿入位置を決定すると，ある程度正確に，標的の脳構造に損傷を作成

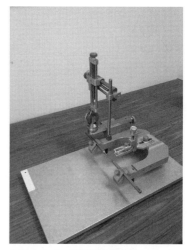

○図 4-1-2　脳低位固定装置（David Kopf 社製）

することが可能である。但し，動物の系統や年齢，性別，体格の違いなどから，この脳定位地図では，標的の部位のおおよその位置を知ることしかできない。損傷後，脳の切片の組織学的標本を作成し，損傷の位置や大きさを確かめることにより，損傷用の座標の数値を補正していくことが大切である。

2節　電気刺激法

脳の電気刺激法は損傷法に次ぐ古典的で基本的な技術である。動物実験における応用例は150年ほど前まで遡ることができ，運動野はこの方法により発見された。その後1970年代までは，動物の記憶，学習，情動などに関わる脳部位を探る方法として広く使われた。しかし，電気刺激がその部位を賦活しているのか抑制しているのか曖昧であることも多く，また刺激の強さや頻度により効果が変化することから，次第に使用されなくなってきた。それでも近年は，刺激技術の精緻化により，特定の神経細胞を選

択的に賦活することもできるようになり，有用な実験方法として再び注目されつつある。

1. 電気刺激法の目的別分類

(1) 神経細胞を発火させるための微小刺激法（microstimulation）

特定の脳部位や神経回路の働きを調べるため，1個から数個の神経細胞を刺激して発火させる方法である。通常は，記録電極と刺激電極を兼ねた先端数ミクロンの微小電極（タングステンや白金イリジウム製）を脳内に刺し，先端近くにある神経細胞の活動（発火）を記録してから，その細胞を電気刺激して強制的に発火させるという方法をとる。電気刺激の強度を弱くして（20〜80μA）頻度を上げることで（100〜300Hz），より限局した範囲を効果的に刺激する。

この方法により，たとえば，上肢運動に関わる一次運動野の神経細胞を刺激すると，刺激された細胞の機能に応じてサルが実際にさまざまな上肢運動をしたという（Moore et al., 2002）（図4-2-1）。あるいは回避行動の判断に関わる前部帯状皮質の神経細胞を刺激すると，やはり刺激された細胞の機能に応じて回避行動をするサルの判断が変化したという（Amemori and Grabiel, 2012）。しかし，このような微小電極による電気刺激であっても，実際に刺激電極近くの神経細胞のみを発火させているかどうかは必ずしも明確ではない。刺激電流が近傍の神経線維を刺激することによって，離れた他の神経細胞も発火させている可能性も完全には捨てきれない。

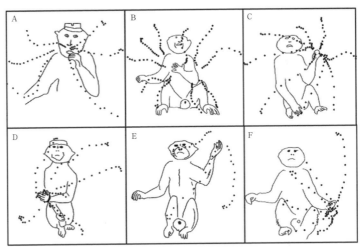

◆図4-2-1 運動野の異なる神経細胞（A〜F）を刺激することで引き起こした上肢運動の例（Graziano et al., 2002）
点線は上肢の動きの軌跡であり，刺激開始時に手がどこに位置していようと，運動の最後は必ず同じ位置で終わっている。

(2) 報酬（強化子）を与えるための脳内報酬刺激法

脳内自己刺激（intracranial self-stimulation: ICSS）の実験で明らかになった脳内報酬系（brain reward system）を刺激する方法である（Markou and Koob, 1993）。学習や記憶の実験に不可欠な強化，すなわち報酬（強化子）の提示を，動物の行動に依存せず長時間しかも多数回続ける方法として使われることが多く（Sakurai & Hirano, 1983），特に内側前脳束の中心にある外側視床下部への刺激が効果的である。

(1)の方法とは対照的に，やや強く広範囲に刺激することでより強い報酬効果が得られるため，先端の直径が200ミクロン程度と太めの金属電極を用い，さらに先端部分の絶縁被膜を500ミクロン程度剥がすことが多い。電流値は高めで（50〜200μA），やや低頻度（60〜100Hz）で刺激する。さらに，報酬効果ができるだけ大きくなるように他のパラメータ（刺激パルスの幅や刺激間隔など）を設定するが，長期間にわたり繰り返し刺激しても脳組織の損傷が最小となるように，電流値を最大効果時よりもやや

低めにし，プラスとマイナスが交互に入れ替わる2相性パルス（後述）で刺激することが必要である。

(3) 脳の失調を矯正するための脳深部刺激

この脳深部刺激（deep brain stimulation: DBS）法（図4-2-2）は研究手法ではなく，脳の外科的な治療法であるが，同時に脳の研究にも大きな示唆を与えてくれる方法である（Wichmann and DeLong, 2006）。不随意運動や筋緊張など運動障害を主症状とするパーキンソン病やジストニアは，主に大脳基底核の変性が原因であるが，そこに電極を埋め込み電気刺激することで，運動障害を矯正することが可能である。従来は脳に起因する疾患を「神経回路の構造的かつ機能な欠損」と見なすことが多かったが，DBSの有効性により，それらは「神経回路の機能失調」にすぎず，外からの操作により神経回路の活動に変化を与えることで十分回復可能であると考えられるようになった。またDBSを長期間使用することで，刺激を止めても症状が出にくくなったという症例もあり，長期的なDBSが神経回路に可塑的な変化を引き起こしている可能性も指摘されている。これらの事実からDBSは，従来の古典的な機能局在や責任部位という考えよりも，脳の働きにおける可塑性の重要性を示唆する方法と言える。刺激電極の先端は，実験用の電極とは異なり直径2ミリ程度と太く，先端の複数箇所でより広く刺激できるようになっている。この電極は脳内に慢性的に埋め込まれ（視床部分に埋め込むことが多い），それにつながる他の部品も完全な体内埋め込み型となっている。

DBSという慢性的な電気刺激により神経回路の機能と構造にどのような変化が生じるかについては，まだ不明な点が多く，その解明には神経回路の可塑性に関する基礎研究が必要とされている。またDBSは，難治性疼痛や中枢性疼痛（幻肢痛・視床痛）などに対しても応用されており，近年はうつ病や強迫神経症などの精神疾患に対する有効性についても検討が進んでいる。

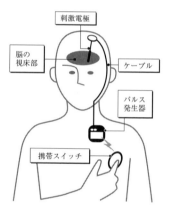

❶図4-2-2　脳深部刺激療法のシステム

2. 電気刺激法の技術

(1) 単極刺激法と双極刺激法

電気刺激法では刺激部位に電流を流すため，常に一対の電極が必要である。単極（monopolar）刺激法では，刺激電極を脳内に入れ，もう一方の電極（不関電極）はそこから離れた場所に置く。この方法で刺激電極の先端をプラスまたはマイナスの極性で電気刺激するが，不関電極が置かれた生体組織も，刺激電極とは反対の極性で刺激されることになるため，電流の広がりが大きくなり，より広い範囲を刺激することになる。そこで不関電極は通電性の低い頭蓋骨上などに置くことが多く，また不関電極の面積を大きくして電流密度を低下させたり，それが生体組織に接する面を電気的に絶縁するなどして，その周辺部分への通電を防ぐようにする。一方，一対の電極を近接させて通電する方法が双極（bipolar）刺激法である。対を成す2本の電極の一方をプラス，もう一方をマイナスの極性にして刺激する。電流の広がりは電極間のみに限定され，より限局した箇所を刺激する場合に適している。双極刺激用の電極にはいくつかの種類があり（図4-2-3），実験の目的に合わせて選ぶことになる。

なお，脳内にあるリンパ液や血液には浸食性があるため，刺激電極を長期間埋め込む場合には，先端部分を除き十分な絶縁塗装を施す必要がある。絶縁塗料にはエポキシ，テフロン，ラッカーなどを用いることが多いが，エポキシには弱い吸水性があり，長期の間に水を含んで膨張することがある。テフロンやラッカーは吸水率が低い。

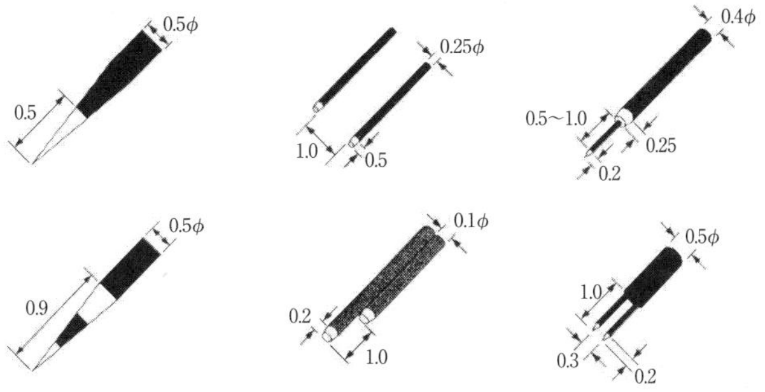

○図4-2-3　刺激電極の例（（株）バイオリサーチセンターのHP http://catalog.brck.co.jp/catalog/sogo/index_h5.html#184 より）
濃くぬられた部分が絶縁されている。

(2) 単相性パルスと2相性パルス

電気刺激の波形は，刺激の強さや時間間隔などのパラメータが明確で操作しやすいパルス（方形波）がよく用いられる。プラスとマイナスどちらか一方の極性を持つ単相性（monophasic）パルスで刺激する場合と，プラスとマイナスそれぞれの極性を持つパルスを対にした2相性（biphasic）パルスで刺激する場合がある。行動と対応させる電気刺激の実験では，これらのパルスを一定の時間間隔で一定時間だけ連続的に与えることが多い。刺激の極性は神経細胞の興奮に影響し，マイナスの電気刺激は細胞外電位を下げるため，細胞内電位が相対的に上昇することで神経細胞が興奮しやすくなると言われている。しかしプラスの刺激でも神経細胞の興奮を引き起こすことができるため，実際には2相性パルスを連続的に与えて刺激することが，行動を見る実験では最も効果的である。

また二相性パルスで刺激した場合，刺激部位に電荷が蓄積しないため，先に脳内報酬刺激の項（1-(2)）で述べたように，連続的に与えても脳組織の損傷が少ない。逆に，高い電流値の単相性パルスで長時間あるいは高頻度に刺激を繰り返すと，脳組織に損傷が生じてしまうことがある（これを積極的に使う方法が電気的破壊法である）。なお刺激の強度調節には電圧と電流のどちらを用いてもよいが，通常の電気刺激実験では，脳組織の抵抗値による変動を避けるため高電圧・定電流で刺激する必要があることから，DBSを除いて，強度を電流値で表すことがほとんどである。

3節　薬理的刺激法

ある特定の伝達物質を用いる神経系と行動との関係を調べる方法として，薬物を用いてその神経系の賦活や遮断に伴う行動の変化を測定する方法がある。薬理学と心理学の融合分野であり，行動や心的過程の神経メカニズムを既知の薬理作用を持つ薬物を用いて探求することを目的の1つとする行動薬理学（Behavioral Pharmacology）では，このような手法がよく用いられる。

薬物の生体に対する作用は，その薬物の化学的構造だけで決まるわけではない。どの程度の量の薬物を服用したか（用量）は重要な要素のひとつであるが，薬物の作用にとって最も重要なのは，薬物が作用する標的部位に結合できる薬物の血中濃度（bioavailability: 生物学的利用能）である。薬物のbioavailabilityを左右するのが薬物動態（pharmacokinetics）であり，そこには薬物の①投与経路，②吸収と分布，③結合，

④代謝（不活性化）と排泄が含まれる。なかでも薬物の投与経路は，その薬物が作用部位に到達するまでの時間や到達量に深く関わっている。表4-3-1に代表的な投与経路の特徴を示した。我々にとって最も馴染みのある経口投与は，簡便で比較的安全な方法であるが，胃や小腸からいくつもの細胞層を経て血流に到達するため吸収速度は遅く，さらに胃酸や胃液中に存在する酵素によって分解されるような薬物には適さない。また，胃や小腸から血中に吸収された薬物は必ず肝臓での代謝を受けることになり（初回通過効果），そこで多くの薬物が代謝されてしまうことになる。

○表4-3-1　主な薬物の投与法とそれぞれの長所と短所

投与経路	長所	短所
経口	安全かつ経済的であり，容易に自分で投与できる。	作用が遅く，肝臓での代謝をうけるため，血中レベルをコントロールできない。
注射（静脈）（皮下）（筋肉）	早く作用し，血中レベルをコントロールできる。皮下，筋肉だと比較的吸収が遅く，作用が長期間にわたる。	注射針使用による痛み。特に静脈は過剰投与等の危険がある。
吸入	比較的早く作用し，投与が容易。	肺へ悪影響を及ぼす可能性。
粘膜からの吸収	特定の部位に局所的に作用。投与が容易。	作用は局所にとどまる。
経皮	長期間にわたる作用。投与が容易。	脂溶性の高い薬物しか使用できない。
硬膜外	血液脳関門を通過できない薬物でも作用できる。きわめて早く中枢に作用する。	専門的な知識が必要である。

　胃や小腸で吸収された薬物は，血流を通して全身に行き渡り，特に向精神薬はその標的部位である脳に作用することになるが，必ずしも均等に分布するわけではない。中枢神経系への薬物の分布を論じる際に特に重要なのは，血液脳関門（blood-brain barrier）の存在である。毛細血管は細胞間裂，開口部および飲小胞といった隙間を持つ内皮細胞で構成されているが，脳の毛細血管はそれらの隙間がなく，周囲をグリア細胞で囲まれている。脳以外の部位では，毛細血管の隙間を通して薬物が移動できるが，脳ではその隙間がないため薬物が移動するためには細胞膜を通過する必要がある。このように物質の移動を制限する脳の血管構造が血液脳関門であり，生体の生存にとって重要な器官である脳を守る機能を果たしている。逆に，血液脳関門があるおかげで，末梢神経系のみに作用する薬物の利用も可能となる。

　経口投与に対して，血中に直接薬物を投与する静脈内投与は，かなり効率の良い投与経路である。当然，意図した用量の薬物すべてが血流に吸収されることになり，薬物はすばやく標的部位まで到達できる。動物を用いた行動薬理学の研究において，最近よく用いられている投与方法は，脳内への直接投与である。脳内へ直接投与することで，血液脳関門を通過できない薬物の効果を検討することも可能となる。この方法では，麻酔下でラットの脳室内や特定の部位（海馬，扁桃体，前頭前野など）にカニューレをあらかじめ刺入・固定する手術を施しておく。薬物投与自体は，カニューレに接続したマイクロシリンジによって，動物が覚醒した状態で行うことができる。静脈投与と同様に非常に効率の良い投与方法であり，薬物を脳内の特定部位に対して局所的に作用させることができる。ただし，行動実験終了後には，組織学的にカニューレの刺入位置を検索し，薬物が標的とした脳部位へ投与できたかどうかを確認する必要がある。

　薬物が結合する標的部位は，大分子のタンパク質で構成された受容体（receptor）である。受容体は細胞膜上に存在するものだけでなく，細胞内あるいは細胞核内にも存在するものもあるが，どのような受容体であれ特定の分子の形を識別する能力は

共通している。しかし物質によって受容体への結合しやすさは異なり，これは親和性（affinity）と呼ばれる。親和性が高い物質ほど特定の受容体に対して結合しやすい。もちろん受容体には体外から摂取した薬物だけが結合するわけではなく，体内に存在する神経伝達物質やホルモンなども結合する。特定の受容体に選択的に結合する物質はすべて，その受容体のリガンド（ligand）と呼ばれる。向精神薬のほとんどは，脳内に存在する特定の受容体に結合するリガンドである。リガンドが受容体に結合することで，一時的にその細胞内で変化が生じ，その結果生理的・行動的変化が起こる。細胞内で生じる変化の大きさは，リガンドが作用した受容体の数やリガンドの影響力の強さ（efficacy）によって決まる。

また，薬物が特定の受容体に結合することで，その受容体の生体内リガンドである神経伝達物質と同じ作用を引き起こす場合と，逆に神経伝達物質の作用を妨害する場合とがあり，前者のような作用をもつ薬物をアゴニスト（agonist），後者をアンタゴニスト（antagonist）という。これらの説明によく使われるのが，鍵と鍵穴の関係である（図 4-3-1）。体外から投与された薬物が，神経伝達物質と同じように受容体に結合することで情報伝達を行う場合がアゴニストであり，一方，薬物が受容体を塞ぐように不完全に結合することで神経伝達物質の結合を妨げ，神経伝達を阻害する場合がアンタゴニストである。しかし実は，鍵と鍵穴の関係では，アゴニストとアンタゴニストの作用のうちの一部分しか扱っておらず，神経伝達物質作用のステップのうち，薬物がシナプス伝達に影響を与える様式は多様である。内因性の神経伝達物質などと同じ部位に結合して，そのような作用を発揮する薬物は競合的アゴニスト・アンタゴニストであり，内因性の物質とは異なる部位に結合したり，物質の生合成系に作用したりすることに

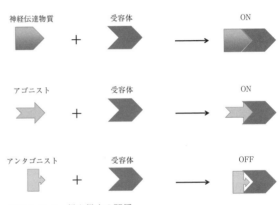

◯図 4-3-1　鍵と鍵穴の関係

よって，その神経系の活動を賦活あるいは抑制するような薬物は非競合的アゴニスト・アンタゴニストと呼ばれる。

図 4-3-2 は，7 つの神経伝達物質作用のステップのそれぞれに対するアゴニストとアンタゴニストの作用機序を示している。まず，薬物は神経伝達物質の生合成に影響する（図内①）。たとえばαメチルパラチロシンのような合成酵素阻害薬は，カテコールアミンの合成酵素であるチロシン水酸化酵素の働きを一時的に阻害し，その結果としてカテコールアミン作動性神経系の活動を抑制する。一方，ドーパミンの前駆物質であるL-ドーパの投与は，ドーパミンの合成量を増やすことになり，結果としてドーパミン作動性神経の活動を促進する。次に，モノアミン酸化酵素（MAO）阻害薬は，分解酵素による伝達物質の分解・不活性化を阻害することで，モノアミン神経系を活性化する。そのような作用は，シナプス前部（図内③）とシナプス間隙（図内⑦）のどちらにおいてもみられる。逆にシナプス小胞への取り込みを阻害する薬物（たとえばレセルピン）は，シナプス前部における神経伝達物質を減少させ，その神経系の活動を阻害することになる（図内③）。

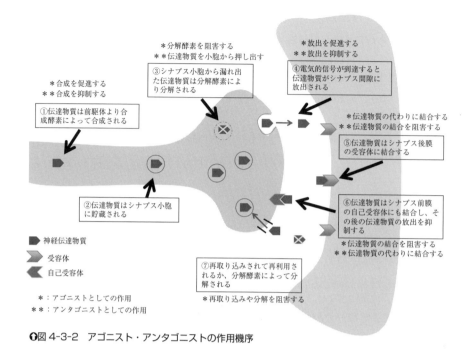

●図 4-3-2　アゴニスト・アンタゴニストの作用機序

　さらにある薬物は，シナプス間隙への神経伝達物質の放出を調整する（図内④）ことで神経系の活動を促進したり阻害したりする。覚醒剤であるアンフェタミンやメタンフェタミンは，カテコールアミンの放出を促進することが知られている。また前述したように，薬物は，神経伝達物質の代わりにシナプス後膜の受容体やシナプス前膜の自己受容体に結合し，神経系の活動を促進あるいは阻害する（図内⑤⑥）。さらにある薬物は，再取り込みを促進したり阻害したりすることでシナプス間隙中の神経伝達物質の量を変化させる（図内⑦）。抗不安薬で知られている選択的セロトニン再取り込み阻害薬（SSRI）は，セロトニンの再取り込みを阻害することで，シナプス間隙中のセロトニン量を一時的に増加させるので，セロトニン作動性神経系のアゴニストと言える。

　図 4-3-3 はモルヒネを投与する前に競合的あるいは非競合的アンタゴニストを処置した場合の用量反応曲線（dose-response curve）である。用量反応曲線は，薬物の作用の強さを示すのに最もよく用いられる方法であり，さまざまな用量の薬物が投与された時のその作用の大きさが描かれる。投与されたモルヒネの用量が多くなればその作用も大きくなるが，薬物の作用が最大に達するとそれ以上投与用量を増やしても作用は大きくならない。あらかじめ競合的アンタゴニストを投与した場合，用量反応曲線は右にシフトしている。用量反応曲線における右へのシフトは，薬物の効力が低下した，すなわち同じ大きさの作用を得るために，より高用量の薬物が必要になったということを意味する。非競合的アンタゴニストを投与した場合でも，競合的アンタ

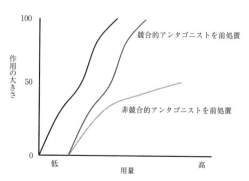

●図 4-3-3　競合的・非競合的アンタゴニストを投与した場合の用量反応曲線

ゴニストと同様に用量反応曲線の右へのシフトがみられているが，その様相は異なることがわかる。競合的アンタゴニストでは用量反応曲線の形自体は変化せず，ただシフトしているだけだが，非競合的アンタゴニストの場合はその形自体も変化するという特徴がみられる。

　以上のように，一般的にアゴニストやアンタゴニストは，情報伝達に特定の伝達物質を用いている神経系の活動を一時的に促進したり阻害したりするツールとして用いられる。一方，カイニン酸やイボテン酸のような神経毒の投与は，その神経系の活動を不可逆的に阻害する（不可逆的損傷を参照のこと）。

脳と行動の遺伝子操作

5章

　遺伝（heredity）とは，親の形質が子に伝わる現象である。古典的な家系研究（biographical study）や双生児研究（twin study）の結果は，性格または気質などの特定の行動傾向，さらには精神神経疾患などの行動異常の発露に遺伝的要因が密接に関わることを示唆した。そのため，心理学者は「遺伝」を極めて重要な概念と捉えてきた。科学的心理学の創成期に遺伝－環境論争が心理学の中心テーマの1つであったことからも，この概念の重要性を伺うことができる。

　遺伝という生命現象を媒介するのが「遺伝子（gene）」である。遺伝子は生命の根源となるデオキシリボ核酸（DNA）より成り立ち，生命活動に必要な数多くのタンパク質を作り出すための情報となる。また，タンパク質合成のための中間物質となるリボ核酸（RNA）を作り出す場でもある。この「遺伝子」と先述の「遺伝」は不可分な概念であるが，遺伝とは異なり遺伝子はこれまで心理学者にとって馴染みの薄い概念であった。ところが，遺伝子に人為的に変異を引き起こす遺伝子改変技術が1980年代から1990年代中頃にかけて進歩し（Bronson & Smithies, 1994; Capecchi, 1989, 1994; Costantini & Lancy, 1981; Doetschman, 1991; Gordon & Ruddle, 1981; Harbers et al., 1981; Jaenisch, 1988; Pascoe et al., 1992; Smithies, 1993; Smithies & Kim, 1994; Wagner et al., 1981），酵母やミバエの遺伝子改変技術を応用して遺伝子改変マウス（genetically modified mice）が造られるようになると，この状況は一変した。マウスを対象とした遺伝子改変技術の発達は心理学の新たな研究領域を切り開き，正常または異常な行動（心的過程）を制御する遺伝子の発見を目的とした研究が展開されるようになった。マウスと同様に心理学の動物実験で多く使用されるラットも胚性幹細胞（ES細胞）の樹立に成功し，遺伝子改変技術の適用が進みつつある。また，最近では，霊長類の真猿類に属するコモンマーモセットでも遺伝子改変動物の作製に成功し，注目を集めている（Sasaki et al., 2009）。

　上述の動物を対象とした遺伝子改変技術の進歩は，ヒトを研究対象とする心理学者にとっても決して無縁の事柄ではない。心理学者はこれまで動物行動それ自体を研究するためだけでなく，ヒトのモデルを提供するために動物を研究対象としてきた。実際，およそ7％の心理学研究で動物が使用され，そのうち95％がマウスやラットなどを対象とし，研究結果は不安，ストレス，攻撃性，抑鬱，薬物嗜癖，摂食障害，過緊張，アルツハイマー型認知症など，さまざまな心理学的問題の理解と介入法開発に重要な役割を果たしてきた（Carroll & Overmier, 2001）。

　そこで本章では，「脳と行動の遺伝子操作」と題して，行動と遺伝子に関わる研究

のアウトラインを概観し（1節），次に動物を対象とした遺伝子改変技術について遺伝子操作による損傷法（ノックアウト法）を中心に概説し（2節），最後に遺伝子改変動物の行動研究の最新の知見を紹介する（3節）。この際，2，3節では主にマウスで得られた知見を中心に紹介するが，それは次の3つの理由による。

①マウスは遺伝子改変技術が確立されており，遺伝子改変動物を用いた研究結果が豊富である。

②マウスの持つ遺伝子の約99％がヒトにおいて相同遺伝子として存在し（Brown & Hancock, 2006），さらに近交系が確立されていることから，遺伝子が行動に与える影響を検討するモデル動物として優れている。

③マウスの実験動物としての特長を理由に全ての遺伝子のノックアウトマウス（knockout mouse）を作製する国際プロジェクトが立ち上がり（Floss & Schnutgen, 2008; Friedel et al., 2007），それらを包括したInternational Knockout Mouse Consortium（IKMC），さらに遺伝子改変マウスの表現型を網羅的に解析するInternational Mouse Phenotyping Consortium（IMPC）が設立され，精力的に研究が進められている。

紹介されるマウスの知見，その他の動物実験の結果はヒトのモデルを提供するものであり，最終的にはヒトの行動と遺伝子との関係の理解につながる。公認心理師資格が国家資格となり，心理学を学ぶ者に幅広い知識が求められる時代となった。心についての生物学的アプローチを苦手とする読者でも興味を持てる内容とするよう心がけたので，是非，本章を通じて心を調節する「遺伝子」の不思議を堪能して欲しい。

1節　行動と遺伝子

ヒトを対象とした心理学の初期の論争に遺伝–環境論争（nature-nurture debate）がある。しかし，20世紀前半の行動研究においては行動主義が席巻し，この時代の心理学者のほとんどが行動は環境の影響によって成立すると考えていた（環境主義）。だが，Tryon（1934）は選択交配実験（selective breeding experiment）をラットの迷路走行に絞って行い，行動表現型を選択的に育てられることを示して環境主義に一石を投じた。この研究では，多数の雑多な種類のラットに複雑な迷路を走行させ，ゴールの箱に到達した際に報酬として食物を与えた。そして，この訓練中の迷路学習の成績が良い，すなわち間違った路地に入る数が最も少ない雄と雌を交配させ，さらに，訓練中の迷路学習の成績が最も悪い雄と雌も交配させた。迷路が得意，不得意のそれぞれの家系で子孫が成長した後に，それらの迷路学習能も分析し，その子孫の中で迷路が得意，不得意の雌雄をさらに選び，交配させるという選択交配実験を行った。これは21世代まで続けられ，8世代頃から迷路が得意な家系で成績の悪いラットでも，迷路が不得意な家系で成績が良いラットよりも優れた成績を収めるようになった。Tryonはさらに交差里親コントロール実験（cross-fostering control experiment）も行い，遺伝以外の方法で迷路学習能が親から仔へ伝わった可能性を検討した。その結果，迷路が得意な家系の仔を迷路が不得意な家系の親に育てさせても迷路得意家系の仔の成績は良く，逆に迷路が不得意な家系の仔を迷路が得意な家系の親に育てさせても迷路不

得意家系の仔の成績は悪いままであった。

　このTryonの研究を皮切りに，多くの選択交配実験で行動と遺伝子の関係を明らかにする試みがなされた。そして，行動の発達は遺伝子によって多分に調節されることが明らかとなった。しかし，この結論は環境の影響が全く無いことを示しているのではない。Cooper & Zubek（1958）は行動に与える遺伝子と環境の相互作用を示す極めて重要な研究を行った。彼らは迷路が得意または不得意な家系のラットを通常の飼育ケージ（貧環境），またはケージ内にトンネル，立体交差，看板などの環境刺激を置いた飼育ケージ（豊環境）で育てた。その結果，貧環境で育てられた場合にのみ，迷路が不得意な家系のラットは，迷路が得意な家系のラットよりも迷路学習の成績が悪いことが示された。つまり，行動の発達は遺伝子によって調節されるが，早期環境刺激はこの遺伝子の悪影響を克服することができたのである。

　遺伝子改変技術が登場するまで，選択交配実験および交差里親コントロール実験は，動物における行動と遺伝子の関係，遺伝子と環境の相互作用を検討する方法として多く用いられていた。一方，ヒトでは血縁間の行動の類似性を見る方法（家系研究，双生児研究）が用いられていた。しかし，血縁間では遺伝的なつながりだけでなく環境も共有していることが少なくない。もし，芸術の才能が親から子へ受け継がれるとして，それが遺伝によるものか，芸術を育む環境を親が熟知し，それを提供した結果によるものかはわからない。そこで，この疑問に答えるために心理学者は双生児研究，とりわけ養子に出されて異なる環境で育てられた双生児を中心に研究を行った。そして，この際に後述の一卵性双生児と二卵性双生児の比較が重要な役割を果たす。

　一卵性双生児（monozygotic twin）は1つの受精卵から発生するので遺伝子が持つ情報は同一である。一方，二卵性双生児（dizygotic twin）は2つの受精卵から発生するので，それぞれの遺伝子が持つ情報の類似性は一卵性双生児よりも低い。そのため，一卵性双生児と二卵性双生児の比較は，先述の遺伝と環境の影響を区別するのに役立つ。ミネソタ研究（Minnesota Study of Twins Reared Apart）は，別々に育てられた多くの一卵性および二卵性双生児を対象とした大規模研究である。被験者の年齢は19〜68歳であり，双生児はミネソタ大学で知能と性格に関する心理テストを約50時間にわたって受けた。その結果，一卵性双生児は二卵性双生児に比べて，両者が環境を共有しているか否かに関わらず，すべての心理テストにおいて類似の成績を示した（Turkheimer, 2000）。ウェクスラー式成人知能検査はミネソタ研究以前の双生児研究でも多く用いられており（Bouchard, 1998），ミネソタ研究はこれらの先行研究と同様の結果を得て，知見の妥当性が支持された。さらに，最近の研究では核磁気共鳴画像法（MRI）で計測した脳の灰白質の量が，二卵性双生児に比べて一卵性双生児でより高い相関を示し，さらに知能と相関していることが示された（Thompson et al., 2001）。これらの研究結果を鑑みると，ヒトの知能を測定する心理テストでの回答行動は，遺伝子によって多分に調節され，環境の影響が全く無いように思われる。しかし，ミネソタ研究では被験者すべてが先進国（イギリス，カナダ，アメリカ）において養子受け入れの厳しい基準を満たす両親に育てられたということに留意しなければならない。もし，極端に異なる環境で双生児が育てられていたならば研究結果は違ったものになっただろう。先述のCooper & Zubek（1958）の研究のように，早期環境刺激が遺伝子の影響を克服する可能性は十分に考えられる。

ヒトで血縁間の行動の類似性を見るもう1つの方法に家系研究がある。近年，この家系研究に分子生物学的手法を導入した分子遺伝学研究（molecular genetic study）が発展した。この種の研究の多くは，ある心理的形質をもつ家族を見つけ，そうでない家族と比較する。そして，最終的には標的となる形質と相関する染色体あるいは遺伝子を見つけることを目的とする。たとえば，性格検査で新奇探索傾向と評価された心理的形質は，ドーパミン受容体のサブタイプであるD4受容体の発現を制御する遺伝子の働きと関係があることが報告されている（Benjamin et al., 1996）。また，アルコール依存症の父を持つ子供はアルコール依存症に陥りやすいという報告が古くからあるが，その子供ではアルコールを飲んだ際に快感情をもたらすエンドルフィンが脳内で多く分泌されることが報告されている（Gianoulakis et al., 1996）。これはアルコール依存症への遺伝的脆弱性の存在を示唆する知見である。しかし，分子遺伝学研究の結果はその解釈に注意しなければならない。たとえば，D2受容体の発現を制御する遺伝子もエンドルフィンの発現を制御する遺伝子と同様にアルコール依存症に関わることが報告されている。さらにD2受容体の発現は薬物依存，肥満，ギャンブル依存など，さまざまな心理的形質に関係する可能性が示されている（Blum et al., 1996）。このように，単一形質が多遺伝子の影響を受けることが報告され，さらに単一遺伝子が多形質に影響を与えることも報告されている。そのため，分子遺伝学研究が明らかにする遺伝子と行動の関係は，その複雑性から知見の集積に伴って研究結果の解釈が変更されることが予想される。したがって，研究結果を即時に鵜呑みにして遺伝子の働きを断定的に述べることは避け，新たな研究の切り口として参考にするのが望ましい。また，最近の分子遺伝学研究では遺伝子と行動の関係を推定するだけでなく，それに影響を与える環境因子の同定も大きなテーマとなっている。これにより，遺伝子と行動の関係はさらにその複雑性が増すだろう。

　本節の最後に量的形質について述べたい。遺伝によって受け継がれる形質を質的形質（qualitative trait）と量的形質（quantitative trait）に大別する分類がある。質的形質とはABO式血液型のように不連続で質的な違いとして示される形質を指し，これは少数あるいは単一の遺伝子の影響を受けると考えられている。一方，量的形質とは身長のように連続した実数あるいは整数で示される形質を指し，複数染色体上の多数の遺伝子の影響を受けると考えられている。心理的形質の多くは集団の中で量的に連続性があり，かつ統計的に正規分布するため量的形質であると考えられている。したがって，単一遺伝子ではなく多くの遺伝子の働きの影響を受けることが予想される。この量的形質に影響を与える遺伝子群が染色体やゲノム上において占める位置を「量的形質遺伝子座（quantitative trait locus: QTL）」と呼び，QTLは連鎖解析（linkage analysis），ポジショナルクローニングなどの方法を用いて検討される。これら

●図5-1-1　行動と遺伝子の関係についての研究方法の変化

古くは動物での選択交配実験および交差里親コントロール実験、ヒトでの家系研究および双生児研究を通じて行動と遺伝子の関係は研究されてきた。しかし、分子生物学が飛躍的に発展した影響で遺伝子改変動物が造られるようになり、その行動解析実験を通じて、動物で行動と遺伝子の関係が研究されるようになった。また、ヒトを対象とした研究でも分子生物学的手法を取り入れた分子遺伝学研究が発展し、行動と遺伝子の関係に関する知見の集積がこれまで以上に急速に進んでいる。

の方法の詳細については他書を参考されたい（井ノ上, 2011; 治徳・吉川, 2011）。

これまで見てきたように，行動と遺伝子の関係に関する研究は，古くは動物での選択交配実験および交差里親コントロール実験，ヒトでの家系研究および双生児研究を通じて行われてきた。しかし，分子生物学が急速に発展した影響で遺伝子改変技術が進歩し，遺伝子改変動物を対象とした行動解析実験が行われるようになった。また，ヒトを対象とした研究でも分子生物学的手法を取り入れた分子遺伝学研究が発展し，行動と遺伝子，心と遺伝子の関係に関する知見の集積がこれまで以上に急速に進んでいる（図5-1-1）。そこで2節ではこの発展を遂げる分子生物学的手法の一例として遺伝子改変技術についてノックアウト法を中心に紹介する。

2節　遺伝子改変技術

遺伝子に人為的に変異を引き起した遺伝子改変マウスは，トランスジェニックマウス（transgenic mouse），ノックアウトマウス，ノックインマウス（knock-in mouse）などに大別される（表5-2-1）。

トランスジェニックとは「遺伝子の導入」を意味する。すなわち，トランスジェニックマウスは外部から特定の遺伝子（外来遺伝子）を人為的に導入したマウスを指す。通常は外来遺伝子が生殖細胞にも導入され，次世代に受け継がれる場合を指すが，外来遺伝子が一部の組織や細胞に局所的に導入され，次世代に受け継がれない場合でも広義にはトランスジェニックマウスと呼ぶ。トランスジェニックマウスは図5-2-1に示す工程で作製される。

特定の遺伝子を含むDNAを生殖細胞や受精卵などに注入すると，一定の確率でDNAはゲノム上のランダムな位置に導入される。一方，外来遺伝子をゲノム上の特定の位置に導入することを標的遺伝子組換え（gene targeting）と呼び，後述するノックアウトはこれに該当する。ノックアウトとは，ゲノム上の特定の遺伝子の必須部分（遺伝子産物を作るために必要な部分）を外来遺伝子と置換させることで，その遺伝子を破壊することを指す。すなわち，変異した遺伝子はタンパク質合成機能をもたない。こ

○表5-2-1　遺伝子改変マウスの分類

分類	特徴
トランスジェニックマウス	外部から特定の遺伝子を人為的に導入したマウス。通常は外来遺伝子が生殖細胞系にも導入され，次世代に受け継がれる場合を指す。ただし，外来遺伝子が一部の組織や細胞に局所的に導入され，次世代に受け継がれない場合も広義にはトランスジェニックマウスに含まれる。外来遺伝子はゲノム上のランダムな位置に挿入されている。
ノックアウトマウス	ゲノム上の特定の遺伝子の必須部分（遺伝子産物を作るために必要な部分）が外来遺伝子と置換され，その遺伝子がタンパク質合成機能をもたないマウス。
ノックインマウス	特定の細胞種に発現させたい遺伝子を，その細胞種に発現することが知られる遺伝子の3'末端部分などに挿入したマウス。ノックインマウスではトランスジェニックマウスで行われる外来遺伝子のランダムな挿入と異なり位置効果の心配がない。また，コピー数もコントロールでき，必要なシスエレメントも全て揃っているため，期待通りの発現パターンを得やすい。

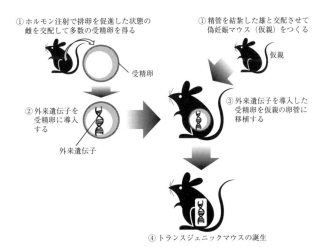

○図5-2-1　トランスジェニックマウスの作製工程（①〜④）
特定の遺伝子を含むDNAを生殖細胞や受精卵などに注入すると，一定の確率でDNAはゲノム上のランダムな位置に導入される。

のような遺伝子変異を持つノックアウトマウスはさまざまな技術の組み合わせによって作られる（Ledermann, 2000; Wynshaw-Boris et al., 1999）（図5-2-2）。

ノックアウトマウスの作製は，まず培養したES細胞に外来遺伝子を導入することから始まる。そして，その中から相同組換えが確認されたES細胞を選び，発生初期の胚盤胞期胚に注入する。これを偽妊娠マウスの子宮へ移植し，全身の細胞の一部が，注入したES細胞に由来するキメラマウス（chimera mouse）を得ることができる。このキメラマウスの次の世代で全ての細胞に外来遺伝子を含むマウスを得ることができる。ノックアウトマウ

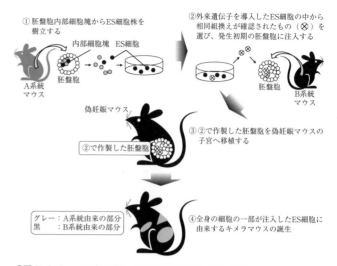

○図 5-2-2　ノックアウトマウスの作製工程（①〜④）
キメラマウスの次の世代で全ての細胞に外来遺伝子を含むマウスを得ることができる。

スを作製する目的で使われるES細胞は，近交系のマウス系統である129のES細胞が汎用されている。129から作られたES細胞は，他のマウス系統やラット系統から得られたES細胞と比べて培養下でよく育ち，外来遺伝子の導入過程や胚盤胞期胚への注入過程にも耐え，発達した胚は大きなコロニーを形成して生存することができる（Simpson et al., 1997）。しかし，行動解析ではC57BL/6という別の近交系マウスを使用することが多いため，キメラマウスの遺伝的背景をC57BL/6に近づける戻し交配（backcross）を行わなければならない。そこでC57BL/6のES細胞を用いた標的遺伝子組換えが試みられ，現在までに成功例がいくつか報告されている（Cheng et al., 2004; Seong et al., 2004）。

誕生したキメラマウスの全身の細胞は通常2つの独立した起源（ES細胞を提供したマウス系統，胚盤胞期胚を提供したマウス系統）に由来する。そして，これを確かめるためにマウスの毛の色が初期のマーカーとなる。たとえば，先述の129系統のマウスはアグーチという明るい灰茶色の毛であり，C57BL/6系統のマウスは黒毛である。129由来のES細胞に外来遺伝子を導入し，それをC57BL/6由来の胚盤胞期胚に注入してキメラマウスを作製すると，胎仔の毛が灰茶色と黒の斑点，もしくは縞模様のモザイク状になる。このように毛の色が異なるマウスを用いてキメラマウスを作製すると，出生後暫くしてから，産まれたマウスがキメラマウスであるかを視覚的に判別することが可能となる。このケースでは，もしES細胞が胚盤胞期胚に組み込まれていなければ胎仔の毛は黒となる。さらに後述の遺伝子型判定（genotyping）で，産まれた胎仔が最終的にキメラであることを識別する。

胚盤胞期胚に導入された変異遺伝子が，卵子や精子のような生殖細胞に組み込まれると，標的遺伝子組換えにより変異を起こした遺伝子は，キメラの子孫である次の世代へと受け継がれる。もし生殖系以外の組織中の細胞にのみ変異が起きた場合は，最初のキメラマウスは変異の影響を受けるが，その子孫は影響を受けない。そこで生殖細胞での変異の有無を検出するためにテスト交配を行う（図5-2-3）。

キメラマウスをC57BL/6などの近交系マウスと交配する．テスト交配により誕生した第一世代（F1）は変異の有無を確認する目的で遺伝子型判定を行う．遺伝子変異を有するキメラマウスと正常マウスを親に持つF1は，理論上，その遺伝子変異を半分有するためヘテロ型となる．これを確認するために，F1マウスの尾から採取した少量の組織サンプルを用いてサザンブロット法やポリメラーゼ連鎖反応（PCR）による解析を行う．ヘテロ型に陽性を示した個体はホモ型の遺伝子変異を有するマウスを作るために用いられる．ノックアウトマウスの場合，変異した遺伝子はタンパク質合成機能をもたないため，遺伝子産物が作られない．そのため，この遺伝子型をマイナス（−）と表記する．先述のヘテロ型は二対の染色体の一方では正常に

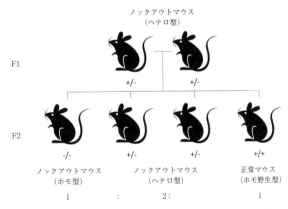

●図5-2-3　テスト交配で誕生する第一世代（F1）および第二世代（F2）の遺伝子型

遺伝子変異を有するキメラマウスと正常マウスを親に持つF1は，理論上，その遺伝子変異を半分有するためヘテロ型となる．このヘテロ型を交配すると，F2のマウスの構成はメンデルの法則に従い，1/4がノックアウトマウスのホモ型（−/−），2/4がノックアウトマウスのヘテロ型（+/−），そして残り1/4が正常なマウス（ホモ野生型（+/+））となる．

遺伝子産物が作られるが，もう一方では遺伝子変異により遺伝子産物が作られない遺伝子型であるため+/−と表記する．このヘテロ型を交配すると，第二世代（F2）のマウスの構成はメンデルの法則に従い，1/4がノックアウトマウスのホモ型（−/−），2/4がノックアウトマウスのヘテロ型（+/−），そして残り1/4が正常なマウスとなる．この時，正常なマウスをホモ野生型（+/+）と呼ぶ．また，−/−と確認されたホモ型のノックアウトマウスはヌル変異体（null mutant）とも呼ばれる．もし，変異させた遺伝子が致死性であるならばホモ型（−/−）の個体は生きられない．また，変異させた遺伝子がXあるいはY染色体上にあるならば，性別が各遺伝子型（+/+, +/−, −/−）の雌雄比に影響を及ぼす．

本節で紹介したノックアウト法は，現在，世界中の研究室で広く用いられており，もはや目新しい技術ではない．この旧来の遺伝子改変技術は組織特異性，時期特異性を備えていないことが懸念されていたが，その後，Cre-loxPシステムなどを用いた条件つき遺伝子改変技術や，Tet-on/offシステムなどを用いた誘導可能遺伝子改変技術の発展により，組織特異性，時期特異性が備わった（Jung et al., 1993; Mansuy & Bujard, 2000; Sauer & Henderson, 1988; Tsien et al., 1996）．近年では，アデノ随伴ウイルスのようなウイルスベクターを用いた遺伝子導入や，RNA干渉を応用した技術（ノックダウン（knockdown）法）の利用により，遺伝子改変の組織特異性，時期特異性が向上している（Hommel et al., 2003; Lavery & King, 2003; Tenenbaum et al., 2004）．これらの技術については他書で詳しく紹介されているので参照されたい（小澤，2012）．また，近年では光遺伝学的の発展により，高いレベルの空間・時間解像度で脳神経系の活動を制御することが可能になっている．こちらも日本語の総説で紹介さているので参照して頂きたい（高橋，2012）．

そして2012年以降にゲノム編集（genome editing）という新たな技術も登場した．ゲノム編集とは，clustered regularly interspaced short palindromic repeats／crispr associated protein 9（CRISPR／Cas9），zinc-finger nuclease（ZFN），transcription activator-like effector nuclease（TALEN）などの部位特異的な核酸分解酵素（ヌクレアーゼ）を用いて標的遺伝子を改変する技術である。既に紹介した従来の遺伝改変技術と比較して，より正確に，そして簡便に遺伝子改変が行えるため，非常に応用範囲が広い。CRISPR／Cas9，ZFN，TALEN などのヌクレアーゼは DNA の特定の配列を認識して部位特異的に二本鎖を切断する。切断後，DNA 修復の機構として非相同末端結合もしくは相同組換え修復が起こるが，その際，ドナーとなる断片を与えればドナー込みの相同組換え修復となり，遺伝子への特定配列のノックイン，またはノックアウトのどちらにも応用が可能となる。ゲノム編集は近年最も注目されている遺伝子改変技術であり，遺伝子治療などへの臨床応用も含めて期待されている。この新しい技術については他書を参照されたい（畑田，2014; 山本，2014）。

3節　遺伝子改変動物の行動研究

前節で紹介した技術により作製された遺伝子改変マウスの行動研究に，これまで動物心理学分野で開発されてきた行動テストが利用されている。マウスの各機能の測定に多く用いられる行動テストを表5-3-1に示す。

●表 5-3-1　マウスの各機能の測定に用いられる行動テスト

テスト名（日本語）	テスト名（英語）	測定される機能
神経学的反射テスト	neurological screening	神経系機能の状態
視覚的断崖テスト	visual cliff test	視覚，不安
視覚性前肢置き直しテスト	visual forepaw placing test	視覚
聴性驚愕反射テスト	hearing startle reflex (acoustic startle response)	聴覚
プライエル驚愕反射テスト	Preyer startle reflex	聴覚
二瓶選択テスト	two bottle choice test	味覚，無快楽症
嗅覚性馴化-脱馴化テスト	olfactory habituation-dishabituation test	嗅覚
フォンフレイのフィラメントテスト	von Frey hair test	触覚
ホットプレートテスト	hot plate test	温痛覚
テイルフリックテスト	tail flick test	痛覚
ロータロッドテスト	rotarod test	運動協調機能，運動学習
ビームテスト	balance beam test	運動協調機能，運動学習
ワイアハングテスト	wire hang test	筋力，運動協調機能
垂直棒テスト	vertical pole test	筋力，運動協調機能
オープンフィールドテスト	open field test	不安，活動性
明暗選択テスト	light/dark transitions test	不安
高架式十字迷路テスト	elevated plus maze test	不安
社会的行動測定テスト	social interaction test	社交性
チューブテスト	tube test	攻撃性
性行動測定テスト	monitoring sexual behaviour	生殖機能（性欲）
プレパルス・インヒビションテスト	prepulse inhibition test	感覚運動関門（注意機能）
潜在制止テスト	latent inhibition test	注意機能
風味選好伝達テスト	social transmission of food preference task	味覚及び嗅覚についての記憶
物体認識テスト	object recognition task	物体についての作業記憶
社会的再認テスト	social recognition task	他個体についての作業記憶
Y字迷路テスト	Y-maze task	空間作業記憶
放射状迷路テスト	radial maze task	空間作業記憶，空間参照記憶
モリス水迷路テスト	Morris water maze task	空間参照記憶
オペラント条件づけテスト	operant conditioning	オペラント学習
文脈／手掛かり恐怖条件づけテスト	cued/ contextual fear conditioning	手掛かり情動記憶／文脈情動記憶
受動的回避学習テスト	passive avoidance task	情動記憶
条件性味覚嫌悪テスト	conditioned taste aversion task	味覚についての文脈情動記憶
ポーソルト強制水泳テスト	Porsolt forced swim test	抑うつ気分
尾懸垂テスト	tail suspension test	抑うつ気分

ここで示したテスト以外にも行動テストは数多く存在し，現在，実施可能な行動テストの正確な数は把握できないほどである。また，ある仮説を検証するために特定の行動テストを使用しなくてはいけないという明確な指針も存在しないため，行動テストの選択は施設（実験スペース，予算など）や実験者（技術，従事できる作業時間など）の状況を鑑みて各研究者に委ねられているのが現状である。ただ1つ確実に言えることは，1つの行動テストで明らかにできることは非常に限られているということである。そこで現在では表5-3-1に示したテストのほぼ全てを一匹の個体に課す網羅的行動テストバッテリー（comprehensive behavioral test battery）が，遺伝子改変マウスの行動研究の際の最も優れた標準的アプローチと考えられている。

網羅的行動テストバッテリーは同じ動物を繰り返し使用することで費用を削減し，繁殖にかかる時間を省き，さらに研究で使用する動物の数を最小限にするメリットがある。これは動物のケアと使用に関するガイドラインに沿っており，非常に効率的かつ倫理的に研究を進めることができる。しかし，複数のテストを一個体に課すことで生じる持ち越し効果（carry-over effect）を考慮しなければならない。持ち越し効果とは，ある行動テストの経験が引き続く行動テストの結果に直接的に影響を及ぼすこと，もしくは一連の行動テストで受ける小さな影響の総和が蓄積して後の行動テストの結果に大きな影響を与えてしまうことを指す。多くの研究は，このような持ち越し効果を最小限にする目的でテスト間間隔を約一週間設けている。しかし，約一週間のテスト間間隔は科学的根拠に基づくものではなく，一週間ごとに一実験を行えばおそらく持ち越し効果は認められず，かつデータの蓄積も一定のペースで進むであろうという研究者側の生活様式，意向に合わせた極めて恣意的な考えに基づいている。Baylor医科大学のPaylor et al. (2006) は網羅的行動テストバッテリーにおいて行動テストのテスト間間隔で生じる持ち越し効果を検証する極めて重要な研究を行った。研究では神経学的反射テスト，オープンフィールドテスト，明暗選択テスト，ロータロッドテスト，プレパルス・インヒビションテスト，そして驚愕反射テストを一日もしくは二日間隔で行った。そして，その行動テストバッテリーの実験結果と，テスト間間隔を一週間にして行った実験結果を比較し，これらの結果が極めて類似することを明らかにした。

持ち越し効果はテスト間間隔だけでなくテスト順序によっても生じる。しかし，行動解析に従事する専門家の多くはテスト間間隔だけでなく，テスト順序の選択も経験に基づいて行い，最もストレスがかかると予想されるテストを後に行うよう計画を立てる。たとえば，学習・記憶機能については風味選好伝達テストや物体認識テストは最初に行い，ややストレスがかかるテストとしてフットショックを1回与える受動的回避学習テストを次に行う。継続的な給餌制限が必要な放射状迷路テストやオペラント条件づけテストは後の方で行い，さらに強いストレスがかかる恐怖条件づけテストやモリス水迷路テストは最後に行う。一見，正しく思えるこのテスト順序の妥当性は系統的な検証が行われてこなかった。そのため，Paylorの研究グループはテスト順序についても検証を行った（McIlwain et al., 2001）。この研究では遺伝子改変マウスの行動解析を9つの行動テストを用いて解析し，その際，これを決められた順序で行っている。実験対象としたマウス系統はC57BL/6Jと129SvEvTacであり，テストバッテリーは，①神経学的反射テスト，②オープンフィールドテスト，③明暗選択

テスト，④ロータロッドテスト，⑤プレパルス・インヒビションテスト，⑥驚愕反応の馴化テスト，⑦文脈および手掛かり恐怖条件づけテスト，⑧モリス水迷路テスト，⑨ホットプレートテストから構成した。これらのテスト順序を検証した研究の実験1では，他のテストを経験していない，つまり1つのテストのみを経験したマウスの行動テストの成績と，テストバッテリーを通して経験したマウスの行動テストの成績を比較した。その結果，他のテストを経験していないマウスに比べて，テストバッテリーを通して経験したマウスはオープンフィールドテストでの活動性が低く，不安様行動が減少した。また，ロータロッドテストの成績も良く，さらにホットプレートテストにおいて痛覚の感度が高くなった。さらに，モリス水迷路テストのプローブテストにおいて逃避台があった四分円を遊泳する時間が短いこと，つまり記憶力の低下が明らかにされた。ただし，驚愕反応の馴化テスト，プレパルス・インヒビションテスト，恐怖条件づけテストでは変化は認められなかった。続く実験2では，テスト間間隔は一週間として，4つのテストから構成されるテストバッテリー（オープンフィールドテスト，明暗選択テスト，プレパルス・インヒビションテスト，文脈および手掛かり恐怖条件づけテスト）を経験したマウスと比較した。実験1では，他のテストを経験していないマウスは，9つの行動テストからなるテストバッテリーを経験したマウスに比べて一部のテストで異なる行動を示した。しかし，4つのテストから構成されるテストバッテリーでは，オープンフィールドテスト，プレパルス・インヒビションテスト，文脈および手掛かり恐怖条件づけテストはどの順番で行ってもマウスの行動に影響を与えなかった。しかし，明暗選択テストでは区画移動までの反応時間や驚愕反応の程度がテスト順序の影響を受けた。Paylorの研究グループは，C57BL/6Jと129SvEvTac系統では，テスト順序の影響が一部の行動テストであるかもしれないが，多くの行動テストであまり影響を受けないと結論づけている。

　Voikar et al.（2004）はC57BL/6JOlaHsd系統または129S2/SvHsd系統のマウスを用いて，1つの行動テストのみを経験したマウスとテストバッテリーを経験したマウスの行動を比較し，持ち越し効果を検討した。テストバッテリーは，ハンドリング，オープンフィールドテスト，高架式十字迷路テスト，明暗選択テスト，Y字迷路テスト，ビームテスト，ワイアハングテスト，ロータロッドテスト，ホットプレートテスト，恐怖条件づけテスト，モリス水迷路テスト，ポーソルト強制水泳テスト，そして条件性味覚嫌悪テストから構成された。他のテストを経験していないマウスとテストバッテリーを通して経験したマウスを比較した際に，オープンフィールドテスト，明暗選択テスト，Y字迷路テスト，ビームテスト，ワイアハングテスト，ロータロッドテスト，恐怖条件づけテスト，そしてモリス水迷路テストにおけるほとんどの指標について差異は認められなかった。しかし，高架式十字迷路テストにおけるオープンアームでの滞在時間と侵入回数は，他のテストを経験していないマウスに比べて，テストバッテリーを通して経験したマウスで減少した。また，ホットプレートテストにおける反応時間はテストバッテリーを通して経験したマウスのほうが短かった。そして，ポーソルト強制水泳テストはテストバッテリーの経験の影響が強く反映され，テストバッテリーを通して経験したマウスの無動時間は両系統で長かった。129S2/SvHsdマウスにおける条件性味覚嫌悪は，他のテストを経験していないマウスでより強く形成された。この結果から，網羅的行動テストバッテリーにおける持ち越し効

果は系統によって異なる可能性が示唆された。

　不安関連行動を測定する高架式十字迷路テストは先行経験の影響を最も受けやすい行動テストである。高架式十字迷路テストを経験したラットやマウスでは，引き続く高架式十字迷路テストの成績に与える抗不安薬の作用が減弱することが報告されている（File et al., 1992; Holmes & Rodgers, 1999）。さらに，高架式十字迷路テストに関する先行経験は後の同テストにおけるベースラインの成績に影響を与える。しかし，その影響は多岐にわたり，セッション間間隔によって変化する（Holmes & Rodgers, 1998; Voikar et al., 2004）。また，マウスやラットの高架式十字迷路テストについて因子分析が行われ（Chaouloff et al., 1997; File et al., 1993; Griebel et al., 1996; Henderson et al., 2004; Holmes et al., 2003; Lister, 1987; Ramos et al., 1998; Rodgers & Johnson,1995; Wall & Messier, 2000），高架式十字迷路テストを複数回行った際に各回で異なる因子が抽出された（Crawley, 1989; File, 1997a; File et al., 1993, 1994; Holmes & Rodgers 1998, 1999; Holmes et al., 2003）。これは，高架式十字迷路が測定する心的過程が先行経験の影響で変化することを示唆している。

　上記の持ち越し効果に関する一連の研究は，異なる実験計画のもとでさまざまな近交系マウスを用いて行われた。いくつかの行動テストについては順序が影響しないことが明らかとなったが，今後，さらなる研究によってその詳細が明らかにされるだろう。このように持ち越し効果について全容が解明されていない現在，実験条件を統制する最も確実な方法は同腹仔の野生型マウスと変異マウスを比較することである。同腹仔を用いて，すべての遺伝子および性別に関して同一の順番で行動テストが行われる限りは，環境や先行経験の影響はすべての遺伝子型に類似の影響を与えると考えても良い。しかし，たとえそうだとしても，どの行動テストから始めても良いというわけではない。網羅的行動テストバッテリーは健康観察，神経学的反射テストから開始し，感覚機能，運動機能という基礎的な機能を次に調べ，情動行動，社会行動，学習・記憶機能と，行動テストが進むにつれてより高次の機能を調べるようにテスト順序を構成するのが妥当である。これは，低次の心的な能力によって説明可能な行動は高次の心的な能力によって解釈してはならないというモーガンの公準に基づくものであり，最初に基礎的な機能を調べることで，続く高次機能のテストを省略またはテスト結果の誤った解釈を防ぐことができる。このような観点から，著者の研究室では図5-3-1 に示す網羅的行動テストバッテリーを実施している。

　このテスト順序は，過度のストレスがかかると予想されるテストが深刻かつ長期にわたる持ち越し効果を他のテストに与えてしまうという考え方を前提に決定している。

　ここまで，遺伝子改変マウスの行動研究の最新の知見として網羅的行動テストバッテリーを紹介した。最後に，遺伝子改変動物の行動研究の新しい動き，トランスレータブル行動指標を紹介したい。1節で紹介したヒトを対象とした研究では非侵襲的な脳計測による指標と行動の間の相関関係を示すことは可能であるが，因果関係を示すことは困難である。これを補完する形で動物を対象とした先述の行動実験は存在するが，げっ歯類で展開される行動実験はヒトのそれとは本質的に異なり，必ずしも有用な結果を生み出してこなかった。そこで，より高次の機能を評価可能な霊長類も含めて，ヒトと霊長類とげっ歯類をつなぐ行動指標（トランスレータブル行動指標）を開発する研究の必要性が，精神神経疾患の創薬開発の加速化に際して求められている。

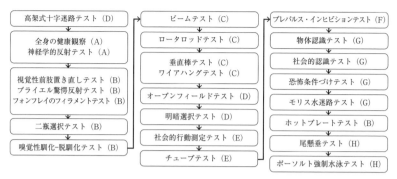

図 5-3-1　著者の研究室で実施している網羅的行動テストバッテリー
テスト順序は，過度のストレスがかかると予想されるテストが深刻かつ長期にわたる持ち越し効果を他のテストに与えてしまうという考え方を前提に決定している。Aのテストは全身の健康状態および神経機能の状態を検査する。Bのテストは感覚機能（視覚，聴覚，触覚，味覚，嗅覚，痛覚）を測定する。Cのテストは運動機能（運動協調機能，筋力）を測定する。Dのテストは情動機能（不安，好奇心）を測定する。Eのテストは社会性（社交性，攻撃性）を測定する。Fのテストは注意機能を測定する。Gのテストは学習・記憶機能（物，他個体，情動，場所に関する情報について），Hのテストは抑うつ気分を測定する。同日に行うテストは同じ四角で囲まれている。

遺伝子改変マーモセット（1節）が作製可能な現在，マウス・ラット，マーモセット，ヒトに共通する行動指標を作製し，それによって遺伝子と行動の関係性を解き明かそうとする新しい動きがある。3節の冒頭で行動テストは数多く存在すると述べたが，「今後求められる行動テスト」という観点からは，その数は不足しているとも言える。今後は遺伝子改変動物に既存の行動テストを実施するだけでなく，新しいテストを開発し，心のフロンティアを切り開く開拓者精神が心理学者には求められるだろう。

動物を用いた脳の組織学的研究法

6章

1節　生理心理学における組織学的研究法

　脳を中心とする神経系は，情報の伝導・伝達のために神経細胞（ニューロン）が複雑なネットワークを形成している。多種多様な神経伝達物質や修飾物質が分布しており，さらにそれらの受け手である受容体についてもさまざまな種類が存在する。そこで，各種の伝達物質，修飾物質，栄養因子等の生理活性物質を有する細胞を組織学的に同定することが，生理心理学研究においても必要になる。本節ではまず，特定の化学物質を持つ細胞が組織切片上のどこにあるのかを明らかにする有効な方法として，免疫組織化学を中心にしてその原理と具体的な手続きを説明する。また，特定の行動や心理活動と関連する脳内部位を検索したいという研究のためには，どのような方法があるかについて述べる。

1. 生理活性物質の局在を組織学的に見る方法

　特定の神経伝達物質やそれを合成する際に使われる酵素，あるいはペプチド類を組織切片上に見つける方法と，それらの産生にかかわる活動を見つける方法について述べる。

(1) 免疫組織化学法の原理

　特定の化学物質をもつ細胞を同定する方法として，現在では免疫組織化学法が最も一般的であり，かつ確立されている。この方法は，生体が異物として体内に入った物質＝抗原に対して，その抗原特異的な抗体を産生するという「抗原-抗体反応」を組織切片上に適用し，注目する化学物質の存在を検索・可視化するものである。したがってこの目的のためには，自分が組織切片上でどんな化学物質を含む細胞を観察しようとしているのかが重要であり，それに対する抗体を入手する必要がある。

　生理心理学研究において最も需要が多いのは，特定の伝達物質や修飾物質を有するニューロンの細胞体や，その軸索あるいは神経終末を顕微鏡下に観察したいというものである。その場合，ペプチドニューロンであればそのペプチド自体に対する抗体（抗血清）が利用可能であるが，古典的神経伝達物質であるアセチルコリンやモノアミン類，あるいはアミノ酸の場合は，分子量が極めて小さく，伝達物質そのものに対する感度のよい特異的抗体が得られていない場合が多い。そこで伝達物質に他の高

分子量の物質を結合させたものを抗原として抗体を作成する場合もあるが，頻用される方略は，伝達物質を合成する際の合成酵素あるいは分解酵素（これらは蛋白質）の抗体を入手し，その免疫組織化学を行うことで，特定の伝達物質を有するニューロンを同定するというものである。たとえばアセチルコリンニューロンの分布を知るには，その合成酵素であるコリンアセチルトランスフェラーゼ（ChAT）の免疫組織化学を行い，ChATを有する細胞を可視化する。同様に，ドーパミンニューロンを観察したい場合，その律速段階酵素であるチロシン水酸化酵素（TH）の抗体を用いた免疫組織化学が行われる。ただし注意しなければならないのは，あくまでChATやTHの局在を見ていることである。アセチルコリンの合成にはChATという酵素が必要なので，この酵素を持っているニューロンはほぼアセチルコリンニューロンであると考えられる。一方で，THの免疫組織化学を行うときは，ノルアドレナリン細胞やアドレナリン細胞も伝達物質を合成する段階で細胞内でTHを利用するため，これら他のカテコールアミンのニューロンも同様に染色される。したがって研究の目的に応じて，他の酵素の抗体による免疫組織化学を組み合わせて行うことも必要になる。たとえば，カテコールアミン細胞ではチロシンからドーパミン，ノルアドレナリン，アドレナリンという生合成の順にそれぞれの段階で異なる酵素が働くので（図2-4-2参照），アドレナリン細胞であればTH，ドーパミンβ水酸化酵素（DBH），フェニルエタノールアミン-N-メチル基転移酵素（PNMT）のいずれも陽性であり，ノルアドレナリン細胞であればTHとDBHが陽性でPNMTは陰性，ドーパミンニューロンならばTHが陽性でその他は陰性である，というのが原則である。

　抗体を組織中の抗原（検索したい特定の生理活性物質）と反応させるのみでは，抗原の存在は観察できない。抗原が認識された部位を増強したり，可視化したりする手続きが必須である。抗体分子はいろんな染色色素分子と結合するので，過酸化酵素などの酵素蛋白を付け，他の化学物質と化学反応をさせて反応物を茶色に発色させたり（酵素抗体法），あるいはその代わりに標識物質としてFITCなどの蛍光性を持つ分子と結合させておき，蛍光顕微鏡下で特定の波長の光を当てることによって放たれる光を観察したりする（蛍光抗体法）。それによって切片上のどの脳部位の細胞が，あるいは細胞内のどの部分が抗原を有していたか，顕微鏡下で観察できるようになる。

(2) **免疫組織化学法の具体的な手順**

　組織学的検索においては，まず生体が死んだ時のままの状態に組織を保存するため（蛋白質の安定化），固定の作業を行う。そのために固定液を用いるが，死後の生体から取り出した組織片を液に漬ける場合（浸漬固定）と，麻酔下で組織内の血液を洗い流し，固定液に置き換える灌流固定とがある。固定された組織をミクロトームで薄切する過程，切片を染色する過程，切片を永久標本として保存するために封入剤で封入する過程，そして顕微鏡下で観察する過程（検鏡）が続く。

　以下には免疫組織化学の一例として，ラットを被験体としてカテコールアミンの合成酵素であるTHの免疫組織化学を，標識酵素としてホースラディッシュパーオキシダーゼ（HRP）を用いてアビジン・ビオチンコンプレックス（ABC）法とよばれる方法で行い，それをジアミノベンチジン（DAB）で発色する過程を行う際の具体的な手順を述べる。切片の染色には切り出された切片を先にスライドグラスに載せてから染色する方法（貼り付け法）と，緩衝液中に浮遊させたままで染色し，あとでスライド

グラスに載せる方法（浮遊法）があるが，ここでは後者を用いた例である．図6-1-1は，ABC法による免疫組織化学法の原理を示す．

1）固定

ペントバルビタールナトリウム深麻酔下（腹腔内投与）で心臓（左心室）または上行大動脈に注入用の針（管）を留置し，右心耳を切開したあと，以下の2つの液を順に注入して全身（上半身のみの場合は下行大動脈をクリップ）を灌流する．①約100 mlの0.9％塩化ナトリウム含有0.1 Mリン酸緩衝液（PBS, pH7.5），続いて②約300 ml（あらかじめ冷蔵）の4％パラホルムアルデヒド，0.2％ピクリン酸，0.25％グルタールアルデヒド含有の0.1 Mリン酸緩衝液（PB, pH7.5）である．注入にはポンプを用いると便利であるが，大型の注射用シリンジを用いても可能である．すぐに脳を取り出し，必要な脳部位をふくむブロックに切り分ける．上記の固定液（グルタールアルデヒドを加えないもの）中にさらに2時間〜1晩（冷蔵で）浸漬（後固定）した後，20〜30％ショ糖0.1 M PB溶液（pH7.5）に移し替え，浸漬する．

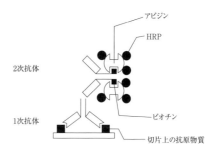

●図6-1-1 アビジン・ビオチンコンプレックス（ABC）法による免疫組織化学の原理
（塩坂，1987を一部改変）

2）薄切

ショ糖溶液から取り出した脳組織ブロックに，液化炭酸ガスのボンベを用いて粉末ドライアイスを吹き付け瞬時に凍結させる．これをクリオスタット（凍結切片作成器）内に設置し，厚さ25〜35 μmの切片を作成する．庫内温度の設定は切片の厚さに依るが，−15〜−20℃とする．

3）染色

0.1 MのPBSを用いて切片を十分に洗浄し，1％牛血清アルブミンを含むPBS溶液に1時間浸した後，①第1次抗体として1：5000に希釈したウサギ抗TH抗体（抗血清）を含む液を，0.1％トリトンX-100（界面活性剤）を含有する0.1 M PBS溶液で作成し，その瓶の中に脳切片が十分に浸るように入れ，（できれば振盪器で振りながら）2-3日，冷蔵庫内で保存し反応させる．切片を取り出してPBSでよく洗浄した後，②第2次抗体として，ビオチン標識抗ウサギ抗体（IgG）の溶液（0.1 M PBSで1：1000に希釈）にて一晩冷蔵で保ち，反応させる．翌日，切片をPBSでよく洗浄した後，③アビジン-ビオチン-HRP複合体（ABC）溶液（0.1 M PBSで1：1000に希釈）にて90分反応させ，その後切片をよく洗浄する．最後に陽性細胞を発色させる段階として，④0.01％3,3'-ジアミノベンチジン，0.5％硫酸ニッケルアンモニウム，0.005％過酸化水素水を含有する溶液を50 mMトリス緩衝液（pH7.6）で作成し，この中に切片を入れて緩やかに振りながら反応・発色させる（DAB反応）．光学顕微鏡下で発色の程度を観察しながら，10〜20分程度で0.1 M PB液中に戻し，反応を停止させる．この後，あらかじめゼラチンでコーティングしたスライドガラス上に筆を用いて切片を載せ，乾燥させる．

4）封入

完全に乾燥させた後で，切片を脱水・封入する．その際には，切片を載せたスライドガラスを70％，80％，90％，95％，100％エタノール溶液，クレオソート・キシレン混合液（容量比1：3），100％キシレン液の順に各1分浸した後，取り出したスライ

ドガラス上に封入剤のエンテラン液を滴下し，カバーガラスで封入する。

以上の方法で染色したTH免疫組織化学の顕微鏡写真の例を，図6-1-2に示す。注意事項として，第1次抗体は，実験者の注目する物質（神経伝達物質，ペプチド，酵素等）に応じて，それに対する抗血清を入手する必要がある。抗体の抗原認識の選択性（特異性），力価が最も重要である。市販の抗体が多くの業者から販売されているので，公刊論文中で使用されているものを検索し，購入することもできる。第2次抗体（ビオチン標識抗体）は販売されているので，第1次抗体を得た動物種（ウサギ，ヤギ，ラット等）に応じて選択し購入する。ABC溶液についてもキットとして販売しているので入手可能である。

免疫組織化学法と標識追跡法（6章2節参照）とを組み合わせて二重染色を行うと，逆行性トレーサーを用いた追跡で標識された細胞体が，どんな物質を有するか判定できるので，どの伝達物質をもったニューロンが神経系のどの部位からどこへ投射しているかを同定することができる。また，1個のニューロンが複数種の生理活性物質を有する事実は広く確認されており（同一細胞内共存），2種の抗原を1枚の切片上で染め出すという二重標識法によって証明が可能である。

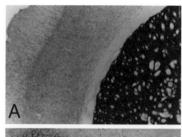
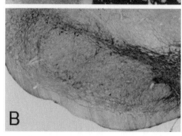

●図6-1-2　チロシン水素化酵素（TH）の免疫組織化学により染色された脳切片の顕微鏡写真の例
（A）大脳皮質および線条体におけるTH免疫陽性神経終末。とくに線条体（右下部分）では濃密なドーパミン神経終末により黒く染まっている。（B）中脳黒質のTH免疫陽性ドーパミンニューロン群と樹状突起。

(3) *in situ* ハイブリダイゼーション法

特定の蛋白質やペプチドの合成に関連のあるメッセンジャーRNA（mRNA）の局在を，組織学的に調べるための方法として *in situ* ハイブリダイゼーションがある。ニューロンの核にはDNA（デオキシリボ核酸）の二重らせん構造があり，遺伝情報を保持している。DNAの塩基配列に従ってRNA（リボ核酸）分子が生成され（転写），それをもとにしてペプチドや蛋白質が合成される（翻訳）。ある遺伝子が活性化すると遺伝情報（塩基の配列）が染色体からmRNA上にコピーされ，核を離れて細胞内のリボソームに移動し，特定の蛋白質が合成される。

このmRNAの塩基配列と相補的な配列をもつ放射性のRNAを合成し組織片に作用させると，目的とするmRNA分子に結合する。相補的な核酸配列はプローブとよばれ，プローブがmRNAと結合する過程をハイブリダイゼーションという。mRNAの存在する場所を細胞レベルで見るためには，**オートラジオグラフィ**とよばれる方法を用いる。ハイブリダイズした脳切片をスライドグラスに載せ，その上に暗室で写真用乳剤を塗布する。何週間かそのまま（光を当てずに）冷蔵保存し，このスライドガラスを写真と同様に現像処理する。放射能が乳剤を感光させるので，現像した乳剤の中で銀の粒子として観察できる。このようにしてできあがった切片の像を，オートラジオグラムという。蛋白質やペプチドそのものを見つけるのではなく，mRNAの存在を通してその蛋白質の産生細胞がどこに存在するか（蛋白質合成を開始している場所）を見ることができるのが，*in situ* ハイブリダイゼーションの特徴である。

(4) 特定の受容体の局在を知る方法

神経伝達物質や修飾物質は，標的細胞の表面上にある受容体に結合して情報を伝え

る。受容体の局在については2つの方法で同定可能である。1つはすでに説明した免疫組織化学法を用いるもので，受容体は蛋白質なのでそれに対する抗体を作成可能である。組織切片を受容体の抗体と反応させ色素で標識すれば，それを観察可能である。もう1つはオートラジオグラフィである。組織切片を，特定の受容体に対する放射性リガンド（受容体に特異的に結合する物質）を含んだ溶液で反応させ，その後余分な液を洗い流せば，受容体と結合したリガンド分子のみが残る。オートラジオグラフィ（前述）を用いて放射能の局在を調べ，受容体の分布を明らかにすることができる。

2. ニューロンの活動を組織学的に見る方法

(1) 2-デオキシグルコース（2-DG）法

電気生理学的な活動記録や生化学的な伝達物質量測定をするのではなく，組織学的方法によりニューロンの活動を可視化することができる。1つは，放射性2-デオキシグルコース（2-DG）を動物に静脈注射し，オートラジオグラフィにかける方法である。これは脳内の特定の領域が活動するとその代謝が盛んになるので，それを計るものである。あらかじめ生体に放射性標識された2-DGを注入しておくと，脳はその活動に栄養素としてグルコースを必要とし，2-DGはグルコースに構造が似ているため，活発に活動している細胞により多く（高濃度に）取り込まれることになる。しかし，2-DGはグルコースとは異なり代謝されないので，研究者が注目している行動を遂行させたあとで動物の脳を取り出し，細胞に取り込まれた2-DGの場所をそれと結合した放射性物質を手がかりに組織切片上で確認できる。切り出した脳切片をスライドグラスに載せ，暗室で乳剤を塗布，冷蔵保存し現像すると，放射性2-DGは乳剤を感光させるので，脳内で盛んに活動した部位は放射能が高くなり，銀の粒子として観察できる。また，脳を薄切して切片をレントゲンフィルムに感光させると，2-DGが蓄積されている部位をフィルム上に見ることもできる。その具体的な技法については，古典的条件づけ後の条件性情動反応の関連脳部位を検索した杉岡（1998）の例に詳しい。

(2) c-Fos染色による法

ニューロンが活動するときには，細胞の核の中でまず特定の遺伝子群が発現し，それらの蛋白質が合成される。最初期遺伝子（IEG）とよばれる，細胞への刺激に応答して速やかに発現が誘導される一群の遺伝子である。たとえば脳においては，転写制御因子をコードする遺伝子であるc-fosの発現によってc-Fosとよばれる核蛋白質が合成される。抗c-Fos抗体を用いて上述の免疫組織化学法を適用することによって，組織切片上で検出することが可能である。これらの核蛋白質の存在はニューロンが活動していたことを示すので，神経活動の分子マーカーとして広く利用されている。個体が特定の刺激環境に曝されたこと，あるいは特定の課題を遂行するなど，各種の心理機能や行動に対応したニューロンの神経応答を知ることができる。c-Fosの蛋白質が合成されるまでには一定の時間経過が必要なので，免疫組織化学による同定をする際には，目標としている心理機能や行動が最も盛んである時点から60〜90分くらいの時間を経てから，脳組織の固定を行う必要がある。

以上の2つの方法は，いずれも組織学的研究法であり，動物の死後の脳組織を取り出してからの観察となるが，行動と関連した脳活動部位を細胞レベルで検索できると

いう利点がある。また，これを神経伝達物質や神経ペプチドの免疫組織化学と組み合わせれば，行動と関連してどの脳部位の，どんな伝達物質をもつニューロンが活動するのかを明らかにすることも可能である。

2節　標識追跡法

　脳における情報処理の結果として各脳部位のニューロンが符号化している情報は，ニューロンごとに多種多様である。しかしニューロン単体の働きが脳部位ごとに異なっているわけではない。ある特定のニューロンの符号化する情報を決めているのはニューロン同士の接続パターン，すなわち神経回路網である。したがって，ある脳部位への求心性線維の源（ニューロンの細胞体がある場所）はどこなのか，またある脳部位からの遠心性線維の投射先（軸索終末部のある場所）はどこなのか，という解剖学的結合を知ることは，脳の情報処理機構を知る上で不可欠といえる。古くは，ゴルジ染色による追跡や，ニューロンの一部を破壊することによって生じる軸索変性を手掛かりにして投射元・投射先を同定する方法（ナウタ法など）が取られていたが，1970年代以降，ニューロンのおもに軸索輸送を利用したさまざまな標識（トレーサー）追跡法により，正確かつ詳細に脳内の神経回路の投射元・投射先を同定することが可能になった。

　ニューロン内部には，タンパク質や細胞内器官などを細胞体から軸索終末部まで輸送したり，逆に軸索終末部から細胞体に輸送したりする機構が存在し，これらを軸索輸送（axonal transport）という。細胞体から軸索終末部方向に物質を運ぶ流れを順行性（anterograde）軸索輸送，軸索終末部から細胞体方向に物質を運ぶ流れを逆行性（retrograde）軸索輸送という。あるニューロンの投射先を調べるためには，順行性軸索輸送が利用できる標識物質を樹状突起または細胞体付近に投与し，取り込み機構によって細胞内に入った標識が順行性に軸索輸送された場所を同定する。投射元を調べるためには，逆行性軸索輸送が利用できる標識物質を軸索終末部付近に投与し，おもにエンドサイトーシスによって軸索内に入った標識が逆行性に軸索輸送された場所を同定する（図6-2-1）。実験者は，生きた動物の脳の目的部位に標識を注入する必要があり，投与方法は標識の種類や対象の違いによって，圧による注入，イオン泳動法による電気的な投与，細胞内注入，結晶を挿入する方法のいずれかが選ばれる。標識が軸索輸送されるのにかかる日数や生体内にとどまっている日数は，標識の種類や軸索の全長によってさまざまであるが，投与から1～7日程度で動物を灌流固定し脳を取り出して解析するのが一般的であ

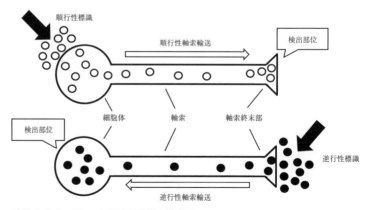

●図6-2-1　ニューロン内部機構の模式図

る．標識を脳標本で可視化するための方法も標識ごとに異なり，標識の抗体を反応させる方法，標識から発せられる蛍光を検出する方法などがある．

1970年代初期，最初に開発された逆行性標識として，西洋ワサビ過酸化酵素（horseradish peroxidase, HRP）がよく知られている．この方法は，それまでの軸索変性を利用したどの方法に比べても容易でかつ感度も高く，標識追跡法のブレイクスルーとみなされている．続いて1980年代には種々の蛍光色素が標識として開発され，ある特定の波長の蛍光を発する標識が利用できるようになった．さまざまな波長の蛍光を発する標識を複数使うことによって，たとえば別々の脳部位が同一の投射元を有する場合の証明（軸索側副枝の証明）なども可能となった．1990年代には細胞毒性の少ないデキストランにさまざまな分子を結合させた標識が用いられるようになった．近年では，遺伝子工学的な技術を用いて作製した組換えウイルスを感染させて神経回路を追跡する方法もある．また生きた動物ではなく，灌流固定して標本にしたあとの脳（いわゆる死後脳）に標識を投与する方法もある（この場合には軸索輸送ではなく軸索の細胞膜内における標識の移動を利用している）．

現時点で利用可能な標識は多岐にわたっており，各標識の詳細および実験プロトコルについては総説論文に譲るが（Köbbert et al., 2000; Vercelli et al., 2000; 寺島ら，2001; Lanciego & Wouterlood, 2011），本稿では使用目的別に代表的な標識を概観することにする．

1. 順行性追跡

順行性の追跡に広く利用されている標識として，ビオチン化デキストランアミン（biotinylated dextran amine: BDA）が挙げられる．グルコースのみによって構成される多糖類デキストランにリジンを結合させてビオチン標識したものであり，細胞毒性が少ないのが特長である．BDAの投与は圧式でも電気泳動でも良く，投与から4日〜2ヶ月は代謝されずに細胞内で滞留する点でも使いやすい．ただし，投与部位を通過する別の軸索にも取り込まれる可能性がある点は注意が必要である．

植物由来のレシチンであるインゲンマメ白血球凝集素（phaseolus vulgaris-leucoagglutinin: PHA-L）は，軸索および軸索終末部を単独で可視化するのに優れた標識である．PHA-Lの投与は電気泳動で行い，生体内で7日〜3ヶ月保たれるとされる．さらにBDAとは異なり，投与部位を通過する軸索には取り込まれないという利点を有する．

電気生理学的な実験と組み合わせて使われることが多いのは，ビオチンのアミノ誘導体であるニューロビオチン（neurobiotin）である．細胞内に長くとどまる特徴をもち，記録電極内液からニューロンに拡散させて記録細胞の同定を行う．また，リジンに結合したビオチンであるバイオサイチン（biocytin）も同様の目的で用いられる．

アミノ酸をアイソトープ標識した放射性アミノ酸（tritiated amino acid）は，ニューロンの細胞体から取り込まれると細胞体におけるタンパク質合成の際にタンパク質の構成要素として加わり，順行性に軸索輸送される．放射性ヒドロキシプロリン（^{3}H-proline）や放射性ヒドロキシロイシン（^{3}H-leucine）は，後述の経シナプス性に追跡する目的で用いることもできる．

そのほか，コバルト，ニッケルといった重金属を用いた追跡法もあり，冷血脊椎動

物や無脊椎動物の神経系を調べる際，コバルトとリジンの複合体を順行性標識として用いる例がある。

2．逆行性追跡

酵素マーカーによる逆行性追跡法として，植物性酵素である西洋ワサビ過酸化酵素（horseradish peroxidase: HRP）がよく知られている。投与は圧式または電気泳動で行う。逆行性軸索輸送で細胞体まで運ばれた HRP は，過酸化水素とジアミノベンジジン（diaminobenzidine, DAB）との反応によって茶色に発色する。蛍光と違って褪色することがなく，光学顕微鏡で観察できる。ただし HRP の欠点として，染色される範囲が完全ではなく，細胞体と一次樹状突起（primary dendrite）に限られる点，細胞毒性が比較的高い点などが挙げられる。

蛍光性無機化合物による逆行性追跡法として，ファストブルー（fast blue: FB）およびディアミディノ・イエロー（diamidino yellow: DY）がよく使われている。これらの標識は蛍光顕微鏡を用いて存在部位が視認でき，感度が高く，長い線維でもラベルできる利点を持つ。また，フルオロゴールド（fluoro-gold; hydroxystilbamidine ともいう）は，他の蛍光性標識に比べて褪色せず長持ち（2日〜1年）なのが特長であるが，投与部位を通過する別の軸索にも取り込まれる可能性がある点は注意を要する。

バクテリア毒素による逆行性追跡法として，コレラ毒素のBフラグメント（B fragment of cholera toxin: CTB）を用いたものがある。コレラ毒素のBフラグメントは細胞毒性がない。HRP と結合させた CTB-HRP は HRP 単独よりも高感度な標識として有用である。投与は圧式でも電気泳動でも行え，4日〜4週間もつとされる。ただし投与部位を通過する別の軸索にも取り込まれる可能性がある。

微粒子・超微粒子による逆行性追跡法として，直径20〜200nm のラテックスビーズ（Latex beads）が運ぶローダミン（蛍光物質）は，粒子に細胞毒性がなく，注入部位からの拡散が最小限で，長持ちするという利点がある。コムギ胚芽凝集素と，酵素活性を失活させた HRP と，金超微粒子との複合体である WGAapoHRP-Au は，長期間にわたってニューロン内に存在でき，金超微粒子を銀染色することによって光学顕微鏡で視認できる。

3．双方向性追跡

順行性にも逆行性にも追跡可能な標識として，植物性レクチンの一種であるコムギ胚芽凝集素（wheat germ agglutinin: WGA）を HRP と結合させた WGA-HRP が挙げられる。WGA-HRP は HRP 単体に比べて約40倍の感度があり，また HRP は投与部位を通過する別の軸索にも取り込まれるが WGA-HRP は取り込まれない点も利点である。投与は圧式または電気泳動で行う。後述のように，WGA-HRP は経シナプス性の追跡にも用いられる。なお，WGA-HRP 以外に，上述の順行性標識・逆行性標識を複数同時に用いて双方向性の追跡を行うことも可能である。

4．ウイルスによる感染を用いた標識

ニューロンに特異的に感染するウイルスを利用し，組換えウイルスによる遺伝子導入法によって神経細胞を可視化する方法がある。ウイルスとは，遺伝物質はもつ

が自己複製能力はもたず，感染した細胞の機構を使って複製するという性質をもつ。ニューロンの標識には，単純ヘルペスウイルス（herpes simplex），狂犬病ウイルス（rabies virus），アデノウイルス（adenovirus），シンドビスウイルス（sindbis virus）などを用いる。ウイルスのゲノムがコードしている遺伝子の一部を，標識の検出に便利なタンパク質をコードした遺伝子（*LacZ*遺伝子や*gfp*遺伝子など）に組換えたものをニューロンに感染させ，ニューロンの機構を用いて合成したタンパク質であるβ-ガラクトシダーゼや緑色蛍光タンパク質（green fluorescent protein: GFP）を輸送先で検出する（β-ガラクトシダーゼの場合にはX-gal染色，GFPの場合には蛍光観察）。またウイルス標識は，経シナプス性の追跡にも用いられる。

5. 経シナプス性追跡

順行性標識や逆行性標識は一般に，ある脳部位と別の脳部位との直接的な神経連絡を明らかにするための道具であるが，標識がシナプスを超えて次のニューロンにまで達することによって二次ニューロン以降の回路を同定できるものもある。このような標識のことを経シナプス性標識（transsynaptic tracer）という。

放射性アミノ酸のうち，放射性ヒドロキシプロリン（^{3}H-proline）や放射性ヒドロキシロイシン（^{3}H-leucine）は順行性の経シナプス性標識として使用可能であり，また植物レクチンの例としてはWGAが挙げられる。ウイルス標識の場合，シナプスを超えて次のニューロンに感染したウイルスが，また検出可能なタンパク質の合成をもたらすことから，シナプスを超えた先のニューロンでも比較的強い信号が検出可能であるという利点がある。狂犬病ウイルスや単純ヘルペスウイルスを用いた例がある。

6. 固定標本における技法

ニューロンの軸索輸送を利用した追跡法においては，生きた動物の脳に標識を入れる必要がある。しかし，このことは人間の脳の線維連絡がこれらの方法では調べられないことを意味しており（死亡直後の未固定脳標本を用いた稀な例はある），また動物の場合もホルマリン固定した標本に対しては適用できないことになる。死後脳の標本における追跡にはゴルジ法を用いることも可能だが，脂肪親和性（疎水性）色素結晶を用いた追跡が一般的である。DiI（dialkylcarbocyanine dye）やDiO（dialkylaminostyryl dye）はニューロンの細胞膜に部分にのみ拡散し，安定かつ強力な蛍光を発する。ただし細胞膜の側方拡散の距離の限界から，1cm以上離れた部位どうしの追跡には適さない。なお，これらの標識は生きた動物の脳に適用することも可能である。

3節　脳活動の測定法

1. ニューロン活動の記録

神経細胞（ニューロン）の活動，すなわちスパイクを電位信号として記録する方法は，1950年代から始まったが，行動する動物を対象として本格的に広まったのは1970年代からである。神経回路の信号伝達の基本単位であるニューロン活動を，活

動電位（スパイク）の発生時間と同じ1ミリ秒以下の精度でリアルタイムに測定する方法は，現在でもこの方法以外にはない。

(1) シングルニューロン活動からマルチニューロン活動の記録へ

ニューロン活動を記録するためには，先端の太さが数ミクロンから数十ミクロンの記録電極をニューロンの近くに刺入し，そのニューロンから発生するスパイクを検出する。この方法を細胞外記録（extracellur recording）と呼び，比較的長時間の記録が可能であるため，行動する動物から記録する場合はこの方法が使われる。1本の記録電極を使いニューロンを1個ずつ丹念に記録する方法がシングル（単一）ニューロン活動（single neuronal activity）の記録である。すでに半世紀近く使われてきた方法であるが，この方法を用いる研究者はいまだに多い。一方，多数の電極を同時に刺入し，多数のニューロンの活動を同時に記録する方法がマルチニューロン活動（multi-neuronal activity）の記録であり，1990年代から次第に広まってきている。

脳の情報処理が神経回路あるいはニューロン集団の働きで実現されていることは自明であるため，今後はマルチニューロン活動の記録法が主流となっていくことは間違いなく，ここではその方法を中心に解説する。なお，より詳細な解説や研究例については，櫻井（2004），龍野（2010），礒村他（2011）を参照していただきたい。

(2) 局所フィールド電位との関係

マルチニューロン活動の記録よりもさらに広範囲の神経活動を検出する方法が，局所フィールド電位（local field potential, LFP）の記録である。これはニューロンのスパイクではなく，1Hz以下から数百Hzまで周波数を持つ数〜数百μV程度の連続的な電位変化を対象とする。そのような電位変化は，主にニューロン（特に錐体細胞）へのシナプス入力によって発生すると言われている。また，ニューロン活動と対応する場合もあり，ニューロン集団がスパイクを同期的に発生させた時，それがLFPの変動に表れることがわかっている。LFPは脳波（electroencephalogram, EEG）とほぼ同義であり，大脳皮質表面のLFPを硬膜下で測定したもの皮質脳波（electrocoticogram, ECoG），脳の深い部位から記録されたLFPを深部脳波（deep electrocoticogram）と呼ぶこともある。

表6-3-1は，シングルニューロン活動，マルチニューロン活動，LFPそれぞれの記録に見られる実践上の違いを簡単にまとめたものである。電極の種類から解析方法に至るまで，大きな違いが存在することがわかる。

表6-3-1 シングルニューロン活動、マルチニューロン活動、LFPそれぞれの記録の比較

	シングルニューロン	マルチニューロン	LFP
対象	単一ニューロンのスパイク	複数ニューロンのスパイク	広範囲のシナプス電位と同期スパイク
電極	確立	未確立	確立
データ形態	デジタルパルス	スパイク波形	連続波形
解析方法	発火頻度ヒストグラム	未確立	未確立
データ解釈	発火増大に意味	未確立	未確立
論文	出版されやすい	出版されにくい	やや出版されやすい
研究者の工夫	主に行動課題	主に電極とデータ解析	主にデータ解析

(3) 記録電極の開発

シングルニューロン活動の記録用電極を多数刺すだけでは,単に分散した多数のニューロンの活動を記録するだけである(図6-3-1a)。神経回路を構成している近接した多数ニューロンから同時記録するためには,狭い範囲に存在するほぼ全てのニューロンの活動を同時に検出できる特殊電極(多点電極)が必要である(図6-3-1b)。そのような多点電極は常に新たな開発が試みられており,特に,電極全体の小型化,記録点の高密度化,そして電極材料の生体適合性と柔軟性については,材料工学などとの協力で研究が進んでいる。以下,多点電極の具体例をいくつか紹介する。

1) 多連ワイヤー電極

絶縁皮膜に覆われたタングステンやニクロムのワイヤを複数本束ねて作製する。図6-3-1bに示すテトロードが典型である。ワイヤの直径は一般に10～20ミクロンであり,あらかじめ先端をカットしておくことで,その先端部分からスパイクを記録することができる。先端部分に金メッキ加工をしておくと,記録したスパイクのSN比が向上し,より安定した長期間の記録が可能となる。

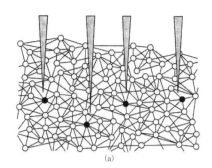

●図6-3-1 記録電極の模式図
(a)多数の微小電極を刺し分散したニューロンを検出する場合。●が活動を検出されるニューロン。(b)多点電極(テトロード)により電極先端部の全てのニューロンを検出する場合。

2) 多点プローブ電極

シリコン加工技術を利用した多点電極であり,針状のプローブの表面に多数の小さな記録点を配置している。ミシガン大学で開発され,シリコンプローブなどの名称で市販されている(図6-3-2)。プローブをフォーク状に並べたり,記録点を三次元的に配置することも提案されていおり,電極につながる基板上に小さな信号増幅回路を実装したものも考案されている。

3) 剣山型電極

これもシリコン加工による多点電極であり,針状の電極を高密度に多数配列している。ユタ大学で開発された電極が有名であり,先端の太さが数ミクロンで長さが1～1.5ミリの針電極が400ミクロンの間隔で数十本並んでいる(図6-3-3)。各針電極の高さを多様に変えたものも考案されている。剣山型電極は脳への刺入がやや困難であるため,専用の器具を使い刺入する必要がある。

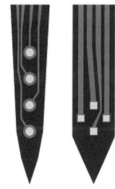

●図6-3-2 シリコンプローブ電極の先端部(http://www.neuronexus.com/images/Catalogs/2017NeuralProbesBrochure_Web_Alternate_20170110.pdf より)
□部分が記録点である。

(4) 電極の配列と操作

長期間の記録をめざす場合,柔らかいワイヤー電極を多数慢性的に埋め込むことで,脳の動きに連動して電極も動くようにするフローティング電極法が有効である。しかし,安定した長期間記録を実現しながら,多点電極を脳内で適時動かすことができれば,より多くのニューロンから記録することが可能となる。そのため,現在は多点電極を多数装着したマイクロドライブを用いる方法が主流である。多数の電極の装着,微細な可動

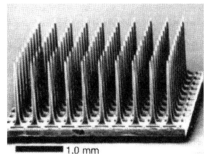

●図6-3-3 剣山型電極の例 (Hochberg et al., 2006)

性，記録の安定性，軽量化と小型化などを兼ね備えよう
とするマイクロドライブが常に開発されている（Gilja et
al., 2010; Santos et al., 2012）。図6-3-4はその一例であり
（ハイパードライブ），多数の電極を同心円上に配置して個
別に操作できる。

(5) スパイクの取り込みとソーティング

　マルチニューロンの活動をデータとして取り込む際に
は，膨大な数のスパイクを波形データとして取り込み，
それをさらに個々のニューロンのスパイクに分離する作
業（スパイク・ソーティング）が必要となる（Einevoll et
al., 2012）。そのため，スパイク・ソーティングの方法に
対応した多点電極とデータ収録法を用
いることが必要であり（Stevnson and
Kording, 2011），そのような方法をいち
早く取り入れた多点電極が先に示した
テトロードである（図6-1-1 (b)）。テ
トロードでは，4本のワイヤそれぞれ
が先端近くにあるほぼ全てのニューロ
ンからのスパイクを検出するが，ワイ
ヤ電極毎のスパイクの大きさや波形
を相対的に比較することで，個々の
ニューロンを分離することが可能であ
る（図6-3-5）。

　しかし，従来は同じニューロンが発
するスパイクの波形はほぼ一定であ
ると信じられてきたが，細胞外記録で
はそれがしばしば変動し，非定常であ
ることも多い。また，ニューロンの細

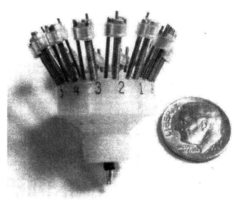

○図6-3-4　ラット用のハイパードライブの例（龍野, 2010）

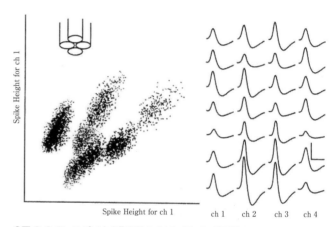

○図6-3-5　スパイクの取り込みとソーティングの例（Jung et al., 1994）
右：1本のテトロードを構成する4本のワイヤー電極（ch1 - 4）それぞれから記録されたスパイク波形。左：ワイヤー電極1（ch1）とワイヤー電極2（ch2）それぞれから記録されたスパイクの高さをスパイク毎にプロットしたクラスター分布。1つの点が1つのスパイクを示す。1つのクラスターが1つのニューロンからのスパイクを表している。

胞体や軸索だけではなく，樹状突起も異なる波形のスパイク（dendritic spike）を発す
ることが明らかになってきた。そのため，スパイクを人間が見分け正確に分離するこ
とは，事実上不可能な場合も多い。そこで，独立成分分析（ICA）など信号処理の技
術を応用した自動的で正確なスパイク・ソーティング法も開発されている（Takahashi
and Sakurai, 2003 a b, 2005）。

(6) データ解析

　マルチニューロン活動から神経回路の動作を検出し，そこから神経情報を読みとる
作業がデータ解析であるが，最大の難関でもある。同時記録した多数ニューロンそ
れぞれのヒストグラムを並べたり，それらを全て加算したヒストグラム（population
histogram）を作成すれば，たしかにニューロン集団の全体的な興奮や抑制は検出で
きるが，ニューロン間の関係はわからず，神経回路としての動作も全く不明である。
そのため1980年代から現在に至るまで，集団内にあるニューロンを2つずつ選び，
それらの機能的な関係を順次解析していく相互相関解析（cross-correlation analysis）

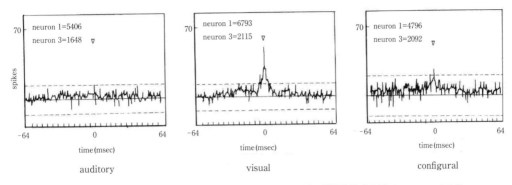

●図6-3-6　ラットが行っている課題の違いで変化するニューロン間の機能的結合の例（Sakurai, 1996 を改変）
各グラフは相互相関解析により作成されたコリログラムであり（作成方法の詳細は櫻井, 1998を参照），そこに見られるピークは，2つのニューロンが同じ神経回路内にあり同期して活動していることを示している。auditory＝音の高さを聞き分ける聴覚単純弁別課題，visual＝光の左右を見分ける視覚単純弁別課題，configural＝特定の音と光の組み合わせ刺激を弁別する視聴覚複合弁別課題。

が主流となっている（櫻井, 1998）。この方法により，ニューロン間の機能的な結合が，動物が行う課題の違いでダイナミックに変化することが多くの研究で示されている（たとえばSakurai, 1996: 図6-3-6）。また2つのニューロン間の関係から，それらを含むニューロン集団や神経回路全体の動作を推測できることも明らかになっている（Schneidman et al., 2006）。

3つ以上のニューロン間の関係を一気に調べることは，いわゆる多体問題（N-body problem）となり，格段に難しくなる。そのようなデータ解析には，たとえばヘッブ（D.O. Hebb）のセル・アセンブリ（cell assembly）仮説（櫻井, 2010）のような，神経回路の動作と神経情報の表現に関するモデルや仮説がどうしても必要であり，また現代統計学や数理モデルの応用が必須となる。現在さまざまな解析法が提案されており（Gruen and Rotter, 2010; Oweiss, 2010），実験的な検証も進められている。

2. 化学的活動の記録法（マイクロダイアリシス法）

マイクロダイアリシスは，中空糸でできた小型（φ 0.2-0.4mm，長さ 0.5-4mm 程度）のプローブを脳内局所に埋込み，細胞間隙にある物質を回収・定量する手法である。モノアミン（ドーパミン，セロトニン，ノルアドレナリン）とその代謝物，アセチルコリン，アミノ酸（GABAやグルタミン酸）などの他，最近では神経ペプチドやタンパクも測定対象となってきている（Kennedy, 2013）。生理心理学的な観点から見ると，無麻酔・無拘束の動物の行動と特定の伝達物質系のふるまいとの相関関係を検討できることが，本技法の最も大きな利点であろう。ここではマイクロダイアリシスの原理と留意点ついて簡単に述べる。

(1) 原理と方法

図6-3-7a に概略を示すように，マイクロダイアリシスのシステムは回収系と検出系からなる。

回収系　シリンジに充填した灌流液（リンゲル液や人工脳脊髄液など）を，シリンジポンプによって2～4 μL/min 程度の速度で押し出す。シリンジとプローブとの間は細いチューブ（PE-10など）によって接続する。行動実験でよく用いられる着脱式プローブは外筒，内筒，先端の膜からなる（図6-3-7b）。プローブの入口から流入した

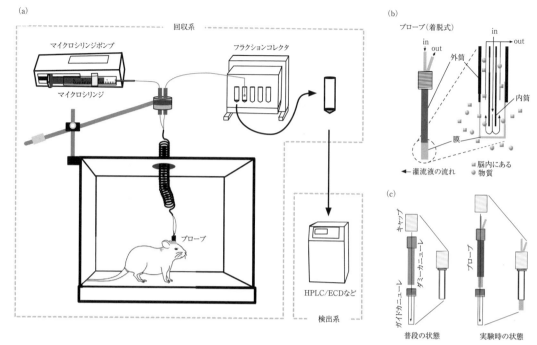

●図6-3-7　マイクロダイアリシスのシステム（a）および着脱式プローブ（b）とその構成（c）

　灌流液が内筒を通りプローブ先端に至ると，灌流液は方向を変え，内筒と外筒の間隙を上方に流れる。このとき，膜の内外で濃度の異なる物質があれば，濃度勾配に基づいて濃度の高い方から低い方へ，物質の移動が起こる。すなわち，灌流液に含まれていない脳内の物質は膜を通過して灌流液中に回収される。回収される物質の種類は，膜が通過させうる分子量（5～50kDa程度）によって決まる。一方，灌流液中に薬物などを添加しておけば，それらが膜を通過して脳内に拡散する。つまりマイクロダイアリシスは薬物投与法としても利用できる（逆透析：reverse dialysis）。プローブを通過してきた灌流液をフラクションコレクタによって一定時間（数分から数十分）ごとにバイアルに貯留しておき，分析に供する。フラクションコレクタのかわりにオートインジェクタを用いて，一定間隔ごとに灌流液を直接検出系に注入する方法もある。この方法では灌流液が一切外気に触れないため，比較的ノイズが低くなる。

　回収系の要がプローブである。プローブは初期には自作されていたが（中原・加藤，1999），現在では市販のプローブを入手できる。着脱式プローブを用いる場合，あらかじめ手術によってガイドカニューレを標的部位に埋め込み，デンタルセメント（GCユニファストIIIなど）と2本のビス（対角線に配置し，外科用接着剤で骨との隙間を埋めるとよい）で固定する。実験時には，ガイドカニューレの先端からプローブの膜部分が脳実質に突き出すので，ガイドカニューレの先端は膜の長さ分だけ標的位置よりも背側に置かなければならない。普段はガイドカニューレにはダミーカニューレを挿入しておく（図6-3-7c）。手術からの回復期間（1週間程度）の後，実験当日にダミーカニューレをプローブと交換し，灌流液を流す。このとき，プローブ内に気泡があると回収率の大幅な低下をまねくので注意が必要である（志村，1998）。プローブ挿入直後は物質の回収量が一時的に多くなるので，少なくとも3時間以上の安定期間の後，実

験を開始する。

検出系 灌流液に含まれる物質はごく微量（サンプルあたり $10^{-12 \sim -15}$ mol（フェムトモル）のオーダー）であるため，感度の高い分析系が必要となる。分析対象がモノアミン，アセチルコリン，アミノ酸などの場合，高速液体クロマトグラフィ（high performance liquid chromatography: HPLC）と電気化学検出器（electrochemical detector: ECD）あるいは蛍光検出器を組み合わせた系による分析が確立されており，分析機器メーカーからプロトコルが公開されている。アセチルコリンやアミノ酸のように電気化学的に不活性な物質は，化学反応や酵素反応によって活性な物質に変化させることでECDによって検出できるようになる。神経ペプチドの分析には抗原抗体反応を用いた酵素免疫測定法（enzyme immunoassay, EIA）や放射性同位元素を用いた放射免疫測定法（radio immunoassay, RIA）（6章5節参照）などが用いられる。

(2) 留意点

時間分解能 時間分解能の低さはマイクロダイアリシスの大きな欠点である。たとえば10分間貯留したサンプルに含まれている物質の量は，対応する10分間に起こった事象の総量を反映している。このため少なくとも今のところは，秒やミリ秒単位で起こる心理的事象との対応を見るためには向いていない。1サンプルをどの程度の時間にするかは，回収される物質の濃度や検出系の感度に依存している。いいかえれば，回収される物質の濃度と検出系の感度を高めることで，時間分解能を上げることができる。最近では，回収系・検出系の双方を工夫することにより，物質や部位によっては1分から数秒程度の時間分解能が得られている（Song et al., 2012; Song et al., 2012）。

回収された物質の由来 回収された物質が神経活動由来のものであることを示すためには，事前の検討によっての2つの基準を満たす必要がある（中原ら，1991）。すなわち灌流液にナトリウムチャネル阻害薬であるテトロドトキシンを添加した際に当該物質の量が減少すること，灌流液のカリウム濃度を高めることによって当該物質の量が増加することである。これらの処置はそれぞれニューロンの脱分極を抑制/促進させるはずだからである。

物質の回収率 マイクロダイアリシスでは膜を介して物質を回収しているので，脳内の物質濃度がそのままサンプルの物質濃度に反映されているわけではない。物質の回収率には灌流液の流速，温度，膜の面積，物質の種類などさまざまな要因によって変化する（中原ら，1991）。市販のプローブのなかにはいくつかの条件での回収率が公表されているものもあるので，この数値を用いれば脳内での物質の濃度をおおよそ推測することができる。

4節　内分泌系の測定

生理心理学では，情動やストレスの指標として，あるいは攻撃行動，性行動，養育行動などさまざまな行動の基礎となる生理的メカニズムの1つとして，動物実験においても内分泌物質，いわゆるホルモンを測定することがある。この場合血中のものを測ることが多い。その他では尿中，糞中のものを測ることもあるが時間分解能が悪く，特殊な条件下以外ではあまり用いられない。たとえば，野生動物や動物園などで飼育

されている動物に対してできる限り自然な条件で測定を行いたい場合などは糞を集めて測定する。また，近年では中枢神経系内でのホルモン分布の確認やそれを含む細胞の同定なども可能になってきている。ここでは，頻繁に用いられる血中（血清中・血漿中）の内分泌物質測定について解説する。

1. 血中濃度測定

　実験動物，特にラットやマウスの場合，内分泌物質の測定は血液をサンプルとする場合が最も多い。内分泌物質は脳下垂体や副腎，甲状腺など内分泌器官で放出されたのち，全身の細胞や各臓器などの作用点まで血液で運ばれるのが一般的だからである。そしてラットやマウスなど頻繁に実験動物として用いられる動物用のものとして採血の手技も確立され，そのための道具なども比較的手に入りやすいからである。

(1) 採血法

1) 断頭

　測定のために大量の血液が必要な場合，エーテルなどで麻酔をかけた動物を断頭し，血液を集める方法である。断頭器具（ギロチン）さえあれば非常に容易に大量の血液を集めることのできる方法であるが，体毛が混入したり，血液が空気に触れたりするため，溶血しやすいなど意外と困難なことが多い。当然のことながら，1度しか採血できずに動物は死亡する。また，麻酔をかけるのが一般的であるため，これに対する反応が不安な場合には用いるのを控えるべきである。断頭により死亡した後の動物の血液を採取することになるため思うほど多くの血液を採取できない場合もある。循環血液量はマウスで1.8ml（成体25g），ラットで16ml（成体250g）ほどと推定できるが採血量はその半量程度が限界であろう。

2) 心臓穿刺採血法

　エーテルなどで麻酔をかけた動物の心臓に直接注射針を刺して採血する方法である。動物を仰臥位（あおむけ）で保定し，頭部を術者の利き手の方へ向ける。マウスなら1mlのシリンジに26G x 1/2"注射針，ラットなら5mlのシリンジに23G x 1/4"の注射針を装着し利き手に持つ。あらかじめ指で心臓の拍動から心臓位置を確認し，また，胸郭前口の位置を確認し消毒しておく。針先を胸郭前口から心臓へ向かって刺入する。この際，針先は正中線に沿って直線的に，また床面に対してわずかに下方向へ向けて刺入する。正しく心臓に刺入されるとわずかに血液が注射筒に流れ込むので，針先を固定してゆっくりと内筒を引く。一度限りの採血で動物を死亡させてもよいのであれば，マウスで0.5ml，ラットで5ml程度の採血が可能である。また，一度の採血量が少なければ（マウスで0.1ml，ラットで1.2ml程度）時間をおいて何度か採血することは可能であるが，心膜出血や心臓タンポナーデで死亡することも多い。シリンジの引き方が早いと溶血しやすくなるので注意が必要である。

3) 中心静脈カテーテル法

　カテーテルを動物の心臓に入る大きな静脈へ装着する手術をあらかじめ施しておき採血をする方法である。ラットの場合，一般的には外頸静脈などからカテーテルを挿入することが多い。継時的に採血をする必要のあるときに最も適した方法である。手術の方法は実験者によってさまざま工夫されているが，大野（1992）や橋本ら（1992）が参考になる。基本的には次のようなものである。麻酔下において動物の頸部を1〜

2cm程度切開し，外頸静脈を露出させる。この末梢側から心臓側へ向かってカテーテルを挿入する。カテーテルには血液の凝固を防ぐため，あらかじめヘパリン生理的食塩水（100 IU/ml）などを満たしておく必要がある。橋本ら（1992）の方法によれば，カテーテルの先にあらかじめ湾曲させた細い注射針などを装着して外頸静脈に刺入した針を，鎖骨乳突筋を貫通させ，縫うようにしていったん針を静脈外へ引き抜いた後，針をはずして，カテーテルをゆっくりと引きながら先端を静脈内に引き戻す。そののち，カテーテルをさらに心臓方向に向かってゆっくりと挿入していく。このカテーテルの先端から2～3cmのあたりにはあらかじめ生体用接着剤で縫合糸を装着しておき，カテーテル刺入後にこれを筋肉に縫い付けてカテーテルを固定する。カテーテルの刺入部位からの出血を防ぐために，縫合糸をかけて結紮しておく必要がある。カテーテルの末端は皮下を通して背中側，首の後ろあたりから身体の外へ引き出す。簡易的にはこれにキャップをして粘着力の強いテープなどで動物の身体に固定しておいてもよいが，可能であれば，ディスポーザブルの注射筒などを工夫して作成したアタッチメントを動物に装着し（大野，1992），継時的な採血が可能になるよう準備するのがよい。毎回の採血後にはカテーテル内のデッドボリュームを勘案して，カテーテル全体を満たす量のヘパリン生理的食塩水を注入しておく必要がある。そうしておかないとカテーテル中で血液が凝固し，継続的な採血が不可能になる。

4）尾静脈採血法

尾の左右に走る静脈から採血する方法である。一人で行う場合には動物を保定器（図6-4-1，図6-4-2）などに入れて保定して尾を伸ばし，その左右に走る静脈内に細い針（26G前後）を使用して採血する。ラットの場合，30秒から1分程度の時間をかけておよそ0.5 mlの採血が可能である。翼状針などを用いて固定すれば継時的な採血が可能であるが，そのまま動物を解放すればカニューレを抜かれたり損傷させられたりするため各種行動実験を行いながらこの方法を用いることはできない。しかし，採血量が微量（ラットで0.1 ml程度）でよければ，この静脈にカミソリなどで傷をつけるなどして出血させ，これをキャピラリーなどの毛細管現象によって吸い上げることで何度も採血することが可能である（図6-4-3）。これを毎日の行動実験の直後に繰り返すことは容易である。止血は傷を10秒程度圧迫することによって容易に行うことができる。気温が低いと血管が収縮して採血が困難であるので，尾を38度程度の湯で温めるとよい。この際，静脈を切る前に尾の水気をよく拭いておかなければならない。

5）外側足根静脈（伏在静脈）採血法

足根関節の外側にある静脈から採血する方法である。一人で行う場合には動物を保定器などに入れて保定し，後肢を伸ばし，関節の上を圧迫すると静脈が浮き出てくる。これに細い針（26G前後）を使用して採血する。翼状針などを用いて固定すれば継時的な採血が

◐図6-4-1　ラット用簡易保定器
軍手とプラスチック製のボトルで容易に作成できる保定器（ラット用）

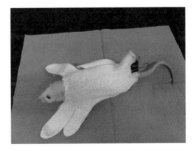

◐図6-4-2　ラット用簡易保定器で保定されるラット
簡易保定器でラットを保定したところ

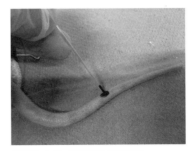

◐図6-4-3　尾静脈からの採血
ラットの尾静脈を剃刀で傷つけ、採血している様子

可能である。しかし，尾静脈と同様でフリームービングの状態では用いることはできない。採血量が微量でよければ，この静脈にカミソリで傷をつけるなどして出血させ，これをキャピラリーなどの毛細管現象によって吸い上げることにより，何度も採血することは可能である。

2．測定法

採取した血液を使ってホルモンの測定を行う方法についてその代表的なものを紹介する。

(1) RIA（Radioimmunoassay；リア）法

放射免疫測定法ともいう。抗原抗体反応を応用した測定法である。ラジオアイソトープ（RI）を用いるため，測定は放射線管理区域内で行わなければならない。したがってそのような施設や設備が必要である。基本原理は以下のようなものである。

測定したいホルモンの抗体と RI でラベルした一定量のホルモンを混ぜ，さらに測定したい検体（ホルモンを含んだ血清など）を加える。抗原・抗体反応をさせ，吸着剤などで抗体に結合しているものとそうでないものを分離（B/F 分離）した後，抗体と結合した部分をシンチレーションカクテル剤と混ぜ，シンチレーションカウンターなどでシンチレーション（放射線量）を測定する。検体のホルモンが多い場合は放射線量の反応は少なくなり，逆に，検体のホルモンが少ない場合は，放射線ラベルされたホルモンが多く抗体と反応し，計測される放射線量が多くなる。あらかじめ既知量のホルモンを用いて抗原量と放射線量の関係を関数で捉えて検量線を描いておけば，未知量の検体を測定したときの放射線量によって検体のホルモン量を測定することができる。近年では測定キットが市販されているので比較的容易に測定することが可能である。

(2) ELISA（Enzyme-linked immunosorbent assay；エライザ）法

酵素免疫測定法ともいう。RIA 法同様抗原抗体反応を応用した測定法であるが，ラジオアイソトープを用いないので，より手軽に測定することができる。検体に含まれる抗原量が極めて低濃度でも有効である。この方法で動物のホルモンを測定する場合，主なホルモン測定のためのキットが市販されているため，マイクロプレートリーダーなどの基本的な装置さえあれば比較的容易に測定を行うことができる。主な原理は RI ラベルされた抗原（ホルモン）の代わりに酵素ラベルされた抗原（ホルモン）を用いる以外はほぼ RIA 法と同様である。

特定ホルモンの抗体を固相化したマイクロカップに検体と酵素ラベルホルモンを添加し，抗原・抗体反応をさせる。洗浄（B/F 分離）後，酵素基質と反応，発色させ，吸光度を測定して検体中のホルモン量を測定する。測定抗原が多い場合は酵素ラベル抗原の反応は少なくなり，逆に，測定抗原が少ない場合は酵素ラベル抗原が多く反応し，基質による酵素の発色が強くなる。あらかじめ既知量のホルモンを用いてホルモン量と発色強度の関係を関数で捉えて検量線を描いておけば，未知量の検体を測定したときの発色強度によって検体のホルモン量を測定することができる。

5節　脳画像を読む

1．脳解剖の基礎知識

　脳は大きく分けて，大脳，小脳，脳幹部に分類される。その基礎的概要は2章でも取り上げられている。ここでは，主として脳画像を読むために必要な大脳を中心とした基礎的解剖についてとりあげる。

(1)　大脳

　大脳（cerebrum）は，大脳縦裂（longitudinal fissure）によって左右2つの半球（hemisphere）に分けられる。それぞれの半球は，外表からは，前頭葉（frontal lobe），側頭葉（temporal lobe），頭頂葉（parietal lobe），後頭葉（occipital lobe）の4つの脳葉（形態的に区分した構成単位）に分けられ，大脳の機能分化とも概ね対応している。また大脳半球内側面に辺縁葉（大脳辺縁系に含まれる帯状回）が存在する。さらに，頭頂葉は，頭頂間溝によって上頭頂葉小葉（superior parietal lobule: SPL）と下頭頂葉小葉（inferior parietal lobule: IPL）に二分される。

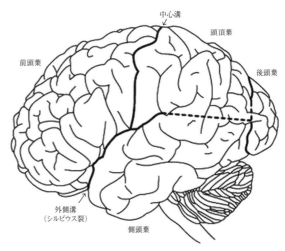

○図6-5-1　大脳葉の模式図（八田，2003より作成）

　外側面からみると，中心溝（central sulcus）によって前頭葉と頭頂葉が区別され，中心溝より前方が前頭葉，後方が頭頂葉である。頭頂葉と後頭葉の境界は外側面からは明らかではない。側頭葉と，前頭葉および頭頂葉の境界は外側溝（lateral sulcus）（またはシルビウス裂Sylvian fissure）である（図6-5-1）。

(2)　脳溝と脳回

　脳溝と脳回は，脳表面から眺めた際に，明瞭な構造物として認識される。脳表面に走る溝が脳溝であり，脳溝と脳溝の間に存在する大脳皮質の隆起が脳回である。大脳のすべての脳回と脳溝には名称が付されている。

(3)　脳室

　脳脊髄液が産生される脳内の腔である。左右の大脳半球の内部に対称性に存在する側脳室（lateral ventricle）と，正中に第三脳室（third ventricle），第四脳室が一つずつの，計四つの脳室がある（図6-5-2：カラー口絵参照）。なお，側脳室には，前角，後角，下角が存在する。これらは相互に連絡があり，くも膜下腔へと接続されることで，脳脊髄液は脳室内を循環する。

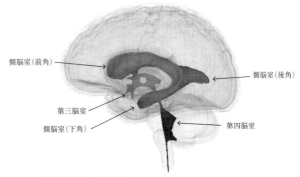

○図6-5-2　脳室系
→カラー口絵参照
https://ja.wikipedia.org/wiki/側脳室（2015年6月28日閲覧）

2. 画像の基礎知識

(1) 画像の種類・脳画像の歴史・脳画像の有用性

　生体における脳構造の評価は，1970年代からのX線CTの普及によって可能となったが，CTでは脳室系や脳溝など脳脊髄液腔の評価が中心であった。

　1990年代になり磁気共鳴画像（magnetic resonance imaging: MRI）が普及し，脳実質を解剖学的領域に細分化し，灰白質と白質を分割して評価・測定することが可能になった。MRIは侵襲性が低く，安静を保つだけで被験者に特段の努力を要求せず，比較的短時間で施行が可能であり，再現性の高い豊富な客観的情報を得られることが利点である（図6-5-3参照）。

　粗大病変をともなう神経疾患とは異なり，精神疾患の臨床においては，これまで，MRIは粗大な器質病変がないことを確認するために，すなわち除外診断のために用いられ，積極的に活用されることがなかった。しかし，近年，MRIを補助診断法として応用しようとする試みもなされつつあり，その背景にMRI研究の進展がある。MRIによる研究は，たとえば，代表的な精神疾患である統合失調症の病態理解の手がかりとなる多くの重要な所見を提供してきた。それは統合失調症患者の脳に軽度ながら形態学的異常が存在するという共通認識をもたらし，現在では，前頭—側頭辺縁—傍辺縁系領域を中心に，軽度だが有意な灰白質減少などの構造変化が認められることは確立した所見といえる（福田，2008）。

(2) MRIの基本

　MRIは撮像条件が種々に設定でき，臨床現場では目的に応じて使い分けている。頻用されているのは，T1強調画像（図6-5-4（A）参照），T2強調画像（図6-5-4（B）参照），FRAIR画像（図6-5-4（C））および拡散強調画像である。

　T1強調画像は，脳実質を等信号（灰色系），髄液を低信号（黒色）で示す。解剖学的な構造が同定しやすく，脳萎縮の程度を観察するのに適している。脳萎縮の観察にあたっては，どの部位（脳の前方部であるのか，後方であるのか）に強く萎縮が見られるのか，左右差はないのか，年齢と比較した場合の程度はどうであるのか，などに留意しておくとよい。一方で，急性期の脳梗塞や炎症性，脱髄性病変は，脳実質との区別がしにくい灰色系の色で表わされるため，これらの病変の描出には向いていない。脳梗塞慢性期には低信号（黒）を呈するため，同定することは可能である。また脳出血の場合には亜急性期の亜高信号（白色）になる。統合失調症等において通常行われる灰白質の定量的評価のためには，灰白質と白質のコントラストが良好なT1強調画像が適している。また全脳の構造的情報を評価するためには3次元撮像（3D-MRI）による全脳データが必要である。

　T2強調画像は，脳実質を低～等信号（黒色ないし灰色系），髄液を高信号（白色）で示す。白黒のコントラストがはっきりしているため，脳実質内の病変の検出に適している。たとえば，脳梗塞は急性期から高信号病変で示され，慢性期でも基本的には高信号のまま観察される。脳梗塞のみならず，炎症性病変や脱髄性病変，腫瘍性病変も明瞭に描出される。ただし脳表面上の病巣，もしくは脳表に接するように存在する病巣については，隣接する髄液の高信号が支障となり，同定を困難とすることが多い。この点を改良したのが，FRAIR（fluid-attenuated inversion recovery）画像である。

FRAIR画像は，解剖学的な構造をT1強調画像と同程度の精度で示し，かつ病変をT2強調画像と同程度の明瞭度で示す，という手法である。脳表面における病変を検出する際に非常に有用である。急性期から亜急性期にかけての病巣は高信号（白色）で，慢性期の病巣は低信号（黒色）で，それぞれ描出される。拡散強調画像は，脳組織における水分子のブラウン運動を3次元的にとらえ，これが減衰している部位を病変として表現する方法である。

なお，MRIは撮像面が水平断，矢状断，冠状断のいずれかであるのが一般的であるが，断面によって見え方が異なってくるので，脳解剖を念頭にいずれの断面でも脳部位を同定できることが好ましい。

3. 脳画像（MRI）の評価・解析法

(1) 視察

脳卒中，脳腫瘍など基本的に粗大病変のある脳画像は病巣がどこにあるかという観点から視察が可能である。他方，統合失調症をはじめとした精神疾患や健常者の場合は，より微細な特徴に着目することになる。しかしながら，統合失調症患者のMRI画像の定性所見として，側脳室や第三脳室の拡大，全大脳縦裂，シルビウス裂や脳溝の開大などの脳脊髄液腔の拡大は比較的判定しやすいが，上側頭回，前頭葉皮質などの体積減少を視察によってみてとることは容易ではない。

(2) 関心領域（region of interest: ROI）法

画像解析ソフトウエアを用いて，ある特定の脳領域の体積を1例ずつ，MRIのスライス1枚ずつから用手的に計量する伝統的方法であり，脳画像研究における形態計測のゴールド・スタンダードとされる。脳構造の個人差も考慮した評価が可能である。しかし，神経解剖学的な専門知識と測定技術が要求され，計測に多大な時間と労力を要することが難点である。

(3) Voxel-based morphometry（VBM）

個々の画像データを共通のテンプレートに合わせて変換し，標準脳座標系において全脳をボクセル単位で比較するものである。詳細は9章2節にあるが，比較的簡便であることと用途の広さにより，近年めざましく普及し，脳構造MRIの標準的解析法となってきている。特定の仮説をもたずに全脳の情報を一度に解析することができ，ROI法では測定しにくい部位の評価も可能である。結果として，予想外の部位の所見が見出されることもある。測定者に依存しないことも利点といえる。しかし，個々の脳をテンプレートに合わせる解剖学的標準化，脳組織の抽出や灰白質・白質への分割化など，さまざまな過程において誤差が生じる可能性があり，結果の解釈には注意が必要なことがある。VBMに用いるソフトウエアとしてはstatistical parametric mapping（SPM）が代表的であるが，アルゴリズムの改良に伴って頻繁にバージョンの更新が行なわれている。

4. 基本的な画像の見かた：脳部位の同定

近年の3次元撮像法や画像処理技術の進歩によって，脳表構造を容易に可視化することができるようになった。脳表の3次元画像は形態診断のほか，画像統計解析で広く利用されているため，脳回，脳溝の同定法を理解することは重要である。多

くの場合，中心溝，シルビウス裂，帯状溝，頭頂後頭溝といった主要な脳溝を手がかりに，ほとんどの脳表構造を同定することができる。断層画像上でも同様の手順で主要な脳回，脳溝を特定可能である。大脳皮質にある凹凸のうち，隆起した部分が脳回（gyrus），陥没した部分が脳溝（sulcus）である。また，脳溝のうち，とくに深いものは脳裂（fissure）と呼ぶ。

(1) 脳溝：主なもの

1) 中心溝，中心前溝，中心後溝

中心溝前後に一次運動野と一次感覚野があるので，中心溝（図6-5-3）の同定は臨床的にとても重要である。中心溝は，前頭葉と頭頂葉との境界にある脳溝である。中心溝のひとつ前の脳溝が中心前溝（図6-5-3），ひとつ後ろの脳溝が中心後溝（図6-5-3）である。中心前溝と中心溝の間が中心前回（一次運動野：Brodmannの4野）で，中心溝と中心後溝の間が中心後回（一次体性感覚野：Brodmannの3,1,2野）である。これら中心溝をはさむ前後の領域を中心領域またはローランド領域と呼ぶ。

MRIにおける中心溝の同定法は以下の特徴から観察できる。①水平断画像のほぼ中央，②横走する3本の脳溝（中心前溝，中心溝，中心後溝）の中央，③正中から約30mmのところで逆Ω型を示す脳溝，④他の脳溝と交わらない，⑤上前頭溝と交わった脳溝（中心前溝）のひとつ後ろ，⑥頭頂間溝と交わった脳溝（中心後溝）の一つ前，⑦直前の脳回が直後の脳回より厚い，⑧直前の灰白質が直後の灰白質より厚い。

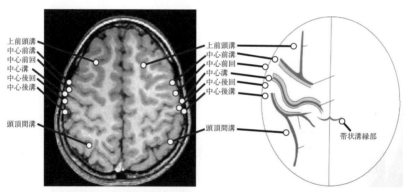

⦿図6-5-3　中心溝とその周囲（高橋，2005を一部改変）
（左図：MRI水平断面，右図：模式図）

2) 帯状溝

大脳の内側面には脳梁が前後に走行し，それに沿って脳梁溝が存在する。脳梁溝の周囲を帯状回が囲む。帯状溝（図6-5-4）は，帯状回前3分の2の周囲を前後に走行し，上前頭回，中心傍小葉と帯状回を分けている。MRIにおける帯状溝の同定は，脳梁からひとつ脳回（帯状回）をはさんだ一つ目の脳溝であることに着目するとよい。帯状溝尾側には，頭頂下溝があり，帯状回と楔前部を分けている。帯状溝は尾側で上行し，帯状溝縁部となる。これにより，前頭葉から伸びる中心傍小葉と楔前部が分けられる。帯状溝縁部のひとつ前方には，中心溝が存在する。

3) 頭頂後頭溝，鳥距溝

頭頂後頭溝は内側面にあり，帯状回縁部よりも尾側にあって，頭頂葉と後頭葉を境

図6-5-4 正中矢状断面MRI画像
(A) T1強調画像　(B) T2強調画像　(C) FLAIR画像

界する。頭頂後頭溝の前方には，楔前部と後部帯状回があり，頭頂下溝がそれらを境界する。

鳥距溝（図6-5-4）は後頭葉内側面にあり，頭頂後頭溝に下後方より交わる。鳥距溝をはさんで，上方に楔部が，下方に舌状回がある。鳥距溝の周囲には一次視覚野（有線野，第17野）がある。

(2) 脳裂

1) 大脳縦裂

大脳縦裂（図6-5-5）は両側の大脳半球を分ける深い溝である。大脳鎌により仕切られ，中央下部で脳梁に終わる。

2) シルビウス裂（外側溝）

シルビウス裂（図6-5-1）は，大脳半球外側の深い溝で，前頭葉および頭頂葉と側頭葉との境界をなす。内側には島があり，外側には前頭弁蓋，前頭頭頂弁蓋，および側頭弁蓋によりおおわれている。

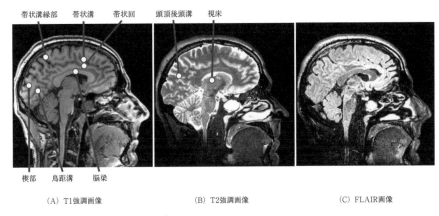

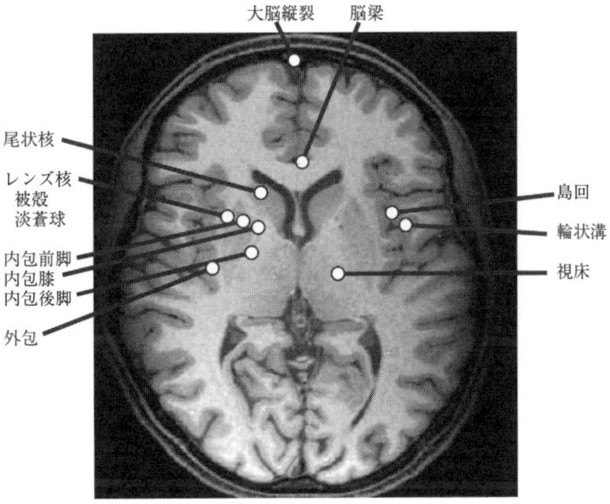

図6-5-5 水平断面MRI画像
（T1強調画像）

(3) 脳実質の構造

1) 大脳皮質

大脳皮質の厚さは約2～4mmある。白質に比べて，CTでは淡い高吸収値，T1強調像では淡い低信号，T2強調像では高信号を示す。

2) 着目される脳回

①中心前回：中心前回（図6-5-3）は中心溝の前側に存在する脳回であり，前頭葉の最後側に位置する。前側は中心前溝，後側は中心溝にて隔てられ，正中側は中心傍小葉に続く。一次運動野が存在するため，中心前回の同定は臨床上局所診断においてきわめて重要である。一次運動野は，正中側から外側に向かい，下肢，体幹，上肢，顔面，舌といったように，体性局在（somatotopy）が著明である。中心前回の同定には中心溝を同定することが重要であり，画像での同定法に関してはいくつかの方法がある。

②島回：島回（図6-5-5）は嗅覚野とともに旧皮質と呼ばれる。半球の外側面を形成するが，系統発生的に発達した隣接領域に覆われるようになる。島に重なる半球領域は弁蓋と呼ばれる。島はおおよそ三角形の形態で，シルビウス裂の最深部に位置する。背側・吻側（前方）・腹側をそれぞれ上・前・下輪状溝にて境とされる。島中心溝は島を大きな前区域と小さな後区域に分ける。前区域には3つの島短回が存在するが，数やサイズには個人差がみられる。後区域には通常2つの島長回が存在し，中心後回が境にある。

3）白質
①大脳白質の構造：大脳白質は皮質の神経細胞から連続する神経線維からなる。白質の線維は大きく分けて投射線維，交連線維，連合線維の三種類からなる。投射線維とは大脳と間脳，脳幹，小脳，脊髄などの大脳以外を結ぶ線維，交連線維は主に脳梁を介して左右の大脳半球の対応する領域を結ぶ線維，連合線維は一側の大脳半球内で異なる領域間を結ぶ線維である。白質は灰白質と比較して，T1強調像で高信号，T2強調像で低信号として描出される。線維の走行方向などの詳細な情報を得るには拡散テンソル画像法が有用である（8章2節参照）。

②半卵円中心：半卵円中心は大脳半球の深部白質部分である。側脳室より背側で，脳梁より上の水平断像で白質が2つの半円形の相対したような形状となっている領域をさす。半卵円中心は，半球内の皮質間を結ぶ連合線維，左右大脳半球を結ぶ交連線維，放射冠に続く投射線維などが入り組んでいる。

③脳梁：脳梁（図6-5-4）は左右の新皮質を連絡する最大の交連線維であり，約2億本の線維からなるとされており，一次知覚から高次認知機能まで半球間の知覚情報の統合を行なう。形態的には，前頭前野，前運動野，補足運動野を結ぶ前方3分の1の部分，中心前回，中心後回を結ぶ前方中央幹，中心後回，頭頂葉後部を結ぶ後方中央幹，後頭葉，側頭葉下部を結ぶ膨大部というわけかたがなされる。脳梁の全体像はMRIの正中矢状断像でよく観察できる。

④前交連・後交連：前交連（図6-5-4）は，第3脳室の前方で正中線を越える円柱状構造を示す交連線維である。脳弓の前柱と後柱の間，透明中隔の下に位置している。後交連は第3脳室の後壁にあり，左右の上丘，視蓋前部を連絡する交連線維である。

　前交連はMRI撮像の断面の決定のために後交連とともに用いられることが多く，AC（anterior commissure）– PC（posterior commissure）ラインと呼ばれ，広く用いられている。

⑤内包，外包：レンズ核の周囲を包むような白質のうち，内側部分を包む白質は内包（図6-5-5）と呼ばれる。MRIの水平断像では，内包はレンズ核と尾状核・視床の間の「く」の字型の白質であり，前脚・膝部・後脚からなる。内包は視床から皮質に向かう上行性の線維である視床放線と，皮質から視床，脳幹，脊髄への下行性の線維である皮質視床路，皮質橋路，皮質延髄路，皮質脊髄路を含んでいる。

　外包（図6-5-5）はレンズ核の周囲を外側から包む白質であり，被殻の外側と島の内側に位置する。内包が主に投射線維からなるのに対して，外包は主に連合線維からなる。

4）深部灰白質
①基底核：中心灰白質には基底核（図6-5-5）と視床が含まれる。基底核には，解剖学的には尾状核，被殻，淡蒼球，前障，扁桃体が含まれるが，扁桃体は機能的には大脳辺縁系の一部である。尾状核と被殻を合わせて線条体とよび，被殻と淡蒼球を合わ

せてレンズ核と呼ぶ。
②視床：視床は間脳由来の中心灰白質で，背側視床，腹側視床，視床上部，視床下部からなる。

5) 特殊な構造

辺縁系：辺縁系という名称は脳梁の辺縁を構成することに由来し（Swanson, 2014），海馬溝から脳梁溝を境界とする弓状構造から構成される。外側の弓状構造は梁下野，帯状回，海馬傍回からなる中間皮質であり，内側の弓状構造は終板傍回，灰白層，海馬からなる古皮質からなる。最内側には乳頭体，脳弓からなる弓状構造を認める。

＊紙幅の関係で取り上げた脳構造画像の図はすべて示されてはいない。詳細を知りたい人は参考文献を参照されたい。

6節　初めて脳画像を見る人のために

　図6-6-1Aは，ヒトの脳の磁気共鳴画像をコンピューターで三次元画像として再構成し，右斜め上の視点から脳の外表面を表示したものである。図6-6-1Bは，1Aから右半球を上側頭溝レベルまで取り除いて左半球の内側面を表示した画像である。ヒトの脳を初めて見ると，多くの溝やさまざまな構造が複雑に入り組んでいて，脳神経科学に関する本や論文に出てくる「一次運動野」，「一次視覚野」，「背外側前頭前野」などが，これらの画像上でどこに位置するのかは見当もつかないかもしれない。しかし以下に説明する基本的概念・用語を理解した上で，磁気共鳴画像を表示するフリーウェアを利用すると，ヒトの脳の構造を理解し，特定の脳領域を同定することはそれほど困難ではない。

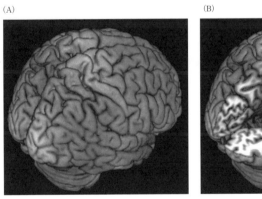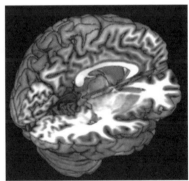

図6-6-1　脳の磁気共鳴画像
(A) ヒトの脳の磁気共鳴画像をコンピューターで三次元画像として再構成し，右斜め上後方の視点から脳の外表面を表示。(B)：(A)から右半球を上側頭溝レベルまで取り除いて左半球の内側面を表示。

1. 脳の座標系

　図6-6-2に脳の座標系を示した。前交連（AC: anterior commissure, 図6-6-2左上）を原点として，前交連と後交連（PC: posterior commissure, 図6-6-2左下）を結ぶ前後交連線（AC-PC line, 図6-6-2右，緑色の線）がY軸，Y軸に対して直行する線がX軸（青の線）とZ軸（赤の線）になる。すなわち脳の左右がX軸，前後がY軸，上下が

Z軸に対応する。図6-6-2右（カラー口絵参照）に示したように，左手人差し指を前方に真っ直ぐ突き出した状態で親指，人差し指，中指をフレミングの左手の法則のように直交させると，下から順番に中指がX軸，人差し指がY軸，親指がZ軸に対応し，各指の先端がプラス方向，根元側がマイナス方向になる。

2. 脳の断面の画像

図6-6-1Aの画像を図6-6-2に示したX軸，Y軸，Z軸を含む断面で表示したのが図6-6-3である。左上を冠状断（coronal slice），右上を矢状断（sagittal slice），左下を水平断（axialあるいはtransverse slice）と呼ぶ。冠状断・水平断での垂直の青線での断面が右上の矢状断，冠状断・矢状断での水平の青線での断面が左下の水平断になる。図6-6-3の水平断は上から，冠状断は後ろから見た脳の断面を示している。したがって右側に右半球，左側に左半球が表示されている。しかし臨床での診断用に撮像された画像では，水平断は足側から見た画像，冠状断は前側から見た画像を表示する。したがって右側に左半球，左側に右半球が表示されるので注意が必要である。通常は画像の中に左右を示すL（Left）あるいはR（Right）の文字が表示されている。

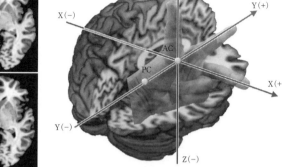

●図6-6-2 脳の座標系
→カラー口絵参照
(A) 前交連（AC）の位置。(B) 後交連（PC）の位置。どちらも黄色の丸の中で，左右半球の連絡がある。(C) ヒトの脳の座標系。前交連を原点として，前交連と後交連を結ぶ直線がY軸，Y軸に直交する軸がX軸とZ軸になる。

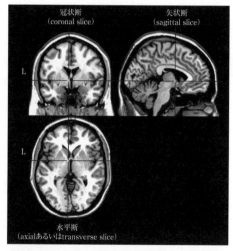

●図6-6-3 ヒトの脳の磁気共鳴画像の三断面表示
左上が冠状断，右上が矢状断，左下が水平断。

3. 解剖学での方向・軸に関する用語

脳の構造を体系的に覚える上で重要なのが，図6-6-4のA～Cに示した方向に関する用語である。脳の前方をanteriorあるいはrostral（吻側），後方をposteriorあるいはcaudal（尾側），脳の上方をsuperiorあるいはdorsal（背側），下方をinferiorあるいはventral（腹側）と呼ぶ。また左右の中心に近い側をmedial（内側），左右外側面に近い側をlateral（外側）と呼ぶ。脳の上方を背側，下方を腹側と呼ぶのは奇妙であるが，吻側，尾側，背側，腹側は，本来は，脳の前後と脊髄が一直線上に並ぶ四つ足の動物で用いられてきた用語である（図6-6-5A）。しかし二足歩行するヒトやヒト以外の霊長類では脳に対して脊髄が90度以上屈曲するため，図6-6-5Bに示したように軸が回転する。すなわち脳では腹側と下方，背側と上方が同じ方向を示し，脊髄では腹側と前方，背側と後方が同じ方向を示す。したがって脊髄での吻側は脊髄の上方，尾側は脊髄の下方を指し，脊髄後根は英語ではDorsal rootになる。

これらの用語を覚えることにより，例えばワーキングメモリに関連した領域とし

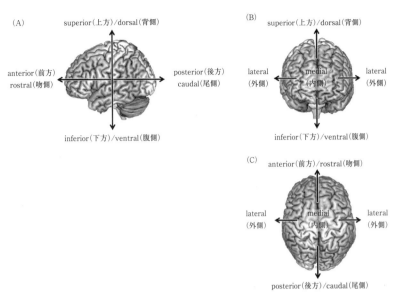

図 6-6-4　脳の解剖学用語における軸・方向を表す用語（Anatomical directional term）
脳を左側（A），前側（B），上側（C）から見た図

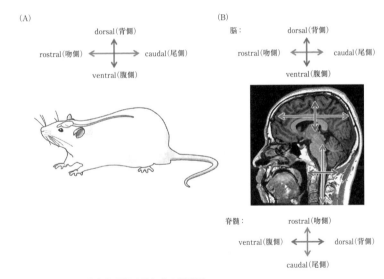

図 6-6-5　脳の軸・方向を理解するための説明図
四つ足の動物に対して（A），ヒトでは脳と脊髄で軸が回転する（B）。(A) は，Principles of neural science, fifth edition, Kandel et al., McGraw Hill, 2013 Fig. 15-2 より改訂して引用

て知られる背外側前頭前野（dorsolateral prefrontal cortex）なども，前頭葉前部（前頭前野）の上部（背側）のやや外側よりの領域というように，おおよその位置を知ることができる。ただし，これらの用語は脳全体での絶対的な位置だけではなく相対的な位置関係も示していることに注意してほしい。例えば視床（thalamus）は脳の中心（内側）に位置するが，視床の中で末梢からの体性感覚情報を中継する領域は，視床の下側（ventral）後部（posterior）の外側（lateral）にあるのでVPL核（ventral posterolateral nucleus) と呼ばれる。同様に視覚情報を中継する外側膝状体（lateral genicualte nuleus）と呼ぶのに対し，その内側で聴覚情報を中継する領域を内側膝状体（medial geniculate nucleus）と呼ぶ。

4. 脳領域の名称

　脳の領域の名称は構造的なものと機能的なものに分けられる。例えば，中心前回は中心溝と中心前溝の間の脳回をさし，これは解剖学的名称である。一方で，中心前回の大部分は一次運動野である。脊髄を下行する長い神経線維を持った細胞が多数存在し，運動出力にたずさわることから一次運動野と呼ばれ，これは機能的名称である。この場合は解剖学的名称と機能的名称が一致する。しかし，運動制御に関連する補足運動野や前運動野と一対一で対応する脳回は存在しない。このように脳回による分類と機能に基づく分類は必ずしも一致しないが，一方で皮質の細胞構築によって分類したBrodmannのマップと脳の機能による分類は比較的一致する。領域名が機能と解剖のいずれを意味しているかを把握できれば，その領域への理解の第一歩である。

5. MRICron

　MRICronは，Chris Rordenによって作成されたフリーのMRI画像viewerである。Windows, Linux, Mac OS（OS X）の各OSに対応し，http://people.cas.sc.edu/rorden/mricron/index.htmlからダウンロードできる。多彩な機能を有し，図6-6-1A, Bに示したvolume rendering画像や，図6-6-3のような任意の位置の三断面表示のほか，さまざまな画像表示・解析が可能である。MRICronには脳画像データや各種のテンプレートも含まれているため，以下に示す簡単な操作で脳の構造画像上にBrodmannの脳地図（図6-6-6A：カラー口絵参照）や脳の各領域の名称を示したAAL

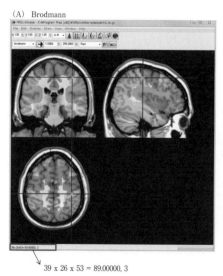

●図6-6-6　MRICronによる脳画像表示例
　　→カラー口絵参照
　MRICronで，脳の構造画像上に色分けしたBrodmannの脳地図（A）とAAL（B）をオーバーレイした画像。それぞれのウィンドウの左下の枠内に十字カーソルのX, Y, Z座標，その画素の信号値，Brodmannの番号（AではBrodmannの3野）あるいは主な脳溝，脳回，領域の名前（BではPostcentral_R，すなわち右の中心後回）が表示される。

(automated anatomical labeling)（図6-6-6B）を色分けして表示することができる．さらに画像上でマウスカーソルを動かして左クリックすると，カーソル位置の脳領域のBrodmannの番号や主要な脳回や脳領域の名前が表示されるため，脳の構造画像を見ながら対応するBrodmannの番号や領域の名称を覚える上で非常に役に立つ．同じ作者による同様のフリーウェアMRICroもあるが，MRICronの方が新しい画像フォーマットに対応し，機能も豊富である．

〈操作手順1〉

① MRICronを立ち上げる．
② File >> Open templates >> ch2.nii.gzを選択すると図6-6-3のような三断面画像が表示される．
③ Overlay >> Addで，MRICronをインストールしたフォルダのtemplates内にあるbroadmann.nii.gzあるいはaal.nii.gzを選択すると，三断面画像上に色分けされたBrodmannあるいはAALのマップが半透明で表示される．
④ Overlay >> Transparency on backgroundで，BrodmannあるいはAALのマップの透明度を調整．
⑤ この状態でマウスカーソルを移動して左クリックすると，カーソル直下の脳領域のBrodmannの番号あるいは脳領域の名称がウィンドウの左下に表示される．
⑥ 一方のマップを消して，もう一方のマップを表示する場合は，
Overlay >> Close Overlays
でマップを消してから，③の操作を行う．

また，脳を3次元的に把握するため，図6-6-1のような立体画像をさまざまな角度から眺めることも有用である．

〈操作手順2〉

① File >> Open templates >> ch2better.nii.gzを選択すると，皮膚や眼球など脳以外の生体構造を除去した画像が表示される．
② Window >> Renderを選択するとVolume Renderウィンドウが出現し，脳の立体像が表示される．
③ Volume Renderウィンドウ左上のAzimuthとElevationの値を変更することで，図6-6-1Aのように様々な角度から脳を表示でき，重要な脳溝や脳回を確認することができる．
④ Volume RenderウィンドウのView >> Cutoutの機能を使うことにより，図6-6-1Bのように，脳の矢状面，冠状面，水平面を同時に表示し，内部構造を確認できる．

第 3 部

生体反応の計測技術1：中枢反応

中枢活動1：脳波

1節　脳波基礎律動

1. 脳波の特徴

　ヒトの頭皮上脳波（electroencephalograpy: EEG コラム①を参照）は Hans Berger により 1929 年に初めて報告された（Berger, 1929）。Berger（1929）は前頭部と後頭部から電位を導出し，その電位が約 10 Hz で規則的に振動することを発見した。この 10 Hz の振動は感覚刺激もしくは心的活動がない状態やリラックス時に顕著に観察された。現在，我々はこの成分を α（アルファ）波と呼んでいる。脳波が発見されて以降，脳波の周波数解析，睡眠中の脳波記録，事象関連電位の測定などが試みられ，ヒトの頭皮上脳波は脳活動を測定する重要な手段のひとつとして，現在も心理学を含む様々な領域で用いられている。

　近年は脳波（electroencphalography: EEG）に加えて，機能的磁気共鳴画像（functional magnetic resonance imaging: fMRI），陽電子断像画像（positron emission tomography: PET），機能的近赤外分光法（functional near infrared spectroscopy: fNIRS），脳磁図（magnetoencephalography, MEG）などの手法を用いて脳の活動を計測することが可能になっている（宮内, 2013）。これらの脳機能計測法にはそれぞれ長所と短所がある。脳波の短所は低空間分解能である。脳波の空間分解能は fMRI や PET を用いた手法よりも低く，神経活動を頭皮上脳波として記録するためには，最低でも 6 cm^2 の灰白質にある 60,000,000 個のニューロンが同期して活動する必要がある（Nunez & Srinivasan, 2006; 宮内, 2013）。一方，脳波の長所は高時間分解能と測定の手軽さである（宮内, 2013; 入戸野, 2005）。脳波は神経細胞集団の電気的活動をミリセカンド単位で直接計測することが可能である。また脳波を測定するために，頭部を固定する必要がないので体の動きを大きく妨げずに睡眠中や幼児の脳活動を計測できる。さらに装置を実験室外に持ち運ぶことができるので，フィールドでの脳機能測定が可能である。

2. 脳波の発生メカニズム

(1) 脳波の発生に関与する脳活動

　錐体細胞の尖端樹状突起でのシナプス後電位（excitatory post synaptic potential:

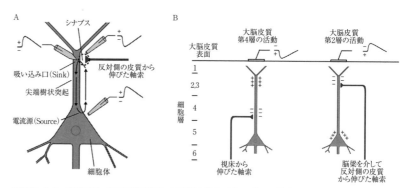

○図 7-1-1　興奮性シナプス後電位による脳波発生メカニズムの模式図（Westbrook, 2000 より作成）

EPSP 及び inhibitory post synaptic potential: IPSP）の発生が頭皮上脳波の発生に大きく寄与している。EPSP が脳波として現れるメカニズムを図 7-1-1 に模式的に示した。大脳皮質の主な神経細胞である錐体細胞は大脳皮質表面に向かって尖端樹状突起を伸ばしている。図 7-1-1 A に示したように，シナプス前細胞のシナプス末端から神経伝達物質が放出されると，シナプス後細胞の尖端樹状突起に EPSP が発生し，神経内部がプラス，細胞外がマイナスの電位変化を起こし，この部分が電流の吸い込み口（sink）となる。一方，細胞体側は内部がマイナス，外側がプラスを示しており，細胞体側が電流発生源（source）となって，source から sink に細胞外電流が流れ，双極子（ダイポール：dipole）を形成する。このシナプス後電位が複数の神経細胞で同時に発生すると頭皮上でも脳波として記録できる電位変化として現れる。

　脳の反対半球から伸びた軸索は脳梁を介して皮質表層側の大脳皮質第 2，3 層に到達する。一方，視床から皮質に伸びる軸索の末端は深層側の第 4 層に到達する（Westbrook, 2000）。EPSP が皮質深層で発生した場合は，皮質表層が source，深層が sink の双極子を形成し，頭皮上脳波では陽性の電位が記録される（図 7-1-1B 左）。EPSP が皮質表層で生じた場合は皮質深層が source，表層が sink となり頭皮上では陰性電位が記録される（図 7-1-1B 右）。また，抑制性のシナプス後電位（IPSP）も頭皮上脳波の発生に関与しており，皮質の深層で IPSP が発生すると深層側ではプラス，皮質表層側ではマイナスの電位変化が生じるため，頭皮上脳波ではマイナスの電位が記録される。一方，皮質表層に IPSP が発生した場合は，皮質表層側でプラス，深層側でマイナスの電位変化が生じるため，頭皮上脳波ではプラスの電位変化が記録される（Westbrook, 2000）。

　シナプス後電位以外の脳内の電流源としては軸索を伝わる活動電位（action potential）もあるが，Na^+ 依存性の活動電位の持続時間は約 1 msec と極めて短いため，時間的・空間的な加重が生じにくく頭皮上脳波への影響は小さいと考えられている。ただし，Ca^{2+} 依存性の活動電位は持続時間が長く（10-100 ms），また振幅も大きい（10-50 mV）ため，頭皮上脳波の発生に関与する可能性が指摘されている（Buzsáki, Anastassiou, & Koch, 2012）。また，活動電位の高頻度発火後に生じる後過分極電位（after hyperpolarization: AHP）は，持続時間や振幅がシナプス後電位による電位変化と同等であり（Hotson & Prince, 1980），AHP が運動準備電位や随伴性陰性変動（contingent negative variation: CNV），睡眠中の slow oscillation の発生に関与して

いる可能性が指摘されている（Buzsaki, et al., 2012）。

(2) 律動性脳波の発生機序

ノンレム睡眠中に発生する紡錘状の律動性脳波（睡眠紡錘波：sleep spindle: 10-15 Hz）の発生機序が動物を対象とした研究により進められている（Steriade, 2000）。図7-1-2Aに示したように，視床皮質神経細胞（thalamo-cortical neuron: TC）と皮質視床神経細胞（corticothalamic neuron: Cx）は互いに興奮性の投射をしている。視床皮質神経細胞（TC）の刺激は皮質視床神経細胞（Cx）の興奮を引き起こし，皮質視床神経細胞（Cx）の刺激は視床皮質神経細胞（TC）の興奮を引き起こす。一方，視床網様体神経細胞（thalamic reticular neuron）（RE）は視床皮質神経細胞（TC）に対して抑制性の投射をしている。視床網様体（RE）で神経発火の群発が生じると，視床網様体神経細胞（RE）から視床皮質神経細胞（TC）への抑制性の入力により視床皮質神経細胞の膜電位が過分極し，活動を停止する。その後，膜電位が再び脱分極すると視床皮質神経細胞（TC）は群発発火する。その結果，視床皮質神経細胞（TC）は視床網様体神経活動（RE）を興奮させるため，視床網様体神経細胞（RE）が再び群発発火し視床皮質神経細胞（TC）の活動を抑制する。この繰り返しにより律動性脳波が出現する。さらに視床皮質神経細胞（TC）は皮質に興奮性の投射をしているため，皮質（Cx）でも紡錘波が発生する（Lüthi, 2013）。

皮質の興奮は紡錘波の発生に関与している。皮質の一部が損傷すると視床での紡錘波の発生が減少する（Steriade, 2006）。また，皮質の刺激により視床網様体に紡錘波が出現する。図7-1-2Bに示すように，皮質で脱分極が始まると皮質視床経路（a）を介して視床網様体に脱分極の状態が伝播し，それが刺激となり視床網様体及び視床の相互作用による紡錘波を発生させるとともに，bとcの経路を介して皮質でも紡錘波が観察されるようになる（Steriade & Timofeev, 2003）。

α波の発生においても，視覚皮質と外側膝状体の神経細胞の活動は高いコヒーレンスを示す（Lopes da Silva et al., 1980）。一方，視床と皮質の連絡を切断した場合でも皮質にα波が出現するため，α波には皮質と視床の相互作用で発生する成分と皮質神経細胞間の相互作用で発生する成分の2種類があると考えられている（Kristiansen & Courtois, 1949）。

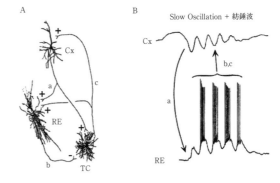

◆図7-1-2　ノンレム睡眠中の律動性脳波の発生における視床と皮質の相互作用（Steriade & Timofeev, 2003）

Cx（Cortex）：皮質，RE（thalamic reticular neuron）：視床網様体神経細胞，TC（thalamo-cortical neuron）：視床皮質神経細胞。BのCxでは下向きの振れが脱分極の状態を示している。Elsevier社の許可を得て掲載。

(3) 容積伝導

ある神経細胞で発生した電流は，脳，脳脊髄液，頭蓋骨，頭皮を伝わって頭皮上の電極で記録される。このように物質を伝わって電流が流れることを容積伝導（volume conduction）という（入戸野, 2005）。電流の伝わりやすさは組織ごとに異なり，頭蓋骨が最も伝導率が低い。さらに，頭蓋骨には，薄い部分や眼窩のように穴の開いた部分がある。このような個所では，電気が通りやすくなるため，脳内で発生した電気活動が頭皮上の電極に伝わるまでにその分布は大きく歪む。この容積伝導が頭皮上脳波

の電位発生源を正確に推定することを困難にしている（宮内, 2013）。ただし，脳波は測定が手軽であり，かつ高時間分解能であることから脳波の電流源解析法は重要な手法のひとつとして現在も脳機能研究に用いられている（次節参照）。

3. 脳波記録法

(1) 電極装着方法

　市販されている電極のうち，銀/塩化銀（Ag/AgCl）電極は，分極電圧が小さく，緩やかな電位（< 0.5 Hz）の記録に適している（Tallgren et al., 2005）。金，銀，スズなどの電極が市販されているが，低周波数の脳波成分を対象とした研究を行う場合は，Ag/AgCl 電極を使用することが推奨されている（Tallgren, et al., 2005）。また他の材質の金属を同時に用いないことに注意する必要がある。材質の違いにより電気的なシフトが生じ，緩やかなシフトが脳波に混入するためである。また，Ag/AgCl 電極を使用する場合であっても，塩化イオン（Cl⁻）が少量しか含まれていない電極ゲルを使用した場合は，電位のドリフトが生じる（Tallgren, et al., 2005）。したがって，緩やかな脳波成分を記録する際は，Ag/AgCl 電極と Cl⁻ が含まれる電極糊/電極ゲルを使用することが推奨されている（Vanhatalo et al., 2005）。また，近年は電極上に微小な増幅回路を置いたアクティブ電極が用いられることがある。アクティブ電極は信号対雑音比を高くするため，従来のパッシブ電極と比べると抵抗値は重要な問題とならない（Keil, et al., 2014）。

　睡眠記録などのように脳波を長時間連続測定する場合，電極が外れないように頭部に固定する必要がある。その方法のひとつとしてコロジオンを用いて電極を固定する方法がある。コロジオンを使用すると，電極が頭皮から外れにくいという長所があるが，抵抗値が高まった場合に再び電極をつけ直すのが困難である。他の方法には電極糊の粘着性を利用して電極を頭皮に張り付けた後，ゴムバンドやネット包帯を用いて固定する方法がある。この方法は，臨床や基礎研究での長時間記録（睡眠計測など）でも使用されている。また，多部位の脳波を簡便に測定するために電極帽やセンサーネットを用いる方法もある。電極ゲルにより電極と電極が短絡しないように充分注意する必要がある。

(2) 電極配置法

　研究者間でデータを比較するために国際的に統一された電極配置法が提案されている。現在，国際 10-20 法（International ten-twenty system）として用いられている方法は，1958 年に Japser によって提案され（Jasper, 1958），その電極配置法が国際臨床神経生理学連合のガイドラインに記載されている（Klem et al., 1999）。頭蓋にある鼻根（nasion），後頭結節（inion），左右の耳介前点（preauricular point）の4点の目印に基づいてこの電極配置が決定される（図 7-1-3）。両目の間にある鼻の付け根の窪んだ箇所を鼻根，頭蓋骨の後頭部中央にある隆起した箇所を後頭結節，耳珠前方の根元にある窪んだ箇所を耳介前点と呼ぶ。まず鼻根から頭蓋頂点（Cz）を通り後頭結節までを通る中心線を決定する。この際，左耳介前点と右耳介前点の中点をあらかじめ決定しておき，その点を通るようにして前頭後頭方向の中心線を決めることで，より正確に頭蓋頂点（Cz）を決定できる（Jurcak et al., 2007; Oostenveld & Praamstra, 2001）。これらの目印に基づいて，目印間を等間隔に分割し，図 7-1-3 に

示した位置に各電極を配置する。各電極の配置法に関する詳細は他書に詳しい（たとえば，Jurcak, et al., 2007; Klem, et al., 1999; 入戸野，2005; 堀，2008）。国際 10-20 法の電極配置を図 7-1-3 の黒色で示している。ただし，この方法はトポグラフィマッピングや電流源解析を行う際，電極間の位置が離れており空間分解能が低すぎるため，より多くの電極を装着できる方法が必要である。そこで，国際 10-20 電極法を拡張した電極配置法が American Electroencephalographic Society によって提案されている（American Electroencephalographic Society, 1991）。この方法は，拡張 10-20 法（extended 10-20 system），10-10 法（10-10 system），もしくは 10% 法（10% system）と呼ばれている。図 7-1-3 の灰色が 10% 法の電極配置を示している。国際 10-20 法では，T3, T4, T5, T6 と命名されていた電極名が，10% 法ではそれぞれ T7, T8, P7, P8 に置き換わっている。ただし，従来の命名法（T3/T4 と T5/T6）も引き続き使用することが認められている（American Electroencephalographic Society, 1991; Nuwer, et al., 1998）。現在では，10% 法を拡張した 5% 法（5% system）もしくは 10-5 法（10-5 system）が提案されており，最大 345 部位の電極位置と電極名を決めることができる（Oostenveld & Praamstra, 2001）。他の配置法を使用する場合，国際 10-20 法や 10% 法との関連付けを行わなければならない（Keil, et al., 2014）。

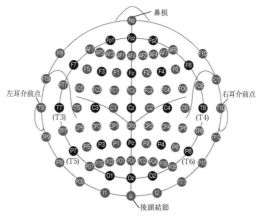

○図 7-1-3　国際 10-20 法及び 10% 法による電極配置図
(Oostenveld & Praamstra, 2001)

黒色が国際 10-20 法による電極配置を，灰色が 10% で追加された電極配置を示している。ただし，原版（ex：Klem, et al., 1999）の国際 10-20 法及び 10% 法には明示的に示されていない電極位置も示されている。Elsevier 社の許可を得て掲載。

(3) 基準電極

　脳波は探査電極と基準電極のふたつの電極から記録された電位の差を示している。したがって，基準電極の設置場所によっては波形が変化する。耳朶（A1, A2）を基準電極とすると，側頭部の脳波の振幅が小さくなる。これは側頭葉に発生する脳波成分が耳朶にも混入するためである。また，鼻尖を基準電極とした場合は，前頭前部の脳波が低振幅を示す場合がある。ただし，これらの基準電極は多くの研究で用いられているため，実験を実施する際の基準電極の選択は，先行研究との比較を考慮して選定することが多い。また，デジタル脳波計では基準電極を再計算し直すことが出来るので（再基準化），基準電極となりうる場所に電極を設置しておいて，目的に合わせてオフラインで再基準化する方法も用いられている。たとえば，睡眠研究では，睡眠段階の国際判定基準に従って，C3-A2 もしくは C4-A1 を用いて睡眠段階判定を行うとともに，睡眠中の脳波成分を解析する際に両耳朶連結（A1 と A2 の平均電位）基準などの別の基準に再計算することがある。

　頭皮上の全ての電極から得られる電位の平均を基準とする平均基準（average reference）を推奨する研究者もいる（Tucker, 1993）。ただし，平均基準を用いるためには，多部位の電極が頭部に均一に装着されている必要がある。このように設置された場合，複数の脳波部位から記録されたある時点の電位を平均すると，その値はゼロに近づくという仮定に基づいている。平均基準は脳波記録後にオフラインで再計算できる。必要最低限の電極数に関する明確な規則はないが，20 部位以上もしくは 32 部

位を用いることが推奨されている（Davidson et al., 2000; Pizzagalli, 2007）。

(4) 高密度脳波計測

近年，256部位の脳波を高密度に計測する方法が用いられるようになった（Tucker, 1993）。この方法ではスポンジに覆われた電極を電解液（KCL）に浸した後，電極が張り巡らされたネットを被るだけで装着が完了するため，従来のように部位ごとに電極装着のための前処理をして電極インピーダンスを10kΩや5kΩ未満にする必要がない。そのため電極を短時間で（256部位で15分，32部位で5分程度）で装着可能である。このシステムでは入力インピーダンスが充分に高い脳波計を用いるため，電極インピーダンスが高い場合であっても脳波信号を適切に記録できる。この装着方法により，これまで困難であった幼児の高密度脳波計測が可能になった。また，睡眠中の高密度計測を行うことにより，睡眠中のslow oscillationやslow wave activityに関する重要な知見が蓄積されている。ただし，電極インピーダンスが高い場合，皮膚電位アーティファクトが脳波に混入しやすくなるため，緩電位の解釈には充分注意しなければならない（Picton, et al., 2000）。

4. 脳波解析

(1) 周波数解析

脳波の律動性成分は振幅，位相及び周波数によって記述される（Gross, 2014）（図7-1-4A）。図7-1-4Bに示しているように，ある脳波信号にどの周波数の律動性脳波成分がどの程度含まれるかを解釈するために周波数解析が行われる。周波数解析では高速フーリエ変換（fast Fourier transform: FFT）が

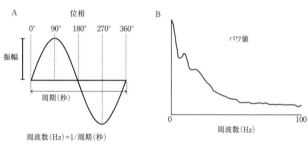

●図7-1-4 脳波律動性成分の振幅・位相・周波数（Gross, 2014より作成）

一般的に用いられる。記録された連続信号が標本化された離散信号を有限の長さに取り出して行うフーリエ変換を離散フーリエ変換（discrete Fourier transform: DFT）という。FFTはDFTの効率的な計算手法であり，2のべき乗のN点の信号を計算する場合，その計算量は激減する（DFT: $O(N^2)$；FFT: $O(N\log_2 N)$）。

サンプリングレートを決定する際の注意点を述べる。標本化された離散信号がどれだけ元の連続信号を反映しているかは，サンプリングレートに依存する。サンプリングレートを高くしすぎるとデータ量が多くなるとともに，データ処理にかかる時間が長くなるなどの問題点が生じる。一方でサンプリングレートは，連続信号に含まれる最高周波数成分の少なくとも2倍以上でなければならないという原則がある（サンプリング定理）。サンプリングレート（f）が与えられた時，その半分の周波数をナイキスト周波数（nyquist frequency）とよぶ（図7-1-5A）。ナイキスト周波数はおりかえし周波数ともよばれる（門林ら，1983）。あるサンプリングレートで標本化した信号にナイキスト周波数（f_n）+f_2からなる周波数成分が含まれる場合，得られるパワースペクトルにナイキスト周波

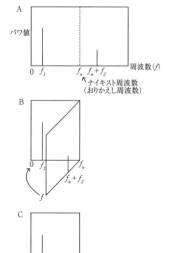

●図7-1-5 エイリアシング発生の模式図（門林ら，1983より作成）

数（f_n）$-f_2$ のピークが認められる（図7-1-5C）。この現象をエイリアシングという（図7-1-5）。連続信号をある周波数で標本化する際は，エイリアシングを防ぐために，ナイキスト周波数以上の周波数成分をアナログの低域通過フィルターを用いてあらかじめ除去しなければならない。サンプリングレートは通常脳波で必要とする周波数の2倍にすればよいが，さらにその1.5～2倍の周波数が望ましい（門林ら，1983）。

脳波の周波数解析を行う際，解析区間の長さを設定する。解析区間を短くすると，アーティファクトを含む区間の割合が少なくなるとともに，ある周波数の脳波成分の定常性が区間内で保たれやすくなる。どれぐらいの区間長を選択するかは，興味がある脳波成分によって決定する。一般に興味がある周波数成分の周期（1/f sec）の4～5倍のデータ長が分析に必要である（門林ら，1983）。たとえば，睡眠中の徐波帯域脳波活動（0.5-4.5 Hz）に興味がある場合，4秒区間ごとに周波数解析を実施することが多い。ここで，周波数分解能は区間長により決定される。周波数分解能は解析区間長［秒］の逆数である。たとえば解析区間が4秒であれば周波数分解能は0.25 Hzである。

周波数解析では窓関数を選択する。窓関数を適用することにより，区間の両端に発生する急激な脳波信号の変化によって生じる見かけの周波数成分（スペクトル漏れ）を減じる。一般にHanning，Hamming，Cosine，Tukeyウィンドウが用いられる（Keil, et al., 2014）。窓関数ウィンドウを脳波に適用すると元のデータ量が減少するため，隣り合う区間を重複させデータ量を最大化する場合がある。

脳波には筋電位や交流雑音などの高周波ノイズや，皮膚電気反応などの低周波ノイズが混入する場合ある。また，瞬目や眼球運動も脳波の波形に強く影響する。これらの成分は脳波の周波数解析の結果をゆがめるため，分析から除外する。

脳波の周波数解析結果を脳波の帯域ごとに分類して報告する場合がある。脳波の周波数帯域を以下の5帯域に分けることが多い（大熊，2016; 堀，2008）。

δ（デルタ）波（帯域）：0.5～3 Hz（4 Hz 未満）
θ（シータ）波（帯域）：4～7 Hz（8 Hz 未満）
α（アルファ）波（帯域）：8～13 Hz（14 Hz 未満）
β（ベータ）波（帯域）：14～40 Hz★
γ（ガンマ）波（帯域）：40 Hz を超える周波数

★従来，β波を14-35 Hzもしくは14-30 Hzとすることが多い（大熊ら，2016）

ただし，後述するように，近年はデジタル脳波計の普及とともに，さまざまな周波数解析手法が提案され，これらの周波数以外の超低周波数や高周波領域の脳波も研究対象となっている。それとともに，上記の周波数による区分も研究者によって多少異なる場合がある。たとえばγ帯域脳波のうち90 Hz以上をhigh-frequency oscillations（HFO）と分類して解析することがある（Lopes da Silva, 2013）。またslow oscillationを <1 Hz（Achermann & Borbely, 1997），slow wave activity を 0.5~4.5 Hz（Goel, et al., 2014）として脳波を分類することがある。上記の区分をさらに細分化して解析することもある。

(2)コヒーレンス解析

コヒーレンス解析は2つの信号間での関連の度合いを検討する際に実施される。コヒーレンスとは，ふたつの信号のクロススペクトルの絶対値の自乗をそれぞれの信号のパワースペクトルで正規化した関数であり，0から1までの値をとる。ある周波数

のコヒーレンスが1となるのは，ある信号の周波数成分の全てがもう一方の信号のそれに依存する場合である．コヒーレンスは振幅に依存しない．また，両信号の位相がずれていてもその位相差が一定であればコヒーレンスは高い値を示す．

容積伝導や基準電極の種類，電位発生源の深さにより，ある電位発生源が複数の電極に影響することで，電極間コヒーレンスが高い値を示す場合があるので，コヒーレンス解析を実施する際はその解釈に注意を要する（Nunez, et al., 1997）．近くに設置された電極間で双極導出した信号を用いるか，surface Laplacianによる導出法を用いることで，この問題に対応することができる（Davidson, et al., 2000）．頭部モデル（脳髄液，頭蓋骨，頭皮）を用いたシミュレーション研究によると，部位間の距離が3cm以上であれば，surface Laplacianを用いた方法で容積伝導による影響を取り除くことが出来る（Srinivasan et al., 2007）．別の手法として，頭皮上脳波の電流源解析で推定された電位発生源の電位変化から電流源間のコヒーレンスを求める方法がある（Gross, et al., 2001）．その他にも，この問題を解決するための方法が検討されており，どの方法を用いるかについては研究者にゆだねられている（Keil, et al., 2014）．

(3) 時間-周波数解析

時間-周波数解析は脳波の周波数成分に関する時間情報を解析する手法である．神経細胞の集団の同期活動がある事象に伴って減少もしくは増大するとき，ある帯域の脳波ではパワー値も減少もしくは増大する．パワー値の減少を事象関連脱同期（event-related desynchronization: ERD），増大を事象関連同期（event-related synchronization: ERS）と呼ぶ（Pfurtscheller & Lopes da Silva, 1999）．ERD/ERSを求める方法には様々な手法がある．従来から用いられている方法では，図7-1-6に示したように試行ごとに興味ある帯域のバンドパスフィルターをかけ，得られた信号値を自乗したのちに，試行ごとのデータを平均化し，ベースラインからの相対的な変化率を求める（図7-1-6）（Pfurtscheller & Lopes da Silva, 1999）．他にも短時間フーリエ解析，Complex Demodulation法，ウェーブレット解析などが時間-周波数解析法として用いられている．特にウェーブレット解析は時間-周波数解析の手法として広く用いられている．

時間-周波数解析はevoked成分とinduced

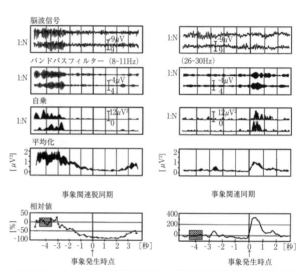

◎図7-1-6　事象関連脱同期および事象関連同期の解析方法
(Pfurtscheller & Lopes da Silva, 1999)
Elsevier社の許可を得て掲載．

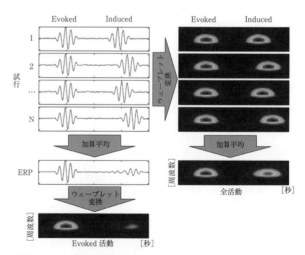

◎図7-1-7　時間-周波数解析によるevoked成分とinduced成分の分離 (Herrmann, et al., 2014) →カラー口絵参照
Springer社の許可を得て掲載．

成分を分離するために用いられる。図7-1-7（カラー口絵参照）に示したように，ある事象に関連したevoked成分は，ある事象と一定のタイミングを保って出現するため，波形を加算平均すると事象関連電位として観察される。一方，induced成分の出現タイミングはある事象の発生との間の時間間隔が一定ではないため，加算平均しても事象関連電位として残らない。したがって，事象関連電位をウェーブレット変換した値にはevoked成分のみが残り，induced成分は消失する。一方，加算平均前の波形にウェーブレット変換を適用し，それらの値を平均するとevoked成分だけでなくinduced成分も値として残る。このようにして，ある事象と関連したevoked成分やinduced成分の時間と周波数に関する情報が得られる。

5. 健常成人の脳波に関する最近の知見

　従来の脳波解析はδ帯域やβ帯域に限られていたが，近年ではより低周波数の脳波成分（DC成分）や高周波の脳波成分（数百Hz）を解析可能となった。これには近年のデジタル脳波計の発展により記録時に強いフィルター（ハイパスフィルター，ローパスフィルター）をかける必要がなくなったことや，記録した脳波をコンピュータスクリーン上に表示するようになりガルバノメーターとペン書きが不要になったため，これらの装置の高周波応答特性による制限がなくなったことが寄与している。ここでは，装置や解析技術の進歩によって明らかにされた脳波律動性成分に関する最近の研究例を紹介する。

(1) slow oscillation

　1993年に動物の細胞内から記録したslow oscillation（< 1 Hz）が報告されて以来（Steriade et al., 1993），その機能的意義が注目されている。視床を損傷しても皮質にslow oscillationが発生することや，皮質除去により視床のslow oscillationが消失することから，slow oscillationは皮質由来の脳波成分と考えられている（Steriade, 1999）。ノンレム睡眠中に発生するslow oscillation（< 1 Hz）は，数百msごとに繰り返す膜電位の過分極（down-state）と脱分極（up-state）の2つの状態からなる（Steriade, et al., 1993）。down-stateでは数百msの間，皮質の神経細胞は発火を停止するが，この状態はup-state中に発生した群発発火後のAHPを反映すると考えられている（Contreras et al., 1996）。slow oscillationは他の帯域の脳波の出現にも関与しており，睡眠中に発生するslow oscillationのup-stateでは紡錘波帯域やγ帯域，δ帯域の脳波が出現しやすくなる（Steriade, 2006）（図7-1-2B参照）。

　ヒトの頭皮上脳波においても，slow oscillationが出現することが報告されており，紡錘波帯域の脳波振幅がslow oscillationのup-stateで高くなることが示されている（Molle, et al., 2002）。また，睡眠中のslow oscillationはある皮質部位から発生して別の方向に伝播する（Massimini, et al., 2004）。slow oscillationは特に前頭前部から発生し，後頭方向に伝播することが多い（Massimini, et al., 2004）。前頭前部は睡眠の必要性が他の皮質よりも高いことから，slow oscillationは睡眠の必要性と関係した生理学的現象であると考えられている（Massimini, et al., 2004）。

　slow oscillationは睡眠による宣言的記憶の固定化に関与するという知見も報告されている（Marshall et al., 2006; Molle et al., 2004）。連合学習課題後のノンレム睡眠中に発生したslow oscillationのup-stateではslow oscillation帯域，δ帯域，slow-spindle

帯域の脳波で高いコヒーレンスを示すペア数が増加する (Molle, et al., 2004)。また，ノンレム睡眠中に 0.75 Hz の経頭蓋直流電気刺激を行い，slow oscillation を誘発すると，宣言的記憶の記憶固定化が促進される (Marshall, et al., 2006)。

slow oscillation (< 1 Hz) は睡眠中だけではなく，覚醒時の課題遂行時にも出現する。覚醒時の slow oscillation が陰性に変動する位相と比べて陽性に変動する位相の方が，感覚刺激の検出パフォーマンスが高く，1-40 Hz の脳波成分の振幅が高まることが示されている (Monto et al., 2008)。

(2) slow wave activity

ノンレム睡眠中に記録される徐波活動 (slow wave activity, SWA, 0.5-4.5 Hz) は睡眠の恒常性 (sleep homeostasis) を反映する生理学的な指標であり，先行する覚醒期間が長くなる程，睡眠中の SWA の値が増大するとともに，睡眠の時間経過に伴って減少する (Dijk & Czeisler, 1995)。睡眠中の SWA は睡眠圧が高まることで増大するとともに，覚醒時に頻繁に使用した脳領域で局所的に値が高まることが知られている (Goel, et al., 2014; Huber, et al., 2004)。たとえば，回転順応課題における知覚運動学習を行った後

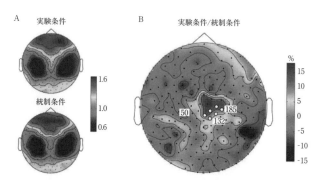

🔴図 7-1-8　覚醒時に使用した脳領域での局所的な slow wave activity の増大 (Huber, et al., 2004) →カラー口絵参照
A：回転順応課題（実験条件）と統制課題（統制条件）を実施後のノンレム睡眠時に記録した slow wave activity (SWA)，B：統制条件から実験条件への SWA の変化率を示している。実験条件で有意に SWA が増大した電極を白で示している。
Nature Publishing Group の許可を得て掲載。

のノンレム睡眠中に高密度脳波記録を行うと，覚醒時の学習に関与した脳部位でのSWA のパワ値が高くなった (Huber, et al., 2004)（図 7-1-8：カラー口絵参照），この部位のパワ値の増加は一晩経過した後の学習課題の成績向上と正の相関関係を示すことから，SWA は睡眠中の記憶固定に関与している可能性が示唆されている (Huber, et al., 2004)。

(3) α帯域脳波の事象関連脱同期及び事象関連同期

視覚野上の頭皮上電極に記録される α 律動に加えて，運動感覚野（μ［ミュー］律動）や側頭葉（τ［タウ］律動もしくは第 3 律動）の頭皮上でも α 波と同様の周波数帯域で律動性脳波が記録される (Niedermeyer, 1997)。視覚的注意の減少に伴って後頭部の α 律動が出現し，筋肉の弛緩に伴い μ 律動が出現する。また，μ 律動の ERD と ERS が別々の領域で同時に起こることがある。図 7-1-9（カラー口絵参照）に示したように，上肢の運動に伴い上肢の運動を司る運動皮質上で μ 律動の減衰（ERD）が生じるが，下肢と対応する皮質上では同じ脳波帯域で ERS が生じる。一方，下肢の運動を行うと，下肢と対応する皮質上では ERD が生じ，手の運動と対応する皮質上

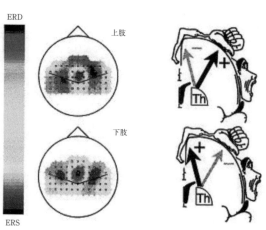

🔴図 7-1-9　上肢及び下肢の運動に伴う α 帯域脳波の事象関連脱同期（ERD）及び事象関連同期（ERS）(Pfurtscheller & Lopes da Silva, 1999) →カラー口絵参照
Elsevier 社の許可を得て掲載。

ではERSが生じる（Pfurtscheller & Lopes da Silva, 1999: 図7-1-9）。この現象は視床がある運動と対応する皮質を活性化すると同時に，課題と関係のない皮質の活動を抑制するために生じたと考えられている（Pfurtscheller & Lopes da Silva, 1999）。同様の現象は異なるモダリティ間でも生じる。手に提示した感覚刺激に注意する課題を実施すると，感覚皮質上のμ活動は減衰し，視覚皮質上のα活動は増大する（Kelly et al., 2006）。

また，視覚皮質上に出現するα帯域脳波活動のERD/ERSは網膜部位再現の特徴を示す（Lopes da Silva, 2013）。固視点の左右いずれかの視覚刺激に注意するように教示された場合，指示された側と反対側の後頭部におけるα帯域脳波の減衰（ERD）が生じる（Thut et al., 2006）。また，無視するように指示された側と反対側の後頭部では，α帯域パワーが増大するという知見も報告されている（Kelly, et al., 2006）。つまり，α帯域脳波の増大は，ただ単に脳活動がアイドリングをしている状態を反映しているのではなく，課題とは関係がない処理を行う皮質部位の活動を積極的に抑制する際に発生しているという説が提案されている（Lopes da Silva, 2013）。

(4) γ帯域脳波/high frequency oscillations（HFO）

近年，γ帯域脳波や数百Hzに及ぶhigh frequency oscillations（HFO）がヒトの頭皮上脳波でも記録されており脳機能との関連性が検討されている。γ帯域周波数の脳波は離れた脳領域の情報を統合し，まとまった知覚や運動を生み出す神経基盤であるという説が提案されている（Singer & Gray, 1995）。この説はネコの視覚皮質から記録されたLocal Field Potentialの解析結果を根拠として提案された。ネコに視覚刺激を提示すると，離れた皮質部位間での神経発火がγ帯域の周波数で同期して生じることが示されており（Gray et al., 1989），このγ帯域周波数での同期した活動が離れた場所にある神経活動を統合する役割を担っていると考えられるようになった。

近年のデジタル脳波計の進歩により，γ帯域脳波活動が運動，認知，知覚に伴いヒトの頭皮上からでも記録されている。γ帯域脳波の反応にはevoked gamma-band response（eGBR）とinduced gamma-band response（iGBR）のふたつがある（5-(3)参照）。eGBRの潜時は刺激提示後約100msに出現し，事象関連電位にも波形として観察されるが，iGBRは刺激提示後約200-300msに潜時の揺らぎを持って出現するので，事象関連電位には波形として出現しない。約40 HzのeGBRは聴覚（Pantev et al., 1991），視覚（Tallon et al., 1995）で記録されている。また，体性感覚刺激の開始後約20msに約600 HzのHFOが観察されている（Ozaki & Hashimoto, 2011）。iGBRもヒト頭皮上脳波から観察されている。iGBRは断片的なまとまりのない視覚刺激と比較して，まとまった意味のある刺激に対して出現する（Tallon-Baudry et al., 1996）。この知見が報告されて以降，ヒトの頭皮上脳波にも様々な認知活動に伴ってiGBRが出現することが報告された。これらの結果は，様々な神経活動がγ帯域の周波数で同期することでまとまった表象が生み出されていると解釈されている（Herrmann et al., 2004; Tallon-Baudry & Bertrand, 1999）。

ヒトの頭皮上脳波を用いて，θ帯域脳波とγ帯域脳波活動のPhase Synchronizationに関する研究も行われている。これまで動物研究によりθ帯域脳波の特定の位相でγ帯域脳波が出現するという現象が報告されてきたが（Chrobak & Buzsaki, 1998），同

様の現象がヒトのECoGや頭皮上脳波を用いた研究でも報告されている。Sauseng et al. (2009) は，θ帯域活動の位相とγ帯域脳波活動の位相の同期が視覚記憶課題における記憶の保持に関与することをヒトの頭皮上脳波を用いて示した。

頭皮上から計測されるiGBRに眼球運動によるアーティファクトが影響している可能性も指摘されている（Abe et al., 2008; Yuval-Greenberg et al., 2008）。眼球運動の開始に伴って出現するスパイク電位は，両耳朶を基準電極とした場合，スパイク電位は前頭前部で最大陰性を示し，後頭部で陽性電位を示す（Abe, et al., 2008）。γ帯域脳波と周波数帯域が重なるため，課題に伴う眼球運動が課題に関係する皮質由来のiGBRとして解釈されていることもありうる（Muthukumaraswamy, 2013; Yuval-Greenberg, et al., 2008）。解析上の誤解を防ぐために，iGBRの発生が眼球運動に伴うスパイク電位に由来していないことを確認する必要がある（Muthukumaraswamy, 2013; Sauseng, et al., 2009）。

以上の(1)から(4)に示したように，従来は研究対象として扱われなかった周波数帯域を解析することでさまざまな新しい知見が得られている。しかし各周波数帯域に特有のノイズ（アーティファクト）が存在すること，特に低周波帯域では電極の分極電圧や汗腺の電位の混入，高周波数帯域では筋電位の混入に気をつける必要がある。

6. Fmθ

(1) はじめに

連続加算作業やゲーム，ワーキングメモリ課題など精神作業負荷を行っているときの脳波記録には，時に前頭頭頂部の電極を中心として5-7 Hzの高振幅θ（シータ）律動が記録される場合がある（図7-1-10）。石原と吉井（1962）は，このθ律動を世界で最初に正常脳波として報告し，後にFmθ（frontal midline theta rhythm；前頭正中部θ律動）として定義した（Ishihara & Yoshii, 1972）。Fmθは最初日本での研究が活発だったが，特に精神作業中に増強して

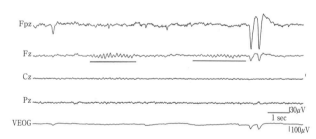

図7-1-10　テレビゲーム（テトリス）中に出現したFmθ（下線部）
6.5 Hzのθ律動がFz中心に約2秒持続している。瞬目と眼球運動が見られる（全体を時定数0.3で表示）。

出現することから，最近は世界中で広く研究されるようになってきた。中枢活動としてのFmθの機能的意味や電流源解析の探求がなされつつあり，脳磁場（MEG）計測やθ活性が高い状態での機能的MRI計測（fMRI），機能的近赤外分光法（fNIRS）計測など中枢活動とFmθとの関連の研究が行われてきている。

(2) Fmθの特徴

Fmθの出現と振幅は個体差が大きく，同じ課題を与えたとき，数秒以上持続する50〜75 μVのはっきりしたθ律動は約10人に1人ほどの被験者で観察されるのに対し，あるものは全くFmθを示さない（Yamaguchi et al., 1990a）。Fmθは不連続で現れ，課題の開始とFmθの出現との間には時間的な固定した関係はない（Gevins et al., 1997）。Fmθの分布はFzとその周辺のfronto-centralであり，ほとんどは6〜6.5 Hzである（Yamaguchi et al., 1990b；Pellouchoud et al., 1999）。

(3) 誘発課題

　Fmθは異なったタイプのさまざまな種類の記憶課題で生じる。特に内田クレペリン検査のような持続的計算問題がFmθを誘発する。他にFmθの誘発課題としては，漢字想起，ビデオゲーム，スタンバーグメモリ，N-back課題，迷路，エピソード記憶，運転シミュレーション，音楽イメージング，瞑想などが用いられる。Fmθの出現量は課題そのものというより，精神課題への志向性とその量，遂行速度に関係し，課題遂行が順調であると明瞭に現れ，遂行速度が低下すると消失するとされる（Ishihara & Yoshi, 1972）。

　ワーキングメモリ課題（WM）とFmθの間には明らかな関係がある。最もしばしば報告されるのは，増加するWM負荷，課題の困難さ，あるいは精神的努力である（Gevins et al.,1997; Gevins & Smith,2000; Jensen & Tesche, 2002）。WMの働きは思考や学習など，高次な認知能力を支える重要な役割を担うが，一度に利用しうるWM資源には個人差が認められ，限界ある資源を情報の処理に向けるか保持に向けるかをめぐって個人差が顕著になる。多くの研究はWM課題中でのFzでの5-7 Hzθ活動の増大を示している（Onton et al., 2005）が，課題遂行中のθの減少や欠損もまたFmθの機能を明らかにするのに有用である。

　いくつかの研究では，Fmθは持続的な内的注意や瞑想の期間において増大することが示されており（Aftanas & Golocheikine, 2001），長期の瞑想者では短期の瞑想者に比べ前頭正中部で4-6 Hzにおける増大を記した。自身の呼吸への注意の焦点化という簡単な瞑想法でもFmθを誘発することができる（Asada et al.,1999; Kubota et al.,2001）。

(4) 出現率と年齢，性格

　Fmθの出現率は若い成人でピークを示し，18〜28歳での出現率が約43％であるのに対し，30〜79歳での出現率は約8〜10％と低下する（Yamaguchiら,1990a）。また，McEvoy et al.（2001）は62〜82歳ではWM課題によるFmθの増大を認めなかった。一方，子供は成人より著明に高い振幅のθをもつ（Yordanova & Kolev, 1997）。

　また，Fmθと性格との関係が報告されている。Fmθの出現がみられる被験者は，より外向的で，神経症傾向は少なく，不安の少ない性格傾向がある（Mizuki et al.,1984；Yamaguchi et al.,1981）。

(5) Fmθの解析

　Fmθの解析では，高速フーリエ変換（FFT），ERD/ERS解析，ウェーブレット解析 はデータ圧縮に有用である。FFTは脳波の詳細な時間的成分よりも，ある脳波区分内の優勢な周波数を示すことができる。ERD/ERSやウェブレット解析は，より良い時間分解能でスペクトルパワー内の変化を決定するのに役立つ。このような解析法はFmθのようなリズムを変調する課題を検討するのに有用である。

　また，コヒーレンスの評価は，異なる電極で記録された活動間の同期性の程度を決定する。数多くの研究は，記憶課題中に前頭的に記録されたFmθがどのように他の部位で記録されたθやγに関係しているかを評価するために用いられている（Sauseng et al.,2007; Aftanas & Golocheikine, 2001）．コヒーレンスの評価によりMizuharaら（2004）は，fMRIと脳波の同時記録をすることで，計算課題中のFmθが前頭部ばかりでなく後頭部や深部領域と同期的に活動していることを示している。

(6) Fmθの発生源

　Fmθパワーの分布はFmθが前頭正中部あるいは周辺の電流源から発生していることを示す。近年，Fmθの出現機構に関して，多チャネルEEG，MEGさらにfMRIなどが使用され，いくつかのグループが，前部帯状皮質（anterior cingulate cortex : ACC）を含む前頭前皮質内側部（medial prefrontal cortex : mPFC）がその発生源であると報告している。Asadaら（1999）はEEGとMEGを同時記録して，mPFCとACCがひとつのFmθサイクル中に交互に活動することを双極子モデルで示した。Onton et al.（2005）は双極子モデルを用いて背部ACCの接近した部位にFmθ発生源を限定した。Sauseng et al.（2007）はWM課題中のFmθをLORETAを用いて検討し，ACCと帯状回運動領域を示した。Ishiiら（1999, 2014）は脳磁図に開口合成法（SAM）を用いてACCを含む両側の広いmPFCを提案している。これらのことはACCが多くの異なる脳部位とつながり，注意や認知，情動の機能範囲に含まれていることと合致する（Devinsky et al., 1995；Pardo et al., 1990；Posner and Petersen,1990；Wang et al.,2005）。

　一方，Tsujimotoら（2006, 2010）はサル前頭葉のθ活動を記録し，Fmθ波のモデルを作成して大脳皮質埋込電極でその発生源を調べた。サルのθ波活動は，周波数・空間分布（9野，32野）・注意負荷との関連性の点においてヒトのFmθ波の相同物と考えて矛盾なく，Fmθの解明に役立つ可能性がある。

(7) Fmθは海馬に発生するθと関係があるのか

　Tesche & Karhu（2000）は，正常被験者のWM課題によるMEG記録で，海馬由来とされる課題特有な7Hzθを報告しているが，他の研究ではヒトで皮質部位で記録されたθと海馬θとの間で明らかなつながりは示されていない（Cantero et al., 2003; Raghavachari et al., 2006）。

(8) 薬物とFmθとの相互作用

　特定の化合物とFmθとの関係は，ほとんどは抗不安薬で検討されてきた。代表的抗不安薬のジアゼパン（Mizuki et al., 1986, 1989）やクロミプラミン（Suetsugi et al., 1998）の投与は，最初Fmθを示していなかった参加者においてFmθの量をすべて増大させ，さらに投与後に不安質問紙（STAI）における不安スコアの減少を示した。特にジアゼパンは他の薬物に比べFmθ出現時間の著明な増大を引き起こす。薬物によって示されたFmθに対する状態不安の明らかな関係（あるいは心理的過程との関係）は，神経症的性格の個人的な因子との関連であろう。個人の違いは，Fmθ上における抗不安剤の効果を仲介する可能性がある。

　アルコールはベンゾジアゼピンのような抗不安薬に対するGABA-A受容体におけるのと同様の活動をおこし，結果として他のすべての抗不安薬と似た効果をFmθに対して持つ（Coop et al., 1990）。

(9) 睡眠，覚醒水準，

　傾眠時（Strijkstra et al.,2003）だけでなく，より深い睡眠中にもFmθはみられる。Takahashiら（1997）は，覚醒時と同様の特性をstage1とREM中に前頭部に出現するθリズムに見つけたが，水木ら（1994）はStage2で最もθ律動の出現が見られると報告している。これらのことは覚醒時の注意集中以外に，傾眠やより深い睡眠でもFmθが出現するという矛盾をつくるが，それは眠りにつくとき，あるいは何かに注

意を集中しているときに，Fmθが必要度の少ない情報を邪魔している抑制の機序によって引き起こされている可能性を示している。

安静状態でも内観として心の状態や思考内容は常に変化を続ける。さらにオシレーションのパターンは状態依存的にはっきりした変化を示す。これはFmθのようなオシレーションが単に脳局所で発生しているのではなく，システムとしての脳全体のネットワークの活動と相関して調整されていることを示しており，Fmθのさらなる機能的意味についての解明が進むことが期待される。

2節　事象関連電位の測定と解析

1. 概要

(1) 定義

事象関連電位（event-related potential: ERP）とは，特定できる事象（刺激や運動など）に時間的に関連して一過性に出現する脳の電位変化である。図7-2-1に示したような波形として表現される。ERPは，前節で述べた背景脳波に重畳して生じ，0.1〜数μV程度の微小な変化であるため，記録中に肉眼で観察することは難しい。そこで，ノイズである背景脳波を減らすために，加算平均法によって解析を行う。図7-2-2は，この手続きを図示したものである。実験参加者にある事象を繰り返し経験させながら，脳波を測定する。事象の前後の区間を切り出し，事象の開始点に時間軸をそろえて，それぞれの時点における電位の平均値を求める。加算平均することで，事象とは無関係に生じる背景脳波（ノイズ）が相殺され，事象に時間的に関連した脳電位（信号）だけが残るという仮定に基づいている。

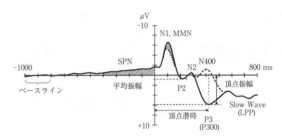

●図7-2-1　事象関連電位の波形の例
縦軸は事象の開始点を示す。実線と破線で示すように，差分として現れる成分もある。事象の開始点から波の頂点までを頂点潜時という。振幅は，一定区間の平均電位として測ることも，ベースラインから頂点までの電位差として測ることもある。

(2) 主要な成分

ERP波形は，電位変動を示すいくつかの波が連なったものである。山や谷として明瞭に観察できる波は，陽性であればP（positive），陰性であればN（negative）と名づけ，出現順序を示す数字（1, 2, 3, …）やおおよその頂点潜時（事象の開始点から波の最大点・最小点までの時間をミリ秒単位で表わしたもの）をつけて区別する。たとえば，N1は最初に生じる陰性波であり，P300は刺激提示からおよそ300ミリ秒後に最大となる陽性波である。明瞭な頂点を持たない電位については，"徐波（slow wave）"，"後期陽性電位（late positive potential: LPP）"のような記述的な語が用いられる。

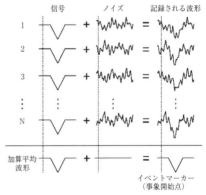

●図7-2-2　加算平均法の原理

ERPのうち，刺激の物理特性が引き起こすものを，誘発電位（evoked potential:

EP）または外因性（exogenous）成分とよぶ．これに対して，刺激の心理的意味や記憶に関連して生じる電位を，内因性（endogenous）成分とよぶ．短潜時（およそ50～100ミリ秒より前）の電位は外因性であり，長潜時になるほど内因性になる．刺激後に生じる電位だけでなく，刺激に対する期待や運動準備に対応した ERP もある．

　図7-2-1に図示した主要な ERP 成分について簡単に紹介する．刺激前陰性電位（stimulus preceding negativity: SPN）は，まもなく提示される刺激を予期しているときに持続的に生じる，ゆるやかな陰性電位変動である（Brunia, 1988）．またボタン押しなどの運動前には，運動準備電位（bereitschafts potential: BP または readiness potential: RP）が記録できる（Kornhuber & Deecke, 1965）．

　N1は聴覚刺激に対して顕著に生じる成分である（Näätänen & Picton, 1987）．頂点潜時は100ミリ秒前後である．刺激モダリティによって初期の ERP 反応は変わる．視覚刺激に対してはC1, P1, N1という反応が認められる（Pratt, 2012）．

　ミスマッチ陰性電位（mismatch negativity: MMN）は，記憶によって生じる内因性成分である（Näätänen, 1992）．直前の刺激からの変化に対して，注意を向けているときも向けていないときも，同様に生じる．聴覚刺激ではN1の後半部に重畳して現れることが多い．視覚においても，変化に反応する同様の成分がある（木村, 2011）．

　P2は，潜時150～200ミリ秒でさまざまなモダリティに対して出現する．内因性と外因性の両方の性質を持つと考えられているが，その機能的意義は明らかでない（Crowley & Colrain, 2004）．このあたりの潜時帯から，さまざまな内因性成分が重畳しはじめる．

　N2は，P2に続いて現れる陰性波の総称である．いくつかの種類がある．MMNはN2aとよばれることもある．このほかに，低頻度刺激に対して出現するN2bや標的刺激に対して出現するN2cなどがある（Pritchard, Shappell, & Brandt, 1991）．また，予想よりも悪い結果を示す刺激に対して出現するフィードバック関連陰性電位（feedback-related negativity: FRN または feedback negativity: FN）も N2 のグループに入る（Folstein & Van Petten, 2008）．

　N400は，文脈からの意味的逸脱があったときに400ミリ秒前後に生じる陰性電位である（Kutas & Hillyard, 1980）．典型的には言語刺激に対する反応だが，単語だけでなく絵画や写真といった刺激を用いたときでも意味的逸脱に対して出現する（Kutas & Federmeier, 2011）．

　P3（P300）は，注意を向けている刺激系列で，まれに生じる事象に対して出現する陽性電位である．その振幅は，事象の生起頻度が低いときや，事象に対して反応を求めているときに大きくなる（Duncan-Johnson & Donchin, 1977）．P300という名称は，刺激提示からおよそ300ミリ秒後に頂点があるという意味であるが，実際の潜時は大きく延長することもある．そのためP3とよばれることも多い（入戸野, 2013）．

　徐波や後期陽性電位（LPP）は，P3に続いて出現する長潜時電位である．前頭部では陰性電位として記録されることもある．持続的に行われる情動処理や認知処理を反映するといわれている（Hajcak et al., 2010）．

　このほかにも，顔の認知処理に関連して出現するN170やVPP（vertex positive potential），初期の情動処理を反映するEPN（early posterior negativity），運動エラーの直後に生じるエラー関連陰性電位（error-related negativity: ERN または error negativity: Ne）など，たくさんの ERP 成分が研究されてきた。詳しくは，本書の各章や，Luck & Kappenman（2012），日本臨床神経生理学会認定委員会（2013）を参照してほしい。

(3) 背景脳波との関係

　従来，背景脳波（α［アルファ］波やβ［ベータ］波など）は事象とは時間的に無関係に生じるため，加算平均によって相殺されると考えられてきた。しかし，背景脳波のなかにも事象によって変化する部分がある。現在では，脳電位反応をより包括的に理解するために，事象関連ダイナミクス（event-related dynamics）という概念が提唱されている（Makeig et al., 2004）。脳波は，振動する電位の集まりとして考えることができる。振動には周波数・振幅（パワー）・位相という3つの属性があり，事象の生起はそれぞれの属性に影響を与える。図 7-2-3 には，周波数以外の 2 つの属性を示している。横軸は，事象をきっかけに生じる周波数成分のパワーの増減を示す。これを事象関連スペクトル摂動（event-related spectral perturbation: ERSP）とよぶ。左側がパワーの減少，右側がパワーの増大である。縦軸は，振動の位相が試行間でどの

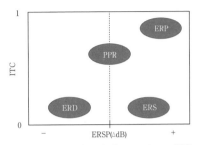

●図 7-2-3　事象関連ダイナミクスの状態空間（Makeig et al., 2004 より作成）

ERP：事象関連電位（event-related potential），PPR：部分的位相リセット（partial phase resetting），ERD：事象関連脱同期（event-related desynchronization），ERS：事象関連同期（event-related synchronization），ITC：試行間コヒーレンス（inter-trial coherence），ERSP：事象関連スペクトル摂動（event-related spectral perturbation）

程度関連しているかを示す。これを試行間コヒーレンス（inter-trial coherence: ITC）とよぶ。位相とは振動が周期のどの段階にあるかを示す変数である。事象生起の瞬間に位相がそろう（振動が同じ段階から始まる）ときは ITC が高く，事象生起によって位相が影響されない（ランダムのままである）ときは ITC が低い。事象に対して位相がそろわない振動は，事象の開始点に時間軸を揃えて加算平均すると相殺される。

　事象関連ダイナミクスの枠組みでいえば，古典的な ERP 研究は，図 7-2-3 の右上のケースを想定している。事象を基点として新しい振動が生まれるので，試行間の位相はそろう（ITC は高い）。そのため，加算平均することでその波形を抽出できる。一方，位相はランダムのままだが，パワーだけが一過性に増えることを事象関連同期（event-related synchronization: ERS），減ることを事象関連脱同期（event-related desynchronization: ERD）という。どちらの現象も，加算平均法を用いると試行間で相殺されて見えなくなってしまう。ERS と ERD を求めるには，あらかじめ周波数解析を行い，得られたパワーを加算平均する。

　事象前後でパワーの増大がなくても，加算平均することで現れる波形もある。たとえば，事象の前から続いていたα波の位相が事象の生起をきっかけにしてリセットされれば，加算平均波形上に現れてくる。これを部分的位相リセット（partial phase resetting: PPR）とよぶ（図 7-2-3 中央上）。"部分的"というのは，一部の周波数帯域で位相リセットが生じるという意味である。図 7-2-4(a) に，その模式図を示す。事象の前後で振動のパワー（振幅）は変化していない。事象前の振動は位相がそろっていないので加算平均すると相殺される。事象をきっかけとして位相がそろうと，加

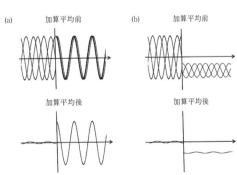

●図 7-2-4　加算平均法によって相殺されない背景脳波活動の例

（a）位相リセット，（b）振幅変調の非対称

算平均後に波形が現れる。加算平均法で求められる視覚誘発電位 P1 の少なくとも一部は，α 帯域活動の位相リセットによるものであることが示されている（Makeig et al., 2002）。もう1つのケースは，事象に伴うパワーの一過的減少が陽性と陰性で非対称に生じることである。これは ERD の特殊なケースであり，振幅変調の非対称（asymmetric amplitude modulation）とよぶ。図 7-2-4(b) に示すように，振動の軸がずれるので，加算平均すると見かけ上ゆるやかな電位変化が作られてしまう（Mazaheri & Jensen, 2008）。

このように，加算平均法によって得られる波形が，毎回の試行で生じた脳電位反応を忠実に反映しているとは限らない。心理学においては，ERP を"客観的に定義できる事象の生起時点にそろえて脳波を加算平均することで得られる電位"と操作的に定義し，心理変数との対応関係を明らかにしている。

(4) 心理学研究における意義

ERP として観察される電位は，事象を実際に処理している神経活動を反映したものではなく，その副産物の可能性もある。上述のように，新しい電位が出現しなくても加算平均によって現れてくる波形もある。それでも ERP が心理過程の"指標"になるのは，次のような理由に基づいている。ゴミ処理場の煙突から煙が出ていたら，ゴミを燃やしていることが分かる。燃やしている火と熱を見なくても，煙がその指標となる。同じように，脳で実際に情報を操作・処理している神経過程が ERP として現れてくるとは限らない。副産物であったとしても，ERP を手がかりとして，ある情報処理過程が生じていたと推測できる。

心理学研究で用いられる行動測度や主観測度と比較した ERP の長所として，次の3点が挙げられる。第1に，実験参加者の認知過程を歪めずに並行して記録でき，反応時間実験と相性がよい。第2に，顕在反応を求めなくても記録できる。第3に，時間軸に沿って複数の測度が得られる。欠点として，測定に時間がかかること，1回かぎりの現象は測れないこと，生起タイミングを示す手がかりのない心理過程は検討できないことが挙げられる。

また，機能的磁気共鳴画像法（functional magnetic resonance imaging: fMRI）やポジトロン断層撮影法（positron emission tomography: PET），機能的近赤外分光法（functional near-infrared spectroscopy: fNIRS）といった脳機能イメージング法と比べた長所として，次の3点がある。第1に，時間分解能が高い。第2に，比較的安価である。第3に，実験参加者の姿勢に関する制約が少ない。欠点として，空間分解能が低く，活動が生じた脳部位を正確に知るのが難しいことが挙げられる。

(5) 臨床・工学応用における意義

内因性成分は，心理学的に興味のある変数によって変化する。これは利点でもあるが，心理状態に左右されるので安定しないということでもある。信頼性が求められる臨床診断では，物理属性に応じて頑健に出現する外因性成分の方が扱いやすいことがある。

外因性の ERP 成分に注目した臨床検査として最も普及しているのが，聴性脳幹反応（auditory brainstem response: ABR）である。ABR は，聴覚刺激（クリック）に対して 10 ミリ秒以内に生じる 6〜7 波で構成される。蝸牛神経から視床 - 大脳皮質までの聴覚伝導路が起源として想定されており，病変の局在診断にも利用できる。睡眠

や覚醒状態によって影響を受けないので，乳幼児や小児であっても正確に測定できる。音圧を下げると潜時が延長し，振幅が低下する。成人においては，自覚聴力検査で聴こえると報告する最低音圧（閾値）とV波（下丘起源）が消失する音圧がほぼ等しいことが知られている。乳幼児における難聴発見に有用な他覚的聴力検査として広く使われている（加賀，2008）。内因性成分では，条件を満たせば安定して記録できるMMN，P3（P300），N400が注目されている（Duncan et al., 2009）。

工学応用場面では，発生源が未知であっても，頑健に出現し，信号／ノイズ比の高い現象のほうが扱いやすい。典型例として，ブレイン‐コンピュータインタフェース（brain-computer interface: BCI）がある。筋運動なしに意思疎通を行うBCIは，30年ほど前にP3（P300）を用いて研究が始まった（Farwell & Donchin, 1988）。アルファベットと記号を6×6の行列状に並べ，行または列がランダムな順序で一瞬だけ光るディスプレイを用い，実験参加者には選択しようとする文字に注意を向けてもらう。注意を向けている文字が含まれている行や列が点灯したときにはP3が出現するので，少数回の試行を加算平均してP3をオンラインで検出し，注意を向けていた文字を推定する。情報伝達速度を高めるために，現在でもアルゴリズムの改善が続けられている（Cecotti, 2011）。

2. ERPの測定

以下の項では，ERPの記録から解析までを具体的に紹介する。詳しくは，Luck（2014）や入戸野（2005）を参照してほしい。

(1) 装置

ERPの記録は，前節で述べた脳波の記録と基本的には変わらない。ERPは，脳波に比べて小さい信号であるため，解像度が高く（記録できる電圧の最小単位が小さく），広い周波数帯域を記録できるシステムを使うとよい。解像度は，記録可能な電圧の幅（入力レンジ）をアナログ－ディジタル（A-D）変換器の精度（12～24ビット）で割ることで求める。たとえば，入力レンジ（増幅前の電圧に換算した値）が±1 mVで12ビット（4,096点）の精度なら，記録できる最小電圧は2,000 μV/4,096 = 0.49 μV，同じ入力レンジで16ビット（65,536点）の精度なら，2,000 μV/65,536 = 0.03 μVとなる。また，どこまでゆるやかな電位変動を記録できるかは，増幅器の時定数（ハイパスフィルターまたはローカットフィルターとよぶこともある）によって決まる。時定数のない直流増幅器もある。仕様書をよく読んで，自分が使うシステムの性能を知っておくとよい。

ERPは，特定の事象に時間的に関連した脳の電位変化であるから，事象の生起タイミングを脳波と一緒に記録する。これをイベントマーカーまたはトリガー（引き金trigger）とよぶ。マーカーは，刺激提示や反応測定を行う装置（コンピュータ）から電気的に入力する場合もあれば，筋電図や眼球運動，瞬目などの生体信号を手がかりにして入れることもある。

特に気をつけたいのが，視覚刺激を提示するディスプレイである。可能であれば，ブラウン管（cathode ray tube: CRT）を使うのが望ましい。近年普及している液晶ディスプレイ（liquid crystal display: LCD）では時間制御が正確にできないことがある。刺激の立ち上がり（明暗の切り替え）がゆるやかなので，誘発電位の波形に影響が出

る。実際，CRTとLCDでは誘発電位の波形が異なる（Husain et al., 2009）。LCDを使うときは，明暗の切り替えが速く，高いリフレッシュレートで利用できるものを選ぶとよい（Wang & Nikolić, 2011）。

ディスプレイを使うときに，もう1つ考慮しておくことがある。図7-2-5に示すように，現行のラスタスキャン方式では，画面の左上から横方向に描画し，右端に着いたら，走査線を一段ずつ下がって順に画面を描いていく。そのため，画面上の位置によって発光の

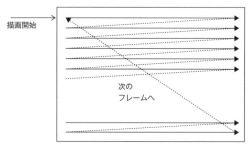

●図7-2-5 ラスタスキャン方式のディスプレイ

タイミングが異なる。たとえば，リフレッシュレート100 Hzのディスプレイを使った場合，1画面を描くのにおよそ10ミリ秒かかる。画面の中央に刺激を提示しようとすると，画面が描きはじめられてから約5ミリ秒後に刺激が出現する。このような遅れは，常にディスプレイ中央に刺激を提示する実験であれば，すべての条件に共通する恒常誤差とみなすことができる。しかし，ディスプレイの上下の位置に刺激を提示するような実験では，画面上の位置による刺激タイミングの違いを考慮する必要がある。

刺激提示はソフトウェアで行うことが多い。代表的なものに，E-prime（Psychology Software Tools社），Presentation（Neurobehavioral Systems社），Inquisit（Millisecond Software社），SuperLab（Cedrus社）などがある。刺激提示用PCから脳波計へは，パラレルポート（プリンタポート）を使ってディジタル信号を送り，イベントマーカーとするのが一般的である。専用の入出力ボードを使うこともある。USB接続のパラレルポートも市販されているが，時間精度の点から推奨できない。

新しい刺激装置とソフトウェアをセットアップしたときは，イベントマーカーと刺激提示のタイミングを校正しておくとよい。視覚刺激ではフォトセンサー，聴覚刺激ではマイクロホンを使って，刺激を電気信号に変換して記録する。マーカーから刺激提示までに遅れがあっても，それが一定であれば，分析時に補正できる。しかし，遅れがばらつくようなときは，システムを見直してばらつきを減らすようにする。ばらつきがあると，加算平均したERP波形がなまってしまう。

(2) 記録

ERPは低振幅であるため，アーティファクトとの区別が重要になる。瞬目や眼球運動による眼電位の影響を，眼球の周囲（上下左右）に装着した電極からモニターするのが一般的である。しかし，最近では，そのような電極をつけなくても，頭皮上の電極から多チャネルで記録しておけば，後述する信号処理（独立成分分析）によって，眼球由来と考えられる電位を除去できるようになった。

記録中の参加者の状態（眠そうである，体動が多い等）をメモとして残しておくことは，データを分析するときに役立つ。ERPの実験では，加算回数を増やすために，単調な課題を長時間続けて行わせることが多い。眠気が強くなり，居眠りしてしまうこともある。加算する試行は，できるかぎり同一の心理状態を保てるようにする。また，参加者が教示に従っていたかを客観的に確認できるように，行動反応を求める課題を行わせるのがよい。

長い実験はいくつかのブロックに分ける。1ブロックは2〜3分間にとどめ，小休憩を入れる。その一方で，休憩の数が多くなりすぎると，参加者の負担感が増えるこ

ともある。著者の経験では，実験参加者がほんの少し（10秒程度）気を抜ける小休憩と，実験者が参加者に話しかけるような大休憩を混ぜて行うとよい。

3. ERP波形の算出

ERP波形の算出は，ソフトウェアを用いて行う。市販品には，Brain Vision Analyzer (Brain Products社)，EMSE (Source Signal Imaging社)，CURRY (Compumedics Neuroscan社) などがある。無償で使えるソフトウェアには，プログラム言語MATLAB (Mathworks社) 上で動くEEGLAB (Delorme & Makeig, 2004)，ERPLAB (Lopez-Calderon & Luck, 2014) などがある。市販品の方が信頼できるというわけではない。どちらにも不具合が含まれている可能性がある。バージョンアップ情報に気をつけるとともに，ユーザーリストに登録して他のユーザーから随時情報を収集するのが望ましい。

(1) データの視察

ERP波形を算出する前には，元の脳波データをよく見る。このとき記録中に書いたメモが参考になる。ノイズが非常に多い参加者は丸ごと除外する。一部の区間が乱れているときはその区間だけを除外する。ノイズの多い区間を残したまま分析すると，アーティファクト補正のパラメータを正しく計算できない。また，参加者の行動反応データにも注意する。教示に従っていないと思われる参加者や実験中に居眠りをしてしまった参加者がいたときは，脳波データにノイズがなくても分析から除外する。判断に迷う参加者については，後で除外できるようにメモを残しておく。

(2) オフラインフィルター

脳波を含む生体信号を記録するときは，ハードウェアによるアナログフィルターがオンラインでかかっている。分析の柔軟性を高めるために，記録時のフィルターは最低限とし，分析時にオフラインでディジタルフィルターをかけるようにする。低周波数成分を低減するフィルター（ハイパスフィルター）は，記録を短い区間に分割する前に適用する。高周波数成分を低減するフィルター（ローパスフィルター）は短い区間にも適用できる。最終的に得られる波形には，オンラインとオフラインのフィルターが重複してかかる（入戸野・小野田, 2008）。

フィルターをかけるのは，検討対象ではない電気現象を周波数領域で除去するためである。たとえば，低周波数の皮膚電位，高周波数の筋電位，50 Hzまたは60 Hzの電灯線ノイズを除去する。フィルターは波形を歪ませることもあるので，似たような実験課題を用いた先行研究における設定を参考にしながら，いくつかのフィルター設定を試してみるとよい。

(3) アーティファクトの補正

アーティファクトには2つの対処方法がある。補正する方法と除外する方法である。ERP波形を求めるときに最も邪魔になるのが眼電位アーティファクトである。眼電位アーティファクトには，瞬目に伴うものと眼球運動に伴うものがある。瞬目を抑えるように参加者に強く教示するのは望ましくない。瞬目を我慢しようと努力すると，課題から注意がそれてERP波形に影響するからである（Ochoa & Polich, 2000）。

眼電位アーティファクト補正には，回帰法と独立成分分析がある。回帰法では，眼球周辺に装着した電極で記録した電位を眼電位とみなし，それが頭皮上にどれだけ伝

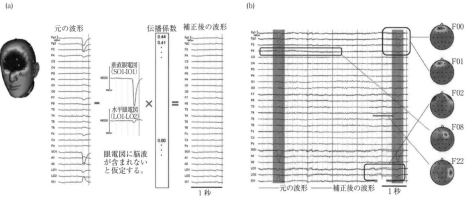

図 7-2-6　アーティファクト補正の例
(a) 回帰法，(b) 独立成分分析

播しているかを計算する。図 7-2-6(a) のように，瞬目と眼球運動に関連した伝播係数を求め，眼電位チャネルに係数をかけたものを元の波形から引算する。残った波形は，眼電位アーティファクトの影響を取り除いた波形とみなせる。よく使われる方法に，Gratton et al. (1983) がある。回帰法の利点は，頭皮上電極を個別に処理するので，少ないチャネルから記録するときにも適用できることである。欠点として，眼球周囲に電極を追加して配置しなければならないこと，眼球周囲で記録されるデータにノイズが含まれているとその影響がすべての電極に広がってしまうことが挙げられる。

　独立成分分析（independent component analysis: ICA）は，n 個のチャネルのデータを互いにできるだけ情報的に独立した（相互に予測できない）n 個のソースに分離する方法である。脳波データの場合，図 7-2-6(b) のように，時間をサンプルとして，独立した頭皮上分布に分離する（電極の組み合わせパターンをつくる）。実データを使って学習させることで，変換行列を作る。安定した変換行列を求めるには，定常性のある十分な数のデータ（少なくともチャネル数の 2 乗の 20 倍以上）が必要である（Onton et al., 2006）。瞬目や眼球運動によって生じる電気活動は大きく，その他の脳活動と無関係に生じる可能性が高いので，たいていは独立した成分として抽出できる。頭皮上分布と時間パターン，周波数特性によって，脳波とアーティファクトを区別し，アーティファクト以外の独立成分だけを使って波形を再構成する。独立成分分析の利点は，眼球周囲に電極を装着しなくても眼電位を除去できること，眼電位以外のアーティファクト（筋電位や電極の不良）も除去できること，除去した独立成分を信号と同様に処理することで補正の妥当性を検証できることである。欠点として，多チャネルデータが必要であること，電極数が増えるほど長い時間計測したデータが必要になること，計算に時間がかかることが挙げられる。

　アーティファクトの補正を行うときは，補正に伴って新たなノイズを追加させないように気をつける。回帰法でも独立成分分析でもこの危険性があるので，補正前後の波形を丁寧に視察する。アーティファクトの除外については，以下の(6)で述べる。

(4) 加算平均区間の切り出し

　次のステップは，加算平均を行う区間をイベントマーカーを手がかりとして切り出すことである。刺激に対する ERP 波形を求めるときは，ベースラインを刺激直前の

100ミリ秒以上の区間の平均値にそろえるのが一般的である。覚醒時に高振幅で現れるα帯域（8~13 Hz）の活動の影響を除くために，その1周期以上の電位の平均値をとるという理屈である。ベースラインをそろえるには，波形上のすべての時点の値から，ベースライン値を引き算する。切り出した時点でそろえても，加算平均後にそろえても，同じ結果が得られる。

刺激直前をベースラインとして振幅をゼロにそろえると，刺激前に生じる脳活動（図7-2-1のSPNなど）を無視することになる。これは，注意や覚醒が異なる条件間でERP波形を比較するときに問題となる。刺激に注意を向けて弁別を求める条件と，刺激を無視する条件では，刺激に対する準備状態が違っている。そのため，刺激直前をベースラインにすると，準備状態の違いが刺激後のERP波形に重畳して現れる。このようなケースで刺激に対して惹起される成分を検討するには，ベースラインの影響を相殺するために，同じ条件内で提示される2つの刺激に対する波形を引き算し，その差分値を条件間で比較するようにする。

(5) 再基準化

記録するときに使った基準電極を分析時に変えることを再基準化（re-referencing）という。前節の脳波解析にも記載があったように，頭皮上を覆う多チャネルから記録したときは，平均基準を用いるのが一般的である。記録時の基準電極は通常1つであるが，マストイド（耳の後ろの乳様突起）や耳朶など，左右対称の部位につけた電極の平均値を基準として用いることもある（連結基準）。また，ミスマッチ陰性電位の研究では，鼻尖（nose tip）を基準とすることもある。基準をどこにするかによって波形が変わるので，自分の研究テーマに近い先行研究に準拠するとよい。

(6) アーティファクトを含む区間の除外

区間を切り出してきたら，加算平均する前にアーティファクトが残っていないか確認する。アーティファクトの補正を行っていても，補正しきれないノイズや補正に伴って生まれるノイズがある。視察によって除外することもできるし，脳波としては大きい（たとえば±80 μVを超える）電位を含む区間を除外するなど，除外の根拠を明示することもできる。

(7) 加算平均

時点ごとにそろえて電圧値を平均する。ベースラインの調整をしていなければ，加算平均波形に対して調整を行う。ERP波形は，横軸が時間，縦軸が電圧の線グラフとして描く。陰性電位を上向きに描くことも，陽性電位を上向きに描くこともある。以前は，陰性電位を上向きに描くのが一般的であったが，最近は混在している。データの比較を容易にするために，自分の研究テーマに近い先行研究に準拠した上で，極性をグラフ中に明示するとよい。

4. ERPの解析

ERP波形を描いたら，条件間の比較を行う。ここでは，ERP波形を数値化する方法を説明する。

(1) 成分の同定

ERPはいくつかの山や谷が連なった波形として描かれる。波形の各部分は刺激や課題に応じて異なった変化を示すことから，ERPはいくつかの成分（component）か

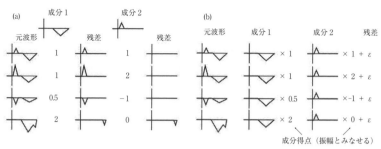

◯図7-2-7 時間的主成分分析の概念図

ら構成されるといえる。

　成分の定義はさまざまである。ERPの波形を構成しているのはピーク（山や谷）であるから，それらを成分とよび，極性，潜時，頭皮上分布の点から記述することができる。しかし，心理学や認知神経科学で関心があるのは，ある情報処理過程に対応してまとまって活動する電位である。この考え方に基づくと，ERP成分を"実験操作により特定の計算・操作が脳内で行われたとき，ある神経モジュールにおいて発生し，頭皮上で記録される電位"として定義することもできる。そのような電位は，1つの刺激に対するERP波形上のピークとしてではなく，2つ以上の刺激・条件におけるERP波形の差として現れる。

　ERP成分を数値化するには，いくつかの方法がある。第1は，ピークの潜時と振幅を測ることである。ピーク潜時を決めるには，振幅が最大となる優勢部位におけるピークを測ったり，すべての電極で記録された電位のばらつき（標準偏差，global field power: GFP）を示した波形上でピークを測ったりする。潜時を決めたら，各部位における振幅を測る。こうして求めた潜時と振幅に基づいて，頭皮上電位マップ（トポグラフィ）を描いたり，統計検定を行ったりする。

　第2の方法は，区間平均電位を求めることである。この方法では，ピークが明瞭でない電位も数値化することができる。区間の幅は任意であるが，あまり広くすると種類の異なるERP成分を含んでしまう。先行研究に準拠して決めるのがよい。

　第3の方法は，主成分分析（principal component analysis: PCA）である。ERP研究で用いられるPCAには，時間的PCAと空間的PCAがある。どちらも大量のデータを縮約するために行う。図7-2-7に時間的PCAの概念図を示す。1本のERP波形は複数のデータポイントから構成されている。たとえば，100のデータポイントで表現される1秒間の波形があるとする。それぞれのデータポイント間に存在する関連性のパターン（主成分，ERP研究では単に成分ともいう）を抽出できれば，少ない要素で波形を表現できる。このようなパターンを，さまざまな刺激や条件，部位で得られた波形に基づいて抽出するのが，主成分分析である。図7-2-7(a)に示すように，まず，データに含まれる分散をできるだけ多く説明できるパターンを見つける（成分1）。次に，そこで説明できなかった残差に含まれる分散をできるだけ多く説明できるパターンを見つける（成分2）。このような過程を繰り返す。この例では，2つの主成分でほとんどの波形を説明できている。図7-2-7(b)に示すように，元波形は，成分の線形結合として表現できる。成分得点は成分の振幅とみなせる。同様に，空間的PCAも，関連性のパターンに基づいて，多数の電極を少数のグループに分ける。PCAは

| 電位マップ | 電流源密度解析 | ダイポール解析 | LORETA |

 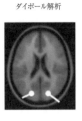 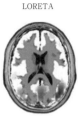

図7-2-8　さまざまな信号源推定法

SAS, SPSS等の汎用的な統計パッケージでも実施できるが，MATLAB上で動くERP PCA toolkit（Dien, 2010）というソフトウェアも無償で利用できる。

(2) 信号源推定

脳波は，容積伝導と容量性伝導によって，頭皮上電極で記録される（Jackson & Bolger, 2014）。脳実質や脳脊髄液中では拡散し（容積伝導），イオンを通さない異なる物質間では電荷の移動が起こる（容量性伝導）。そのため，頭皮上で記録される電気活動が，脳のどの部位で生じたかを決定することは難しい。頭皮表面のデータには，3次元（深さ）の情報が十分に含まれていない。しかし，頭皮上を覆う多チャネルから記録していれば，制約条件（仮定）を設けることで解を求めることができる（Pizzagalli, 2007）。ここでは3つの方法を紹介する。それぞれのイメージを図7-2-8に示す。

1) 電流源密度解析

空間的に広がった電位は中心が分かりにくい。メリハリをつけるために，ある部位における電位が周囲に比べてどのくらい陽性か陰性かを計算することができる。これを電流源密度（current source density: CSD）とよぶ。頭皮上にプロットすると，周囲に比べて陽性の場所（ソース source）と陰性の場所（シンク sink）が見えてくる。頭皮から離れた電源は頭皮上で拡散するため，明確なソースやシンクを作るのは頭皮に近い電源である。頭皮に対して垂直な電源があれば，ソースまたはシンクだけが頭皮上のCSDとして現れる。頭皮と平行した電源があれば，ソースとシンクが並んで現れる（梶, 1991）。

2) ダイポール解析

ダイポール解析では，脳内に1つまたは数個のダイポール（陽極と陰極のある電源）を仮定し，その位置と方向を試行錯誤で動かす。そのときに頭皮上で生じる分布を，脳構造（脳や頭蓋骨，脳脊髄液の厚みや伝導率）を仮定して計算する。そのように求めた分布と実際に得られた分布との誤差を計算し，その誤差ができるだけ小さくなるように，ダイポールの位置と方向を微調整する。自由度を下げるために，ダイポールのおおよその位置を固定して解を求めることもある。たとえば，ある電位が前部帯状皮質で生じていることが過去の研究から分かっていれば，その場所にダイポールの種を置き，その活動が実際のデータをどのくらい説明できるかを求め，説明力が高ければその部位が活動していると考えることができる。解析ソフトウェアとして，BESA（Brain Electrical Source Analysis, BESA社）が古くから市販されている。EEGLABのプラグインであるDIPFITも利用できる。

3) トモグラフィ解析

トモグラフィ（tomography）とは3次元の断層画像を得る手法のことである（トポ

グラフィは2次元のマップを指す)。ダイポール解析では，移動可能な少数のダイポールを電源として仮定するのに対し，トモグラフィ解析では，場所も方向も固定された多数の電源を仮定する。よく使われるソフトウェアに，LORETA (low resolution brain electromagnetic tomography; Pascual-Marqui et al., 1994) とその改良版 sLORETA (standardized LORETA; Pascual-Marqui, 2002) がある。どちらも無償でダウンロードできる。sLORETA は LORETA よりも原理的に優れているため，現在の主流である。前節で述べたように，頭皮上で記録できる電気活動は，主に大脳皮質で生じる。sLORETA では，標準脳における灰白質を 6,239 ボクセル（各辺 5mm の立方体）に分け，それぞれを電源の候補とする。近隣の神経細胞群は同じように活動すると仮定することで，頭皮上電位を説明する電源の分布を求めることができる。

(3) 考察のロジック

　fMRI や PET，fNIRS などの脳機能イメージング法は，活動した脳部位を示すことができる。そのため，任意の課題を用いて測定し，活動した脳部位の機能に関する知識に基づいて結果を解釈できる。しかし，ERP 研究では信号源の推定が難しいため，ある心的過程に対応することがすでに分かっている ERP 成分に注目し，研究しようとする実験変数以外の要因をできるだけ統制した実験計画を立てる。

　2つの刺激に対する2本の ERP 波形が異なっており，その差がノイズによるものでなければ，2つの刺激は異なって処理されたといえる。逆に，2つの ERP 波形が同じであっても，2つの刺激が脳で区別できないという積極的な証拠にはならない。なぜなら，ERP に現れない神経活動（たとえば，扁桃体などの皮質下神経核の活動）が2つの刺激間で異なっていた可能性を排除できないからである

　2つの波形に差があるときに，まず注目するのが，どの時点から波形に差が生じるかである。波形に差が生じる時点は，少なくともその時点までに2つの刺激が異なって処理されるようになったことを示す。ERP 波形に現れてこない神経活動がそれ以前に異なっていた可能性があるからである。

　このように，ERP はその時間分解能を生かすことで，行動測度を補完するツールになる。この発想は，「21世紀の反応時間」(Luck, 2005)，「行動測度のデラックス版」(入戸野, 2005) と表現されている。ERP は万能な方法ではないが，認知心理学に限らず，社会心理学やパーソナリティ心理学，発達心理学などの分野においても，定番の研究ツールとなっている。

中枢活動2：脳イメージングの技法　8章

1節　Functional MRI

　1990年の発見から，functional MRI（fMRI）はヒトの脳活動を測定するために広く用いられてきた。現在ではヒトの知覚，認知，行動の神経基盤を探求する最も強力な道具となっている。しかし，結果の視覚的な分かりやすさの一方で，測定・解析・解釈には注意を必要とする場面も少なくない。本節では，fMRIを用いる初学者が抑えておかねばならない事項について述べる。

1. BOLD効果

　MR信号は水素原子の量に依存した強度を示す。水素原子は特定の周波数の電磁波の照射によりエネルギーを吸収し（励起），照射後に前の状態に戻るまでエネルギーを放出する（緩和）。緩和における減衰の程度は水素原子が組織内でどのような原子や分子と結合しているかによって異なり，さらに磁場の均一性に影響を受ける。磁場が不均一の場合は，核スピンの歳差運動の周波数が異なり，それぞれのスピンの位相が早くずれる。fMRIは小さな組織容積ごとの均一性における変化を反映するように設定されており，均一性が低いほどMR信号は低くなる。この磁場の不均一を生む要因の1つが血液中のヘモグロビンである。

　酸素化ヘモグロビンは毛細血管において酸素を放出し，脱酸素化ヘモグロビンとなる。ヘモグロビンは状態によって磁場性質が異なり，酸素化ヘモグロビンは反磁性で，脱酸素化ヘモグロビンは常磁性である。強磁場における励起では，脱酸素化ヘモグロビンは磁化され，新たな磁場を形成するため，それを多く含む血中では磁場の均一性が低下する。このため，脱酸素化ヘモグロビンが少ないほど，MR信号は高くなる。これをblood oxygenation level dependent（BOLD）効果と呼ぶ。以下に神経細胞が活動した時の近傍の毛細血管における変化を示す（図8-1-1：カラー口絵参照）。

　①局所的な神経活動によって酸素消費量が増大する（図8-1-1A）。
　②酸素消費により脱酸素化ヘモグロビンが増加する（図8-1-1B）。
　③酸素供給のため，毛細血管が拡張し，局所血流量が増大する（図8-1-1C）。
　④実際の酸素消費量の増加よりも血流量の増加は大きく上回る。
　⑤血流量及び流速の増大により，脱酸素化ヘモグロビンが灌流され減少する。

⑥結果として，磁場の均一性が上昇し，MRI 信号が増大する。

このように，fMRI における信号値の増大は，血流増加による灌流効果で脱酸素化ヘモグロビンが減少し，磁場均質性が増大したことを反映している。この神経活動に伴う MR 信号の変化は，脳波や単一細胞記録に比べると非常にゆっくりとしている。神経活動が生じると MR 信号は最初に小さな落ち込みを示し，1～2 秒後に上昇する。5～6 秒後にピークに達し，その後ゆっくりと低下し，20 秒前後で元に戻る。この変化は血流動態反応関数（hemodynamic response function: HRF）としてモデル化されている。

比較的太い静脈における血流量や流速の増大によっても MR 信号が増大すること（Inflow 効果）も知られているが，標準的な測定においては Inflow 効果が fMRI 測定に及ぼす影響は小さく，活動領域の同定において実用上の問題はないと考えられる（Gao & Liu, 2012）。

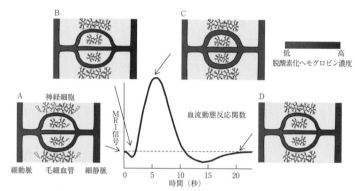

●図 8-1-1　BOLD 効果と血流動態反応関数
→カラー口絵参照

2. fMRI による脳活動の測定と解析

図 8-1-2 A に fMRI データの構成例を示した。1 スキャンは多数の水平断で構成される。1 スライスの撮像範囲（field of view: FOV）はおよそ 200～256 mm 四方で，64×64～128×128 ピクセルの 2 次元画像として記録される（図 8-1-2 B）。脳を順にスキャンし，それを積み重ねて 3 次元データを得るが，それぞれの要素をボクセル（voxel）と呼ぶ（図 8-1-2 C&D）。測定時のボクセルサイズは $2\times2\times2$～$4\times4\times5$ mm^3 程度が標準である。これが fMRI 測定における空間分解能となる。通常 1 スキャンの測定には 2～3 秒かかり（repetition time: TR），これが時間分解能となる。スキャンを連続測定することにより，MR 信号の時系列を得ることができる（図 8-1-2 E）。連続測定におけるスキャンをボリューム（volume）と呼ぶこともある。fMRI 実験では，

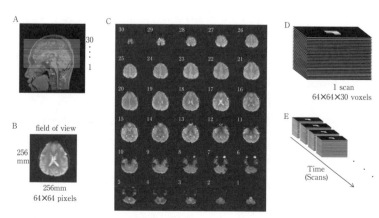

●図 8-1-2　fMRI データの構成

fMRIデータの解剖学的位置の標準化のため，T1強調画像と呼ばれる詳細な解剖画像も測定する。

fMRIデータは活動領域の推定の前にいくつかの前処理を行う必要がある。その過程を図8-1-3に示した。測定時には実験参加者に動かないように教示し，バンド等で固定するが，それでも頭部の動きは完全に防ぐことはできない。また，脳そのものが拍動に伴い動いている。これらの微動により，測定空間はスキャンごとにずれるので補正する必要がある（realignment）。また1スキャンの中でも，スライスごとの測定時点は異なる。たとえば全脳の測定に2秒かかる場合，最初に測定したスライスと最後に測定したスライスは2秒近い測定時点のずれを持つことになる。後に述べる事象関連デザインの解析では1スキャン内のデータは同時に測定されたものである必要があるため，スライスごとの測定タイミングの補正（slice timing correction）を行う。次に，異なる被験者のデータをまとめ，集団解析の適用を可能にするための標準化（normalization）を行う。標準化は，被験者のT1構造画像を組織ごとに分割し，標準脳に変換するパラメータを計算し，これをfMRIデータに適用することで行う（図8-1-3中の矢印）。標準化の後，空間的な高周波ノイズ低減のため平滑化（smoothing）を行う。

これらの前処理を行ったあと，実験デザインから予測されるMR信号の変化に各ボクセルの時系列変化がどの程度適合するかを一般線形モデル（general liner model）により計算する。初期のfMRI研究ではブロックデザインが用いられた。最も単純なブロックデザインでは，実験条件と統制条件を一定時間ごと（20〜60秒が一般的）に切り替えて，条件ごとに複数回のブロックを行う。図8-1-4A（カラー口絵参照）にブロックデザインfMRI研究の例を示した。この研究では参加者にひらがな一文字を提示し，それで始まる単語を声に出さずに列挙してもらう言語流暢性課題を課した。統制条件として"やすみ"という語を提示し，これを内的に反芻する課題を設定した。この2条件を30秒ごとに切り替えて，それぞれ3ブロック行った際の個人例である。図中の実線は，あるボクセルの信号変化を示しており，灰色部分の言語流暢性課題時には信号が増大し，統制条件時では信号が低下していることがわかる。点線は統制条件よりも実験条件で活動するボクセルが描くであろう信号のモデルである。このモデルはHRFに基づく血流動態反応を考慮して，実験デザインから計算される。信号変化がモデルとどの程度相関するかを脳内すべてのボクセルで算出し，マッピングしたものが図右である。統計的に有意なボクセルのみを構造画像上に重ね合わせることにより，活動領域を同定することができる。

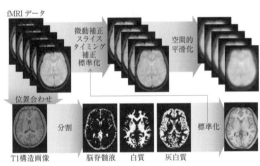

○図8-1-3 fMRIデータの事前処理

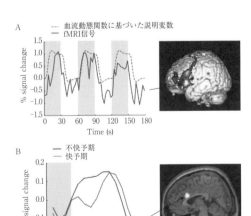

○図8-1-4 ブロックデザイン（A）と事象関連デザイン（B）のfMRI研究
→カラー口絵参照
BはElsevierより許諾を受け，Onoda et al. (2008) の図を改変した。

近年では，多くのfMRI研究が事象関連デザインを採用している。このデザインは，特定の事象に伴う一過性の信号変化を捉え，その事象に特異的に関連する脳活動を明らかにしようとする方法である。事象関連デザインの利点として①事象の順序をランダムにできる，②ボタン押しなどの参加者の反応を1つの事象として捉えて解析ができる，③たとえば反応の正誤などで事象を事後に分類して解析できる，④ブロックデザインよりも複雑で柔軟な課題ができる，⑤ブロックデザインよりもHFRを考慮した正確なモデル化ができることがあげられる。図8-1-4Bに事象関連デザインによるfMRI研究の一例を示した。刺激間間隔4秒のS1-S2パラダイムにおいて，S1では純音（1000 Hz, 4000 Hz），S2では極度に不快な画像（動物の死体など）か，快画像（子犬など）が提示される。S1が高音の場合，S2で必ず不快画像が提示され（不快予期条件），S1が低音の場合，S2で必ず快画像が提示された（快予期条件）。前部帯状回では，条件間で違いが見られ，快画像が予期されるときは二峰性の活動ピークを示したが，不快画像が予期されるときには，持続的な活動を示した（Onoda et al., 2008）。このように事象関連デザインでは，事象に対する反応だけではなく，課題を工夫し，HRFを詳細に検討することで予期といった必ずしも事象に時間的に固定されない心理的プロセスに伴う脳活動も検出可能である。一方で，事象関連デザインはブロックデザインよりも効果の検出力が弱く，研究対象によってはブロックデザインが適切である場合も存在する。

一般にfMRI実験は複数の参加者で実施し，これを標本として参加者間の脳活動のばらつきを考慮し，母集団としての脳活動が有意であるかを集団解析において検討する。基本的にはボクセルごとに検定をくり返して行うことになる。解析対象となるボクセルは数万にものぼり，検定のくり返しによる第一種の過誤が頻発する。このため，多重比較補正を行う必要がある。最も単純な多重比較補正であるボンフェローニ法では，たとえば解析対象が10000ボクセルの場合，補正後の基準は0.05/10000となってしまい現実的ではない。そのためfMRI研究では，確率場理論に基づくFWE（family-wise error），第二種の過誤を制御したFDR（false discovery ratio）などに基づく多重比較補正が主として使われている。

3. fMRIの特徴

fMRIは血流による信号の変化を直接的に計測しているので，脳波の電流源推定のような誤差を含まずに，脳深部の活動を評価できることは大きな利点である。すでに述べたように，通常fMRIは2～3mmの空間分解能にて測定されるが，これはハードウェアに依存した分解能である。近年では高磁場MRIが実用化され，1mm以下のボクセルでも十分な磁気共鳴信号が得られるため，コラム構造や層構造に対応したMR信号がヒトにおいて検出が可能となっている（Polimeni et al., 2010; Yacoub et al., 2008）。BOLD効果による信号変化がどのような神経活動に基づくかは動物を用いた検討がされており（Logothetis et al., 2001），fMRIは個々の神経細胞の発火頻度よりも，LFP（local field potential）とより関連したことから，ある程度広い領域の同期的活動（皮質内処理）と入力を反映すると考えられる。

空間分解能の高さがfMRIの利点として強調されるが，血流動態を測定し，賦活領域を同定する指標として十分な時間分解能も備えている。全脳をスキャンするのに

かかる時間 TR は 2～3 秒であり，これが fMRI の時間分解能となる。しかし，実際の神経活動からすると，非常にゆっくりとした変化を測定しているので，領域間の時間的関係を調べる際には注意を要する。ある 2 つの領域の神経活動が高い相関を持っていることは明らかにできても，情報がどちらからどちらへ伝達されているかという因果関係に言及することは難しい。解析的には，グランジャー因果性（granger causality）解析や dynamic causality modelling（DCM）と呼ばれる手法で因果関係まで含めた検討が可能である。こうした手法を用いる場合は，すでに情報伝達経路が明らかな系に対して仮説検証的に適用し，探索的な検討に用いることに対しては慎重になるべきである。また Inflow 効果は HRF を遅延させる方向に働くため，ボクセルごとの Inflow 効果量が異なる場合は，みせかけの因果関係を生む可能性があり，この点においても因果に関する言及は慎重を期す必要がある。

非侵襲性に関して，fMRI では PET のように放射性物質の注入を必要としないため，同一の参加者でくり返して測定を行うことが容易となる。このため，時間経過や介入が主要な操作となるような研究（たとえば学習や治療介入など）において，脳活動を縦断的に測定し，その変化を検討することができる。

4. fMRI の解釈

fMRI 研究は，神経活動の二次的な指標を扱っていることを常に念頭に置かなければならない。fMRI データは HRF によってモデル化されるが，これはすべての領域で神経活動に対する HRF は等しいとの前提に基づいている。しかし，神経活動と血流動態の関連がすべての領域で同じである保証はない。異なる神経血流連関をもつ領域では，異なる BOLD 反応が起こる可能性がある。たとえば，視覚刺激に対する一次視覚野の BOLD 反応の振幅は，運動刺激に対する一次運動野の BOLD 反応の振幅よりも大きくなる。この事実から，視覚野は運動野よりも反応性が高いと結論付けることはできない。この領域間の差は脱酸素化ヘモグロビンの基礎的な量の差を反映しているかもしれないためである。このように，異なる刺激や条件によって賦活した複数の領域において，ある領域が他の領域と比較して神経活動がより活発であるとまでは言及できず，それらの領域がその刺激または条件に特異的に関連することを示すだけである。同様に群間の差異を検討する場合，特に疾患群を対象とする際にも注意が必要である。単純な視覚刺激実験において，視覚的な異常を示さない若年者，高齢者，及びアルツハイマー患者では，視覚野における BOLD 反応に明確な違いが認められる（Buckner et al., 2000）が，こうした結果は，脳機能の違いではなく，老化や疾患に伴う血管生理学的な変化を反映しているだけかもしれない。

5. fMRI の応用

従来の fMRI 研究では，個々のボクセルの信号が刺激や条件によって有意差があるかを検討することで，脳領域と心的状態を対応づける脳機能マッピングを行ってきた。近年では，脳の信号から心の状態を推定する解読（デコーディング）が注目されている。デコーディングでは従来の研究とは異なり，多数のボクセルのパターンに機械学習モデルを適用し，行動や知覚の予測を行う。デコーディングの利点は，単一のボクセルからでは分からない情報を多数のボクセルのパターンから抽出できる

点にある。たとえば提示された視覚刺激のカテゴリーに応じて側頭葉のfMRI信号パターンが異なることが示されている（Haxby et al., 2001）。さらに参加者が見ている記号や文字を視覚野のfMRI信号から再構成することにも成功している（Miyawaki et al., 2008）。こうした知見により，空間的広がりをもったボクセル群のパターンを調べる重要性が示唆された。デコーディング技術を用いた研究は視覚情報処理だけではなく，記憶や意思決定など多様な領域に広がっている。脳の情報を読み取れるようになると，次はその情報をいかに活用するかといった視点が重要となる。視覚野のBOLD信号パターンをデコーディングし，特定のパターンにどれほど近いかを参加者にリアルタイムでフィードバックすると，そのパターンに対応した刺激を用いた知覚弁別学習が促進されることが報告されている（Shibata et al., 2011）。これは神経活動パターンを目標の状態にくり返し誘導することで，認知や行動，学習を結果として引き起こせることを示している。こうしたfMRIを用いたニューロフィードバックは，脳と心の単なる相関関係の記述ではなく因果関係への言及を可能にする優れた手法である。

　fMRI研究では脳機能局在の探求だけでなく，特定の機能に関与する複数の脳領域を機能的なネットワークとして同定しようとする報告が増加し，パラダイムシフトが起こっている。脳は，絶え間のない環境変化によって駆動される反射的存在であると同時に，環境の変化に対して予測，解釈，及び反応するための情報処理を獲得・維持する内的（intrinsic）な存在でもある。前者は多様な刺激の提示や洗練された課題の負荷により検討がなされており，神経科学の主流となっている。一方，刺激や課題の負荷なしに安静にしている状態でfMRIの測定を行うことで，内的な活動と行動との関連を検討することが可能となってきた。目標志向的な課題を用いたブロックデザイン研究において，課題時ではなく安静時に活動が上昇する領域が複数存在することが示され，安静時fMRI研究でこれらの領域の自発的活動が高い相関を持つことが明らかとなった（Raichle & Snyder, 2007）。これらの領域はデフォルトモードネットワーク（default mode network: DMN）と呼ばれ，この発見はこれまでノイズとみなされていた自発的活動に注目を集めるきっかけとなった。DMNは意識や記憶，自己参照に関わるとされるがその詳細な機能は明らかになっていない。その後，DMN以外にも機能的に関連した脳領域が同調した自発的活動を示し，複数の安静時ネットワークを形成していることが示された。これらの安静時ネットワークは，発達や加齢，性格，精神・神経疾患に伴う変化が報告されている。たとえばDMNは，アルツハイマー病患者における異常蛋白の集積，灰白質萎縮，及び血流低下を示す領域と一致し，安静時の活動や内的な機能的結合の低下を示す知見が蓄積されている。参加者に課題を負荷しない安静時fMRIでは測定可能な対象が大幅に拡大することから，多様な疾患の病態解明や治療評価などに用いられるようになっている。

2節　VBM・DTI

　fMRIによる脳機能の測定が脳科学研究のスタンダードになる一方で，脳機能を実現するハードウェアとしての脳の構造・神経線維（束）の可視化への関心は常に高く，近年VBM（voxel based morphometry）とDTI（diffusion tensor imaging）を用いた報

告が多くなっている。これらの測定法は認知課題を課さずに測定できるため、臨床での利用も容易であり、積極的に用いられている。ここでは MRI の原理を述べた上で、VBM と DTI の概要、原理、計測法、問題点について述べる。

1. 磁気共鳴の原理と核磁気共鳴画像

　MRI の名前をなす共鳴 (resonance) 現象とは、ある周期で振動する物体に外部から同じ振動周期をもった力が加わると、当該物体が外部からの振動エネルギーを吸収することをいう。そして MRI における核磁気共鳴 (nuclear magnetic resonance: NMR) 現象とは、ある磁場に置かれて一定の周期 (ラーモア周波数) で歳差運動する原子核に、外部から同じ周波数の電磁波を与えるとそのエネルギーを吸収することをいい、電磁波を止めると吸収したエネルギーは放出されることになる。

　MRI では水素原子核を対象として測定が行われる。通常各水素原子核はある方向を軸として自転しており、自転軸方向に磁場が発生すると考えられるが、軸方向が各々ランダムであるため全体として磁気的性質はみられない。しかし静磁場に水素原子核をおくと歳差運動 (みそすり運動) を始め、歳差運動の軸が静磁場に対して平行または逆平行のいずれかの状態となる (図 8-2-1 A 左：カラー口絵参照)。相対的に平行な状態をとる水素原子が多いため、縦磁化成分が得られる (図 8-2-1 A 右)。ここでラーモア周波数の電磁波 (RF パルス、radio frequency pulse) を直交する方向から短時間加えると、基底状態にある核スピンが励起状態となり両状態にある核がほぼ同数となり、巨視的縦磁化成分は失われる。同時に、核の歳差運動の位相が電磁波の位相に揃うことで、巨視的横磁化成分が得られるようになる (図 8-2-1 B→C)。この現象を励起 (excitation) と呼ぶ。このように、巨視的磁化成分を 90 度倒すような RF パルスを 90°パルスといい、この角度を flip angle (FA) と呼ぶ。

　RF パルスを止めると緩和 (relaxation) が生じる (図 8-2-1 C→B→A)。時間とともに

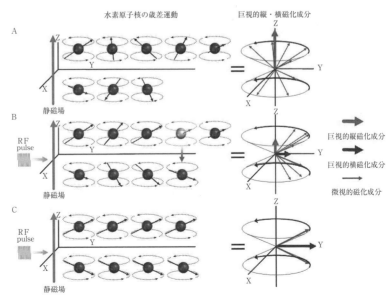

↑図 8-2-1　歳差運動する水素原子核の集合と T1・T2 緩和
　→カラー口絵参照

水素原子核が励起状態から吸収していた外部のエネルギーを放出して基底状態に戻っていき，巨視的縦磁化成分が回復する（T1 緩和）。他方で歳差運動の位相がずれて水素原子核の自転により放出される巨視的横磁化成分が弱まる（T2 緩和）。この巨視的横磁化成分は回転しており（図8-2-1C），この回転に伴って受信コイルでは電磁誘導による電位が発生する。この電位がNMR信号として観測されることになる。各緩和の所要時間が異なるため，NMR信号を計測するまでの時間であるTE（time to echo），RFパルスの繰り返し間隔であるTR（repetition time）という撮像パラメータを調節することでT1強調画像（脂質からの信号が強い画像），T2強調画像（水分からの信号が強い画像）が得られる。

　NMR現象を用いて脳の断層画像を得るには勾配（傾斜）磁場を印加する必要がある。勾配磁場の印加により，静磁場中心からの距離に比例して磁場強度が変わり，また歳差運動の周波数は磁場強度に依存するため，RFパルス照射時に特定の空間位置にあってパルスと同じ周波数で歳差運動をする核からのみNMR信号が放出されることになる。具体的にz軸方向の勾配磁場について述べると，2つの円形z軸コイルに反対向きの電流を流すとその間の中心領域に線形の勾配磁場が発生する。同様にx軸，y軸でも勾配磁場を発生させる。結果，異なる空間位置からのNMR信号は異なる周波数と位相情報を持つことになる。そしてNMR信号を受信する過程で信号がフーリエ変換されて空間周波数情報をもつMRI信号となり，MRI信号に二次元逆フーリエ変換を行うことで断層画像を構成する。なお，NMR信号を得るためのパルスシーケンス（RFパルスと勾配磁場の連続）はいくつかの方法があり，fMRIではGRE-EPI，解剖画像ではMP-RAGEが用いられることが多いが，詳細は成書にて確認して頂きたい（荒木, 2014）。

2. 磁気共鳴画像装置（MRI装置）

　MRI装置は静磁場を生成する超伝導磁石，RFパルスを照射する送信コイル，x軸，y軸，z軸の各軸方向に勾配磁場を作り出す勾配磁場コイル，NMR信号を受信するヘッドコイルからなる（図8-2-2：カラー口絵参照）。受信された信号はコンピュータによりAD変換等の処理がなされた後に画像として表示される。

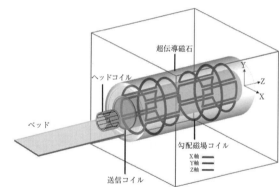

●図8-2-2　核磁気共鳴画像法（MRI）装置
→カラー口絵参照

3. ボクセルベース形態計測

　解剖画像として用いられるT1強調画像をボクセル（voxel, 体積を構成する要素・立方体）ごとに白質，灰白質，脳髄液の各組織に分割し，健常群と疾患群等の異なる群間の脳の局所的な容積の差異を検討する手法がボクセルベース形態計測（voxel based morphometry: VBM）である（Ashburner & Friston, 2000）。事前に関心領域を定めることなく包括的に脳構造の違いを半自動的な形で検討できる。

　まず空間解像度の高いT1強調画像を得るのが一般的である。各ボクセルの画像コントラスト（信号強度）をもとに，白質・灰白質・脳髄液の3つの組織に分類する（segmentation）。具体的には，ある座標において各組織に分類される確率を示した事前確率画像と，実際の構造画像の各ボクセルがもつ信号強度について混合ガウス分布

を用いたクラスター分析を行い，各ボクセルが3つの組織のいずれに分類されるかの確率を示した画像との組み合わせで，両画像がもつ確率情報を用いてベイズの定理に従って事後確率画像を生成する．さらに，個々人の脳画像を変形させて共通の標準脳テンプレートに合わせる標準化（normalization），各ボクセルの画像データにガウス型関数を畳みこむことでデータを正規分布に近づけてパラメトリックな分析の妥当性を向上させ，不正確な標準化の影響も減らす平滑化（smoothing）の作業を行っていく（Ashburner, 2009; Mechelli et al., 2005）．上記の前処理を経て得られた脳画像を構成するボクセルごとに統計解析を行っていく．これらの前処理では，磁場の不均一性が正確な分割化の妨げになる可能性，標準化に伴う系統的な位置合わせのエラーの可能性が問題視されている（根本，2013）．そのため，分割化はunified segmentation（Ashburner and Friston, 2005），標準化はDARTEL（Ashburner, 2007）というように続々と精度を向上させる手法が生み出されている．

VBMは，片頭痛，てんかん，脳炎，多発性硬化症等の脳疾患の他，アルツハイマー病やパーキンソン病等の神経変性疾患や統合失調症，自閉症，うつ病等の精神疾患といった疾患群と健常群という異なる2群間の脳の構造的差異を検討するために用いられる（May & Gaser, 2006）．他方で，近年健常者の様々な個人差がVBMで検出できるという報告が増えている．たとえば，数万のロンドンの街路を記憶して資格試験に合格できたロンドンのタクシー運転手は合格できなかった被験者や統制群の被験者に比べて，街のランドマークの空間関係についての記憶成績がよくなることに加えて海馬後部の容積が増大していることが示された（Woollett & Maguire, 2011）．さらに特殊技能を持たない通常の被験者の運動行動，意思決定，知覚等の認知機能に関する課題成績やメタ認知，知性，パーソナリティについての質問紙得点と局所的な容積が相関する脳部位を探索する取り組みも多くなされている（Kanai & Rees, 2011）．こういった取り組みから，人間行動の多種多様な個人差を脳の構造的な差異から予測する試みが展開されている．

ただしVBMが検出する灰白質・白質の容量変化を引き起こす機序については明確ではない．現時点では，学習や経験に伴う灰白質の増加は樹上突起，棘突起，シナプスの増加によると考えられ，加齢や疾患による灰白質の減少はニューロン数の減少によると考えるのが妥当ではないかと指摘されているが（宮内，2013），今後の研究が待たれるところである．

4．拡散テンソル画像法

MRIで画像化できるものには，T1緩和，T2緩和に加えて，大脳皮質内の水の拡散（diffusion）がある．この水の拡散を捉えることで，白質神経線維（束）の走行路を可視化することができる．この方法を拡散強調画像法（diffusion weighted imaging: DWI）という（Le Bihan et al., 1986）．

通常，水分子はブラウン運動（水の中に垂らされて広がるインクのような不規則な運動）するはずであり，特異的な方向を持たずに拡散するが（等方性拡散），ミエリン鞘の細胞膜が水分子の拡散を制限するために水分子は神経線維と平行方向に拡散する．このように拡散方向に一定の制限がある状態を異方性拡散という．他方で，脳脊髄液周辺では水分子の動きには制限がないために異方性拡散が弱くなる．この水分子の拡散・移

動をテンソル楕円体（3次元の楕円，3次元ベクトルのセット）の形や大きさで表現できると仮定し，ボクセル単位でその楕円体の形や大きさを決定し，画像の明暗や色によって異方性の強さや線維の方向を二次元画像上に表現し，白質線維束を可視化する方法を拡散テンソル画像法（diffusion tensor imaging: DTI）という（Basser et al., 1994）（図8-2-3A：カラー口絵参照）。種々の脳組織により抑制されうる拡散の大きさはADC（apparent diffusion coefficient），各ボクセル内での平均的なADCはMD（mean diffusivity）として，拡散異方性の程度はFA（fractorial anisotropy）値として定量化できる。自由に水分子が拡散できない白質では灰白質に比べるとADCは小さくなり，白質線維に沿って拡散するためにFA値は大きくなる。さらにテンソル楕円体で表される異方性の方向や強さに基づいて近接ボクセル間を最も滑らかにつなぐ線を描画して，白質線維束を3次元的に再構成する線維束追跡法（fiber tracking）等を用いて（Mori et al., 1999），画像化する方法を拡散テンソルトラクトグラフィー（diffusion tensor tractgraphy: DTT）と呼ぶ（図8-2-3B）。

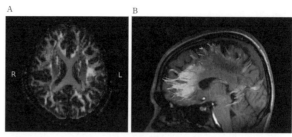

●図8-2-3 拡散テンソル画像と拡散テンソルトラクトグラフィーの一例
→カラー口絵参照
赤色は左右方向，緑色は前後方向，青色は上下方向の線維束があることを示している。

画像化のためには，脳内の水を高信号として検出できるT2強調画像のパルスシークエンスに加えて，1対の勾配磁場であるMPG（motion probing gradient）を印加する。一度目のMPG印加により，各水素原子核の歳差運動の位相に変化が生じる。その最中にも水素原子核は拡散している。一定時間後に反転MPGを印加することで拡散速度が遅い，あるいは静止している核は位相ずれがほぼ元通りになるが，拡散が大きい場合には位相は元には戻らない。このように水素原子核の動き・拡散を位相の変化としてNMR信号に付加して，拡散強調画像が構成される。なお，テンソル楕円体は3次元の方向と各方向の大きさという6つの変数があるため，テンソル楕円体を求めるには，少なくとも6方向からのMPG印加が必要となる。

DTIを用いるにあたっては以下に留意する必要がある（Mori & Zhang, 2006）。①水分子の拡散・動きのみでは軸索の向きの判断ができない。②ボクセル内の神経線維の方向が一致していない場合や交差している場合に分離できず平均された信号としてしか検出できない。③5-10μmの水分子の動きを測定するために体動に弱い。

それでもなおDTIの有効性は特に臨床分野において発揮されている。たとえば，脳虚血を早期に水分子の拡散低下の形で示すことができ（Sorensen, et al, 1999），脳腫瘍，脳損傷等による白質微細構造の変化についても他の撮像法よりも敏感に示す（Le Bihan et al, 2012）。精神疾患との関連では統合失調症の検討が盛んであり，前頭葉の白質等の広範に渡る拡散異方性の減衰が報告されている（Bushsbaum et al, 1998; Kubicki et al., 2005）。他の精神疾患でも拡散異方性の減衰が報告されている（Assaf & Pasternak, 2008）。この他，基礎研究分野においても脳が成熟していく過程や訓練効果等も拡散異方性の増大の程度で示すことができ，これらの構造の変化が機能の発達と相関することも示されている（Le Bihan et al, 2012）。

近年では，神経線維束による脳部位間連絡すなわち解剖学的結合（anatomical connectivity）の検討ができるDTIをfMRI，特に脳部位間の機能的結合（functional connectivity）の検討ができる安静時 fMRI と組み合わせることで，大脳皮質がいかなる解剖学的結合（直接的・間接的結合等）によって脳機能を実現しているかの検討がなされている（Koch et al., 2002; Honey et al., 2009）。

3節 fNIRS

1. はじめに

　機能的近赤外分光法（fNIRS）は，安全な近赤外光を用い，小型で，被験者に対する拘束が少ないため，現実社会の環境（座位，立位，歩行および双方向コミュニケーション等）での脳機能計測が可能となる（Chance et al., 1993; Hoshi & Tamura, 1993; Kato et al., 1993; Villringer et al., 1993）。また，生理学的指標と結びついた酸素化ヘモグロビン（oxyHb）と脱酸素化ヘモグロビン（deoxyHb）の信号変化が得られるため，脳虚血や代謝異常などのモニタリングとしても有用である。しかしながら，現在の fNIRS 装置は，頭にプローブを装着すれば，誰でも簡単に脳機能信号を計測できるというものではない。正確な測定のためには，皮膚血流等の表層信号の変化や動き等によるアーティファクトの混入を避ける工夫を行い，測定および解析手法によって生じる誤差を十分に理解した上で，それぞれの研究課題に応じて適切に適用する必要がある。

　fNIRS は，様々な技術的諸問題を解決するために，多くの技術手法が開発されてきているが，本稿では，紙面の都合のため，連続光法による修正ランバート・ベールの法則（Delpy et al., 1988）を用いてタイムコースおよびトポグラフィー（Gratton et al., 1995; Maki et al., 1995）を表示する方法（図8-3-1：カラー口絵参照）に関して，計測原理，装置構成，測定および解析について解説する。

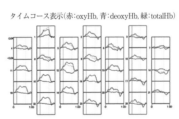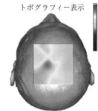

●図 8-3-1　fNIRS における表示例
→カラー口絵参照

2. 計測原理

(1) ニューロバスキュラーカップリング（neurovascular coupling）

　脳内の神経活動亢進に伴う局所脳血流の増加現象が報告されて以来，神経活動と脳血流には，様々な密接な関係があることがわかってきた。この関係のことをニューロバスキュラーカップリング（Mosso, 1880; Sherrington, 1890）と呼んでおり，そのメカニズムの解明に向けて，現在も精力的な研究がなされている。ニューロバスキュラーカップリングは，fNIRS，fMRI，PET などの脳機能イメージングの生理学的基盤であり，fNIRS では，脳血流と代謝変化によって生じる oxyHb と deoxyHb 変化を算出することによって，脳機能計測を実現している。

(2) 近赤外光：「生体の窓」

　手のひらを太陽にかざすと，手が赤く見えることからわかるように，赤い光は生体を通りやすい性質を持っている。特に，近赤外光の波長域は，比較的，水やヘモグロビンの吸収が少なく，生体を透過しやすいため「生体の窓」と呼ばれている。また，

この波長域での光の吸収は，主に oxyHb と deoxyHb によって生じるが，両者は異なる吸収スペクトルを持っているため（図8-3-2），oxyHb と deoxyHb のモル吸光係数が既知であれば，2波長以上での吸光度変化を計測することで oxyHb と deoxyHb の信号変化を算出することが出来る（Jobsis, 1977; Jobsis-Vander Vliet, 1985）。

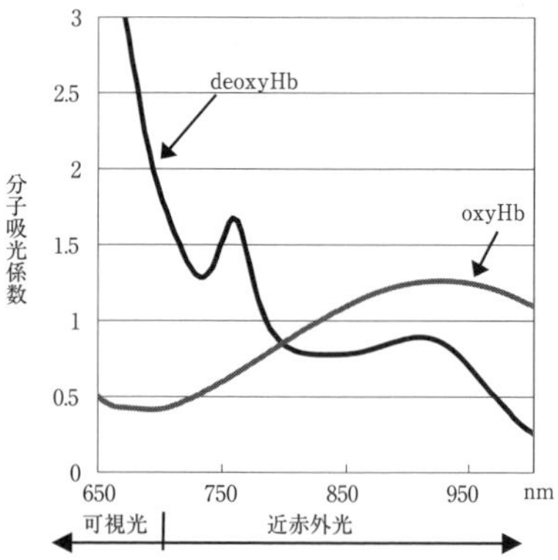

(3) ヘモグロビン変化信号の算出

現在広く普及している連続光法を用いた fNIRS では，ヘモグロビン変化信号を求める基本式として，以下の拡張 Beer–Lambert 則が用いられる。

$$A(\lambda) \equiv -\log\left(\frac{I}{I_0}\right) = \varepsilon(\lambda)C\beta(\lambda)L + G \quad (1)$$

○図 8-3-2 ヘモグロビンの吸収スペクトル

（$A(\lambda)$：吸光度，I_0：入射光強度，$\varepsilon(\lambda)$：検出光強度，C：吸光物質のモル吸光係数，C：吸光物質のモル濃度，$\beta(\lambda)$：光路長因子，G：幾何学因子（送受光プローブの配置，対象物の形状および散乱の性質等に依存））

さて，(1)式において，吸光度の変化が吸光物質のモル濃度の変化によってのみ引き起こされ，光路長変化や幾何学因子変化が無視できると仮定すると，

$$\Delta A(\lambda) = \varepsilon(\lambda)\Delta C\beta(\lambda)L \quad (2)$$

さらに，吸光物質が oyxHb と deoxyHb であり，それぞれの濃度変化と光路長の積を $\Delta oxyHb$, $\Delta deoxyHb$ と置くと(2)式は，

$$\Delta A(\lambda) = \varepsilon o(\lambda)\Delta oxyHb + \varepsilon d(\lambda)\Delta deoxyHb \quad (3)$$

（$\varepsilon o(\lambda)$：酸素化ヘモグロビンのモル吸光係数，$\varepsilon d(\lambda)$：脱酸素化ヘモグロビンのモル吸光係数）

(3)式より，2波長以上の近赤外光を用いて，吸光度係数を測定すれば，その連立方程式を解くことによって，未知量を求めることができる。

(3)式は，光路長変化や幾何学因子変化が無視でき，単層媒体モデルを仮定している。すなわち，これらの仮定が成り立たない場合は，それらに起因したアーティファクトが発生する可能性があることに注意しておく必要がある。

(4) 多チャネル計測

近赤外光は，比較的，生体を透過するものの，生体は強い散乱体であるため，ヒトの成人頭部を透過計測することは困難である。そこで，頭表から脳内に近赤外光を照射し，大脳皮質で吸収・散乱された光を，20 mm〜40 mm 離れた位置で検出する。便宜的に，送受光プローブ間隔の中点を測定チャネル点と呼び，効率の良い多チャネル計測を行うために，様々な送受光配置法が提案されている（図8-3-3）。しかし，計測点は，送受光プローブ間隔の中点ではなく，送光点から受光点に繋がる感度範囲内の未知領域のヘモグロビン変化を捉えているという注意が必要である。

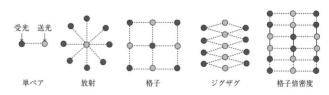

○図 8-3-3 さまざまな送受光配置法

3. 装置構成

fNIRS装置の重要な構成要素として，光源部と検出部および制御コンピュータ，頭表上に送受光プローブを固定するホルダがある（図8-3-4：カラー口絵参照）。光源としては，半導体レーザあるいはLED，検出器としては，光電子増倍管あるいはフォトダイオードが用いられる。光源部と検出部を制御する方式においては，時分割多重方式，周波数分割多重方式，符号分割多重方式がある。また，一般に，光源部，検出部とホルダをつなぐケーブルとして，光ファイバが用いられる。光ファイバを用いることで，電磁機器からのノイズを受けなくなり，MRI等の他のモダリティーとの同時計測も可能となる。しかし，光源部がLED，検出器がフォトダイオードの場合は，装置のコンパクト性を重視し，LEDやフォトダイオードをホルダに組み込み，ケーブルとして電線を用いる場合がある。

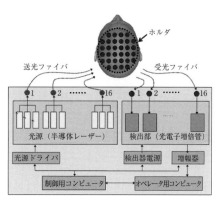

❶図8-3-4　fNIRS装置の構成
→カラー口絵参照

4. 測定

(1) ファントムによる信号チェック

装置系のアーティファクトの混入を防ぐためには，適切な装置管理が必要となる。すなわち，測定に入る前には，ファントムを用いて，既定のSN比が得られているか？信号ドリフトやスパイクノイズ等が混入していないか？等をチェックしておくことが重要である。

(2) 刺激タイミングの設定

刺激タイミングの設定方法として，①時間ブロック設定と②外部イベント設定がある。時間ブロック設定では，あらかじめ決められた各ブロック（例：前レスト，タスクA，タスクB，後レスト）内の時間と繰り返し回数を設定する。外部イベント設定では，画面表示信号等の外部イベントを装置が取り込むことによって，タイミングが設定される。この方法では，ランダムなタイミングでイベントを発生させて，イベントに関連したfNIRS信号を解析することが可能となる。

(3) 送受光プローブ配置

一般に，装置に付随している送受光プローブ数は限られているため，測定したい脳領野が存在する頭表上に送受光プローブを配置する必要がある。被験者の3次元MRIデータをあらかじめ取得しておけば，送受光プローブの3次元位置を計測し，MRI重ね合わせソフトウェアを用いて，送受光プローブの頭表上と脳表上における位置関係を知ることで，送受光プローブを最適な位置に配置することができる（図8-3-5：カラー口絵参照）。

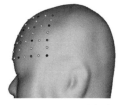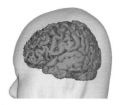

❶図8-3-5　送受光プローブの頭表上と脳表上における位置関係
→カラー口絵参照

(4) 送受光プローブの装着と被験者への説明

送受光プローブと頭表との接触面は，fNIRS信号の質を決定する最も重要な部分である。多くの体動アーティファクトは，この接触面の接触状態が変化することによっ

て引き起こされている。その発生メカニズムから、①体動による光ファイバケーブルの張力変化、②頭部の加速度的な動き、③接触面での筋肉の動きに分類する。

①に関しては、光ファイバケーブルの一部を頭部に固定し、プローブに張力変化が伝わらないようにすることで、アーティファクトの軽減が可能である。②に関しては、プローブを頭部にしっかりと固定し、頭部を動かさないように、被験者に説明をする必要がある。③に関しては、プローブが前額部に設定された場合は、眉を上げたり、眉間にしわを寄せたりしないように、側頭部に設置された場合は、口を動かしたり、歯を噛みしめたりしないように注意をする必要がある。

5. 解析

(1) ベースライン補正

連続光を用いたfNIRSでは、信号の変化量を捉えているため、基準を設定する必要がある。また、測定や生理変化に伴う誤差等も考慮して、0次補正（オフセット）や1次補正（トレンド）を行うベースライン補正がある。ただし、1次補正を適用する場合は、信号波形を歪める結果になる場合があるので、慎重な適用が必要となる。

(2) アーティファクト除去

計測データには、心拍や自律神経系の揺らぎ成分が含まれていると考えられる。それらを取り除くために、一般的には、周波数フィルター、タスク加算およびスムージング等の処理がなされる。更に、体動アーティファクトや頭皮血流アーティファクトが含まれる場合もあり、それらのアーティファクトを低減するいくつかの技術が提案されている（Kohno et al., 2007; Saager & Berger, 2005; Scholkmann et al., 2010; Zhang et al., 2007）。しかし、技術的に十分な段階に達しておらず、更なる研究を続けていく必要がある。

(3) トポグラフィー

トポグラフィーは、計測された信号値を送受光プローブ間隔の中点に対応させ、線形補間あるいはスプライン補間を用いて作成される。しかし、本手法は、画像化において、空間感度分布が考慮されておらず、脳賦活位置と送受光ファイバ配置の位置関係によって、異なる画像パターンが得られるというシミュレーション結果が報告されている。そこで、その改善のために、倍密度プローブを用いた方法や空間感度分布を考慮した光拡散トモグラフィー等が開発されている。

(4) 時系列一般線形モデル

fNIRS信号を確率事象の実現値と見て、統計量を計算し、課題に対応した賦活の有無を推測する統計的検定方法として、時系列一般線形モデル（GLM）がある（Schroeter et al., 2004）。この方法を用いることで、血流応答関数（hemodynamic response function）を仮定して、高い検出力で、統計的に有意なチャネルを検定し、t値マップ等を表示することができる。しかしながら、酸素化ヘモグロビンや脱酸素化ヘモグロビンの応答関数が確立しておらず、精度を高めるための更なる研究が必要と考える。

4節 MEG

1. 脳磁図とは

大脳皮質の神経活動は，認知，記憶，注意などヒトの高次認知機能を反映しており，神経活動を計測することは，高次脳機能の理解に繋がる。これまでに，各々の特徴を有した脳機能計測装置が開発されてきているが，一方で時間的及び空間的な制約が存在する。脳磁図（magnetoencephalography: MEG, コラム②を参照）は，時間変化する脳の電気的活動の部位や電流方向を推定できる装置である。図8-4-1（カラー口絵参照）に示すように脳内における神経細胞（錐体細胞）が活動すると樹状突起内を電流（細胞内電流）が流れ，その電流により右ねじの法則に従って微弱な磁場が生じる。脳磁図により計測可能な電流双極子（細胞内電流の集合）を5nAmとし，1つの細胞のシナプス後電位による細胞内電流を0.2pAmと仮定すると，脳磁図は2.5×10^4個の神経細胞が同期した活動を捉えていることになる（Hari, 1990）。神経の主な電気活動として，その他に軸索を伝播する活動電位（action potential）がある。この活動電位は，大きな電流が生じるが持続時間が1msであることから，近隣の神経線維を流れる電流と時間的な同期が難しい。そのため，脳磁図により計測される神経の電気活動は，樹状突起内を流れる細胞内電流と考えられている。計測される脳磁場の大きさは$10^{-13} \sim 10^{-12}$T（テスラ）で地磁気の1億分の1以下と非常に微弱である。そのため磁気シールドルームを要し，かつ超伝導量子干渉素子（superconducting quantum interference device: SQUID）により計測する。

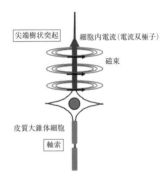

●図8-4-1 脳磁界の発生機序
→カラー口絵参照

ヒトの脳活動の時間変化の測定には，主に脳波が用いられる。しかし脳波は電位測定であるため，介在組織（頭蓋骨や頭皮など）の影響を受け，脳波の計測から脳内の活動源を理解することが難しく局在性が悪い。一方脳磁界は，脳波に比べて介在組織の影響を受けにくいため，発生する磁場は，頭部表面に至るまで歪まない。さらに，図8-4-2（カラー口絵参照）のような電流源が存在する場合，電流源に伴い左図に示したような磁界分布が現れる。脳磁界は電流源に最も近接したセンサから最大の振幅が得られる。一方脳波では，同じ電流源を設定した場合，右図のような電位分布が現れ，基準電極を両耳朶電極とすると図の負の電位の付近の電極から，負の最大の振幅（ピーク）が得られ，正の電位に電極を置くと正の最大の振幅（ピーク）が検出される。磁界のこのような特性や距離の二乗に比例して減衰する特性から，脳磁界のセンサの感度は近傍の神経活動に対して選択的に高くなる。し

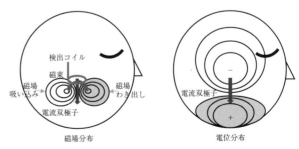

●図8-4-2 電流双極子がつくる磁場分布（左）と電位分布（右）
→カラー口絵参照
磁場は電流双極子に伴い磁束が磁場のわき出しから吸い込みに向かって磁束が生じる。電流双極子の直上で磁束が最も大きくなる。電流双極子に伴い，右図のような正と負の電位が生じる。

たがって大脳皮質に活動源がある場合の精密な測定に適している。

ただ脳磁図が計測できる神経活動には制約がある。図8-4-3に示すように検出コイルに垂直な向きの電気活動は計測できない。したがって脳表にある錐体細胞活動の計測は難しいとされている。さらには，樹状突起が平行に並んでいない星状細胞型の神経細胞の活動も計測

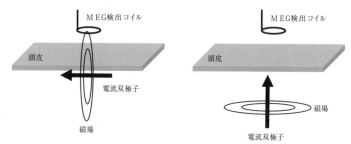

● 図8-4-3　センサに対して水平（左）と垂直（右）な電流双極子がつくる脳磁界

できない。しかし体性感覚，聴覚，視覚，運動などの一次領野の大部分は脳溝内に存在しており，図のように頭皮に水平な電流が生じるため脳磁図の格好の検査対象となる。

2. 脳磁図の計測

脳磁図の特徴は，非侵襲的計測で，かつ多チャネルで同時に頭部全体の脳活動を計測できる点である。世界的に最も利用されるNeuromag社製脳磁界計測装置は，306チャネルを有する（図8-4-4）。さらに脳磁図は脳波のように電極を装着する必要がなく，基本的に被験者は頭部を装置に入れるだけで計測できるため，計測前の準備が容易である。

しかし脳磁図は計測に際して，留意しなければならない点がいくつか存在する。脳磁界は非常に微弱な信号であり，シールドルーム内に金属（磁性体：鉄，ニッケルなど）を持ち込み，それが動くと大きなアーティファクトとなる。チャックのついた服やワイヤの入った下着など

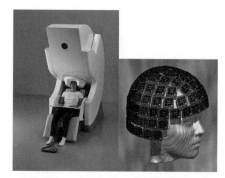

● 図8-4-4　306チャネル脳磁界計測装置（VectorView，Neuromag社製）とセンサ配置図
（エレクタ（株）提供）

を被験者が身につけていた場合，呼吸の度に同期して動くためアーティファクトが混入する。さらに刺激提示用の液晶モニタやスピーカ，またレスポンスキーなどの電子機器のシールドルーム内での使用にも注意が必要である。視覚刺激に関しては，シールドルーム外からプロジェクタで投影する。聴覚刺激に関しては，計測装置からスピーカを極力離し，イヤーチューブ等を用いて提示する。レスポンスキーに関しては，光スイッチを用いるなど工夫を要する。なお磁場の大きさは，単位面積を貫く磁束の数（磁束密度，T: テスラ，$1fT=10^{-15}T$）で表されるが，Neuromag社の場合は差分型の検出コイルのために磁束密度とコイル間の距離の単位（fT/cm）となる。

3. 脳磁図の解析

計測された脳磁界から脳活動部位の推定には，逆問題を解かなければならない。各センサから計測された磁場から脳活動の部位と強度を推定する問題は脳磁図の逆問題と呼ばれる。逆問題は，脳磁界から脳内部の信号源の分布を推定する問題であり，推定解が無数に存在する（不良設定問題：一意に解を持たない）。そこで分布した信号源にあるモデルを仮定して，そのモデルに最適な解を求める。最も単純で広く用いられている

ものが，単一双極子モデル推定法である。この場合，計測された脳磁界から活動源を1個の電流双極子（ダイポール）と仮定し，その強度，位置や向きを推定する。さらに推定の精度を表す指標として，g=1-（実測値と予測値の誤差の分散）／（実測値の分散）で求められた適合度（g値：goodness of fit）により評価する（Hämäläinen et al., 1993）。

第一及び二次聴覚野由来のN1mの活動源の推定などは，領野に活動源が1つであるため，この単一双極子モデル推定法が適用される。しかし，高次脳機能を反映する電気生理学的活動のモデルとしては，単一双極子モデルでは不十分と考えられる。そのため複数の電流双極子を仮定した複数双極子モデルや分布電流モデルにより推定される。この活動源を推定する手法は，現在もまだ種々のモデルと，これらのモデルから導かれる種々の方法が提案されているのが現状である。分布電流モデルの代表的な手法として最小ノルム推定法がある。脳の空間的に格子点を設定し，全ての格子点上に電流双極子を仮定して，電流源ベクトル（電流源の成分を並べたベクトル）のノルムを最小化することで最適化を行い，脳内の電流分布を推定する方法である（Uutela et al., 1999）。

求められたダイポールは，各被験者の個人の脳の解剖画像のMRIと脳磁界の座標系を一致させることで重ね合わせてその位置を評価する。

4．脳磁図の生理心理学への応用

(1) 視覚誘発脳磁界応答

各種の視覚的刺激により誘発される視覚野の応答を視覚誘発脳磁界応答（visual evoked magnetic field: VEF）と呼ぶ。視覚刺激では，チェッカーボードパターンや光フラッシュなど多くの種類と空間周波数，大きさ，明るさなど可変パラメータが存在する。図形視，立体視，運動視など調べたい機能に応じて，視覚刺激のパラメータを変化させて脳磁界応答との関連を検討する。ただ視覚刺激に反応する第一次視覚野，第二次視覚野の解剖学的構造は非常に複雑であり，なかなか理解しにくい。VEFは100ms前後とそれ以降の長潜時反応に関する報告が多く見受けられる。

一方，刺激間間隔（ISI）が長いと上述した過渡応答（約3Hz以下），短いと定常応答が現れ，繰り返される刺激により出現する。この視覚誘発応答は，定常状態視覚誘発応答（steady state visual evoked potential：SSVEP）と呼ばれる。SSVEPは，刺激周波数（フラッシュ刺激の場合は点滅周波数，パターンリバーサル刺激の場合は，交換周波数）と同じ周波数の応答が視覚野から検出される。このSSVEPは視覚的情動画像の快・不快の情動に応じて，変調することが報告されている（田中ら，2013）。また脳波ではあるがSSVEPは周波数選択性が良く帯域通過フィルターを用いて容易に検出可能なためBCI（brain-computer interface）の研究に広く利用されている（Muller-Putz & Pfurtscheller, 2008）。

左右視野への刺激は，それぞれ対側の後頭葉に投射される。全視野を刺激すると左右の後頭葉が同時に反応するが，誘発反応の左右の起源は互いに密接しているため，脳波による分離は困難である。脳磁図ではmulti dipole推定法などにより左右後頭葉の2つの信号源を推定する。

(2) 聴覚誘発脳磁界応答

聴覚刺激により誘発される聴覚野の応答は聴覚誘発脳磁界応答（auditory evoked magnetic field: AEF）と称される。AEFを検討する場合，最も大きな反応であるピー

ク潜時100ms付近の反応（N1m）が対象となる（図8-4-5：カラー口絵参照）。一方，潜時の早い短潜時応答である10ms以内の聴性脳幹反応（auditory brainstem response: ABR）は，脳波では遠隔電場電位として記録できるが，脳磁図では活動源が深部（脳幹）であり，頭皮から離れているため検出が困難である。50ms以内の中潜時応答は，皮質下と大脳皮質の寄与が推定される。脳磁図の中潜時応答は，第一次聴覚野の活動に関するものである。

また聴覚も視覚と同様に聴性定常応答（auditory steady state response: ASSR）が存在する。その特性として刺激頻度が40回/s（40Hz）の時，特異的に大きく現れる特徴を有する。ASSRは，幼児の聴覚スクリーニング検査や耳鳴りなどの臨床応用やピッチ認識，両耳マスキングレベル差などの聴覚機能に関して報告されている（Tanaka, Kuriki, et al., 2013）。

N1mの等磁界線図

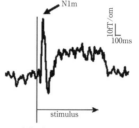
聴覚野付近から計測されたN1mピーク波形

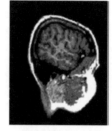
MRIとの重ね合わせた図

●図8-4-5　N1mピーク波形（左）とその等磁界線図（右上）と電流源を個人のMRIとの重ね合わせた図（右下）
→カラー口絵参照

左右の聴覚野の誘発反応の脳波の記録では，頭頂正中部で合成されるため，視覚同様信号源の分離は容易ではない。一方脳磁図は，高い空間分解能を要しているため，左右の聴覚野由来の信号源の分離は容易となる。そのため脳の聴覚機能の左右差（laterality）を検討する研究に広く用いられている。その際，聴覚の反応は，交叉性優位（反対側の耳から提示された音に対して誘発反応が大きくなる）の特徴を有する。脳磁図は，聴覚機能を研究対象とする研究には最適な計測手段である。

(3) **体性感覚誘発脳磁界応答**

体性感覚刺激により誘発される脳磁界（体性感覚誘発磁界，somatosensory evoked field：SEF）は早期（20-60ms）と後期成分（80ms以降）に分けられる。早期成分は第一次体性感覚野（primary somatosensory area：SI）と，後期成分は第二次体性感覚野（secondary somatosensory area：SII）との関連が示唆される。SIとSIIに関して，脳磁図や脳波を用いた結果により，各々の機能の違いも明らかになりつつある。SI反応は，刺激部位により潜時が異なるが正中神経を電気刺激すると潜時20ms付近にN20mが3b野に推定される。一方SII反応は，潜時約100msにピークを有する。SI反応が刺激と反対側のみにみられるのに対して，脳梁の交連線維を介した結合が密にあるSIIの反応は両側性であることが特徴である。SIは，感覚刺激の強度や刺激周波数（Kampe et al., 2000）との関連が報告されている。これに対して，SIIの機能は未だ不明な点が多いが，SIで処理された情報がSIIに送られ，最終的な感覚情報の統合，さらには，触覚の学習と記憶の関連が示唆されている（Hari et al., 1993）。さらには視覚と触覚のマルチモーダルの研究として，視覚的空間的注意課題において，SIの反応との関連は見られなかったが，SIIの反応が視覚的注意により変化することが報告されている（Kida et al., 2007）。

(4) **社会性の研究**

社会的脳機能に関して脳磁図を用いた研究が報告されている（Hari & Kujala, 2009）。

これまでの脳磁界計測は，結果の再現性や雑音による影響を抑えるため，実験の環境（刺激）条件や被験者の行動を制限し，繰り返し測定して結果を平均することで，刺激に対する脳機能を検討していた。しかし社会性の脳機能を検討するには，より現実に近い条件で計測する必要がある。現実に近い刺激条件における脳活動を調べるには，その時間変化を捉えること，マルチモーダル機能のインタラクションを検討すること，さらには脳領域間の機能的関連性を検討する必要である。脳磁図は，これらを検討することが可能であり，社会性の研究の神経生理学的研究に有用である。また社会性研究で重要なヒトのミラー効果の研究も多数報告されている（Hari & Salmelin, 2012）。

5. 脳磁図の問題点と将来

複数領野に活動源が存在する場合，その解析には注意を要する。種々の複数双極子や分布電流推定法が提案され利用されている。しかし信号源（ダイポール）の数，強度，位置および方向の仮定が，fMRIなどに比べ任意性が強い。一般的には，g値が高いダイポールが採用され，他の脳機能計測や動物実験の知見を参考にダイポールが推定される。

また運用上の問題として，ランニングコストが挙げられる。SQUIDセンサの動作には，超伝導を維持するために液体ヘリウムを定期的に充填しなければならないが，ヘリウムの価格が近年上昇している。これらの対策として蒸発したヘリウムガスの再液化システムの実用化もされている。また最近では，光ポンピング原子磁束計（小林, 2011）やトンネル磁気抵抗素子（Fujiwara et al., 2013）など冷却剤を必要としない高感度磁気センサの開発が期待されている。

脳磁図は，空間・時間分解能に優れた非侵襲計測法である。そのため装置に関するハードウェアの問題及び解析法に関するソフトウェアの問題への対処が進み，今後ヒトの高次脳機能の解明への有効利用が期待される。

5節　PET

1. はじめに

陽電子断層撮像法（positron emission tomography: PET）は，プラスに帯電した電子である陽電子放出核種により標識された化合物（分子プローブ）を用い，体内における分子の動態を通して生理的機能や病態に関連した変化を *in vivo*（コラム③参照）かつ本来の機能を保ったままの状態で非侵襲的に明らかにするイメージング手法である。局所脳血流（regional cerebral blood flow: rCBF）や局所脳糖代謝率（local cerebral glucose utilization: LCGU）を測定することによって脳機能を検査できるだけでなく，神経伝達物質の受容体や合成酵素など，分子の機能に基づいた脳の神経化学的な側面を定量的に評価することに長けたイメージング法である。

2. PETの計測原理と装置

PETで使用される陽電子放出核種は，通常の生物科学的研究法で汎用されている

β（ベータ）－壊変核種でなく，β+ 壊変をする核種と称されるものであり，サイクロトロンで原子核にプロトンを付加することで生成され，核が不安定であることから，一般的に使用される核種である．^{11}C，^{18}F，^{15}O，^{13}N は，それぞれ 20 分，110 分，2 分，10 分と，^{3}H（12.3 年）や ^{14}C（5730 年）に比べ非常に短い半減期を示す．陽電子放出核種で標識された化合物の投与により生体内でβ+ 壊変して放出された陽電子と自由電子の衝突によって生じた一対の 511 keV の消滅γ線（annihilation γ ray）が，光電子増倍管（photomultiplier，PMT）を組み込んだγ線検出器アレイを備えた CT スキャナーで捉られる．同時計数検出器によって，それぞれが同時に検出された場合のみにイベントとして記録され，その空間位置と定量的な情報がコンピューター断層画像化される（図 8-5-1：カラー口絵参照）．実際に画像化される陽電子消滅の位置は，放射核のある場所から数ミリ程度離れていて（たとえば，^{18}F では 2 mm，^{15}O では 3 mm 程度），このことが PET イメージの空間分解能の絶対的な制約となっている．また，時間分解能は，使用した放射性核種や標識された化合物に応じて数分から数時間にもなる．たとえば，^{18}F で標識された FDG（フルオロデオキシグルコース）でグルコース代謝を測定する場合は 1 時間程度，^{15}O で標識された H$_2^{15}$O で脳局所血流を測定する場合は 1 分程度である．X 線 CT では外部からＸ線を照射して全体像を観察しているのに対して，PET では生体内部の放射性トレーサーを観察しているという違いがある．また，CT や MRI は，解剖学的な情報に優れており主に体の構造や組織の形態を観察するが，PET は生体の分子の機能を観察することに特化していることから，生体における分子イメージングを可能にしている．現在では，両者の利点を総合的に利用するために，PET と CT を一体化した装置，PET/CT が主流であり，さらに最近では，MRI の中に PET を組み込んだ MR-PET も開発されている．それぞれのモダリティーの画像を重ね合わせた融合画像を作成することで，正確な位置情報が得られるだけでなく，MR-PET では，PET による局所糖代謝率と機能的 MRI による BOLD 効果といった，脳機能に関する 2 つの異なる情報を同時に収集することも可能である（Wehrl et al., 2014）．

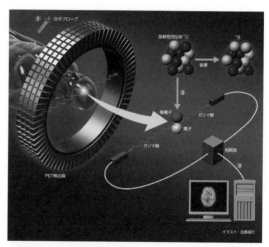

●図 8-5-1　PET を用いた分子イメージング
→カラー口絵参照
①生体内の特定の分子を調べたい場合は，そのターゲット分子とだけ結合する分子に放射性同位体を付けた「分子プローブ」をつくり，投与する．②放射性同位体をの原子核が崩壊するとき，陽電子を放出する．③その陽電子が周囲の電子と衝突して発生するγ線を計測して画像化することで，ターゲット分子がどこに，どれだけ存在しているかがわかる．

3．PET による脳機能計測

PET では，^{15}O でラベルされた水（H$_2^{15}$O）を用いて，脳の機能マッピング（通常これは脳賦活実験と呼ばれる）が可能である．これは神経活動の増加によって引き起こされた局所脳血流の増大を計測することで，間接的に皮質下の神経活動を捉える方法である．H$_2^{15}$O を用いた局所血流の測定に要する時間は約 1 分程度であり神経活動の測定法としての時間分解能は低いが，^{15}O の物理的半減期は約 2 分であることから，PET スキャンを一定の間隔で繰り返し測定することも可能で，数種類のタスク

を各々数回程度PETスキャンし、個別に賦活部位を同定することも可能である。しかし、$H_2^{15}O$を用いた方法は、機能的MRIにおけるBOLD効果と原理的に類似しており、ペースメーカーを持つ患者等、磁性体の問題などがない限りは空間解像度の高い機能的MRIが用いられることが一般的である。

PETでは、グルコースの類縁体である^{18}F-FDGを用いることにより、脳の局所糖代謝率を測定することができる。^{18}Fの物理的半減期が110分で、^{18}F-FDGを用いたグルコース代謝の測定には最低でも60分程度の時間が必要であることから、この方法も局所脳血流の測定同様、神経活動の早い変化を捉えることはできない。しかし、脳におけるグルコース代謝率の変化はシナプス活動を強く反映していることから（Magistretti and Pellerin, 1996）、神経細胞よりもむしろシナプスの機能に障害が起こるアルツハイマー病などの神経変性疾患等の患者の脳機能検査に用いられる。近年、安静時の機能的MRI情報から領域間の機能的結合性（functional connectivity）を導出する方法が注目されているが（Hyder & Rothman, 2010）、同様の情報は^{18}F-FDG-PETでも得られ、代謝的結合性（metabolic connectivity）として区別化され、機能的MRIにはない定量性を持つことから、健常者だけでなく統合失調症やアルツハイマー病などの病態研究にも応用されている（Yakushev, et al., 2013, Toussaint, et al., 2012）。

ヒトと異なり、動物の場合は、頭部を不動化するために麻酔をする場合が多い。しかし、麻酔下では脳活動は抑制され生理的な脳機能を測定することができない。このため動物実験では、頭蓋骨に装着した特殊な器具で頭部を固定することにより無麻酔下での測定がなされている（Mizuma et al., 2010）（図8-5-2：カラー口絵参照）。また、定量的なグルコース利用能（CGU）を算出するためには、動脈血中における^{18}F-FDGの動態情報が必要であり、撮像と同時並行して連続的な動脈血採血を行う必要があるが、マウスなど小動物の場合は、採血できる血液量も限られることから、PETで同時に計測される心腔や頸動脈からの情報を使用することも可能である（Mizuma et al., 2010）。

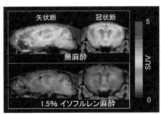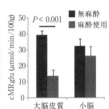

●図8-5-2 microPETを用いた無麻酔下および1.5%イソフルラン麻酔下における［^{18}F］FDGの脳内への取り込み画像（左）と脳グルコース代謝率（右）
→カラー口絵参照
(SUV: standardized uptake value, cMRglu: cerebral glucose metabolic rate)

4. 多彩なPETプローブとその応用

S/N比の高いPET画像を得るためには、優れたPETカメラや画像再構成技術以外に分子プローブと呼ばれる標的分子を特異的に認識する化合物が必要である。このためPETでは、生体内物質の他、種々の特異的な薬物などを陽電子放出核種で標識して使用する。標識された薬剤（PETプローブ）を使って、血液のみならず、体内の各臓器への分布や代謝、排泄を測定することができ、さらにこれは単純化した数式を使って薬剤の体内動態を定量的に解析することが可能である。たとえば、パーキンソン病では、中脳の黒質ドパミン細胞の変性、脱落により、投射先である線条体などで神経伝達物質であるドパミン産生が減少し、手足が震える、筋肉がこわばる、動作が遅くなるなどの、運動障害が徐々に進行するが、MRIや^{18}F-FDGを使った脳のグルコース代謝を測定しても脳の病変の進行を的確に捉えることはできない場合が

多い。しかし，PETでは，前シナプスに存在するドパミントランスポーターやドパミン合成酵素を，^{11}C-2-carbomethoxy-3-(4-fluorophenyl)tropane(^{11}C-CFT)や^{18}F-fluoro-l-dopa(^{18}F-FDOPA)など，それぞれに特異的なPETプローブを用いて，ドパミン神経の変性を特異的かつ定量的に描出することが可能である(Hayashi and Onoe, 2013)(図8-5-3：カラー口絵参照)。また，アルツハイマー病の患者の脳では，病態の進行に伴う脳機能の低下の度合いや部位を^{18}F-FDGを使って捉えることができるが，発症原因の1つとされるβアミロイド蛋白を特異的に認識するPETプローブ(たとえば，^{11}C-PiB, ^{18}F-AV-45)を用いて，βアミロイド蛋白の蓄積を測定することが可能である(Klunk, et al., 2004)(図8-5-4：カラー口絵参照)。βアミロイド蛋白の蓄積は，神経細胞死や認知症の症状に先行して起こることが知られていることから，これらのPETプローブによるイメージングはアルツハイマー病の早期診断や診断，薬の開発に応用されている。このようにPETは，疾患特異的な生理活性物質(バイオマーカー)そのものや，それに特異的に結合する物質を標識することで，疾患の早期発見，診断および治療薬の開発の重要なツールにもなる。

○図8-5-3　パーキンソン病モデルサルにお[ける]^{18}F-FDOPA画像
→カラー口絵参照

ドパミン細胞に特異的な神経毒であるMPTP (1-methyl-4-1,2,3,6-tetrahydropyridine)の全身投与によって，サルはパーキ[ンソン病]の患者に非常に良く似た運動障害症状を示すが，この時，線条体[におけ]る^{18}F-FDOPAの取り込み，すなわちドパミン合成能が著しく低[下して]おり，ドパミン神経の変性が起こっていることがわかる。

5. まとめ

疾患には，1つひとつにそれぞれ原因があり，それらの病態を明らかにして対応策を講じる必要がある。特異的な分子や代謝を認識し，定量的に評価が可能なPETによる画像診断の進歩が，今後の病態解明や治療法の開発，治療薬の開発に役立つと考えられ，さらなる発展が望まれる。

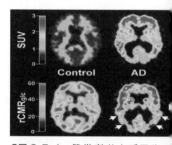

○図8-5-4　健常者およびアルツ[ハイ]マー病患者における^{11}C-PiB(上[段])，^{18}F-FDG(下)画像→カラー口絵参[照]

健常者(左，Control)に比べて，アルツハ[イマー]病の患者(右，AD)では，前頭葉などに[おいて]^{11}C-PiBの取り込みの増加が認められ，βアミ[ロイド]蛋白が蓄積していることがわかる。一方，^{18}F-[FDG-]PETでの結果は，白い矢印で示された脳の後[部で]グルコース代謝に有意な低下が認められ，脳[機能]障害が生じていることが判別できる。

6節　経頭蓋磁気刺激

1. 経頭蓋磁気刺激の原理

経頭蓋磁気刺激(transcranial magnetic stimulation: TMS)は，その名の通り，本来は脳を非侵襲的に刺激するために開発されたもので脳活動の計測法ではない。構造は極めて簡単で，装置の大きさもデスクトップパソコンと同じ程度である(図8-6-1A)。大容量のコンデンサ(図8-6-1B)に電荷を蓄積し，頭部に置いたコイルに瞬間的(100～数百μs)に大電流を流して急激な変動磁場(1.5～2.5テスラ程度)を発生させる。その結果，変動磁場とは逆方向の磁場を生じるような渦電流がコイル直下の脳に誘導され

○図8-6-1　A：磁気刺激装置と刺激コイル(figure-8 coils)，B：カバーを外して後ろ側から見た磁気刺激装置

手前右側に巨大なコンデンサが見える(コンセントを抜いても，コンデンサは蓄電されているので感電する。通常は絶対にカバーを外してはいけない)。

る。この渦電流が皮質の錐体細胞・介在細胞や軸索を刺激すると考えられている（図8-6-2：カラー口絵参照）。すなわち磁気刺激と言っても，磁気で刺激するわけではなく磁気によって誘導される電流による刺激である。

TMSに先行して，頭部に正負の電極を置いて電流を流す経頭蓋電気刺激装置（transcranial electric stimulation: TES）が開発された（Merton & Morton, 1980）。しかし電流が頭皮を通過する際に皮膚の中の痛覚受容器を刺激するために痛みを伴い，普及しなかった。磁気刺激では磁束が電気的抵抗の高い頭蓋骨を通過して，主に抵抗の低い脳で誘導電流が流れるため，痛みを生じさせずに脳を刺激することができる。TESとTMSでは大脳皮質を流れる電流の向きが異なり，TESでは大脳皮質に垂直方向に流れるのに対し，TMSで生じる渦電流は大脳皮質の浅

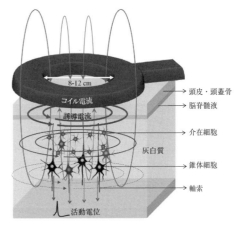

◐図 8-6-2　磁気刺激の原理
→カラー口絵参照

層部に平行な方向に流れる。また一次運動野の刺激による誘発筋電図（motor evoked potential: MEP）を計測すると，特定の刺激強度では，TESによるMEPの潜時は，TMSによるMEPより1.5～3 ms程度短くなる。これらの事からTESは直接錐体細胞や軸索を刺激しているのに対して，TMSは渦電流によって皮質のⅡ/Ⅲ層にある介在ニューロンが刺激され，その結果Ⅴ層にある錐体細胞が興奮すると考えられている（Day et al., 1989; Di Lazzaro & Ziemann, 2013）。

TMSは，当初は四肢あるいは脳の運動野を直接刺激して誘発される運動反応あるいは運動誘発電位（motor evoked potentials: MEP）を記録して，遠心性の運動神経の機能を検査するための装置として開発された（Barker et al., 1985）。開発された時点でのコイルは内径が8-12 cmの円形であった（図2）。コイルに流れる電流によって発生する磁束密度はコイルの縁に近づくほど大きくなるため，局所的な刺激は困難だった。その後，コイルを8の字型にして2つのコイルに同時に逆方向に電流を流し，2つのコイルが作る逆方向の渦電流によってコイルの接合部直下が最も強く刺激されるコイル（figure-8 coils）が発明され，より局所的な刺激が可能になった（Ueno et al., 1988．図1A）。また変動磁場による誘導電流によって脳を刺激するので，コイルから離れた脳深部の刺激は困難だが，近年になって多数のコイルを組み合わせて誘導電流を空間的に加重し，頭皮から数cmの深さまで刺激できるコイル（h-coil: Hesede coil）も開発されている（Roth, 2002; Zangen 2005）。

1950年代に脳外科医のペンフィールド（Wilder Penfield, 1891-1976）は脳外科の手術の際に患者の脳のさまざまな部位を直接電気刺激し，刺激している最中の患者の運動反応や言語報告を調べて体部位局在（somatotopy）を明らかにし，ノーベル賞を授与された。TMSはペンフィールドが行った実験を健常者で非侵襲的に行うことを可能にしたことになる。臨床医学では，運動野と頚部の脊髄神経根への刺激による誘発筋電図の潜時の差から，皮質内での伝達時間が算出でき（中枢運動神経伝導時間，central motor conduction time: CMCT），多発性硬化症（multiple sclerosis）等の診断に用いられている。

さらに運動を誘発するだけでなく，種々の感覚刺激の提示直後やタスクの遂行中に

磁気刺激を与えると，刺激した部位やタイミングに応じて特定の知覚や運動が抑制される事が報告された（Amassian et al., 1989; Priori et al., 1993; Muri et al., 1996）。神経心理学では脳の損傷部位によってどのような機能が損なわれるかを心理実験によって調べるが，磁気刺激では皮質のニューロンを人工的に発火させて通常の脳の情報処理を一過性にブロックし，あたかも健常者の脳に可逆的な障害（virtual lesion）を作り，その部位の機能を調べる。すなわち実験的な神経心理学的方法として神経科学領域でも使われるようになった（Walsh & Cowey, 2000; Pascual-Leone et al., 2000）。

磁気刺激は基礎研究，臨床研究の両面で有効な方法であるが，以下のような問題点もある。

①誘導電流はコイルが作る変動磁場によっている。したがって，コイルに近い脳表がより強く刺激され，脳の深部だけを選択的に刺激することはできない。

②健常者でも磁気刺激によってけいれん発作が誘発された例が報告されており，使用には細心の注意が必要である。後述の経頭蓋直流電気刺激・経頭蓋交流電気刺激とともに安全性に関するガイドラインが出されている（Rossi et al., 2009; 松本ら, 2011; 臨床神経生理学会脳刺激法に関する委員会, 2011）。

2. 脳機能計測法としてのTMSの特徴

非侵襲的脳機能計測法としてのTMSの特徴として以下の2点がある。

第一に他の計測法が特定の精神活動・行動と脳活動との相関関係を示すにとどまるのに対して，TMSでは因果関係にまで踏み込む事が可能である（Kosslyn et al., 1999; Walsh & Cowey, 2000）。たとえば被験者にある刺激を見せたり，あるタスクをしている時の脳活動をfMRIで計測して，特定の脳領域が活動したとしても，それだけでその領域の活動が刺激の認知やタスクの遂行に必要不可欠であるとは断言できない。これに対し，TMSである脳領域を刺激して，特定の刺激の認知やタスクの遂行が妨害されれば，その領域は刺激の認知やタスクの遂行にとって必要不可欠な領域であると言う事ができる。

第二に，TMSでは末梢の感覚器官を経由せずに特定の大脳皮質を直接刺激して実験的に知覚を引き起こす事ができる。たとえば視覚野がある後頭にコイルをあてて磁気刺激すれば，網膜の時間特性や残像とは関係なく，閃光（phosphen）が見える。この特徴を利用した研究として，サッケード抑制のメカニズムを調べた研究がある。眼が動いている間は，網膜上の視覚像は眼の動きとは逆方向に動いているが，われわれはその動きを感じない。眼球運動に伴って網膜からの視覚入力を抑制するメカニズムがあるからで，これをサッケード抑制（saccadic suppression）と呼んでいる。網膜への電気刺激によって生じる閃光に対してはサッケード抑制が生じるのに対して，視覚野への磁気刺激によって生じる閃光に対しては抑制が生じない事から，サッケード抑制に関与するメカニズムが視床から第一次視覚野の間にあることが報告されている（Thilo et al., 2004）。さらに大脳皮質が直接刺激されるので，通常の感覚刺激のように

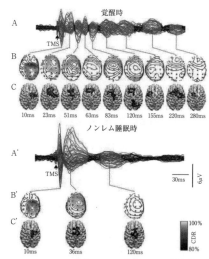

◎図8-6-3 覚醒時（上段）と睡眠時（ノンレム睡眠，下段）の右運動前野への磁気刺激によって誘発された脳波の比較（Massimini et al. 2005）

→カラー口絵参照

脳幹網様体や視床を含む他の領域の活動水準を変えずに特定の領域だけを刺激することが可能である（実際には刺激の際に多少の騒音が発生する）。このことは，特に睡眠時の脳活動に関する研究において有用である。Massimini et al. (2005) は，覚醒時とノンレム睡眠時に運動前野を磁気刺激し，磁気刺激による誘発脳波が，覚醒時では 300 ms ほど持続して数センチ離れた皮質部位まで活動が伝播するのに対し（図 8-6-3 上段：カラー口絵参照），ノンレム睡眠では 120 ms ほどで減衰し（図 8-6-3 下段），伝播も観察されなかった。このような覚醒時と睡眠時における皮質間の機能的結合性の相違を睡眠に伴う意識の消失と関連づけて考察している。

3. 反復磁気刺激

　最初の磁気刺激装置が開発された時点では，磁気刺激後にコンデンサに充電する時間が必要なため数秒に一回しか刺激できなかった。現在では複数の磁気刺激装置を組み合わせて，1～100 Hz の高頻度で連続磁気刺激が可能な装置も開発されている（反復経頭蓋磁気刺激，repetitive transcranial magnetic stimulation: rTMS）。単発の磁気刺激では運動野や視覚野への刺激によって単純な運動や閃光の誘発はできても，連合野への刺激では明確な効果が得られない事が多かった。反復磁気刺激では，たとえば頭頂葉の連続刺激によって，健常者に一過性に消去現象や半側空間無視を実験的に引き起こす事が可能である（Bjoertomt et al., 2002; Battelli et al., 2009）。さらに数分間の rTMS によって皮質の興奮性が変化し，その変化が刺激中だけでなく刺激後も持続する事が報告されてからは（Pascual-Leone et al., 1994），うつ病を中心とする神経精神疾患や片麻痺の治療にも用いられるようになった。特にうつ病患者の左前頭前野への rTMS によってうつ症状の改善が認められる事から（George et al., 1995），電気けいれん療法（electroconvulsive therapy: ECT）のようなけいれんや健忘などの副作用が無い治療法として期待されている（O'Reardon et al., 2007; Gross et al., 2007）。作用機序として，反復磁気刺激によるニューロンの発火が長期増強（long-term potentiation: LTP）及び長期抑圧（long-term depression: LTD）と同様のシナプス伝達効率の変化を引き起こすと考えられている。rTMS によって電気けいれん療法と同様に神経活動に依存して発現する最初期遺伝子（c-fos）の発現や神経成長因子（brain-derived neurotrophic factor: BDNF）の増加などが動物実験で報告されてはいるが（Fujiki & Steward, 1997），その神経生理学的・神経化学的な作用機序は未だ不明な点が多い。

4. 経頭蓋電気刺激

　最近では，rTMS と同様の目的で，上述の Merton & Morton (1980) による経頭蓋電気刺激（transcranial electric stimulation: TES）とは異なる微弱な電気刺激も用いられるようになった。刺激電流の性質やタイミングにより経頭蓋直流／交流電流刺激（transcranial direct/alternating current stimulation: tDCS/tACS），transcranial random noise stimulation（tRNS）などの種類がある（Nitsche & Paulus, 2000; 田中と渡邊, 2009; Fertonani et al., 2011）。脳に直流の電気を流すと，極性に応じてニューロンの発火頻度が変化する事は以前から知られており，この原理を非侵襲的に応用して，2000 年前後から使われるようになった（Priori et al., 1998; Nitsche & Paulus, 2000）。頭部に正負のパッド状の電極を装着し，数百 μA～3 mA 程度の直流あるいは 1～数百 Hz の交

流を数分から十数分流す（図8-6-4）。これによりニューロンの静止膜電位がプラスあるいはマイナス方向に変化し，活動電位の生じやすさが変わると考えられている。基本的には陽極（anode）の電極直下の皮質に増強効果が，陰極（cathode）の電極直下の皮質には抑制性の効果が現れる。精神科で使われる電気けいれん療法で流す電流の数百分の一であり，またTMSのように電流によって直接ニューロンを発火させる訳

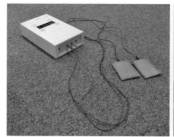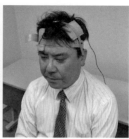

◐図8-6-4　A：経頭蓋電気刺激装置，B：経頭蓋電気刺激装置の電極を頭部に装着した状態

ではないので，現在までのところ明確な副作用は報告されていない（ただし電極の抵抗を十分に下げないと火傷の危険性がある）。

　rTMSと同様に，刺激中だけでなく刺激後に効果が持続することが知られており，刺激による運動誘発電位の振幅の変化，視覚・触覚の感覚閾値，弁別閾値の変化，ワーキングメモリへの影響，意志決定に及ぼす影響などが調べられている（Nitsche et al., 2008; 田中と渡邊, 2009）。さらにTMSのように刺激に伴う騒音がなく（刺激電極を置いた頭皮にピリピリした感覚は生じる），刺激コイルを固定する必要がないので，TMSより簡単に睡眠中の刺激として使う事ができる。睡眠前に学習した単語の対連合学習が，前頭葉への徐波睡眠時の0.75 Hzの交流電流刺激によって，睡眠後の再生が有意に高くなる事（Marshall et al., 2006）や知覚運動学習への効果（Fertonani et al., 2011）が報告されている。

　しかしrTMS同様，その神経生理学的・神経化学的な作用機序は未だ不明である。また磁気刺激装置と比べて簡便で安価だが，磁気刺激の場合は刺激部位が変動磁場によって電流が誘導される領域に限局しているのに対し，電気刺激の場合は電流が陽極と陰極の間で脳内をどのような経路で流れているかは不明である。特にtACSによって生じる閃光は（Kanai et al., 2008），電流によって視覚野ではなく網膜が刺激された事によって生じている可能性が高い事が指摘されている（Kar & Krekelberg, 2012）。さらに電子回路としては極めて簡単で，電池・抵抗と数本のケーブルで自作する事も可能である。既にスマートフォンで刺激の強さやタイミングを制御できる製品まで市販されているが，電流による火傷，倫理的な問題，長期間使用した場合の副作用の可能性も指摘されている（Fox, 2011）。使用にあたっては十分な注意が必要である。

第 4 部

生体反応の計測技術2：末梢反応

心臓循環器系

9章

1節　心電図

　心臓血管系は，生理心理学的において広く用いられる測定対象であり，中でも心臓の活動に関しては，古くから我々の心的状態との関連が指摘されてきた。しかし，恐怖映像を視聴させながら心拍数を測ると，多くの実験参加者が心拍数の低下を示す。このことからも明らかなように，心拍数の高さ＝精神負荷の高さ，という図式は必ずしも妥当とはいえない。実際，心拍数は，課題の質や，社会的状況に応じて複雑な変化を示す。これは多分に，心臓が交感神経と副交感神経の二重支配下にあることに起因すると思われる。このような背後の自律神経系の活動に関しては，古くは薬理学的神経遮断実験を用いた評価に始まり，コンピュータを用いた周波数解析による自律神経活動の推定手法の開発へとつながり，さらに現代では，心臓活動から推定された自律神経機能と，各種の認知機能の関連にまで話が及びつつある。この章では，心臓活動の基本的な測定方法を学ぶと同時に，それらの新しい研究を理解する上での最低限必要な知識の習得を目指す。

1．心臓活動の概観

　心臓血管系は，血液を身体に巡らすためのポンプと管として理解できるが，流したいときに，流したい場所へ，適切な量を流す大変にインテリジェントな系であることが特徴である。周囲の状況を把握すべく働いている中枢神経系からの指令を受けて心臓の活動は変化する。その役割を担っているのが，交感神経系と副交感神経系である。
　心臓の活動を測るには，体表面に電極をはりつけ，心臓の活動に起因する電位変化を記録する。心電図（electrocardiogram: ECG）は，心筋の電気的脱分極および再分極によって生じた変化を記録したものである。適切な電極配置を行うと，一回の収縮につき，PQRSTと名づけられた特徴的な波を観測することが可能である（図9-1-1）。心臓の活動は，洞結節でのペースメーカーパルス発生，心房の収縮，心室の収縮，血液の駆出と進んでいくが，P波は心房が収縮するときの脱分極を反映した波形であり，QRS波は心室が収縮するときの脱分極を反映したものである。その後，収縮を終えた心筋が再分極し，もとの状態に復帰する過程を反映したものがT波である。このように心臓活動はP波を開始点とするが，通常多くの分析は，波形が大きく取り扱

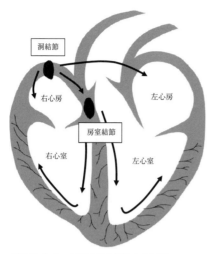
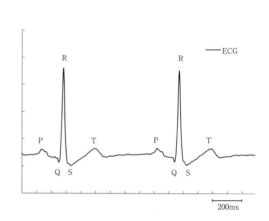

◯図 9-1-1　心臓の基本構造と心電図

いが容易な R 波を使って行われる。

　このような活動は，多くの場合 1 分間あたりの収縮回数として扱われ，心拍数（heart rate: HR）と呼ばれる。単位は bpm（beat per minute）を用いる。ヒトの HR は安静時に 60～90 bpm 程度であり，1 回の拍動で約 70 mℓ，1 分間で約 5 ℓ，一日で約 7 t もの血液を拍出している。

2．自律神経系による支配

　心臓は，洞結節に存在するペースメーカーの働きにより，自律的に収縮と拡張を繰り返す。一方で，心臓は交感神経と副交感神経（迷走神経）の両者により，中枢から制御を受けている。おおまかに言って，交感神経は心臓の活動を促進し，副交感神経は心臓の活動を抑制するが，その影響は，収縮頻度と収縮力の 2 点に分けて考える必要がある。収縮頻度（つまり HR）は，交感神経と副交感神経の双方の支配を受けて変化するのに対し，収縮力は主として交感神経の支配を受けて変化する。

　HR に対する交感神経と副交感神経の影響は，自律神経遮断薬の投与によって個別に調べる事ができる。アトロピンは，アセチルコリン受容体の働きを阻害することにより，副交感神経の作用を抑制するため，投与すると心拍数が上昇する。一方，アドレナリン受容体の働きを阻害するプロプラノロールを投与すると，交感神経の働きが抑制され心拍数は下降する。両者を投与した場合，アトロピンによる心拍数上昇が，プロプラノロールによる心拍数下降を上回るため，結果として心拍数は投与前より上昇し 100 bpm 程度におちつく（これは内因性心拍数と呼ばれる）。このことから，安静状態の心拍数には，副交感神経活動の支配が優位であると考えられる。

　また，交感神経と副交感神経による心拍数の制御は，時間的な特性においても異なっている。通常，副交感神経性の制御は，潜時が 50-100 ms と非常に短く，神経伝達物質であるアセチルコリンが迅速に分解されることから，その効果も急速に失われる。つまり，副交感神経による心臓の制御は俊敏に行われる。対する交感神経の心臓への効果は，潜時，持続時間ともに長く，副交感神経の効果に比べれば，多分にゆっ

くりしたものとなる。これは，神経伝達物質であるノルアドレナリンの放出自体が遅く，さらに心筋に作用を及ぼすためにcAMPなどの二次的な伝達システムを介する必要があるからであると考えられている。結果として，副交感神経は，拍動ごとの制御が可能であるが，交感神経にはそのような短時間の制御は不可能となる。このような違いは，後述される心拍変動解析にも密接に関与するため適切に理解する必要がある。

3. 測定法・測定原理

心電図は，心筋の活動電位を体表に装着したふたつの電極によりとらえ，生体アンプにより1000倍程度に増幅したものである。ここでは，電極の配置，測定原理，生体アンプの設定，サンプリングと検出処理，解析法の順に説明をおこなっていく。

(1) 電極の配置

心電図は，市販の銀/塩化銀の使い捨て電極を使い測定する。電極糊あるいは導電性ゲルがすでについているため，アルコールに浸した脱脂綿で測定部位をふき，貼り付けるだけで良い。電極の配置は，標準的な四肢誘導法として，図9-1-2のような3種類の方法がある。一般的に右手首と左足首の間の電位変化を記録する第Ⅱ誘導方式が，もっとも大きなR波を発生させるため，検出処理上都合が良い。座位で映像を見るだけのような課題であれば，この電極配置で基本的に問題ない。しかし，心理学的実験においては，実験参加者は課題中にペンを用いて筆記を行ったり，各種の装置を操作したりするのが普通である。上記の四肢誘導では，その際に生じる手の動きが電極の接触状態に影響を与え，さらには動作を行う際の筋電図が混入することで，心電図の波形が大きく乱れ，R波の検出を妨げる事も多い。それらが問題になる場合は，胸部に電極をはりつけることで，これら外乱要因の影響をかなり回避することができる。電極の位置は，鎖骨が交わる部分の下，みぞおち，左脇腹の3点を基準に考えれば良いが（図9-1-3），あらかじめ実験に必要な動作を行わせ，電極が動きにくく，筋電位の乗りにくい電極位置を各自で工夫すると良い。課題によって体のゆれが大きい場合は，電極がケーブルの重さで引かれないよう，中間地点で束ね，実験参加者の体にテープで固定する方法が有効である。

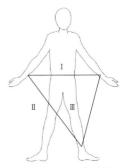

○図 9-1-2　四肢誘導の電極配置

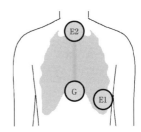

○図 9-1-3　胸部誘導の電極配置

(2) 測定原理

心電図の場合，電極間に生じる電位差は1mV程度の微弱なものであるため，交流雑音等の様々なノイズの影響を受けやすい。このような微弱な生体電気現象を測定する場合は，作動増幅回路が一般的に用いられる。差動増幅は，電位差を求めたい2つの電極間に新たに電極を追加し（図9-1-3のG），2系統の電極部位（同じくE1-GとE2-G）から測定した信号を回路上で減算してやることにより，雑音を除去する手法である。交流雑音は，2系統の信号に同相で加わるため，減算することによってその多くを取り除くことができる（図9-1-4）。

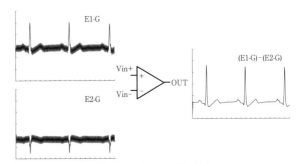

○図 9-1-4　差動増幅による心電図波形の測定

差動増幅アンプは，2系統の電極部位からの信号を入力し，それらの差を求めることで，同じ位相の信号（上図ではE1-GおよびE2-Gに混入した交流雑音）を抑制し，違う位相の信号（心電図）を増幅する。

(3) 生体アンプの設定

心電図の測定には，上記の差動増幅処理に加え，様々なフィルター処理を行う事ができる汎用生体アンプを用いる．心電図に混入するアーティファクトとしては，交流雑音，筋電図，呼吸性の基線変動，電極およびコネクターの接触不良に起因するものが考えられる．

心電図に基線変動が生じると（図9-1-5A），心電図が測定範囲から逸脱したり，検出処理に不都合が生じ，その間のデータが損失する．このような場合は，生体アンプの時定数（図9-1-5中にTCで表記）を短くすることで，基線変動の影響を緩和する事ができる（図9-1-5B）．心電図測定の場合，一般的に時定数は，0.3s〜0.03s程度が適切である．

一方，交流雑音や筋電図などの，比較的周波数が高いアーティファクトに関しては，高域遮断フィルターが有効である．特に，交流雑音は電源やケーブルなど，様々な場所から混入しやすく，しばしば測定を困難にするため，使用するアンプが専用のハムフィルターを備えている場合は，積極的に利用すべきである（図9-1-5C）．実験内容によっては，参加者の筋電図が混入しやすい場合もあり，そのような場合はさらに高域遮断フィルターによって200Hz以上を除去すると，R波の検出に適した波形となる（図9-1-5D）．これらのフィルター設定によっては，R波自体も減衰するため，増幅率をあげるなど，検出に適した設定を各自で探す必要がある．

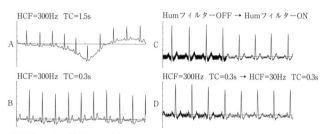

◎図9-1-5 生体アンプを用いた各種フィルター設定による測定例
図9-1-5Aは，時定数1.5秒で心電図を測定した例であり，呼吸による胸郭の形状変化を反映し，基線が大きく動いてしまっている．心電図が測定範囲を越えてしまうと，R波が正しく検出できなくなる．図9-1-5Bのように時定数を0.3秒程度まで短くすると，基線変動が抑えられる．図9-1-5Cは交流雑音（50Hzもしくは60Hz）が混入した例であり，Humフィルターを有効にすることで交流雑音を除去することができる．図9-1-5Dは，筋電位が混入してしまった事例であり，筋電位は比較的周波数が高いため，ハイカットフィルターを30Hz程度と低く設定することで，ある程度除去することができる．

(4) サンプリングと検出処理

適切に増幅，フィルター処理された心電図は，A/D変換装置によりデジタル化し，コンピュータで波形処理をするのが一般的である．A/D変換装置の性能は，サンプリングレートと分解能で示される（500kHz/16bit，10kHz/12bitなど）．心電図波形のなかでもっとも急峻な変化を示すのはR波の部分であり，サンプリングレートが低すぎるとR波を逃し，HRが正しく算出できなくなるが，高過ぎるとデータ過多となりコンピュータの処理資源を無駄に消費する．分解能に関しても，低すぎると正しくR波を検出するのが難しくなるが，分解能が高いほど装置が高価になる．一般に，心電図を適切に処理するには，1kHzのサンプリングレート，12bitの解像度があれば十分である．

心電図波形中のR波を検出し，1分間に出現する回数を調べればHRとなる．R波の検出は，用いる測定装置やソフトウェアによって様々な手法が用いられるが，ここでは一次微分波形を用いた手法を示す．図9-1-6Aにおける実線を心電図波形とすると，一回微分を行った波形は破線で示されるとおりである．一次微分波形は，原波形の傾きを示すため，破線が0クロスする点が原波形の極大点となるが（図9-1-6B），心電図にはいくつかの極大点があるため，この手法では都合が悪い．そこで，一次

微分波形が最大となる場所を探すと，これは原波形のR波の急峻な立ち上がりを示す部分となり，この点における一次微分値は，時定数フィルターで除去できないような基線変動が生じた場合であっても，比較的高い値を維持する。そこで，一次微分波形が一定値を超えた箇所（つまりある一定以上の傾きで原波形が立ち上がった場所）をR波出現位置とすると，安定した検出が可能になる。なお，ソフトウェアで微分処理を行う際は，平滑化微分処理を行うことで，細かなノイズ成分の除去を行いつつ，R波の検出に適した一次微分波形を得る事ができる（図9-1-6B）。

(5) 解析法

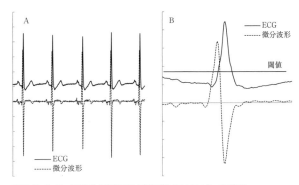

● 図 9-1-6　平滑化微分アルゴリズムによるピーク検出

心電図の原波形を，10ポイントの平滑化微分アルゴリズムで処理すると，図9-1-6Aの点線で描かれたような微分波形を得ることができる。特定の閾値を設け，閾値を超えた点をR波の出現位置とする（図9-1-6B）。より正確なR波の位置を調べたければ，閾値を超えた点の近傍で，心電図原波形が最大になる点を探せばよい。原波形の基線が変動したり，交流雑音が混入した場合も，閾値を適切に設定することで，R波を非常に高い確率でとらえることができる。

心拍数は前述のとおり，1分あたりの拍動回数を意味するが，心的な状態をより連続的に，あるいは細かい時間間隔でとらえるためには，連続するR波の間隔をms単位で測定して拍動間隔（inter beat interval: IBI）を求め，さらにHR=60000/IBIの式から，各拍動ごとに瞬時心拍数を求めるのが一般的である（図9-1-7）。精神生理学領域では，研究内容に応じてHRとIBIのどちらもが用いられるが，心臓の拍動が速くなると上方向にグラフが伸びる点で，HRの方が直感的に理解しやすい。IBIは，拍動が速くなるほど値が低下するため直感的に理解しにくいが，後述の心

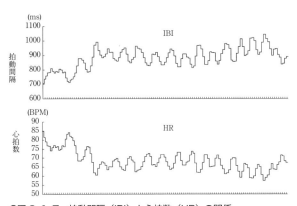

● 図 9-1-7　拍動間隔（IBI）と心拍数（HR）の関係

心電図のR波を検出し，IBIを求めると，そこからさらにHR=60000/IBIにより，瞬時心拍数を求めることができる。

拍変動解析ではIBIをms単位で求めて解析することが一般的であるため広く用いられている。

IBIや瞬時心拍数を求めて，時間経過にしたがった変化を示すと，心臓の拍動間隔は一定ではなく，ある程度の規則性をもってゆらぎ続けていることがわかる。最も簡単な確認法は，呼吸を深くしながら手首で脈をとってみることである。すると，息を吸う時に心拍数は上昇し，吐くときには下降することがわかる。このような呼吸に起因するゆらぎは，呼吸性不整脈（respiratory sinus arrhythmia: RSA）と呼ばれる。実際には，心拍の変動には，呼吸に由来するものだけでなく，体温調節や血圧調節を反映するものが含まれており，これらは総称して心拍変動（heart rate variability: HRV）と呼ばれている。このようなゆらぎの解析は，HR調整の背後に存在する自律神経系活動をより詳細に検討可能な手法として，近年盛んに用いられている。

IBIを求めて高速フーリエ変換（fast fourier transform: FFT），自己回帰モデル（auto regressive model），最大エントロピー法（maximum entropy method: MEM），ウェーブレット変換（wavelet transformation）等の周波数解析手法を用いると，図9-1-8下段

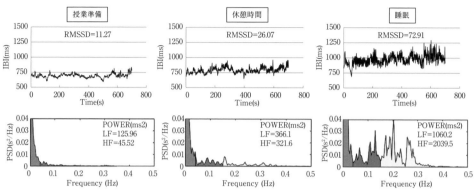

○図9-1-8 心拍変動解析の一例

に示されるようなパワースペクトルが求められる。これは，原波形にどのような周波数の波形が含まれるかを周波数帯域別に示したものであり，心拍変動解析の場合は，高周波（high frequency: HF）領域と，低周波（low frequency: LF）領域において，ふたつのピークが観察される。HFは呼吸性の成分を反映し，通常は0.15〜0.4Hzの帯域に存在する。一方，LFは，血圧調整の成分を反映し，0.04〜0.15Hzの帯域に存在する。これらのうち，LF成分が副交感神経（迷走神経）と交感神経の双方を反映するのに対し，HF成分は副交感神経（迷走神経）のみを反映するとされ，より詳細な自律神経活動評価法として広く用いられている（Grossman & Svebak, 1987; Katona & Jih, 1975）。

一方，周波数解析を用いずに，HRやIBIの変動性を評価する手法も広く用いられる。たとえば，連続する100拍分のR-R間隔を測定し，その標準偏差を平均値で割り100を掛けたものは，CV_{R-R}（coefficient of variation of R-R）と呼ばれ，HRVに関する指標の1つとして用いられてきた。糖尿病などで自律神経系に障害を生じた際，その値が減少することが報告されてきた（影山, 1983など）。近年では，24時間にわたり，単純に拍動間隔のSDを評価するSDNN，同様の手法を5分間程度の比較的短い期間で評価するSDANNなどが広く用いられる。SDNNは，心拍のあらゆる変動を反映するので，心拍変動性の総量と考えられる。一方，連続した心拍間隔の差の二乗平均平方根を意味するRMSSD（root mean square of successive differences）は，心拍の高周波帯における変動，つまり副交感神経系による心臓の調節機能を反映するものとして，こちらも近年頻繁に用いられる。他に，一定期間内の連続する拍動について，50ms以上の差があるケースが何個あるかを調べるNN50，個数ではなく比率を調べるpNN50などの手法が存在する。

4. 研究事例

HRは，生理心理学領域において最も基礎的な指標であるため，採用した研究事例は膨大な数にのぼる。それらの研究は，目的に応じて実に様々な範囲に及ぶが，ここでは分析の時間単位により大きく分類することとする。

最も一般的な研究は，何らかの精神的負荷を行った際のHR平均値を，分単位で比較する研究であろう。課題は，数分から数十分程度である場合が多く，先行する

安静状態(これも数分から数十分程度)からの変化量(これを反応性と呼ぶ)を求めるものである。心臓血管系生理心理学は,心臓血管反応性仮説(Manuck, Kasprowicz, & Muldoon, 1990; Manuck, 1994; 澤田, 2006)を前提とするものが多く,将来的な心臓血管系疾患に結びつく心理社会的要因を解明すべく,コントロールの有無(Obrist, 1981; Obrist et al., 1978; Light & Obrist, 1983),課題の難易度(Wright et al., 1986; Smith et al., 1990),社会的文脈(Veldhuijzen van Zanten et al., 2002; Smith, et al., 1990; 長野,2004; 長野,2005; 長野・児玉, 2005)など,様々な要因の検討が行われてきた。一般的にストレスを受けた際,HRは上昇すると思われがちだが,実際はそうとも限らない。たとえば,鏡映描写課題を行った場合,HRはしばしば減少方向の変化を示す(Inamori & Nishimura, 1995; 長野, 2004)。たとえストレス負荷課題であっても,視覚的な注意を伴う課題の場合は,HRは上昇しにくい傾向にあるため(図9-1-9),負荷が大きいほどHRは大きく上昇するという図式は,用いる課題によっては成立しない事を把握しておくべきである。これは,刺激に対する注意が,心臓迷走神経活動の亢進を誘発するためであると考えられている(Berntson et al., 1996; Lacey & Lacey, 1974)。このように,HRは心臓に対する交感神経と副交感神経の二重支配の結果であり,変化量の解釈には課題の質等を含め,注意を要する側面がある。ストレス負荷の定量化を目的とするのであれば,澤田(2006)に示されるとおり血圧変化を求めた方が妥当である。

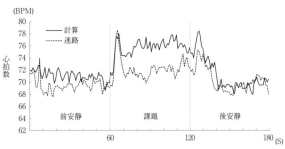

●図9-1-9 計算・迷路課題中の心拍数の変化

心拍数は,計算課題では6〜7BPM程度の上昇を維持したが,迷路課題では明確な上昇はみとめられない。どちらの課題も,課題開始直後,終了直後に,迷走神経活動の抑制を反映した急峻な立ち上がりが認められる。

　前述のような分単位での分析を前提とした研究のほか,秒単位でのHR変化から様々な心理現象を読み解こうとする研究も存在する。中でも精神生理学領域で重要な位置を占めるのは,犯罪捜査活動の一貫として行われるポリグラフ検査であろう。ポリグラフ検査は,被検査者が事件に関与した者でなければ知り得ない知識を有するか否かを,複数の生理指標の変化から判断しようとするものである。発汗にともなう皮膚電気活動や,呼吸活動,指尖容積脈波等の指標が用いられるが,HRもまたこれらの指標に劣らぬ有効な指標であることが知られている(小林ら, 2009; 小川ら, 2007)。このような検査では,事件に関連した者でないと知り得ない事柄を裁決項目とし,同じカテゴリーに属するが事件事実ではないものを非裁決項目とし,両者に関連した質問に対し,いずれも「いいえ」と回答した際の生理反応を比較する。HRに関しては,質問後5〜15秒間の期間で直前の値に比べ低下を示し,5〜20秒程度の期間において非裁決質問の場合に比較して裁決質問時に低い値を示す(廣田ら, 2003)(図9-1-10)。これらの検査では,裁決項目と非裁決項目に差を検出できるかが

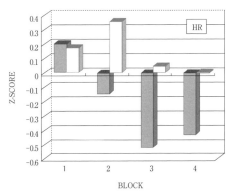

●図9-1-10 ポリグラフ検査時の心拍数の変動

質問後の心拍数は,5秒ごとのブロックに分割され,裁決質問(黒)と非裁決質問(白)のグラフで表示されている。裁決質問時に,心拍数は低下を示す。

問われるため，しばしば HR は参加者内，測定セッション内で標準化処理を施される。これは，HR 反応性の個人差を回避する上で有効な手段となる。このような手続きは，ポリグラフ検査だけでなく，様々な実験刺激，たとえば広告などに対する注意の量を比較する際にも有効な手法となりうる。

　秒単位での HR 変化は，感情画像提示時の反応が Lang グループにより詳細に調べられている。様々な画像を6秒間にわたり提示すると，HR は減少し，さらにその程度は中性画像より，快・不快画像で大きくなる（Bradley et al., 2001）。また，快画像に比べ不快画像を見た際の HR 低下はいっそう大きく，その持続時間も長い。不快画像に対する HR 低下は，画像の内容によってそれほど差がないのに対し，快画像提示時の HR 低下は，画像内容によって大きく異なり，自然や食べ物に比べ，異性のエロティック画像は大きな HR 低下を示す。不快画像を提示した際の HR 低下は，防衛反応の一貫として理解されている。このような脅威刺激に直面した時の HR 低下は，多くの動物に共通に見受けられるものであり，捕食者を見つけた時に生じるものである（Campbell et al., 1997）。このような HR 低下は，アトロピンの投与により減弱するため，防衛反応に伴い生じる HR 低下は副交感神経に媒介されると考えて良い。その際，HR の低下と同時に運動反応も抑制され，感覚器官を使って周りの状況を理解しようとする，感覚取り込み（sensory intake）状態となっていると考えられる。このような感覚取り込み状態は，快刺激に対しても生じるため，企業が販売する製品への興味などを評価する際，有効な評価基準となる可能性がある。

　心拍変動の高周波成分に関しては，先に述べたとおりそのほとんどが副交感神経由来と考えられるため，心臓迷走神経活動の特異的な指標としてもっぱら用いられてきた（Berntson et al., 1997; Berntson et al., 1993; Grossman & Wientjes, 1986）。上述の分単位の研究において，HR 変化の背景となる自律神経活動をより詳細に評価可能な指標として，血圧等，他の心臓血管系指標とともに併用されてきた。評定手法にもよるが，多くの周波数解析手法は，数回分の呼吸周期を測定期間に含むことを前提とするため，秒単位の変化を対象とした研究には心拍変動解析は不向きであると言える。いずれにせよ，これらの研究の多くは，心拍変動を各種の実験刺激に対する反応，あくまで従属変数として扱うものであった。しかしその後，心拍変動は，記憶課題やメンタルワークロード，注意など，認知活動との関連が注目されてきた。たとえば，連続記憶課題を行う際，成績に優れるものは，心拍変動の低下が少なく（Backs & Seljos, 1994），実行機能や計画を要する課題が，心拍変動を抑制する事が報告された（Middelton et al., 1999）。このような経緯を経て，当初従属変数として用いられていた心拍変動は，徐々に特性としても用いられるようになり，RSA の大きい乳児は，RSA の小さな幼児に比べ注意散漫になりにくい（Richards & Casey, 1991），安静時の迷走神経トーヌスは個人の注意容量と関連する（Suess et al., 1994），高 HRV グループは反応時間が速く，認知課題の正答率が高い（Hansen et al., 2003）などの報告がなされた。さらに，感情制御能力の高い個人は，安静時に高い心拍変動を示すことが示され（Thayer & Lane, 2009），これは，次々と生じる社会的な文脈の変化に，知覚や感情の機能を柔軟に対応させられることを意味すると考えられている。

5. むすび

　本章で紹介した研究の中でも，後半の心拍変動に関する研究は，特に独立変数として用いられるように変化してから，認知機能との関連だけでなく，個人の休息あるいは回復機能との関連が指摘されるなど（榊原，2014; Weber et al., 2010），多くの研究へと派生し，豊富な成果をあげている。一方で，これらの研究には難解な分析手法が用いられ，ハードルが高いように思えるかもしれない。しかし，いかに複雑な研究であっても，その起点は心臓の拍動間隔を測定するという，極めてシンプルな手法に基づいたものである。このような手法で求められた心拍数は，各種の心理的事象に対して鋭敏な変化を示し，今も昔も変わらず多くの初学者を魅了し続けている。このような心身相関現象への我々の強い興味は，自律系生理心理学研究を支える原動力とも言えるものであろう。誰もが体感する身近な現象であること，測定方法がシンプルなことは，一般社会の人々に生理心理学の成果を還元する上でも大きな利点となる。マイクロコンピュータやオープンソースハードウェアの普及により，コンパクトで安価な自作測定装置でも心電図は計測可能となり（長野，2012），さらに赤外線やマイクロ波を使用した非接触の心拍数測定も実用段階に入りつつある。今後は，各種の広告やエンタテインメントの評価など，ポジティブ感情を伴う身近な領域で，心拍測定は広く応用される事となるだろう。

2節　脈波

1. はじめに

　光センサーを用いて指先から測定される脈波（＝血管に伝わる心臓の拍動）のことを光電式指尖容積脈波という。光電式指尖容積脈波から算出される指標は，様々な刺激に鋭敏に反応するため，古くから生理心理的研究において用いられてきた。また，その名の通り光を用いる測定法のため，侵襲性が低く，手軽に測定できるという利点がある。光電式指尖容積脈波は，今世紀に入ってからも進化を続けている指標であり，近年では，スマートフォンによる計測も可能となっている。この節では，こうした特徴を持つ光電式指尖容積脈波について学習する。

2. 光電式容積脈波の基本

(1) 容積脈波

　心臓の拍動に伴い，血管に伝わる縦波のことを脈波と呼ぶ。脈波には2種類あるが，このうち，圧変動に注目したものを圧脈波といい，すなわち血圧である。もう1つは，容積変動に注目したもので，これが本節で扱う容積脈波である。通常，容積脈波という場合，心臓の血液駆出に伴い，ある部位の血管に生じる容積変化（脈動成分）を経時的に捉えたもの（＝グラフ化したもの）のことを指す。図9-2-1に，心電図と同時記録した光電式指尖容積脈波の記録例を示す。この波形の周期的変化成分に注目すると脈拍数（pulse rate: PR）が得られ，各周期の振幅成分に注目すると容積脈波（pulse volume: PV）が得られる。

　容積脈波において，血管内容積に変化を引き起こす原動力は，最高・最低血圧の差，すなわち，脈圧である。基本的に動脈は，血圧という内圧によりパンパンに張っている状態であるが，最低血圧時，血液が血管壁を外側に押す力は相対的に弱いため，血管はあまり広がっておらず，内容積も少ない（図9-2-2，左）。一方，最高血圧時，血液が血管壁を外側に押す力は相対的に強いため，血管は広がっており，内容積も大きい（図9-2-2，右）。血管内容積の変化は，この圧の差によって生じる。したがって，脈圧が存在しない場合には，容積脈波も存在しない。また，容積変化は，血管の伸縮に伴う物理的な変化であり，その変化には，微少ながらも時間を必要とする。そのため，圧脈波と容積脈波のピークには多少の時間差がある。

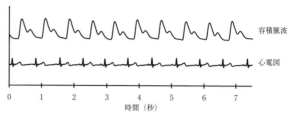

❶図 9-2-1　指尖部容積脈波（上）と心電図（下）の同時記録例

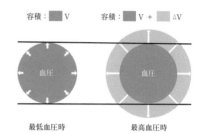

❶図 9-2-2　最低血圧（左），最高血圧（右）時における，動脈断面の模式図

　血管内容積の変化に影響を与える因子には，脈圧の他に，動脈の硬さがある。同じ脈圧であっても，動脈が硬ければ血管が広がりづらいため，血管内容積の変化は小さくなる。動脈の硬さに影響を与える因子は，器質的，機能的，機械的要因に大別でき，器質的要因とは，加齢や動脈硬化に伴う血管の構造的変化に基づく個人差のことを指す。機能的要因とは，精神的ストレスによって誘発される交感神経の興奮や，血流の増大に伴い血管内膜で生成されるNO（一酸化窒素）によって調節される血管緊張度（血管中膜にある平滑筋の緊張度）のことを指す。交感神経の興奮で機能的硬さは上がるが，NOの産出増大では硬さが下がる。機械的要因とは，平均動脈圧のことを指し，これが高いほど動脈はパンパンに張った状態になるため硬くなる。これは自転車のタイヤに空気を入れる時と同じで，空気が入っていない時は柔らかい（押すとフニャフニャしている）が，空気が入っている時は硬くなる（押しても凹まなくなる）のと同じである。

　心臓から駆出される血液は，左心室→大動脈→細動脈→毛細血管→静脈→大静脈→右心房の順に流れる。血管の構造は太さによって異なるため（血圧の節参照），その硬さに影響を与える要因も部位によって異なる。たとえば，大動脈では器質的，機械的要因が主であるが，容積脈波の主たる被測定部位である細動脈では，器質的，機能的，機械的，全ての要因が影響する。また，基本的に平均動脈圧は，末梢に行くに従って減少し，末梢では，動脈の柔らかさによって脈波の脈動成分が吸収され平坦化される。その結果，毛細血管では脈圧がほぼ0になり血液の流れもほぼ一定になるため，毛細血管では脈動が消失する。

　脈波は，動脈が存在する限り，体の隅々まで伝達する。ただし，その伝達には多少の時間を要する。これを脈波伝播時間という。たとえば，心臓から橈骨（手首）動脈までは150 ms程度かかる。橈骨動脈に指を当てれば，その一端を脈として感じ取ることが出来るが，同時に胸にも手を当てて心臓の鼓動を感じれば，そこにはっきりと時間差があることが分かる。図9-2-1で，心電図のR波（ピーク）と容積脈波のピークがずれているのは，R波を生じる心臓内の電気的興奮から血液の駆出までに約100

ms程の時間を要すること,血液の駆出によって生じる脈波が指尖部に達するまでに時間がかかること,の2つの遅れが重複した結果である。

(2) 光電式容積脈波の測定原理

光のうち,700 nm～1200 nm近辺の近赤外光は,生体内を非常に良く透過する。そのため,この領域のことを「生体の窓」という。生体の窓より波長が長くなっても短くなっても,それぞれ水および生体組織による光の吸収が高くなるため,透過性は下がる。なお,645 nm程度の赤色光領域では,相対的にまだ吸収度が低いため,薄い組織なら透過する。たとえば,太陽の様な非常に強い白色光に手をかざすと赤く見えるのは,より波長の短い青や緑色光が吸収される反面,赤色光のみ透過するからである。図9-2-3に,4人から撮影した,手首部分の810 nm近赤外光透過写真を示す。

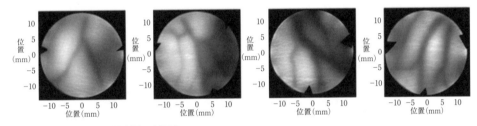

●図9-2-3　手首の近赤外線反射写真

図9-2-3で木の枝状に黒く映っている部分は動脈である。血液中に存在するヘモグロビンは,他の生体組織より吸収度が高いため,このように黒く映る。黒い部分と白い部分の境界が明白でなく若干ぼやけているのは,生体組織による光の散乱(乱反射)の影響である。生体組織は極めて散乱の強い媒体であることが知られている。なお,写真では確認できないが,体中に編み目のように張り巡らされている毛細血管や静脈に多くの血液が蓄えられているため,この分だけ全体的に暗く映っている。

図9-2-3を動画として撮影すると,心臓の拍動に伴い,全体の平均明度が微小に増減する。これは,心臓の拍動に伴って動脈の容積が増減し,黒く映る血管部分の面積も微小に増減するためである。そして,この平均明度の変化を経時的に表したものが,図9-2-1で例示したような光電式指尖容積脈波(finger photo-plethysmogram: FPG)となる。光電式指尖容積脈波では,明るい方が血液による吸収が少ないため,血管内容積が小さい。

(3) 光電式容積脈波測定の基礎

指の腹側には,指骨の左右に動脈が走っており,また指尖部の爪の付け根では,細動脈がとぐろ状に走っている。このように指は動脈が密に存在する部分であり,大きな脈波が観測できるため,光電式容積脈波の測定に適した部位である。

指尖部における容積脈波の測定には,通常,発光部に近赤外線の発光ダイオード(light emitting diode: LED),一方,受光部にフォト・ダイオード(photo diode: PD)ないしフォト・トランジスター(photo transistor: PTr)という半導体素子を用いる(図9-2-4)。図9-2-3のようにカメラなどを用いて光を面として捉える必要はなく,充電センサーを用いて光を点として捉えられれば良い。脈波センサーは,発光

ダイオードとフォト・ダイオードの配置の仕方によって，透過型と反射型に分かれる。透過型のセンサーは発光ダイオードとフォト・ダイオードが独立しているが，反射型のセンサーは発光ダイオードとフォト・ダイオードの双方が1つのセンサーの中に収まっている。

図9-2-5に，波長810 nm，透過型の設定で測定した光電式指尖容積脈波の具体例を示す。図のDC波形は脈波の直流成分と呼ばれるもので，いわゆる，測定された生波形である。慣例に沿い，センサーからの出力電圧を正負逆転することで，アンプ出力値が大きい方が容積の大きい方，したがって，受光光度が小さい向きになるようにしている。心臓の拍動に伴う光強度の増減は非常に微弱であるため，実際にはDC波形に脈動成分が乗っているものの，図の縮尺では小さすぎてほとんど見えていない。光の吸収のほとんどは，組織や，全血液の6～7割を蓄えている毛細血管あるいは静脈内に存在する血液，脈動とは関係なく動脈内に存在する血液で行われる。

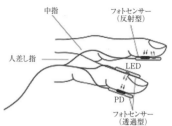

●図9-2-4 反射型（上），透過型（下）による光電式指尖容積脈波の測定 (Lee, Matsumura, Yamakoshi, Rolfe, Tanaka, Kim, et al., 2013を一部改変)

LED：発光ダイオード，PD：フォト・ダイオード

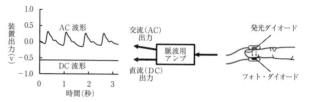

●図9-2-5 光電式指尖容積脈波（FPG）の測定例

一方，図のAC波形は脈波の交流成分と呼ばれるもので，いわゆる，脈動成分である。DC波形からオフセット（直流）分をカットした上で，微小増減を増幅した波形である。パソコンにサンプリングして波形を取り込む場合，実際には，DC波形だけでも解析は行えるが，記録時のダイナミック・レンジの確保や，見やすさの向上という理由でAC波形も用いられる。一般に，光電式指尖容積脈波という場合，こちらのAC波形を指していうことが多い。図9-2-1として載せているのもAC波形である。

(4) 光電式容積脈波から算出できる代表的な生理指標

1）脈拍数

光電式容積脈波のAC波形を時系列的に分析すると，脈拍数（pulse rate: PR）を求めることが出来る。AC波形において隣り合うピーク同士の間の時間を脈拍間間隔（inter-beat interval: IBI，単位はms）とすると（図9-2-6），脈毎の脈拍数（単位はbeats per minute: bpm）は以下の式で算出できる。

$$PR = 60000 / IBI \quad \cdots\cdots\cdots\cdots\cdots\cdots\cdots\cdots\cdots\cdots\cdots (1)$$

脈拍数は，心電図のR-R間隔から求めた心拍数（heart rate: HR）とほぼ同じ値を示す。ただし，厳密に同一の値にはならない。これは，脈波伝播時間（R波から脈波のピークまでの間）が必ずしも一定ではなく，これが誤差要因となるためである。また，R波が存在していても，末梢で脈拍を検知できない場合があり（＝脈拍欠損），この際には，心拍数＝脈拍数という等式はそもそも成り立たない。

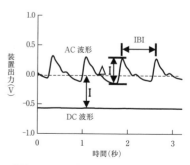

●図9-2-6 光電式容積脈波（FPG）の解析例

2) 脈波容積

光電式容積脈波の AC 波形の振幅 ΔI を，脈波容積（pulse volume: PV）という。古くから生理心理学的研究で用いられてきたのは，これである。脈波容積は，精神的ストレス課題，寒冷昇圧課題，定位反応誘発刺激などによって減少する（e.g., Miller & Ditto, 1989; Bloom & Trautt, 1977; Furedy, 1968; Smith et al., 1985）。これは，α（アルファ）アドレナリン作動性の交感神経興奮により，細動脈が締まった結果として生じる現象である。

脈波容積は，脈動に伴って血管に生じる容積変化を反映する指標である。ただし，PV は光量変化をボルト（V）として表したものであるため，容積変化そのものとイコールではない。したがって，文字通り脈波容積という為には，PV の単位であるボルト（V）を，容積に変換する作業が必要となる。

3) 基準化容積脈波

脈動に伴う光量変化を，容積変化に変換した指標が基準化脈波容積（normalized pulse volume: NPV, Sawada et al. (2001)）である。基準化脈波容積は以下の式で算出される。

$$NPV = \Delta I / I \; (\propto \Delta V) \quad \cdots \quad (2)$$

ここで ΔI は脈波容積 PV，I は直流成分 DC（図9-2-6），$\propto$ は比例，ΔV は脈動に伴う動脈の容積変化である。なお，I の値は，ΔI を算出したのと同じ区間の I を用いる。たとえば，ある ΔI の立ち上がりと頂点がそれぞれ，測定開始から 1.8，1.9 秒目だったとすると（図9-2-6），この拍の NPV の算出に使う I の値は，1.8～1.9 秒区間の I の値を平均して求める。また，通常 AC（ΔI）には測定装置側で倍率が乗じてあるので，NPV の算出に際し，あらかじめこの倍率で徐しておくのを忘れないようにする。

基準化脈波容積の算出の元になっているのは，希釈溶液中の媒質濃度と，光の吸収度との関係を表すランバート・ベールの法則である。ランバート・ベールの法則とは，$-\ln(I/I_o) = \varepsilon C L$ と表されるもので，ここで，I_o は入射光強度，I は透過光強度，ε はモル吸光係数，C は媒質のモル濃度，L は光路長である。この式は，黄色や赤色などの水溶液に光を当てた場合，入射光の強さと観測される透過光の強さの比の対数が，水溶液に溶けている媒質のモル濃度，モル吸光係数，および，入射から観測地点までの光路長（距離）の積に比例する，という関係性を表したものである。たとえば，溶媒が濃ければ濃いほど，光路長が長ければ長いほど，光はよく吸収される。

基準化脈波容積の算出では，この法則を指尖部に適用する。具体的には，生体における光の吸収を，骨や脂肪などの組織成分，静脈血成分，動脈定常成分，動脈拍動成分の総和であるとの式を立て，各成分のモル吸光係数とモル濃度が一定，かつ，光路長は容積と 1：1 関係にあると仮定すると，(2)式が導かれる。(2)式の直前の式は以下である。

$$\Delta V = -(\varepsilon C)^{-1} \Delta I / I \quad \cdots \quad (3)$$

ここで ΔV は脈動に伴う動脈の容積変化，ε は動脈・静脈血の平均モル吸光係数，C は動脈・静脈血の平均モル濃度である。(2)式より $NPV = \Delta I / I$ であるため，(2)式の比例定数は，$-\varepsilon C$ である。

(3)式が意味する所は，NPV が ΔV に比例する為には，比例定数 $-\varepsilon C$ が一定でなければならない，という点である．ここで C は既述の通り，動脈・静脈血の平均モル濃度であるが，具体的には，血中のヘモグロビンの濃度，すなわち，血液中に赤血球が占める割合であるヘマトクリット値と等価である．貧血，脱水症状，出血，その他の疾病により増減するが，ほとんどの場合において，光電式容積脈波測定中に劇変するようなものではない．また，動脈と静脈血で違うということも一般にはない．

一方，動脈・静脈血の平均モル吸光係数 ε は，酸素化（動脈血中）・脱酸素化（静脈血中）ヘモグロビン毎に，光の波長によって異なる（Giltvedt et al., 1984）．その上，動・静脈血量の比率も一定であるとの仮定は立てにくい．たとえば，精神的ストレス負荷時など，交感神経の活動亢進時には，毛細血管や静脈に蓄えられている血液量が減るからである（Tanaka & Sawada, 2003）．ただし，酸素化・脱酸素化ヘモグロビンのモル吸光係数が等しくなる 804 nm（等吸収点）の近赤外光を用いれば，平均モル吸光係数 ε は，動静脈血量の比率から影響を受けなくなる．あるいは，940 nm 付近等の，酸素化・脱酸素化ヘモグロビンのモル吸光係数が広域にわたって一定している近赤外光を用いれば，動静脈血量の比率から受ける影響を最小限に留めることが出来る．

3. 実場面における光電式指尖容積脈波の測定

(1) 装着方法と光量

反射型の一体型センサーは，通常，指の腹側に装着する．一方，透過型のセンサーは，通常，発光部（LED）を指の背側に，受光部（PD or PTr）を腹側に装着する（図9-2-4）．透過型センサーの詳細な取り付け位置は，発光素子が爪の根元直近の皮膚に，受光部が，指を挟んでちょうどその反対側になるようにする．センサーの配置によって，測定値が変わることに注意が必要である．たとえば，図9-2-7左上に示すように，発光素子を爪の根元に配置し，受光素子を3か所に配置して同時測定をすると，脈拍数はほぼ同一であるが，脈波容積と基準化脈波容積は部位によって異なる．

装着時，センサーはテープでしっかりと指に固定するのが良い．具体的には，テープを10 cmくらいの長さに切り，センサー全体を覆うようにグルグル巻きにする．ただし，きつく巻くと測定値に影響を与える上（血圧の章を参照，テープによる締め付けは血管外圧になる），鬱血して指が痛くなるので，意識的に緩く，ただし，弛みが生じない

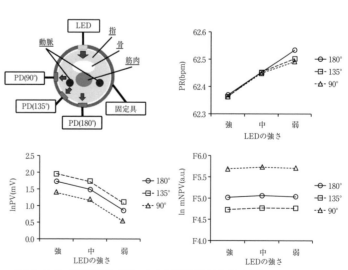

図9-2-7 測定位置と光量による容積脈波関連指標の変化
(Matsumura et al., 2018 を改変)

左上：指の断面図，手前が指先側．右上：脈拍数（PR），左下：脈波容積（PV），右下：修正基準化脈波容積（mNPV）．ln：自然対数，LED：発光ダイオード，PD：フォト・ダイオード

ように巻く。リード線も手首などに固定し，被測定者の体動に伴うリード線の揺れがセンサー部に伝わらないようにする。

　測定部位の高さは，心臓位置に合わせる。これは静水圧（血圧の章参照）により血圧は変化する一方で，容積脈波の振幅が血圧の関数となっているためである（Tanaka & Sawada, 2003）。被測定者毎に測定位置が違うと，この高さの違いが誤差要因になる。

　光電式容積脈波測定装置には，通常，発光素子の光量調整機能が備わっている。光量をどのくらいにするかは難しいところであるが，原則としては，振り切れない範囲でなるべく大きくするのが良い。図9-2-7に示されているように，光量それ自体は，脈拍数と基準化脈波容積の測定値に影響を与えないが，脈波容積には影響を与える。そのため，脈波容積を用いないのであれば，光量はあまり気にしなくて良いとも言えるが，実際には，データを取り込む際のA/D変換の解像度には限りがあり，また解析時の視認性も確保しなければならないと言う事情がある。ただし，被測定者が実験室に来た直後は，温度変化や緊張により，本来の安静状態より小さい振幅の場合が多いので，最初に上げすぎると計測途中で振り切れる場合があることに注意が必要である。

(2)　外乱光の影響

　日本の商用電源は，糸魚川を挟み東日本で50 Hz，西日本で60 Hzの交流として提供されている。肉眼では確認出来ないものの，実際にはこの周波数で蛍光灯は明暗を繰り返しているため，蛍光灯下での測定では，脈波波形にはっきりとした波として乗る。この対策としては，1つに，黒い布を被測定部にかけて完全遮光するという方法がある。遮光の際は，覆うのは被測定部位だけでなく，手首まで含めた手のひら全体とする。これは，近赤外光は非常に透過性が高いため，指を覆うだけでは，光が生体組織内を回り込んで受光部に届いてしまうからである。あるいは，根本的な対策として，チョッパー回路付きの装置を使うという方法がある。チョッパー回路とは，オン・オフを繰り返す電子回路のことである。チョッパー回路付きの装置では，高速に発光ダイオードをオン・オフさせた上で，発光ダイオードがオンの時とオフの時の受光素子の出力値の差分値を出力することで，環境光の影響をキャンセルすることが出来る。これは，環境光の影響が，高速動作に基づく微小時間において，発光ダイオードのオン時とオフ時の双方に一定に入るとみなせるためである。

(3)　アーティファクトの影響

　光電式容積脈波は，心電図などと比べてアーティファクトに弱い指標である（Allen, 2007）。そのため測定時には，被測定者に安静を保ってもらい，装着部の体動をできるだけ押さえるようにする工夫が必要である。具体的には，既述のコードを体に止めて固定したり，腕をなるべく動きづらい位置に置くようにするなどの工夫を行うことで，仮に動いたとしても，その影響を最小限にできるようにする。ただし，いくら工夫しても，被測定者の体動を完全にゼロにすることは不可能である。そのため，当該区間を除いてデータ処理をするなどの，何らかの個別対応がどうしても必要となってくる。

(4)　ローパス・フィルターの設定

　脈波は，動脈を伝わっているうちに，その波形が変化する。1つは末梢で生じる脈波の閉端反射によって波形が鋭くなる変化で，1つは動脈の柔らかさで脈動成分が吸

収されて波形が平坦になる変化である．Kamal et al. (1989) や Hayes & Smith (2001) によると，容積脈波に含まれている信号成分の 95% は DC から 5 Hz，あるいは，心拍数の 3 倍高調波まで（たとえば心拍数が 100 bpm のとき，その 3 倍高調波は 5 Hz になる）に含まれている．そのため，この周波数以上，かつ，商用電源の周波数以下のどこかにローパス・フィルターのカットオフ周波数を設定すると良い．たとえば，近年の著者らの論文では 30 Hz を用いている（Lee, Matsumura, Yamakoshi, Rolfe, Tanaka, Kim, et al., 2013）．

(5) 容積脈波の典型的な反応

脈波は，精神的ストレス負荷や，定位反応誘発刺激などに鋭敏に反応する指標である．図 9-2-8 に，安静時，暗算課題遂行時，定位反応誘発刺激提示時において，レーザードップラー血流計と同時計測した脈波波形（波長 810 nm，透過型）の具体例を示す．ここでレーザードップラー血流計とは，皮膚における血流量を測る装置であり，その値は，αアドレナリン作動性の交感神経興奮の指標である（低いほど興奮度が高い）．

安静状態（図 9-2-8 上）では，脈波はしばしば，ふらふらしていることが観察される．定期的に揺れる波は，毎分 10 回程度の呼吸による影響や，メイヤー波（e.g., Julien, 2006）と呼ばれる約 10 秒周期の自律神経の自発的動揺により生じる．一方，一過性の変動は，ピクッと体が動いたり，椅子に座り直したりする等の体動アーティファクトや，急に何かを思い出したりする等の精神活動によって生じる．ただし，脈波に一過性の変動を与える要因は多様であるため，波形のみから，その原因を特定するのは困難である．

精神的ストレス課題は，心拍（脈拍）数が上がるもの，それほど変化しないもの，あるいは，減少するもの等に分類できるが（澤田，2001），ここでは（図 9-2-8 中），安静状態に比べて脈拍数が上がっているのが見て取れる．また，脈波の振幅が小さくなっていることも確認できるが，精神的ストレス負荷時には，脈拍数の変化の方向性とは関係なく，脈波の振幅は一貫して小さくなるのが特徴である．これは，脈圧こそ若干上昇するものの，交感神経興奮による細動脈の収縮と平均動脈圧の上昇が大きいため，総合すると脈波の振幅は減少するからである．

定位反応誘発刺激提示（図 9-2-8 下）では，刺激提示直後に減少し，その後，安静水準まで回復する．一般に，脈波の振幅が最低になる時刻は，皮膚コンダクタンス反応のそれよりも遅くなる．

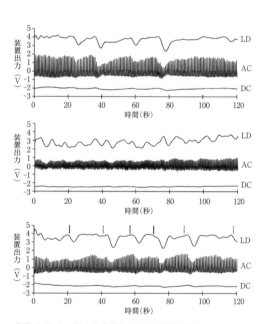

図 9-2-8　様々な条件における脈波波形
上：安静時，中：暗算課題実施時，下：定位反応誘発刺激提示時（グラフ中の縦線の所で刺激を提示），LD：レーザードップラー血流計で計測された皮膚血流量，AC：光電式指尖容積脈波 AC 波形，DC：光電式指尖容積脈波 DC 波形

4. 脈波測定の展開

(1) 反射型と透過型

生体組織は希釈溶液とは違い，実際には極めて散乱の多い媒質である．すなわち，生体に入射した光は，内部で乱反射を繰り返し，あるものは吸収され，また，ある

ものは透過し，最終的に外部に出てくる（図9-2-9左：カラー口絵参照）。これは，生体透過性の高い「生体の窓」領域でも当てはまる。そのため，希釈溶液という散乱の極めて少ない媒質に対して適用されるランバート・ベールの法則を指尖部に適用できるかどうか，は議論のある点である。

そこで，この点が問題とならないように，最初から散乱を前提とする修正ランバート・ベールの法則，$-\ln(I/I_o) = \varepsilon C L + S$（ここで，$I_o$ は入射光強度，I は透過光強度，ε

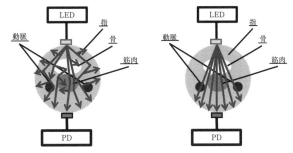

●図9-2-9 指の断面における近赤外光（赤い矢印）の経路の模式図→カラー口絵参照
左：現実的なモデル，右：散乱がないと仮定する場合のモデル
LED：発光ダイオード，PD：フォト・ダイオード

はモル吸光係数，C は媒質のモル濃度，L は光路長，S は散乱減弱係数）を用いて式展開する方法があり，これを用いて算出されるのが修正基準化脈波容積（modified NPV: mNPV）である（Lee, Matsumura, Yamakoshi, Rolfe, Tanaka, Kim, et al., 2013; Matsumura et al., 2018）。mNPV の算出式を以下に示す。

$$mNPV = \Delta I / I \ (\propto \Delta V) \quad \cdots\cdots\cdots\cdots\cdots\cdots\cdots\cdots\cdots\cdots\cdots\cdots\cdots \quad (4)$$

ここで ΔI は脈波容積 PV，I は直流成分 DC（図9-2-6），$\propto$ は比例，ΔV は脈動に伴う動脈の容積変化である。(4)式における右辺の計算部分は，(2)式のそれと全く同じであり，したがって，当然のことながら，図6から算出される NPV と mNPV は全く同じ値となる。しかし，修正基準化脈波容積は生体における散乱を前提とした指標であるため，散乱の有無が問題になることはない。見方を変えれば，これまで NPV を算出していたつもりであったとしても，実質的には，mNPV を算出していたことに他ならないため，結果的に，散乱は問題となっていなかったと考えることができる。

(4)式が(2)式と決定的に違う点は，「$\propto \Delta V$」の部分の比例定数である。(3)式より，(2)式の比例定数は $-\varepsilon C$ であったが，(4)式の比例定数は，以下に示す(4)式の直前の式

$$\Delta V = -(k \varepsilon C)^{-1} \Delta I / I \quad \cdots\cdots\cdots\cdots\cdots\cdots\cdots\cdots\cdots\cdots\cdots\cdots \quad (5)$$

より，$-k \varepsilon C$ となる。ここで k は，容積（光路）補正係数と呼ばれるもので，光の散乱に伴う平均光路長の伸長度を表す値である。つまり，発光部から受光部まで散乱なく光が直進する場合に $k = 1$ となる。そして，光が散乱し，発光部から受光部まで折れ曲がって光が届く場合，直線で届く場合と比べて光路長が長くなる分だけ k は1より大きくなる。ただし，1回の折れ曲がりで受光部に届くものもあれば，複数回の折れ曲がりで受光部に届く場合もあり，さらには，同じ1回の折れ曲がりでも，どこで折れ曲がるかによって光路長は異なってくる（図9-2-9左）。そのため，k は，これら全てを平均した値となる。

修正基準化脈波容積の導入により特に恩恵を受けるのは，反射型脈波である。図9-2-4上にあるように，反射型脈波測定装置のセンサーは同一平面上に配置されているため，発光部から出た光は散乱せず直進するのみ（図9-2-9右），というランバート・ベールの法則を前提とすると，なぜ現実に反射型で脈波が測定できるのか，という疑問に答えるのが難しい。ただし，生体は強散乱体であるという現実的な前提（図

9-2-9左）に立ち，修正ランバート・ベールの法則から導かれる修正基準化脈波容積を用いることで，この疑問はすっきり解決し，反射型においても ΔV に比例する指標が得られることが分かる。

ここで図 9-2-10 に，寒冷昇圧課題実施中の 16 人の参加者から，図 9-2-4 のセッティングで反射型と透過型脈波（共に波長は 940 nm）を同時計測したときの，ln mNPV の反応性（＝課題値－安静値）の相関図を示す。ここから分かるように，両者はきれいに相関する。ただし，ln mNPV の安静値そのものは大きく異なっており，透過型では－3.2 程度，反射型では－6.2 程度であった。この違いは，容積（光路）補正係数 k の違いや，光路自体の違いに起因すると考えられる。

(2) 近赤外光と可視光

光電式容積脈波の測定は，これまで，生体透過性の良い近赤外光（生体の窓）領域で行うのが常識であった。ただし，反射型を用いれば可視光でも測定できる。可視光を用いる光電式容積脈波は，近赤外光を用いるものと比べ，より浅い領域，具体的には皮膚領域，を測定するという特徴がある（Giltvedt et al., 1984）。また，これまでの研究から，可視光，特に緑色光脈波は，体動アーティファクトに強いことが分かっている（Maeda et al., 2011; Matsumura et al., 2014）。

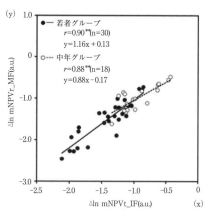

●図 9-2-10　反射型と透過型脈波それぞれから算出される修正基準化脈波容積の Δ 差分値（＝課題値－安静値）の相関図（Lee, Matsumura, Yamakoshi, Rolfe, Tanaka, Kim, et al., 2013 を一部改変）
ln：自然対数，NPV：基準化脈波容積，MF：中指，IF：人差し指

ここで図 9-2-11 に，被測定者が意図的に手を周期的に振っている際，810 nm 近赤外光透過型脈波と 530 nm 緑色光反射型脈波，および，3 軸の加速度を同時に測定した例を示す。近赤外光脈波と緑色光脈波の被測定部位には，同一の体動アーティファクトがかかっていたにも関わらず，緑色光脈波の波形は，ほとんどその影響を受けていないことが見て取れる。脈波は一般に，その他の生理指標，たとえば心電図などと比べ体動アーティファクトに弱い測定指標である為（Allen, 2007），緑色光脈波の利用は，体動アーティファクトが無視できない状況，たとえば日常生活中での測定などで，特に威力を発揮するものと思われる。

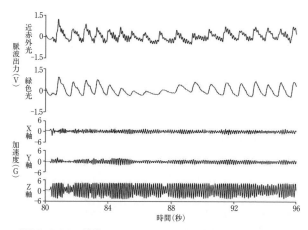

●図 9-2-11　体動アーティファクトが，近赤外光，緑色光脈波に与える影響（Lee, Matsumura, Yamakoshi, Rolfe, Tanaka, & Yamakoshi, 2013 を一部改変）

可視光脈波は，緑色光以外にも，たとえば，青色光や赤色光などでも測定することが出来る。ただし，緑色光脈波利用が推奨される。この理由としては，第 1 に，青色光と緑色光脈波の体動アーティファクト耐性は，赤色光（645nm）脈波のそれよりも高い（Lee, Matsumura, Yamakoshi, Rolfe, Tanaka, Kim et al., 2013; Matsumura et al., 2014）。第 2 に，530 nm（緑色光）近辺では，酸素化・脱酸素化ヘモグロビンの吸収係数が等しい。第 3 に，高輝度の緑色発光 LED は入手しやすい。第 4 に，緑色光 LED と PD

が一体化した製品が既に市場に出回っている，といった点を挙げることができる．このように，緑色光脈波は有利な点が多いため，可視光脈波を使う場合，特別な理由がないのであれば，緑色光を選択するのが良いだろう．

(3) スマートフォンを用いた反射型・可視光容積脈波測定

近年，携帯電話と携帯型情報機器端末が一体化したスマートフォンが爆発的に普及している．通常，スマートフォンの背面には，ビデオカメラと，暗い所でも撮影できるフラッシュライトが備え付けられている．そこで，これらを利用して，スマートフォン本体のみから，反射型・可視光容積脈波を測定するアプリが開発されている．

図9-2-12に，スマートフォンを使用した測定風景の模式図を示す（Matsumura et al., 2015；松村ら，2016）．光源となるフラッシュライトと，受光センサーとなるCMOSカメラを同時に指で覆うだけで簡単に測定することが出来る．

現在，スマートフォン脈波測定を可能とするアプリは40本程存在するが（Martinez-Perez et al., 2013），精度検証が行われているのは僅かである．しかし，iPhysioMeter（Matsumura et al., 2014; Matsumura & Yamakoshi, 2013）や，TACHL（Gregoski et al., 2012）などの計測アプリでは，既に精度評価が行われており，その結果，図9-2-13の緑色光脈波と基準指標との同時測定の相関図が示すように，かなり正確に測定できることが分かっている．スマートフォンであるという限界を踏まえた上で上手く活用することが出来れば，日常生活下における測定など，色々と応用が可能と思われる．

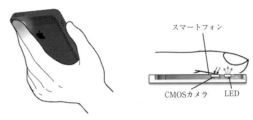

●図9-2-12 スマートフォン本体のみを用いた光電式容積脈波の測定（Matsumura et al., 2015；松村ら，2016）

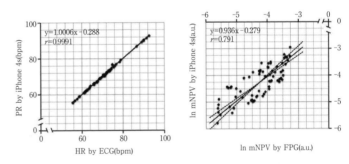

●図9-2-13 スマートフォン光電式容積脈波と基準指標との相関図（Matsumura et al., 2014を一部改変）

心拍数：HR，脈拍数：PR，心電図：ECG，基準化脈波容積：mNPV，充電式指尖容積脈波：FPG，自然対数：ln

3節　血圧

1. はじめに

血管内に存在する血液それ自体の圧のことを「血圧」という．血圧は，心臓と血管から構成される循環系を総合する最上位の変数であり，その値そのものが高血圧の診断に直結している指標である．加えて，非観血的な方法を用いて比較的容易に測定可能という特徴がある．そのため血圧は，心臓血管系の生理心理学において，心拍数と並び最も頻繁に測定される指標の1つとなっている．本節では，こうした特徴を持つ「血圧」について，循環系の生理学的基礎，各種測定法，様々な刺激に対する反応の

仕方といった観点から学習する。

2. 心臓血管系の基礎

(1) 心臓

ヒトの心臓は体のほぼ中央に位置する握り拳大，約300 g 程度の器官であり，血液を全身に送り出すポンプの役目を果たす。ヒトの心臓は，全身から戻った血液が肺に向かう右心系と，肺でガス交換を行った血液が全身に向かう左心系に分かれている。右心系・左心系のそれぞれは，さらに心房と心室とに分かれており，心房は低圧の静脈系から流れ込む血液を蓄えるタンクの役割を，心室は蓄えられた血液を受け入れて駆出する役割を果たす。図9-3-1に心臓の基本的構造を示す。

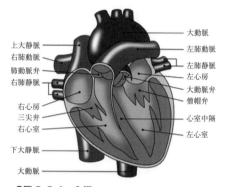

○図9-3-1 心臓（北海道心臓協会，2014a）

心臓は，心房－心室の順で収縮・弛緩を繰り返している。その1周期を1心周期と呼び，収縮期と拡張期の区分は，心室のそれをもって分けられる。この典型的割合は，1心周期が0.8秒の場合（心拍数＝75 bpm），収縮期は約0.3秒，拡張期は約0.5秒である。図9-3-2に1心周期に生じる諸現象を示す。

収縮期の前半（図9-3-2のa）は，等容性収縮期と呼ばれ，動脈弁・房室弁が共に閉じている段階である。収縮により心室内圧が上がると，房室弁は閉鎖し，心室内の血液容積が一定のまま圧のみが上昇する。心室内が基幹動脈圧を超えると，大動脈弁・肺動脈弁が開き，次に移る。

収縮期の後半（図9-3-2のb）は，拍出期と呼ばれ，心室内の血液が幹動脈に駆出される時期で，動脈弁が開いてから閉じるまでの区間である。心室内圧が動脈

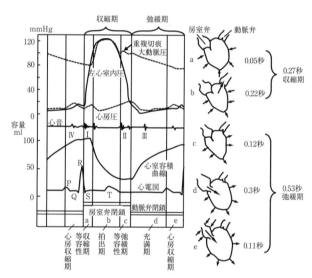

○図9-3-2 1心周期に生じる諸現象（岡田，1984）
右図はa〜eそれぞれにおける心臓の状態

圧を超えて血液の駆出が始まっても，心室内圧は上昇を続ける。やがて最高圧に達した後，圧は下がり始め，これが動脈圧より低くなった瞬間に動脈弁は閉鎖する。この際，一時的に幹動脈の血液は逆流し，これが動脈弁に衝突することで，動脈圧に反動性の隆起である重複切痕（diastolic notch）を生じさせる。

拡張期の初期（図9-3-2のc）は，等容性弛緩期と呼ばれ，動脈弁・房室弁が共に閉じている段階である。動脈弁閉鎖後，心室の弛緩に伴い内圧は低下するが，これが房室内圧より高い間は，房室弁は閉じたままである。

拡張期の中間（図9-3-2のd）は，充満期と呼ばれ，心房内の血液が心室内に流入する時期で，心房弁が開いてから閉じるまでの区間である。

拡張期の末期（図9-3-2のe）は，心房収縮期と呼ばれ，心室収縮に先立って心房

が収縮する時期である。心房収縮により，さらに血液は心室に流れ込む。

(2) 血液の循環

心臓により駆出された血液は，約1分かけて全身の血管を通り各組織に環流し，再び心臓に戻る。血液の循環は，体循環と肺循環とに分かれており，これらは，左心→体→右心→肺→左心という経路で直列につながっている。図9-3-3に体循環の模式図を示す。

体循環は，細かく見ると，左心室→大動脈→細動脈→毛細血管→静脈→大静脈→右心房の順につながっており，流量は安静時におよそ5 L/minである。心臓から駆出される血液量のことを心拍出量と呼ぶ。体の各器官は，心臓から見ると並列に接続されており，安静時には，各器官への配分比率はおおよそ一定である。その割合は，脳が約14％，心臓（冠環流）が約5％，肝臓が約28％，腎臓が約23％，骨格筋が約16％，皮膚が約8％，その他が約6％となっている。

肺循環は，右心室→肺動脈→毛細血管→肺静脈→左心房の順につながっており，流量は，体循環と同様におよそ5 L/minである。肺循環は血管抵抗が少ない為，肺動脈の血圧は体動脈の血圧と比べ著しく低い。

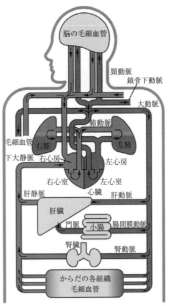

○図9-3-3 体循環（北海道心臓協会，2014b）

(3) 血管

血管は，血液を体の隅々まで張り巡らされた器官であり，血液を通す管となる役目を果たす。成人の血管の総長は10万kmにも及ぶ。血管は，その構造や機能から，大動脈，動脈，細動脈，毛細血管，細静脈，静脈，大静脈に分類される。血管壁は動脈において良く発達しており，原則として外膜，中膜，内膜の3層構造を持つ。外膜は結合組織，中膜は平滑筋・弾性線維（エラスチン）・膠原線維（コラーゲン），内膜は内皮細胞・膠原線維から成る。図9-3-4に血管の分類とその基本構造を示す。

大動脈やその分岐部（総頚動脈や腕頭動脈）などの太い動脈は，中膜に弾性線維を豊富に含むため，弾性動脈と呼ばれる。弾性動脈は，心臓の収縮に伴うエネルギーを一部血管壁に蓄え，拡張期にそれを圧として放出するというクッションの役割を果たす。弾性動脈には膠原線維も豊富に含まれているため，内圧によって進展しすぎないようになっている。大動脈内の血流速度は約30 cm/secである。

細動脈は，弾性動脈より末梢にあり，平滑筋を主体とする中膜を持つ。細動脈の中膜平滑筋には自律神経が分布しており，神経活動による平滑筋の収縮・弛緩によって血管内径をダイナ

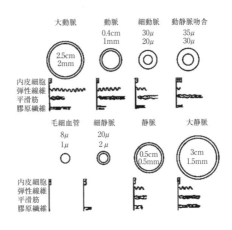

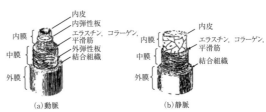

○図9-3-4 血管の分類とその基本構造（佐藤，1997）
上：体循環の種々の血管とその特徴，下：動脈(a)と静脈(b)の解剖図

ミックに変化させる。細動脈が収縮して、その内径が1/2倍になると、血管抵抗は16倍、流れる血流は1/16倍になる。このように細動脈は、平滑筋を介して僅かの内径変化で血流量を劇的に調節できる仕組みになっており、別名、抵抗血管（resistance vessel）とも呼ばれる。細動脈内の血流速度は10～20 cm/sec 程度である。

毛細血管は、細動脈より末梢にあり、細動脈が分岐を繰り返したものである。毛細血管は、一層の内皮細胞とそれを覆う基底膜から構成され、組織と血液との間の物質交換の場として重要である。そのため毛細血管は、交換血管とも呼ばれる。毛細血管の全断面積は、大動脈の断面積の約1000倍にも達し、血管内の血流速度は0.1 cm/秒程度と著しく遅い。

静脈は、毛細血管を通り組織を灌流した血液が右心房へ戻る通路である。静脈から心臓へ戻る血液量は、心拍出量を規定する大きな要因の1つである。静脈は内圧が低く、内径が太く、壁も薄く、伸展性が高い。静脈は容積が大きく、安静時には、循環血液量のおよそ2/3が静脈内に存在する。このため静脈は、容積血管（capacitance vessel）とも呼ばれる。静脈内に存在する弁は、血液を逆流させない役割を果たす。静脈環流を促す要因として、心室の収縮だけでなく、呼吸による吸息、筋運動による骨格筋の収縮も重要である。

3. 血圧の基礎

(1) 基本パラメーター

血圧とは、血液が血管壁を内部から外側に向けて押す力のことであり、一般に血圧ないしは動脈圧という場合には、大動脈ではない太い動脈（たとえば、上腕動脈）における血圧のことを指す。血圧は、心臓の拍動によって血管壁に生じた縦波、すなわち、脈波と見なすことができ、この場合は、特に容積脈波（＝心臓の拍動に伴う血管容積の変化）と区別して圧脈波と呼ぶ。図9-3-5に血圧波形の計測例を示す。

最高血圧あるいは収縮期血圧とは、収縮期の中程で最も高くなる点における血圧のことを指す。短期的には心収縮力の変化、末梢からの反射、中長期的には動脈硬化などから影響を受ける指標である。最低血圧あるいは拡張期血圧とは、拡張期の終末

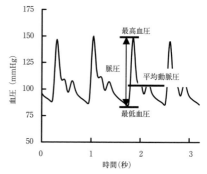

●図9-3-5 橈骨（手首）動脈における連続血圧と各血圧値

において最も低くなる点における血圧のことを指す。短期的には細動脈の収縮度の変化、中長期的には動脈硬化などから影響を受ける指標である。脈圧とは、最高血圧と最低血圧の差のことをいう。この圧が、心臓の拍動に伴ってドクッ、ドクッと血管に容積変化を起こさせる原動力となる。平均動脈圧とは、1心周期で変動する血圧を押し並べて平均した値のことをいう。収縮期は拡張期よりも短いため、平均動脈圧は最高血圧と最低血圧の平均値よりも多少低く、最低血圧に脈圧の1/3を足した値に近い。

健常成人における標準的な血圧値は、120 / 70 mmHg（最高 / 最低血圧）、脈圧は50 mmHg 程度である。最高 / 最低血圧は、高血圧、低血圧などの判断基準になる。高血圧のガイドラインは幾つかあるが、おおむね、最高血圧が140、最低血圧が90 mmHg 以上という条件が、高血圧と判断される必要条件である。

(2) 血圧の部位差

血圧は，太い動脈で高く，末梢に行くに従って低下する．動脈で90 mmHg程度あった平均動脈圧も，毛細血管では，動脈側で35 mmHg，静脈側で15 mmHg程度まで低下する．太い動脈で存在していた心拍動に伴う圧変化（脈圧）も，細動脈以降では，血管の弾性に吸収されて消失する．太い動脈では，大動脈より最高血圧が高くなるが，これは末梢で生じた圧の反射により最高血圧が高まるからである．これらを図9-3-6に示す．

(3) 経壁圧

血管内圧から血管外圧を引いた値を，血管内外圧差，別名，経壁圧と呼ぶ．経壁圧が一定の臨界閉鎖圧を下回る場合には，血管は完全に押しつぶ（圧平）されて血流は途絶える．毛細血管では外部の組織圧が高いため，こうした現象は，特に活動していない組織において良く認められる．

血管外圧は，組織圧だけでなく，体外から付加される圧も含まれる．たとえば，水に浸かった場合の水圧や，圧迫の強い服や下着を着衣した場合の圧着圧，あるいは，後述の血圧測定の際に腕に巻いたカフから加わる圧などである．

血管の硬さは，経壁圧の関数となることが知られており，特に，内圧＝外圧（すなわち，経壁圧＝0）となる場合に一番柔らかく，この時の血管状態を無負荷状態，容積を血管無負荷容積と呼ぶ．血管無負荷状態（経壁圧＝0，脈圧：一定）では，通常の場合（経壁圧≒血管内圧，脈圧：一定）と比べ，脈動に伴う血管の容積変化の量は非常に大きくなる（図9-3-7）．

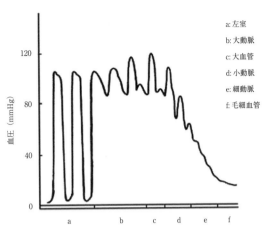

○図9-3-6　各部位における血圧と波形 (O'Rourke & Hashimoto, 2007を一部改変)

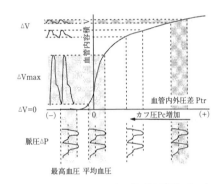

○図9-3-7　血管内外圧差（経壁圧）Ptrと血管内容積Vおよび容積脈波ΔVの関係 (野川ら, 2011を一部改変)

4. 血圧の測定法

(1) 血圧測定の歴史

血圧測定の歴史は，1733年にS. Halesが馬の頸動脈から血圧測定を行ったことに端を発する．その後，1900年前後にvon Basch, Riva Rocci, Korotokoffなどの功績により，現代のカフ測定法の基礎が築き上げられた．20世紀後半になると，電子技術の急速な発展に伴い，Pressman & Newgardによるトノメータ法や，Yamakoshi et al.（1980）による容積補償法など，新たな血圧測定法が提唱された．血圧測定の略歴を表9-3-1に示す．

○表9-3-1　血圧測定法の略歴

考案者	発表年	内容
S.Hales	1733年	ウマを用いた最初の血圧計測
Marrey	1875年	振動法の考案
Von Basch	1876年	マノメーター式血圧計法の考案
Riva Rocci	1896年	カフ（腕帯）圧迫法の原型を提案
Korotokoff	1905年	聴診法の考案
Pressman & Newgard	1963年	トノメーター法の考案
Yamakoshi et al.	1980年	容積振動法・容積補償法の考案

(2) 血圧測定の代表的方法

1) 直接法

直接血圧測定法とは，動脈に適切なサイズのカテーテルの一端を挿入し，侵襲的に連続血圧を測定する方法である。挿入したカテーテルの内部を生理食塩水で満たし，他端を圧力センサーに繋ぎ，この出力を記録することにより，連続的に血圧を測定する。この方法は，カテーテルが挿入でき，カテーテル内の液体が不要な共振を起こさない限りにおいて，身体のあらゆる箇所で血圧を測定できる。しかし，侵襲性が高いため，生理心理学的計測にはまず用いられない（図9-3-8）。

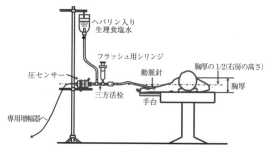

◆図9-3-8　直接法による血圧測定の模式図（片山，2010）

2) 聴診法

聴診法では，肘窩部に聴診器を当て，上腕部に巻いたカフに空気を入れ，血流を阻止する程度まで腕を圧迫した後，徐々に圧を下げていく。カフ圧が高い間は，動脈がカフにより圧迫されて圧平して血液は流れないが，ある時点で血流が再開して，トクッ，トクッというコロトコフ音が発生する。その後，さらにカフ圧が下がると，ある時にコロトコフ音は急激に弱くなり，消失する。この

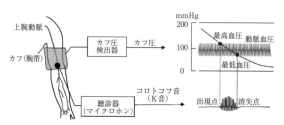

◆図9-3-9　聴診法（山越・戸川，2000を一部改変）
左A：測定の仕方，右B：原理

際，コロトコフ音が聞こえ始めた点のカフ圧を最高血圧，急激に弱くなった点のカフ圧を最低血圧とする（図9-3-9）。コロトコフ音は，動脈圧迫により発生する血管音であり，圧迫された動脈の細い隙間を急速に血液が流れることで，血流に渦や乱流が生じ，これが血管壁を共振させて発生すると考えられている。

聴診法は，比較的正確な血圧測定法と言えるが，カフ圧を抜いていく速度の調整など，手動で行うには一定の熟練が必要とされる。自動計測計も，一時はよく売られていたが，現在では入手困難であることが多い。

3) カフ振動法

カフ振動法では，聴診法と同様，上腕部に巻いたカフに空気を入れ，血流を阻止する程度まで腕を圧迫した後，徐々に圧を下げていく。カフ圧が高い間は，動脈がカフにより圧迫され圧平して血液は流れないが，ある時点で血流が再開すると，動脈の拍動が周辺組織を伝わり，カフ圧に微少な振動を生じさせる。その後，さらにカフ圧が下がると，微少振動の振幅は山形を描いて，やがて消

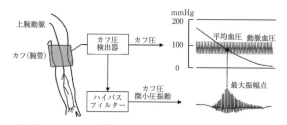

◆図9-3-10　カフ振動法（山越・戸川，2000を一部改変）
左：測定の仕方，右：原理

失する。この山形の変化は，カフの圧迫によって生じる経壁圧の変化により，動脈の柔らかさが変わるため生じる。この微少な振動パターンを読み取り，振動開始時点のカフ圧を最高血圧，最大点のカフ圧を平均動脈圧，消失点のカフ圧を最低血圧とする（図9-3-10）。

カフ振動法は，臨床場面だけでなく，家庭用機器として販売されている多くの自動血圧計でも用いられている。一般に血圧計という場合，この方式を指すことがほとんどであり，この方法で測定される上腕部の血圧が臨床的にも標準となっている。しかし，手軽に入手できる反面，振動開始・消失点の検知の方法，カフのサイズ，圧減速の早さなどにより，読み取り値に誤差が出ることが知られているため，信頼できる装置を使用する必要性がある。

4）容積振動法

容積振動法では，カフ振動法と同様，カフを用いて動脈を圧迫するが，光センサー（脈波の節参照）を用い，血管容積の変化を検出する。その上で，カフ圧の減少に伴う山形の容積脈波変化パターンを読み取り，急激な振幅増加点のカフ圧を最高血圧，最大点のカフ圧を平均動脈圧とする（図9-3-11）。

容積振動法を用いると，指などからも測定できるため，装置を小型化出来るメリットがある。一時

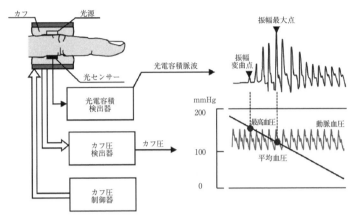

● 図9-3-11　容積振動法の原理

期は，指血圧計として装置が販売されていたが，現在は入手困難である。振幅変化のパターンを読み取りには，カフ振動法と同様の難しさがあるが，近年，より良い方法が提唱されている（野川ら，2011）。容積振動法は，単体使用ももちろん可能だが，実際には，後述の容積補償法と組み合わせることで威力を発揮する。

5）トノメータ法

トノメータ法とは，計測部の表面に平板を当て，平面における力の釣り合いによって内圧を計測する平板法を動脈に適用する方法である。比較的浅い部分を走行する動脈（たとえば，手首にある橈骨動脈など）に圧センサーを皮膚越しに押し当て，圧センサー周囲に側板を置き動脈壁を平坦にし，動脈壁周囲方向の作用をなくすと，圧センサーの受ける圧は血管内圧と等しくなるため，圧センサーの値＝血圧とすることができる（図9-3-12）。

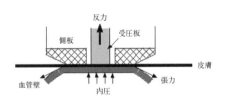

● 図9-3-12　トノメータ法による非観血的血圧脈波の測定原理（山越・戸川，2000を一部改変）

トノメータ法では，非侵襲的に連続血圧を計測することが出来，装置も比較的容易に入手可能である。しかし，皮膚と動脈の間にある組織による圧の逃げや，圧センサーの配置の難しさなどにより，絶対値の測定は難しいという問題がある。そのため，この解決策として，カフ振動法による最高・最低血圧計測を上腕部で定期的に実施し，圧センサーからの出力値が，その計測値に近づくように数学的な補正を行うことで，これに対処する。

6）容積補償法

既述の容積振動法において，平均動脈圧と等しいカフ圧を加え，経壁圧＝0，すなわち，血管無負荷状態となっている瞬間を想定する。この瞬間の無負荷時血管内容積

を V_0, カフ圧を P_c とすると，次の瞬間には，内圧の増加（減少）によって，V_0 は ΔV だけ増加（減少）する。容積補償法では，この変化を光センサーで検出し，この微小変化を打ち消すようにカフ圧を瞬間的に ΔP_c だけ増加（減少）させ，常に血管内容積が V_0 を保つように容積の補償を行う。すると，補償を行っている間は制御されたカフ圧 P_c が動脈内圧と等しくなるため，P_c ＝血圧とすることができる（図9-3-13）。

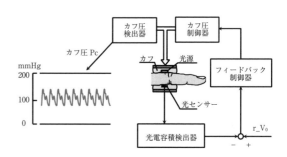

○図9-3-13　容積補償法の原理と装置のブロック線図

容積補償法では，非侵襲的な連続血圧を，指・手首・こめかみなどから計測することが出来（Chin & Panerai, 2013; Tanaka et al., 2007），装置も比較的容易に入手可能である。また，トノメータ法とは異なり，カフ振動法に頼ることなく，単体で絶対値の測定が可能である。さらに，容積補償法の進化版である「改良容積補償法」（Matsumura et al., 2017）を用いることで，より頑健な血圧測定が可能となる。

7）その他

血圧測定法には，その他の方法として，血管内圧が高い（低い）と動脈壁が硬い（柔らかい）という既述の性質を利用し，脈波が血管を伝わる速度（脈波伝播速度：心臓から手首までだと約 150 ms くらい）を介して血管内圧を推定するものがある。また，血管内圧に依存する容積脈波を利用し，血管内圧を推定する方法もある。一部，測定に関する標準法も提唱されているが，現状では未だ研究段階であり，測定の誤差も大きいため，ここでは採り上げない。

(3) 血圧測定に関する諸注意

測定装置は，適正に保守・点検されているものを用いる。血圧計は，ゴムの空気チューブに高い圧を加える構造のものが多いため，ゴムの劣化による空気漏れは致命的である。また，圧センサーもほとんどの装置に備わっているが，長期に渡って使用していると，入力値（mmHg）と出力値（V）の関係性にずれが生じてくる場合がある。長期間使用していなかった血圧計を用いる場合は，メーカーによるメインテナンスの後に用いるべきである。

測定装置は，正しく被測定者に取り付けられなくてはならない。たとえば，一般的なカフ振動で使われる上腕カフの場合，腕の太さに応じて用いるカフを選択しなければならない。適切なサイズのカフを用いないと，カフ圧が適切に動脈に伝わらなくなる。装着時に袖をめくり上げるだけでは，腕の根元が圧迫され，計測値が不当に低くなる恐れがある。可能であれば，直にカフを上腕に巻く。巻き付け時の強さも，カフ圧を適切に動脈に伝えるために重要で，通常，巻いた際に指が1～2本入る程度の強さで巻く。カフ振動法以外の場合には，血圧計付属のマニュアルに沿い，適正に被測定者に装着する。

測定に先立つ準備として，測定部位の高さを心臓位置に保つようにする。測定位置が心臓位置より鉛直方向に 10 cm 高く（低く）なるごとに，血圧値は約 8 mmHg 低く（高く）なる。この圧は静水圧と呼ばれ，閉じた管の中にある血液自身の重さが血管内を伝わることにより生じる現象である。この静水圧により，健常血圧者でも，立っている場合の足首血圧は 200 mmHg を超す場合がある。

測定時の姿勢も一定になるようにする。たとえば，仰臥位と立位では，後者で交感神経緊張が高くなるため，一般に，血圧も高くなる。下肢の血管を緊張させて締めることで，下肢に血液が溜まることを阻止し，十分な静脈還流量を確保するのに必要な体の反応である。

測定実施時には，被測定者に出来るだけ動かないでいて貰う。また，血圧計もしっかりとした台の上に固定する。カフ振動法や容積振動法では，脈圧により生じた信号パターンを検出して最高・最低血圧を決定する。そのため，被測定者の動きであれ，血圧計自身に内蔵されている空気ポンプが発生する振動であれ，不要な振動は，この検出に悪影響を及ぼす。

カフ振動法，容積振動法などの間欠法では，原理的に，最高血圧と最低血圧の読み時間に差違が生じる。この差違は僅か数十秒程度のものであるが，その間に血圧が変動するには十分な時間である。ただでさえ血圧は1拍毎に異なるものであるため，急激に血圧が変化している時（たとえば，姿勢変化直後など）の間欠法による測定は正確でない。そのため，急激な変化を捉えるのが目的であるならば，トノメータ法や容積補償法などの，連続血圧法をもちいて測定すべきである。なお，間欠法による安定した測定には，2〜3回の測定値を平均するのが好ましい。

測定時，血圧計がエラーを出さなくとも，読み取り値が生理学的範囲を超えて異常な場合がある。たとえば，最低血圧が 20 mmHg を下回る場合などである。こういった場合は，センサーの再取り付けを行うことが好ましい。生理心理学的実験場面では，測定中にわずかの体動でセンサーの固定がずれてしまうことも多いため，こうした事態を防ぐべく，センサーの固定方法を良く検討すると共に，紋切り型のデータ処理をしないよう，細心の注意が必要である。

5. 典型的な血圧反応（血圧反応の見方）

安静時には落ち着いていた血圧も，精神的・肉体的活動に伴い，即座に上昇する。ここでは，血圧上昇の背景にある血行力学的動態，および，典型的な血圧上昇反応について概観する。

(1) 血行力学

血液に関して，時間的に変化する圧，流量，体積などの様相を扱う分野を血行力学という。血行力学における主要パラメーターの1セットは，既述の平均動脈圧（mean arterial pressure: MAP, mmHg），1分間に左室から駆出される血液量である心拍出量（cardiac output: CO, L / min），それに，全身を総じて見た場合の血管抵抗と定義される全末梢抵抗（total peripheral resistance: TPR, mmHg / L / min）である。これら3者の間には以下の関係式が成り立つ。

$$\text{MAP} = \text{CO} \times \text{TPR} \quad \cdots\cdots\cdots\cdots\cdots\cdots\cdots\cdots\cdots\cdots\cdots\cdots (1)$$

この式は，電気回路におけるオームの法則，すなわち，電圧＝電流×（電気）抵抗を，それぞれ血圧，血流，血管抵抗に置き換えたものである。

さらに (1) 式の CO は，心拍数（heart rate: HR, beats per minute: bpm）と，1拍動で駆出される血液量である1回拍出量（stroke volume: SV）を用い，以下のように表すことができる。

$$CO = SV \times HR \quad (2)$$

この式は，心拍出量が，1回当たりの駆出血液量 SV と，1分間当たりの拍動回数 HR の積として計算できることを示している。

詳細は他に譲るが，実際の生理心理学的測定では，非侵襲的に平均動脈圧，1回拍出量，心拍数を測定し，そこから心拍出量と全末梢抵抗を算出するのが一般である（Sherwood et al., 1990）。典型的には，平均動脈圧，心拍出量，全末梢抵抗，1回拍出量，心拍数はそれぞれ，90 mmHg, 5 L / min, 18 mmHg / L / min, 70 mL, 70 bpm 程度の値となる。なお，全末梢抵抗は dyne-seconds・cm^{-5} という単位を用いることが多く，以下の式で換算する。

$$TPR = MAP / CO \times 80 \quad (3)$$

(2) 血行力学的反応パターン

血圧は，安静を基準とした場合，下降するより上昇する方が圧倒的に多い指標である。血圧上昇時，心拍出量と全末梢抵抗も合わせて変化するが，この際，心拍出量と全末梢抵抗の変化の仕方は，血圧上昇に対する寄与度という観点から，主として心拍出量が増大しているか，あるいは，全末梢抵抗が増大しているか，という2つのパターンに大別される（澤田，1998，2001）。これが血行力学的反応パターンである。表9-3-2 に各パターン誘発時における各指標の典型的な反応を示す。

◐表9-3-2 各反応パターン誘発時における各指標の典型的な反応と，その背景にある自律神経機序（澤田，1998を一部改変）

	反応パターン	
	心臓優位（パターンⅠ）	血管優位（パターンⅡ）
血圧	↑	↑
心拍出量	↑	↘
心拍数	↑ (β_1⇧ & C⇩)	↘ (C⇧)
1回拍出量	? (β_1⇧ & α⇧)	±
全末梢抵抗	↘	↑
骨格筋	↓ (β_2⇧ & α⇩)	↑ (α⇧)
皮膚・内臓	↑ (α⇧)	↑ (α⇧)

↑：増加，↓：減少，↘：やや減少，±：変化なし，?：状況により増加・減少
α：αアドレナリン作動性，β_1：β_1アドレナリン作動性，β_2：β_2アドレナリン作動性，C＝コリン作動性，⇧：活動性上昇，⇩：活動性減少

心拍出量の大幅な上昇による血圧上昇を心臓優位反応パターンあるいは単純にパターンⅠと呼ぶ。この際，典型的には，コリン作動性の迷走神経系の活動低下に β_1 アドレナリン作動性の交感神経系の活動亢進が重畳し，心拍数が大幅に増加する。心収縮性も同時に増加するが，1回拍出量は心収縮性からのプラス効果だけでなく，前負荷（静脈還流量の減少）や後負荷（動脈圧の上昇）の上昇からのマイナス作用も受けるため，総合するとあまり変化しない，あるいは，むしろ減少する。その結果，これらの積である心拍出量は大幅に上昇する。交感神経系の活動亢進は，同時に全末梢抵抗の増加につながる α_1 アドレナリン作動性の細動脈の収縮を起こすが，循環アドレナリンによる β_2 アドレナリン作動性の骨格筋動脈の弛緩により，総合すると全末梢抵抗は変化しないか，むしろ減少する。

全末梢抵抗の大幅な寄与による血圧上昇を血管優位反応パターンあるいは単純にパターンⅡと呼ぶ。α_1 アドレナリン作動性の交感神経系の活動が亢進し，全末梢抵抗が大幅に増加する反応である。この際，コリン作動性の迷走神経系の活動亢進がしばしば認められ，その結果，心拍数は，典型的にはあまり増大しないか，むしろ減少する。1回拍出量も増加することは希である。したがって，これらの積である心拍出量は，ほぼ変わらないか，むしろ減少する。

あと，表2には載せていないものの，心拍出量と全末梢抵抗双方の中程度の上昇に

よる血圧上昇を混合反応パターンと呼ぶ．心臓優位反応パターンと血管優位反応パターンの中間的反応である．心拍数が大幅に増加することも多いが，これが心拍出量の大幅な増加までは結びつかない．その一方で，同時に全末梢抵抗も増大する反応である．

このように，一口に血圧上昇と言っても，その背景にある血行力学的機序は単一でないことに注意が必要である．

(3) 血行力学平面

(1)式より，平均動脈圧（MAP）は心拍出量（CO）と全末梢抵抗（TPR）の積で表される．そのため，血圧上昇時の反応を，双曲線（反比例）をベースとするグラフに表すことが出来，これを血行力学平面という（Gregg et al., 2002）．図9-3-14 に，安静値（黒点）を MAP＝90 mmHg, CO＝5 L/min, TPR＝18 mmHg/L/min とした血行力学平面を示す．この平面において，基準となる安静位置から上（下）領域と右（左）領域への移動は，それぞれ心拍出量，全末梢抵抗の増加（減少）に対応し，右斜め上45度方向，左斜め下45度方向への移動は，それぞれ血圧上昇と下降に対応する．なお，血圧＝一定の双曲線上における移動では，心拍出量と全末梢抵抗は変化するが，血圧は変化しない．

心拍出量／全末梢抵抗が一定の直線上における血圧の変化は，血圧変化に対する心拍出量と全末梢抵抗それぞれの寄与度が等しいことを示している．一方，この直線より上部の領域（図9-3-14 A, B）への移動は，心拍出量の方が全末梢抵抗より相対的に血圧への寄与が高いこと，反対に，下側の領域（図9-3-14 C, D）への移動は，全末梢抵抗の方が心拍出量より相対的に血圧への寄与が高いこと，を示している．単純な心拍出量あるいは全末梢抵抗の増減と，血圧変化に対する寄与の高低とは，若干異なる概念であることに注意が必要である．たとえば，心拍出量が 5 L/min から 7.5 L/min へ増加したとする時，全末梢抵抗が 18 mmHg/L/min から変化しなければ，血圧上昇に対する心拍出量の寄与は高い（図9-3-14 A, B の境界にある点線上への変化）．しかし，この時，全末梢抵抗が 18 mmHg/L/min から 40 mmHg/L/min へと変化しているならば，心拍出量は増加しているにも関わらず，血圧上昇への寄与は，心拍出量より全末梢抵抗の変化の方が高くなる（図9-3-14 C への変化）．

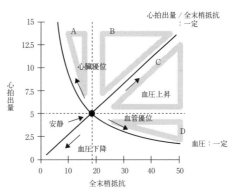

❶図 9-3-14　血行力学平面
A：典型的な心臓優位反応，B+C：混合反応パターン（B：心臓優位傾向の混合反応，C：血管優位傾向の混合反応），D：典型的な血管優位反応，に，それぞれ対応する領域

(4) 血圧上昇の具体例

1) 運動時

激しい運動時には，筋肉におけるエネルギー消費が高まるため，その代謝欲求を満たすべく，心拍出量や骨格筋血流量が大幅に増大する．たとえば，安静時，平均動脈圧＝90 mmHg，心拍出量＝5 L/min，全末梢抵抗＝18 mmHg/L/min であった値が，自転車エルゴメーター運動をすると，平均動脈圧＝110 mmHg，心拍出量＝10 L/min，全末梢抵抗＝11 mmHg/L/min へと変化する（図9-3-14 の A 領域への移動）．運動時は，最低血圧があまり上昇しない一方で，最高血圧のピークが鋭くなるため（た

とえば，最高血圧＝160 mmHg，最低血圧＝95 mmHg），脈圧が非常に高くなるという特徴がある。

2）気温変化

寒い日に外出したときは，体温の低下を防ぐため，動脈が収縮し全末梢抵抗が増大する。たとえば，暖かい室内では，平均動脈圧＝90 mmHg，心拍出量＝5 L/min，全末梢抵抗＝18 mmHg/L/min であった値が，平均動脈圧＝110 mmHg，心拍出量＝4.4 L/min，全末梢抵抗＝25 mmHg/L/min へと変化する（図9-3-14 の D 領域への移動）。

3）精神的ストレス課題遂行時

精神的ストレス課題には，暗算，鏡映描写，ストループ，スピーチ，ノイズ暴露，ビデオ視聴など様々なものが存在し，反応も多様である。たとえば，暗算課題を用いた Matsumura et al.（2012）の実験では，安静時，最高・平均・最低血圧＝104／75／61 mmHg，心拍出量＝4.4 L/min，全末梢抵抗＝17.8 mmHg/L/min であった値が，最高・平均・最低血圧＝124／92／73 mmHg，心拍出量＝4.9 L/min，全末梢抵抗 TPR＝19.0 mmHg/L/min へと変化した（図9-3-14 の B+C 領域への移動）。こうした混合反応パターンは，その他の暗算課題（松村 & 澤田，2004, 2009；長野，2005；田中ら，1994）や，反応時間課題（田中ら，1994），スピーチ課題（手塚ら，2007），鏡映描写課題（長野，2005）など，幅広い課題で認められる。こうした一方で，典型的な心臓優位反応（図9-3-14 の A 領域への移動），あるいは，血管優位反応（図9-3-14 の D 領域への移動）が誘発さることもある。たとえば，直前に引用した長野（2005）で用いられた暗算課題（2条件あるうちの一方）では，心拍出量が約14％増加かつ全末梢抵抗が約1％減少と，典型的な心臓優位反応が誘発されていた。また，Sawada et al.（2002）で用いられた鏡映描写課題（4条件あるうちの1つ）では，心拍出量が約0.5 L/min 減少かつ全末梢抵抗が約2.3 mmHg/L/min 増加と，典型的な血管優位反応が誘発されていた。

多彩な反応パターンを示す精神的ストレス課題において，特定の反応パターンを誘発させる心理学的要因は何か，という点に関しては，Obrist（1981）による能動的－受動的対処モデルが有名である。このモデルでは，能動的対処—精神的もしくは肉体的な努力を通して，ある出来事の結果に影響を与え得る状況，すなわち，結果のコントロールが可能な状況における対処—で心臓優位反応パターンが誘発され，一方，受動的対処—ある出来事の結果に影響を与えることが不可能な状況，すなわち，結果のコントロールが不可能な状況における対処—で血管優位反応パターンが誘発される，と説明されている。これは大変有力なモデルであるが，例外も存在するため（Sawada et al., 2002; 松村 & 澤田，2004, 2009），解釈や適用には注意が必要である。

(5) 血圧反応と，各反応パターンの個人差

血圧上昇や，ある特定の反応パターンを誘発しやすい個人差というものが存在する（Kasprowicz et al., 1990）。たとえば，血圧反応者とは，微弱な刺激に対しても血圧上昇反応を起こす傾向にある者のことを指す。同様に，心臓（血管）優位反応者とは，心臓（血管）優位反応パターンを誘発しやすい傾向にある者のことを指し，彼らは，血管（心臓）優位反応パターンを誘発しやすい鏡映描写（暗算）課題を用いてもなお，心臓（血管）優位反応パターンで反応する。こうした血行力学的反応の個人差

は非常に安定かつ頑健であり，たとえば，数年を経たテスト−再テストでも，非常に高い一貫性が認められることが知られている（Sherwood et al., 1997）。

血行力学的反応は，以上の直接的な個人差のほかにも，性格特性，性，人種，年齢，遺伝的要因，性格特性，左心室肉厚や血管内皮機能など，多彩な特性から修飾を受ける（Allen & Matthews, 1997; Chida & Hamer, 2008）。たとえば，女性より男性で，白人より黒人や黄色人種で，血管優位反応パターンが誘発されやすいということが知られている。いずれにせよ，こうした個人差要因は，誘発される血行力学的反応に対して非常に高い決定力を持っている。

(6) 反応性仮説

一過性の精神的ストレス負荷時，過度の心臓血管系反応を示すものは心臓血管系疾病を発症しやすい，とする説がある（Schwartz et al., 2003; Treiber et al., 2003）。これを反応性仮説という。サルを統制下で飼育する研究（Manuck et al., 1983）から得られた知見に端を発する説である。精神的ストレス負荷時の心臓血管系反応を調べることの正当性は，この仮説との関連で語られることが多い。

反応性仮説の背景にある生理学的機序については，部分的にはいくつかの知見が存在する。たとえば，精神的ストレス負荷時の過度の心拍反応が血管内皮細胞を傷害する（Skantze et al., 1998），心拍反応が出やすい個人（心臓優位反応者）がいる，などである。しかし，全体機序については，心臓血管系疾病の発症には多様な介在因子が存在する上，その発症までには長期間がかかるため，未だ不明な点が多い。

近年，血圧の上昇を心臓血管系疾病の中間マーカーとする研究を対象とするメタ分析が行われ，反応性仮説を支持する結果が発表された（Chida & Steptoe, 2010）。すなわち，実験時に反応性の高いものは，その後に安静時の血圧が上昇する，というものである。安静時における血圧上昇は，心臓血管系疾病のリスク要因であるため，この研究結果は，部分的かつ現象的にではあるものの，反応性仮説の確からしさを確実に向上させたということができる。

10章 呼吸器活動

1節　呼吸の生理学

1. 呼吸活動の機序

　正常な自発呼吸は，脳幹部の橋から延髄に位置する呼吸中枢において，異なる役割を持つニューロンの集合体が働くことで呼気と吸気のリズムが形成されている（West, 2008）。呼吸中枢からの出力には2種類ある。一方は，延髄から脊髄に下行性の軸索投射をし，横隔膜，肋間筋，腹筋における呼吸運動を生み出している。他方は，迷走神経と反回神経を介して，咽頭の筋群の緊張をコントロールしている。呼吸中枢には，化学受容器からの求心情報が入力されている。動脈血中のO_2濃度（PaO_2）の下降，またはCO_2（$PaCO_2$）濃度の上昇を感知すると，中枢からの下行性インパルスが強まり，結果的に換気が亢進するように変化する。このほかにも，呼吸中枢には，肺や気道にある機械受容器からの求心情報が入力され，さらに大脳皮質など上位中枢からの影響も受けている。呼吸系は，自律性制御を受けて活動するが，随意性制御も可能であるというユニークな特徴を持つ。こうした特徴を考えれば，呼吸活動は，ストレスや情動の研究，虚偽検出，睡眠研究，リラクセーションなど広い範囲において利用可能性があると考えられる。

2. 呼吸の調節機構（化学性調節・神経性調節・行動性調節）

　図10-1-1は呼吸調節の機構を示したものである。呼吸中枢には，化学性調節，神経性調節，行動性調節という3つの調節系からの情報が適時入力し，呼吸筋への出力が適切に調節されている（泉崎・木村, 2005）。呼吸活動の最も重要な目的は，代謝に必要な酸素を体内に取り込み，産生された二酸化炭素を体外に排出することである。この役割を担っているのが化学性調節であり，中枢と末梢の化学受容器を介してPaO_2と$PaCO_2$を適切なレベルに維持している。$PaCO_2$が増大すると，脳脊髄液中のCO_2と水素

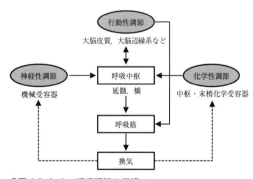

●図10-1-1　呼吸調節の機構（泉崎・木村, 2005を改変）

イオン（H^+）の濃度が上昇する。これが延髄の腹側表面に存在する中枢化学受容器を刺激する。また，PaO_2 の低下と $PaCO_2$ および H^+ の上昇は，頸動脈体と大動脈体に位置する末梢化学受容器を刺激する。化学受容器からの求心情報は呼吸中枢に集められ，呼吸筋に出力されるインパルスの強度が調整される。$PaCO_2$ が正常値に相当する 40mmHg から 2～3mmHg 上昇すると，換気量が 2 倍程度に増加する（冨田・高井, 2005）。神経性調節は，肺や上気道に存在する機械受容器を介して，呼吸の速さと量のバランスを適切に維持するための呼吸反射を引き起こす。たとえば，肺の伸展受容器は，肺が膨張すると活動し，迷走神経を介して呼吸中枢に求心情報を伝える。この強度が一定値を超えると吸気が抑制される。これは Hering-Breuer 反射と呼ばれ，吸気と呼気の切り替えを助けるように機能している。この他にも，気道のイリタント受容器や筋紡錘からの求心入力が神経性呼吸調節に関与している。化学性調節と神経性調節が生命維持活動に関連する機構であるのに対して，行動性調節は高次機能に関連した機構である。たとえば，意識的な息止めや過呼吸など呼吸をセルフコントロールする場合や，発声，笑ったり泣いたりなど情動反応時の呼吸を調節する場合に機能する。このとき，大脳皮質や大脳辺縁系からの下行情報が，呼吸中枢と呼吸筋の両方に伝えられる。行動性調節による呼吸変化は，必ずしも代謝活動に関わらずに生じる（本間, 2009）。このように呼吸系には，必要に応じて化学性調整に反する変化を許容する柔軟な機構が備わっている。

3. メカニカルな調節機構

　呼吸中枢からのインパルスは，横隔神経を介して呼吸筋に収縮をもたらし，換気が行われる。呼吸筋は，横隔膜や外肋間筋などの吸気筋と，内肋間筋，腹直筋，外腹斜筋などの呼気筋に分類できる。これらのなかでも呼吸運動に重要な働きを担うのが横隔膜（diaphragm）である（West, 2008）。横隔膜は，胸腔と腹腔の境界を形成する，薄いドーム状の横紋筋の膜である。吸気時に横隔膜が収縮すると，胸腔が上下に拡大し，さらに腹腔が上から圧迫されて内臓が前方に移動する。これに加えて外肋間筋が収縮すると，肋骨が斜め前方に移動することで胸腔が前後左右に拡大して換気量が増加する。激しい運動などで換気を大幅に増やすときには，呼吸筋以外の骨格筋である斜角筋，胸鎖乳突筋，胸筋，鎖骨下筋など，普段は呼吸運動に関与しない筋も呼吸運動に働く。これらの筋を呼吸補助筋とよぶ。一方，呼気時には，肺と胸壁が平衡状態を保つ位置まで自然に戻ることで肺が収縮する。つまり，安静時においては，横隔膜，外肋間筋などの吸気筋のはたらきが支配的で，呼気筋の積極的な活動はみられない。能動的な呼気の際には，内肋間筋が収縮して肋骨が斜め後方に移動し，胸郭容量を減少させる。また，腹部の呼気筋が収縮すると，胸腔内圧が上昇して呼気を促進する。

　一般に腹式呼吸（abdominal breathing）と呼ばれるのは横隔膜を用いる呼吸様式であり，上腹部の変化が顕著に観察される（柿崎・仲保, 2009）。一方，胸式呼吸（thoracic breathing）と呼ばれるのは横隔膜と外肋間筋の両方を用いる呼吸様式であり，上腹部に加えて胸と肩の変化が観察される。このため，厳密に言えば，いわゆる胸式呼吸＝胸腹式呼吸と考えたほうが良い。胸式及び腹式呼吸の他にも，呼吸不全や睡眠時無呼吸症候群では，胸部と腹部の動きが逆位相になるシーソー呼吸が観察されることがある。

4. 呼吸活動の測定方法

(1) 生理心理学で用いられる呼吸系指標

呼吸活動は，伝統的に，速さ（時間）と深さ（量）という2つの次元で表されている。安静な状態において，我々は，毎分15〜18回程度のリズムで呼吸している。これを呼吸数（respiration rate）とよぶ。このとき1サイクル当たりの換気量はおおよそ500mlの値を示す。これを1回換気量（tidal volume）とよぶ。呼気が終わったときに，残っている肺容量を機能的残気量とよび，肺活量測定で努力して吐ききったときの肺容量を残気量とよぶ。生理心理学で用いられている呼吸系指標の概要を表10-1-1にまとめておく。

●表10-1-1 生理心理学で用いられている呼吸指標

英語表記	日本語表記	略号	単位
inspiratory time	吸気時間	IT	s
expiratory time	呼気時間	ET	s
respiration time	呼吸時間	Ttot	s
Timing (duty cycle)	タイミング（デューティー比）	Timing	%
tidal volume	1回換気量	TV	ml
respiration rate	呼吸数	RR	cpm
minute ventilation	分時換気量	$\dot{V}E$	l/min
Drive	ドライブ（吸気速度）	Drive	ml/sec
pressure end-tidal CO_2	呼気終末炭酸ガス分圧	$PetCO_2$	mmHg
oxygen consumption	酸素消費量	$\dot{V}O_2$	ml/min
carbon dioxide production	炭酸ガス排出量	$\dot{V}CO_2$	ml/min

図10-1-2は，健康な成人16名に対して，実験的ストレッサーを提示したときの呼吸変化を示したものである（寺井ら，2005）。暗算は，3桁の連続加算課題を3分間実施している。冷刺激では，10℃の冷水に片手を浸す課題を2分間実施している。ストレッサーを提示すると呼吸は多様な変化を示す。暗算では，呼吸数が有意に増加したが，1回換気量は有意な変化を示していない。一方，冷刺激では，呼吸数は有意な変化を示さず，1回換気量が有意な増加を示していた。1分間当たりの換気の総和である分時換気量（minute ventilation）は，暗算と冷刺激の両方で有意な増加を示していた。つまり，ストレス事態において，呼吸が速くなるように変化する場合もあれば，深くなるように変化する場合もある。しかし，いずれのストレッサーに対しても，呼吸系はトータルの換気量を増やすように変化する（梅沢，1991）。その際，ドライブ（Drive），つまり1秒間当たりの吸気量が増加することで効率的に息を吸い込もうとする（黒原ら，2001；Wientjes et al., 1998）。以上のように，呼吸

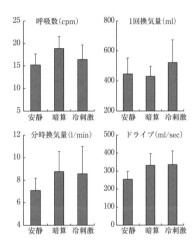

●図10-1-2 安静状態及びストレッサー提示中における呼吸指標の平均値と標準偏差（寺井ら，2005を改変）

系は，基本的に，ストレスに対して促進性の変化を示す。これが極端に現れた状態が，過呼吸症候群あるいはパニック障害の患者が示す過換気発作である（Ley, 1987）。呼吸系は随意的にコントロール可能な生理系であるが，ストレス事態において，他の自律神経系指標のように換気の亢進が生じることがお分かりいただけるだろう。

(2) 換気量の測定方法

換気量を高い精度で測定するには，気流速度を実測し，それを積分して呼吸流量を求める呼吸流量計（pneumotachograph）を用いるのが一般的である。呼吸流量計には，体動によるアーティファクトが混入しにくいという長所がある。気流流速のセンサーは，差圧型流量計と熱線式流量計に分類できる（大久保，2008）。差圧型流量計は，直径1mm程度の細い管を束にして円筒形の抵抗体に気流を導いて層流を作り，そ

の2点で圧力差を計測する。そして圧力差と単位時間当たりの流量が比例するというPoseuilleの法則から呼気流量を求める。熱線式流量計は，気流の当たる部分に加熱した熱線を置く。直径25 μm，400℃程度に熱した白金の線がよく用いられる。気流の通過に伴う電気抵抗の変化が気体の流速に依存するという原理から呼吸流量を測定する。差圧型流量計と熱線式流量計は，いずれも校正手続きを施せば±3%の精度で換気量を測定することができる（桑平, 2010）。分析に際しては，はじめに，呼吸流量計のアナログ出力をA/D変換してコンピュータに記録する。サンプリング間隔はおおよそ0.1秒に設定すれば十分である。次に，呼吸サイクルごとに吸気および呼気開始時のピークを検出すれば，呼吸数と1回換気量を計測できる。最近では，オンタイムでサイクル分析可能なコンピュータ内臓の呼吸流量計も市販されている。

呼吸流量計は，被験者の鼻と口をおおうフェイスマスクにトランスデューサを接続して用いる。変換器を通して呼吸することで，被験者が多少の息苦しさを感じる場合と，マスクを装着することで不自然な呼吸が生じる場合がある。そこでマスクを装着せずに，呼吸運動から換気量を推定することが試みられている。胸郭と腹部の容積変化を測定するrespiratory inductive plethysmograph: RIPがよく利用されている（Cohn et al., 1982）。コイルを縫い付けたバンドを胸郭と腹部に巻き付けて一定周波数の交流電流を流し，呼吸運動に伴うコイルの断面積すなわち容量変化を電気的に取り出す方法である。このとき，胸郭と腹部の変化が換気量を決定すると仮定して換気量を推定する（Konno & Mead, 1967）。この他にも，胸郭と腹部の周囲長を計測して換気量を推定するマグネトメータ方式も用いられている（Mead, 1967）。いずれの方法も，呼吸流量計を用いた計測に比べて被験者の負担が少ないことから，日常生活における測定（ambulatory monitoring）に適している。

2節 呼吸リズム解析の正常・異常

1. 胸部-腹部呼吸運動系の協調とゆらぎ

人間の呼吸（換気）運動は，主として内―外肋間筋と横隔膜の運動によって行われており，この運動は胸部／腹部の拡張／収縮として観察することができる（図10-2-1）。吸気と呼気の換気が適切に行われるためには，胸部（rib cage: RC）の運動と腹部（abdomen: Ab）の運動が適切に協調していることが必要である。しかし，胸式呼吸や腹式呼吸があることから明らかなように，これら胸部と腹部の呼吸運動の協調は，本質的に動的なものであって静的に安定したものではない。このような動的なゆらぎは，元来，胸部と腹部の固有の運動周期が異なっている（これは胸部と腹部の構造，筋力，神経系の接続等の違いによる）ことに由来していると考えられる。

本節では，胸部―腹部呼吸運動という呼吸運動系の協調と，人の生理（睡眠），発達，感情の状態との関連について述べる。

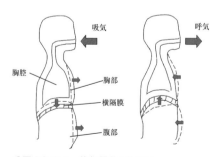

図10-2-1 換気運動の仕組み
吸気時は，胸部は膨らみ，横隔膜が下がることで腹部も膨らむ。このとき，胸腔内圧が低下することで口鼻から肺へと空気が流入する。呼気時は，胸部はしぼみ，横隔膜が上がることで腹部もしぼむ。このとき，胸腔内圧は上昇し肺から空気が排出される。

2. ダイナミカル・システムとしての呼吸運動システム

(1) ダイナミカル・システム理論

まずは，運動の協調システムを扱うダイナミカル・システム理論について説明する。

たとえば，ただ「歩く」というだけでも，脚だけでなくさまざまな部位の運動がともなわなければそれを達成することはできない。これは呼吸においても同様であり，実際，呼吸運動には多数の筋，骨格，神経等がその下位システムとして関わっている。生物の神経システムや筋―骨格システムの振る舞いを，自己組織化する力学的システムとしてとらえる理論は，ダイナミカル・システム理論と呼ばれる。とりわけ，体肢間の協調した運動の中にみられる安定したパターンの生成とその消失をモデル化する研究が，ダイナミカル・システム理論を参照し数多く行われている（Kelso, 1995; Turvey, 1990）。

それらの研究では，2つの振動している体肢の間で形成された相対位相（ϕ）を協調の単位として用いる。ϕはリズミックなユニット間の質的な時間―空間的協調パターンに対する，定量的な指標を提供する。たとえば，左腕と右腕などの2つの体肢が同じテンポで運動している場合，その2つの体肢が，同じ時間にその周期内の同じ位置にいる（同位相モード）ならばϕは0度（0ラジアン）であり，また，2つの体肢がその周期の間，同じ時間にその周期内の反対の位置にいる（逆位相モード）ならばϕは± 180度（$\pm \pi$ラジアン）である。多数の要素の協同現象を扱うシナジェティクス（Haken, 1978, 1983）では，ϕを秩序変数（システムの巨視的な構造を記述する），それに影響を及ぼす変数を制御変数とし，制御変数の変化の関数として生じた秩序変数の振る舞いを数学的にモデル化することを目指す。これまでの研究では，制御変数である協調運動システムの振動周波数ω_cが増加したとき，または同じく制御変数である，協調運動システムを構成する下位のリズミックユニット（たとえば歩行における左脚もしくは右脚）の固有周波数の差$\Delta \omega$が増加したとき，秩序変数である相対位相ϕの平均値が0度または± 180度から遠ざかること，ϕの標準偏差が増大すること（逆位相モードのほうが同位相モードより顕著に増大）などが示されている。また，同位相モードのほうが逆位相モードよりも安定性が高いこと，振動周波数が増加したとき逆位相モードから同位相モードに相転移する現象も認められている。

これらの研究結果から，協調運動システムのエネルギーポテンシャル関数Vと，Vの勾配である相対位相ϕのダイナミクスは，以下のようにモデル化されている（Haken et al., 1985; Kelso et al., 1990; Schöner et al., 1986）：

$$V = -a \cos(\phi) - b \cos(2\phi) \quad (1)$$

$$\dot{\phi} = \Delta\omega - a \sin(\phi) - 2b \sin(2\phi) + \sqrt{Q}\xi \quad (2)$$

特に，式(2)は秩序変数方程式と呼ばれており，$\dot{\phi}$は相対位相ϕの変化率である（図10-2-2参照）。aとbは係数で，その比率（b/a）は振動周波数ω_cと反比例する。$\sqrt{Q}\xi$は，下位システムの多様性か

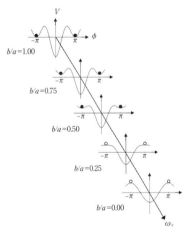

◎図10-2-2 秩序変数方程式の描くエネルギーランドスケープ

黒いボールは安定状態にある秩序変数を表し，白いボールは不安定状態にある秩序変数を表す。振動周波数ω_cの増加（b/aの減少）により，$\pm\pi$のVのアトラクター（グラフの谷）が消失する。

ら生じる，強さ $Q>0$ のガウシアン白色ノイズ項である．

(2) 協調の評価（相対位相の算出法）

上記のように，協調の指標として，2つの運動 A, B 間の相対位相 $\phi_{A \cdot B}$ が用いられる．制御変数である振動周波数 ω_c や固有周波数差 $\Delta\omega$ などの変化にともない，秩序変数である相対位相 $\phi_{A \cdot B}$ のダイナミクス（時系列 $\phi_{A \cdot B,n}$），とくに $\phi_{A \cdot B,n}$ の平均値 $mean\,\phi_{A \cdot B}$ （ϕ の収束点を示す）と標準偏差 $SD\,\phi_{A \cdot B}$ （ϕ の変動，ゆらぎを示す）がいかに変化するかについて検討される．この相対位相の算出法はいくつかあるが，代表的なものについて以下に述べる．

1) ポイント相対位相

いくつかの相対位相の算出法の中でわかりやすいものとしては，図10-2-3のように，2つの運動のピーク・ポイントを用いた算出法である．

まず，各時系列のピーク・ポイントを検出した後，以下の式(3)によって各運動の振動周波数の時系列 f_n (Hz) を算出する．

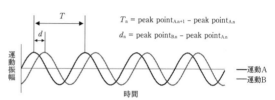

◯図 10-2-3　ポイント相対位相の算出法
運動 A と B のピーク・ポイントから相対位相（両運動間の位相角度のずれ）を算出する．

$$f_n = 1/(\text{peak point}_{n+1} - \text{peak point}_n) \quad (3)$$

この振動周波数の時系列からその平均値を算出し，運動の振動周波数とする．2つの運動体 A, B 間の相対位相 $\phi_{A \cdot B}$ の時系列 $\phi_{A \cdot B,n}$ は，両運動のピーク・ポイント（たとえば，吸気または呼気の開始ポイントなど）から式(4)で算出される．

$$\phi_{A \cdot B,n} = 2\pi \times \frac{\text{peak point}_{B,n} - \text{peak point}_{A,n}}{\text{peak point}_{A,n+1} - \text{peak point}_{A,n}} \quad (4)$$

2) 連続的相対位相

運動の時系列データのピーク・ポイントのみを用いた離散的な相対位相だけでなく，運動の時系列データをすべて用いて算出する連続的な相対位相もある．運動 A および B の時系列データを位相角度に変換し，両者の差をとることで相対位相を求める．算出法は以下である．運動の振動周波数は式(3)より算出する．運動 i（i：運動 A と B）の j 番目の位相角度 θ_{ij} は式(5)で算出する．

$$\theta_{ij} = \arctan(\dot{x}_{ij}/\Delta x_{ij}) \quad (5)$$

$\dot{x}_{ij}$ は運動 i の速度時系列データの j 番目をその試行時の角周波数の平均値で割った数値，Δx_{ij} は運動 i の時系列データの j 番目からその試行時の平均値を減算した数値である．運動 A と B の位相角度（順に $\theta_{A,j}$，$\theta_{B,j}$）の差から相対位相の時系列 $\phi_{A \cdot B,j}$ を算出する．

$$\phi_{A \cdot B,j} = \theta_{A,j} - \theta_{B,j} \quad (6)$$

3) クロススペクトル分析

上記の2つの相対位相の算出法は，時間領域における算出法であるが，クロススペクトル分析を用いた周波数領域で相対位相を算出する方法（Goldfield et al., 1999）もある．クロススペクトル分析を用いる方法では，コヒーレンスと位相スペクトルを算出

する。コヒーレンスは協調の強さを示す指標で0（全く協調していない）から1（完全に協調している）までの値をとる。位相スペクトルは，相対位相を示す。

まず，各運動の時系列データに対してスペクトル分析を行い，スペクトラムの中からピークを検出し，各運動の（優勢な）周波数を求める。次に，2つの運動データに対しクロススペクトル分析を行い，クロススペクトルを算出する。両運動間のクロススペクトルの二乗（$F_{A \cdot B}$）を各運動のスペクトル（$F_{A \cdot A}$と$F_{B \cdot B}$）の積で除することで，2つの運動AとBの間のコヒーレンス（$K_{A \cdot B}$）を算出する。

$$K_{A \cdot B}(f_i) = |(F_{A \cdot B}(f_i))|^2 / [F_{A \cdot A}(f_i) F_{B \cdot B}(f_i)] \tag{7}$$

位相スペクトル$\phi_{A \cdot B}$は0度から180度の値をとる。

$$\phi_{A \cdot B}(f_i) = Arg(F_{A \cdot B}(f_i))/2\pi \tag{8}$$

コヒーレンス，位相スペクトルともに，2つの運動の周波数$f_{A \cdot B}$（Hz）における値を求める。仮に2つの運動の周波数が異なる場合には，両周波数の平均の値をとる（Goldfield et al., 1999），もしくはパワーのより強い周波数を採用する（Schmidt & O'Brien, 1997）。また，コヒーレンスや位相スペクトルの算出する際には，適切にフィルターをかける必要がある。たとえば，フィルターをかけない場合にはコヒーレンスの値は全周波数で1の値となる。

4) 各算出法の長所と短所

ポイント相対位相は，運動の軌道のピーク・ポイントを算出に用いるため，運動の1周期に1つの相対位相の値しか算出することができない。したがって，相対位相の時系列を求めるには，比較的長い時系列データの計測が必要となる。また，運動の波形が正弦波ではなく不規則的なものである場合，ピークを検出することが難しく，相対位相の算出もできなくなる。

連続的相対位相は，各運動のすべての時系列データを用いて，相対位相の時系列を求める。この算出法では，運動データは正弦波に近い波形であることを想定しており，適用には制限がある。

クロススペクトル分析は，運動データが正弦波に近くなくても協調の指標を算出できるという長所がある。また，2つの運動の振動周波数が異なっている場合でも相対位相の算出が可能である。一方，周波数領域の計算であるため時間情報が失われてしまい，ポイント相対位相や連続的相対位相のように相対位相の時系列データを算出することはできない。また，コヒーレンスなどは，フィルターのかけ方によって算出される値が敏感に変化することがあるので，フィルター処理は慎重に選択する必要がある。

3. 呼吸運動協調システムと生理心理

胸部と腹部の呼吸運動協調システムは，睡眠の状態や発達の程度，感情の変化と関連していることが報告されている。

(1) 睡眠と呼吸運動協調

図10-2-4のように，健常な新生児は，安静に寝ているとき（ノンレム睡眠時），胸部と腹部の呼吸運動の協調は安定しており，相対位相の平均 $mean\phi_{RC \cdot Ab}$ はほぼ0度であ

る。しかし，レム睡眠時になると，$mean\phi_{RC\cdot Ab}$ は180度近くまで増大する（Curzi-Dascalova & Plassart, 1978）。レム睡眠の間，呼吸数の変動性は増加し，同時に呼吸数は増加する。呼吸周期のゆらぎが大きくなり，呼吸数が増加していくと胸部と腹部の呼吸運動が同位相モードから逆位相モードへと相転移が生じる。

また，睡眠時無呼吸症といった呼吸疾患のある早産児は，ノンレム睡眠時でも胸部と腹部の呼吸運動が逆位相モードになっていることもある（Eichenwald & Stark, 1993）。

(2) 発達と呼吸運動協調

発達度によっても胸部と腹部呼吸運動の協調は異なる。図10-2-5のように，正期産児と健常な早産児及びハイリスクな早産児の間で，胸部と腹部呼吸運動間のコヒーレンス値（協調の強さ）に，統計的に有意差が認められている（Goldfield et al., 1999）。

さらに，相対位相の平均 $mean\phi_{RC\cdot Ab}$ を独立変数，早産児用神経行動試験（neurobehavioral assessment of the preterm infant: NAPI）の得点を従属変数とした単回帰分析の結果から，$mean\phi_{RC\cdot Ab}$ が増加するとNAPIの得点は低下するという有意な負の直線関係が認められ，$mean\phi_{RC\cdot Ab}$ の値からNAPI得点が予測可能であることが示されている（図10-2-6）。

$mean\phi_{RC\cdot Ab}$ が0度と180度の周辺に収束すること，協調の強さ（コヒーレンス）と $mean\phi_{RC\cdot Ab}$ が反比例の関係にあること，周波数の増加に伴いコヒーレンス値が低下し $mean\phi_{RC\cdot Ab}$ が増大すること，これらの結果は秩序変数方程式(2)が予測する現象である。

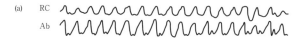
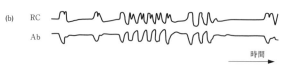

図10-2-4　4週の乳児の胸部（RC）と腹部（Ab）の呼吸運動の一例（Curzi-Dascalova & Plassart, 1978を改変）
(a)はノンレム睡眠時の呼吸で胸部と腹部は同位相モードであり，(b)はレム睡眠時の呼吸で逆位相モードとなっている。

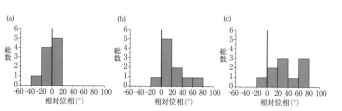

図10-2-5　(a) 正期産児，(b) 健康的早産児，(c) ハイリスク早産児の相対位相のばらつき（Goldfield et al., 1999）
正期産児と健康的早産児の相対位相は0度付近をピークに収束しているが，ハイリスク早産児の相対位相はグラフにピークがなくばらついている。

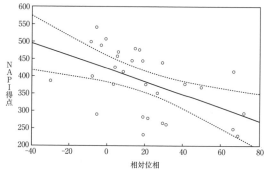

図10-2-6　相対位相から早産児用神経行動試験（NAPI）得点を予測（Goldfield et al., 1999）
相対位相の値が増加するにしたがい，NAPI得点が低下している。

(3) 感情と呼吸運動協調

胸部と腹部の呼吸運動システムの協調は，人間の感情の状態との関連も認められている。Takase et al. (2002) の実験では，胸部と腹部の呼吸運動の協調が，ストレス時には呼吸数の増加とともに協調の安定性は低下（$SD\phi_{RC\cdot Ab}$ が増加）し，リラックス時には呼吸数の減少とともに協調の安定性は高まる（$SD\phi_{RC\cdot Ab}$ が減少）ことが示された。呼吸数を制御変数と考えると，呼吸数（振動周波数）が増加すると協調性は低下し，呼吸数が減少すると協調性が高まるという結果は，秩序変数方程式(2)が予測する現象である。

4. まとめ

　秩序変数方程式(2)は，両手の協調や腕と脚の協調などの個人内の体肢間協調，二者の脚などの個人間における運動の協調といった人間の協調運動全般で認められる現象を予測する数理モデルである。上記の研究結果より，胸部と腹部の呼吸運動協調システムも，秩序変数方程式(2)の数理モデルが基礎となっていると理解できる。ちなみに，胸部と腹部呼吸運動の協調以外で呼吸運動を含む協調システムでは，個人内（高瀬ら，2004）および個人間（高瀬ら，2003）の体肢―呼吸運動の協調システムも秩序変数方程式(2)に従うことが示されている。

　胸部と腹部呼吸運動の協調をダイナミカルにモデル化することには，呼吸運動協調システムの振る舞いが予測可能となるという利点がある。たとえば，効率的な換気運動のために胸部と腹部の呼吸運動の協調を安定したものにするためには，呼吸運動のテンポ（振動周波数）が速くならないようにすればよいことがわかる。

　また，上記の研究結果より，睡眠の状態や発達の程度，感情の変化といった生理心理学の研究領域でよく扱われるテーマが，胸部と腹部呼吸運動の協調と関連している。睡眠や発達，感情という生理心理学的な文脈が，秩序変数方程式(2)の制御変数（振動周波数，固有周波数差など）と秩序変数（相対位相）に影響を及ぼす変数であると考えることもでき，それらの文脈を項として含んだより一般的な数理モデルの構築が今後の課題の１つである。

温熱系

運動をして汗をかいた，緊張あるいは興奮して"手に汗を握った"，また，体調が悪くて熱っぽいなど，我々は体の変化を自覚することができる。これらの変化は温熱系としてまとめられ，相互に関連する。本章では発汗，皮膚電気活動，体温について概説する。

1節　発汗

人前でスピーチやプレゼンテーションをする，面接試験を受ける，あるいはスポーツの試合やピアノの発表会などに臨むとき，手掌に汗をかき，緊張感が高まり，焦ったことはないだろうか。一方，運動をしたとき，岩盤浴やサウナに行ったとき，あるいは真夏の暑い日にももちろん汗をかく。このように発汗は，精神性の発汗と温熱性の発汗に分類できる。精神性の発汗は，"ここぞの場面"に臨む際，緊張や"あがり"の状態に伴うものである。一方，温熱性の発汗は体温調節を目的としたものである。

1．皮膚と汗腺

皮膚には外的物質の侵入を妨害する機能と，体外に物質を選択的に通過させる機能がある。皮膚を通して，汗の生成を主とする水分バランスの維持と体温の維持が可能となる。体温の詳細については3節で概説する。

汗は全身の皮膚に分布する汗腺から分泌される。汗腺は，手掌，足底，前額，腋窩，鼠蹊部に多い。汗腺には分泌様式の異なるアポクリン汗腺とエクリン汗腺の2種類がある。アポクリン汗腺はヒトでは大部分が腋窩に，一部は乳頭や外陰部に限局している。そのため，体温調節はアポクリン汗腺ではなく，エクリン汗腺からの分泌によって行われる。日本人の汗腺の総数は200万～500万個といわれるが，実際に働いている能動汗腺は約180万～280万個と考えられている。汗の固形成分量はわずか0.3～1.5％であり，重要なものはNaClである（中野, 2000）。手掌や足底に分布したエクリン汗腺は体温調節のための汗の蒸散よりも，物体を握る行動により関連すると考えられており，心理的に意味のある刺激に対して反応が増大すると報告されてきた（Edelberg, 1972）。闘争あるいは逃走反応（fight or flight response）を考慮すると，手掌と足底の発汗は手足の摩擦を大きくし，把握力とバランスが向上することから，闘争あるいは逃走のいずれにおいても生存のために適応的である。

エクリン汗腺の解剖図を図11-1-1に示した。表皮は皮膚の最表層であり，体の部位により厚さが異なり，手掌と足底で最も厚い。表皮は表面の角質層から最も深い胚芽層まで及ぶ。角質層は角化した細胞の集まりである。角化した細胞は常にこすりとられ，胚芽層で新生し表層へ移動しながら徐々に変化する細胞におきかわる。表皮が完全に入れ替わるには約40日かかる。真皮は強靭で弾力性に富み，血管，リンパ管，知覚神経終末，汗腺と導管，毛根，毛包，毛，立毛筋，皮脂腺を含む（今本，2000）。

エクリン汗腺は汗の生成，分泌，排出部位である導管から構成され，ぐるぐると巻かれた状態で真皮に存在し，皮膚表面に開口する汗孔をもつ。エクリン汗腺の最も重要な機能は体温調節である。体温が0.25〜0.5℃上昇するとエクリン汗腺は汗を分泌するように刺激され，汗は導管によって皮膚表面に運ばれる。皮膚表面から汗が蒸散するときに体から気化熱を奪うことにより，体は冷やされる。汗の総量は視床下部の体温調節中枢によって支配されている。体温調節中枢は，視床下部の前核群と中央核群に存在する熱放散を担う温熱中枢（heat center）と，後核群に存在する発熱保温を担う寒冷中枢（cold center）によって総合的に統括されている（中野，2000）。エクリン汗腺は自律神経系の交感神経の支配を受け，神経伝達物質はアセチルコリンである。

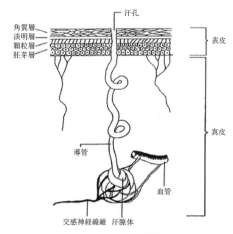

●図11-1-1　エクリン汗腺の解剖図（山崎，1998）

2. 発汗の分類

既に述べたように，発汗は温熱性の発汗と精神性の発汗に分類できる。温熱性の発汗は体温調節を目的とし，高温によって引き起される。発汗動機があってから発汗が生じるまでに一定の潜伏期間があり，長いときは30分にも達する。温熱性の発汗は手掌，足底を除く全身の皮膚にみられるが，前額，頸部，体幹などに多い。一方，精神性発汗は，高温には反応せず，精神的な興奮や痛刺激などの感覚受容器からの反射によって生じる。発汗動機があれば直ちに手掌や足底に顕著な発汗が現れる（中野，2000）。温熱性の発汗と精神性の発汗の特徴を表11-1-1に示した。

●表11-1-1　温熱性の発汗と精神性の発汗の比較（中野，2000）

	温熱性の発汗	精神性の発汗
部位	手掌・足底を除く全身	手掌・足底・腋窩
原因	温熱	精神的興奮
潜時	長い	短い
汗腺の興奮性	夏期に高く冬期に低い	季節によらない
平常時の分泌	なし	多少ともあり
睡眠中の分泌	上昇	低下
発達	生後2日〜2週間で出現	生後2〜3か月で出現

3. 精神性の発汗と皮膚電気活動

心理学的な興味の対象は，精神性の発汗である。精神性の発汗を電気的現象として測定したものが皮膚電気活動（electrodermal activity: EDA）である。EDAの末梢の発現機序は上述の皮膚と汗腺の項を参照されたい。EDAの分類や具体的な測定方法は2節で概説する。ここでは，EDAの中枢の発現機序について概説する。

Boucsein（1992, 2012）によると，EDAの制御中枢には3つのレベルがある。第1の最も高次な制御中枢は大脳基底核（basal ganglia）である。大脳基底核は，運動前

皮質（premotor cortex）による興奮性の制御を含む回路と，前頭葉を起源とする興奮性と抑制性の影響を含む回路をもつ。第2のEDAの制御中枢は大脳辺縁系（limbic system）と視床下部（hypothalamus）である。大脳辺縁系は，扁桃体（amygdala）からの興奮性の影響と，海馬（hippocampus）を起源とする抑制性の影響を受ける。第3の最も低次のEDAの制御中枢は，脳幹網様体（reticular formation）である。主にネコを用いた動物実験の結果によると，直接的な電気刺激や感覚刺激を用いた脳幹網様体の賦活によってネコのEDAが誘発された。

近年，神経イメージング技法を用いて，EDAの神経基盤が研究されている。神経イメージング技法を用いたEDA研究には2つの方略がある。局所性の脳損傷患者を対象としたEDAの出現様相に関する研究（e.g., Asahina et al., 2003）と，脳の賦活パターンとEDAを同時記録し，それらの相関を扱った研究である（e.g., Patterson et al., 2002）。先行研究の結果は完全には一致しないものの，前頭前皮質の腹側正中，右下頭頂野，前部帯状皮質の賦活は，一過性のEDA成分の出現と関連する。これらの部位に加えて，刺激が感情価をもつ場合，扁桃体と眼窩前頭皮質の賦活もEDAと関連する（Dawson et al., 2007）のレビュー参照）。

4. EDAの特徴と定位反応

自律神経系の反応の多くは交感神経系と副交感神経系に神経支配されている。そのため，刺激に誘発された反応は交感神経系あるいは副交感神経系のいずれの影響を強く反映しているのか，あるいは両者の影響を反映しているのかを厳密に解釈することは困難である。一方，エクリン汗腺は交感神経系に支配されているため，EDAは交感神経活動を反映する鋭敏な末梢の指標であるといえる。一過性あるいは持続的なEDA成分のいずれの増加も，交感神経活動の増加に起因する。

EDAは覚醒水準，注意，感情，認知，意思決定などの心理変数と関連する。EDAの個人差は不安，うつ傾向，神経症傾向などのメンタルヘルスと関連する。持続的なEDA成分は，睡眠中に低く，精神活動が活発になるに伴って上昇することから，覚醒水準を反映する指標となる。また，持続的なEDA成分は，安静中に徐々に低下し，新奇刺激の提示に対して急速に上昇するが，同じ刺激を繰り返し提示した場合，再び，徐々に低下する。一過性のEDA成分は，刺激の新奇性，強度，意味内容に鋭敏であることと，比較的速やかな馴化（habituation）を生じることに特徴づけられる（Dawson et al., 2007）。ある刺激の提示は当該刺激に特異的（specific）な一過性のEDA成分の変化を誘発する。これらの反応は，定位反応（orienting response）であると考えられる。定位反応とは，刺激に対して注意を向ける反射的な行動である。定位反応は刺激の取り込みを促進する点から適応的な機能をもつ。定位反応には馴化と脱馴化（dishabituation）が生じる。たとえば，単純な音刺激を一定間隔で提示した場合，最初の刺激提示に対して明らかな一過性のEDA成分の変化が生じる。この変化が定位反応である。刺激を繰り返し提示する場合，徐々に刺激に対する反応は減少し，最終的に反応は消失する。こうして，刺激に対する馴化が生じる。しかし，馴化が生じた後，一定間隔で提示されていた音刺激が急に欠落する場合，あるいは別の音刺激が提示される場合，その音刺激の欠落や新奇刺激に対して，再び反応が生じる。これは脱馴化とよばれる現象である。このように，EDAの定位反応は注意や認知機能の指

標となる。

5. EDA の研究動向

　EDA を用いた研究は覚醒，注意，感情，認知情報処理などに関連する基礎研究から，臨床的な応用研究に及び，健常と異常行動の診断や予測にまで用いられている。一過性の EDA 成分のさらなる特徴は，刺激の弁別性である（Dawson et al., 2007）。特定の刺激に対する反応を検討する際，刺激 A には明らかな反応が生じ，一方，刺激 B には反応が生じない場合，実験参加者は刺激 A と刺激 B を異なるものと認知し，刺激 A と刺激 B を弁別したと考えられる。たとえば，警察の犯罪捜査における隠匿情報検査（concealed information test）を用いたポリグラフ検査は弁別刺激パラダイムに基づくものである（ポリグラフ検査の詳細は 11 章参照）。

　EDA と感情の関連について，International Affective Picture System（IAPS, Lang et al., 2008）を用いた研究が数多く報告されてきた（Bradley & Lang（2007）のレビュー参照）。IAPS は感情の喚起を目的として，感情価（valence）と覚醒の 2 次元に基づいて標準化された大規模なカラー写真のセットである。IAPS と EDA には一貫した関連があり，中性刺激と比較して，ポジティブ刺激とネガティブ刺激はいずれも一過性の EDA 成分を増加させる。しかしながら，誘発された反応は，刺激の感情価（ポジティブあるいはネガティブ）ではなく，覚醒と関連し，いずれの感情価の場合も覚醒が高い刺激に対して反応が増加する。

　EDA と意思決定の関連はソマティック・マーカー（somatic marker）仮説（Damasio, 1994）から検証されてきた。この仮説は，感情やソマティック・マーカーとよばれる身体信号が意思決定や行動選択に及ぼす影響を強調する。ソマティック・マーカー仮説はギャンブル課題中の EDA 記録によって検証された。ギャンブル課題において，実験参加者は 4 種類のカード束から 1 枚ずつカードを選択する。2 種類のカード束は高報酬・高リスクであり，これらのカードを引き続けると最終的には損をする。残りの 2 種類のカード束は低報酬・低リスクであり，最終的には得をする。健常者では最終的に有利な選択肢を選び，高リスクのカードの選択前に EDA の増大が観察される。しかしながら，前頭前野腹内側部や眼窩前頭皮質に損傷をもつ患者は高リスクのカードを選択し続け，EDA の増大が生じなかった。患者はソマティック・マーカーが欠如し，適切な意思決定や行動選択ができなかったといえる。

　EDA の個人差と精神疾患には関連がある。先行研究の結果は一致しないものの，統合失調症患者において，EDA の高覚醒と将来の症状の悪化には関連があるという報告が優勢である（Dawson & Schell, 2002）。この結果は，再発リスクの高い統合失調症患者は刺激に対する自律神経活動の高覚醒を示すという報告と一致する。また，精神病患者を対象とした 95 の研究のメタ分析の結果，効果量は小さいものの，精神病患者は安静時の持続的な EDA 成分の低下によって特徴づけられるという報告がある（Lober, 2004）。この結果は，精神病患者は一般的に健常者よりも覚醒水準が低く，恐怖や不安などのネガティブ感情が欠損しているために，危険を伴う行為や反社会的行動を生じやすいことを裏付けるものである。

2節　皮膚電気活動（EDA）

EDAとは精神性の発汗を電気的現象として測定したものである。EDAは覚醒水準，注意，感情，認知と深い関連がある。EDAの生理学的な発現機序と特徴については1節を参照されたい。本節ではEDAの測定方法を中心に概説する。EDAの測定に際し，アメリカ精神生理学会（Society for Psychophysiological Research）の勧告（Boucsein et al., 2012; Fowles et al., 1981）に従う必要がある。EDAの詳細と研究の動向について，Dawson et al.（2007）やBoucsein（1992, 2012）が詳しい。日本語のEDAの専門書として新美・鈴木（1986）が非常に参考となる。

1．EDAの分類

EDAの測定方法は通電法（exosomatic method）と電位法（endosomatic method）に分類できる。通電法とは手指や手掌に装着した一対の電極間に微弱な定電圧（0.5 V）を流して皮膚の抵抗の変化を調べる方法である。一方，電位法とは精神性の発汗の生ずる探査部位と，精神性の発汗の生じない基準部位に装着した電極間の電位差を測定する方法である。いずれの方法で測定した場合も，EDAはゆっくりとした持続的な水準（level）と一過性の反応（response）に分類できる。それぞれ皮膚電気水準（electrodermal level: EDL），皮膚電気反応（electrodermal response: EDR）とよばれ，水準に反応が重畳する。水準と反応の関係は潮の干満と波にたとえられる。すなわち，水準は緩やかな潮の干満に相当し，反応は波打ち際に押し寄せる大小の波に相当する。

通電法による記録は皮膚抵抗（skin resistance: SR）と，その逆数である皮膚コンダクタンス（skin conductance: SC）に分類できる。皮膚抵抗変化（skin resistance change: SRC）は，皮膚抵抗水準（skin resistance level: SRL）と皮膚抵抗反応（skin resistance response: SRR）に分類できる。皮膚コンダクタンス変化（skin conductance change: SCC）は，皮膚コンダクタンス水準（skin conductance level: SCL）と皮膚コンダクタンス反応（skin conductance response: SCR）に分類できる。電位法による記録は皮膚電位活動（skin potential activity: SPA）とよばれ，皮膚電位水準（skin potential level: SPL）と皮膚電位反応（skin potential response: SPR）に分類できる。明確な刺激のない場合に生じるEDAの一過性の成分は，自発性反応（spontaneous response）あるいは非特異性反応（non-specific response）とよばれる。EDAの分類を表11-2-1に示した。

● 表11-2-1　EDAの分類

皮膚電気活動（electrodermal activity：EDA）
　　皮膚電気水準（electrodermal level：EDL）
　　皮膚電気反応（electrodermal response：EDR）
　　　通電法（exosomatic method）
　　　　皮膚抵抗変化（skin resistance change：SRC）
　　　　　皮膚抵抗水準（skin resistance level：SRL）
　　　　　皮膚抵抗反応（skin resistance response：SRR）
　　　　皮膚コンダクタンス変化（skin conductance change：SCC）
　　　　　皮膚コンダクタンス水準（skin conductance level：SCL）
　　　　　皮膚コンダクタンス反応（skin conductance response：SCR）
　　　電位法（endosomatic method）
　　　　皮膚電位活動（skin potential activity：SPA）
　　　　　皮膚電位水準（skin potential level：SPL）
　　　　　皮膚電位反応（skin potential response：SPR）

2. EDA の測定

(1) 準備

EDA の測定には電極，電極糊，増幅装置，記録器が必要である。従来，ポリグラフなどの増幅装置と記録器をそれぞれ用意して測定することが多かったが，近年は市販のデジタルポリグラフや生体アンプなどのデジタル記録器を用いることが多い。測定機器の選択は，研究目的と予算に応じて吟味することになるだろう。

アメリカ精神生理学会の勧告（Boucsein et al., 2012）に従い，電極は銀/塩化銀電極（Ag/AgCl）を用いる。電極糊は，汗の塩分濃度を考慮して 0.050〜0.075 mol の濃度の NaCl 電極糊を用いる。電解質の濃度の点から，脳波や心電図測定用の電極糊の流用や，使用成分の明らかでない市販品の使用は避ける必要がある。近年，アメリカ精神生理学会の勧告（Boucsein et al., 2012）に準じた電極と電極糊を使用した EDA 測定専用のディスポーザブル電極が市販されている（TEAC 製，PPS-EDA）。

EDA の測定環境は電気的にシールドされた防音の実験室であることが望ましい。気温の上昇による温熱性の発汗を抑制するために，23℃の室温が推奨されている（Boucsein, 2012）。実験参加者には，楽な姿勢で椅子に座り，測定中はなるべく体動を抑制すること，測定に痛みは伴わないこと，手掌に装着した電極を圧迫しないために手掌を上向きにして膝あるいは机上におくことなどを教示する。

(2) 電極の装着と記録方法

標準的な EDA 測定の電極配置を図 11-2-1 に示した。通電法の場合，片側手指の第 2 指と第 3 指の末節部（A），中節部（B），あるいは片側手掌の母指球と小指球（C）に一対の電極を装着する。電位法の場合，片側手掌の小指球部に探査電極を装着し，同側の前腕屈側部に基準電極を装着する。電極の装着部位はあらかじめエタノールを用いて清拭し，乾燥させておく。乾燥が不十分な状態で電極を装着すると，汗孔が閉鎖してエクリン汗腺の機能を妨害することになる。

電位法では，電気的にゼロ電位が想定される基準部位と，精神性の発汗が生じる探査部位の電位差に基づき SPA の波形を得る。標準的な測定では精神性発汗の生じない前腕屈側部を基準部位とする。しかし，この部位には温熱性の発汗が生じるため，電気的なゼロ電位を想定できなくなる。そのため，あらかじめ表皮の角質層をこすり落とす表皮擦剥法を実施して，基準部位の汗腺活動を不活性化させる必要がある。表皮擦剥法として，目の細かい紙やすりで表皮をこするか，セロハンテープの粘着部分を皮膚に貼りつけて剥がすことを数回繰り返すとよい（新美・鈴木，1986）。または微粒子入りのジェルで角質層を擦剥する市販の皮膚前処理剤（たとえば日本光電製，スキンピュア）を使用するとよい。

電位法で測定される SPL は直流増幅器で増幅して記録する。SPR は時定数を 4〜6 秒程度に設定して増幅，記録する。SPL は変化範囲が大きいために，従来のペン書きの記録計では記録が難しかったが，現在では精度の高い A/D 変換器を備えたデジタル記録により，容易に記録が可能となっている（高澤，2012）。通電法で測定される EDA は皮膚抵抗である SRC（SRL と SRR）と，皮膚コンダクタンスである SCC（SCL と SCR）である。アメリカ精神生理学会の勧告（Boucsein et al., 2012; Fowles et al., 1981）に従って，通電法では，精神性の発汗部位の 2 点間に 0.5 V の微弱

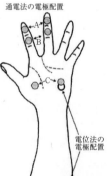

●図 11-2-1 EDA 測定の電極配置（高澤, 2012）

通電法は，手掌部の 2 カ所（第 2 指と第 3 指の末節部（A），第 2 指と第 3 指の中節部（B），または母指球と小指球（C）に電極を装着する。
電位法は，探査電極を小指球に，基準電極を前前腕部に装着する。基準電極装着部位は，擦剥処理をする。

な定電圧を流し，その2点間の皮膚抵抗あるいは皮膚コンダクタンスを増幅，記録する。SRRとSCRを記録する場合，時定数を4～6秒程度に設定する。

(3) EDAの分析方法

計測されたEDAの単位は以下の3種類となる。SRCの単位は抵抗値（Ω）であり，SCCの単位はコンダクタンス（マイクロジーメンス：μS）であり，SPAの単位は電圧（mV）である。

持続的なEDA成分である水準を分析する場合，SRLとSCLでは測定時点の抵抗値あるいはコンダクタンスをそれぞれ計測し，SPLでは測定時点の電圧を計測する。安静時のSPLは陰性に深くシフトしており，通常-30～-40mVとなる（新美・鈴木, 1986; 山崎, 1998）。

一過性のEDA成分である反応を分析する場合，刺激提示時点から反応生起までの潜時（latency）が1～2秒であることを考慮して，刺激提示後5秒以内に出現した反応を分析対象とする。図11-2-2にSCR，SRR，SPRの測度を示した。SCRとSRRは単相性の波形であるが，SPRは陰性単相波，陰陽二相性波，陽性単相波の3種類の波形に分類できる。いずれも分析では，反応の振幅（amplitude），出現頻度（反応数），および反応の時間変数に着目する。時間変数には反応潜時，頂点時間（rise time），1/2回復時間（half recovery time）などがある。反応潜時とは，刺激提示時点から反応の立ち上がり時点までにかかる時間である。頂点時間とは，反応の立ち上がり時点から反応の頂点までにかかる時間である。1/2回復時間とは，反応の頂点から振幅が50%に減衰するまでにかかる時間である。これらの測度を研究の目的によって選択する。

SCRとSRRでは振幅，出現頻度，反応潜時，頂点時間，1/2回復時間を計測する。SPRの3種類の波形において，陰性単相波と陽性単相波は極性が異なるものの，いずれも振幅，出現頻度，反応潜時，頂点時間を計測する。陰陽二相性波は，刺激提示時点を基線として，陰性波と陽性波の各振幅と各頂点時間を計測する。陰性波と陽性波の各振幅を加算して反応量（magnitude）とする場合もある。陰陽二相性波の潜時は，刺激提示時点から陰性波の立ち上がり時点までにかかる時間とする。

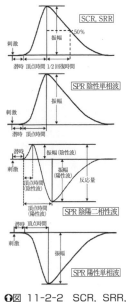

●図11-2-2 SCR, SRR, SPRの測度（山崎, 1998）

EDAは覚醒水準を反映しており，SPRの3種類の波形の出現はSPLと関連する。覚醒水準が低い場合，SPLは低水準であり，SPRは陰性単相波が主となる。覚醒水準とSPLが中程度の場合，SPRは陰陽二相性波が出現する。覚醒水準が高い場合，SPLも高水準となり，SPRは陽性単相波が出現する（新美・鈴木, 1986）。したがって，SPRの3種類の波形の出現頻度と振幅から，刺激の強度と反応の多寡や大小の関連を一義的に判断することは困難である。アメリカ精神生理学会の勧告（Boucsein et al., 2012）では，SPRは波形が複雑であり，解釈も困難であることを理由として，通電法によるSCRやSRRの測定を推奨している。実際に，近年では大部分の研究がEDAの測度としてSCRとSCLを用いている（Boucsein et al., 2012; Dawson et al., 2007）。

(4) 実験手続きの留意点

研究の目的によって実験手続きは異なるものの，一般的には安静時のEDRを約10分間記録する。安静時のEDRの特徴は自発性のEDRがほとんど出現しない，あ

るいは出現した場合でも振幅の小さい EDR の散発となる（山崎，1998）。安静記録後，視覚，聴覚，あるいは言語刺激を提示する。音圧や持続時間の統制が容易であるため，単純な音刺激を使用するとよい。新奇刺激，弁別刺激，感情喚起刺激などに対してEDR は定位反応を示す。刺激と反応を対応づけるために，刺激提示時点にイベントマーカーを入れる。刺激提示時点から 1～2 秒の潜時の後，EDR は一過性の変化を示し，約 10～20 秒後に刺激前のレベルに戻ることから，30～50 秒のランダムな間隔で刺激を提示する。刺激提示間隔が一定の場合，次の刺激提示を予期して自発性の反応が出現し，刺激に対する反応に重畳してしまう。刺激の提示回数は 10～15 回程度が望ましい（山崎，1998）。このような実験手続きを採用すると，明瞭な定位反応や反応の馴化が観察されるだろう。EDR を用いた実験例として，本多・山崎（2010）はフットサルの試合映像提示中の SPR を記録した。その結果，フットサルに特徴的なプレイに対して，フットサル経験群の SPR はサッカー経験群よりも増大した。フットサルの試合映像提示中，サッカー経験者と比較して，フットサル経験者では覚醒水準の上昇，注意の喚起，認知情報処理の促進などが生じた可能性があるだろう。

3節 体温

　季節の移り変わりに応じて，大きく変化する温度環境におかれても，我々は自由な活動を維持することができる。これは，我々の体内環境が一定に保持されているからであり，中でも体内の熱環境の維持は，我々の活動を保証するうえで大きな役割を果たしている。体内での産熱，熱移動，環境への放熱，それを絶えず制御し続け，バランスを維持する体内調節機構について理解を深め，さらに，ストレスなどの様々な心理現象により，それらの機構がどのように影響を受けるのかを知ることが本節の目的である。

1．体温調節の概略

　体温は，身体の部位によって異なり，一般に核心部（core）と外殻部（shell）に分けて考えられる（図 11-3-1）。ヒトは恒温動物と言われるが，環境の温度にかかわらず一定に保たれているのは核心部だけであり，その温度は日本人の場合，36.89℃±0.34℃である（入來，2005）。熱産生機構を多く持つ核心部の温度に比べ，外殻部の温度は一般に低く保たれており，環境温の影響を受けて大きく変化する。核心部の温度としては，鼓膜温，食道温，直腸温などが測定される。特に，鼓膜温は，直腸温より測定しやすく，深部体温の脳温に近く体温調節中枢の温度変化を正確に反映するため，臨床上も有用とされている（三枝，2005）。外殻温としては，前腕部や手足指部の温度がしばしば用いられる。我々の体温が一定に維持されるのは，様々な温度調整機構により熱産生と熱放散の量が調整されているからである。

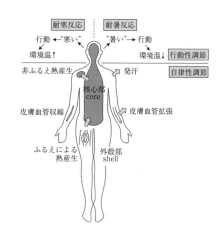

●図 11-3-1　ヒトの体温調節の概略図
（彼末，2010 を一部改変）

(1) 産熱

　成人の 1 日の熱エネルギー消費量は，2000～3000 kcal で，エネルギー源となるの

は，炭水化物，脂肪，タンパク質である。この熱量は，体重60kgの人の体温を一日で50℃もあげてしまう量である（彼末・中島，2000）。人間の体内の熱の発生は，安静時には肝臓，脳，心臓などの内臓器官により行われ，運動時には筋活動によるものが加わり大幅に増加する。このような膨大な熱が発生しているにもかかわらず，体温が一定に保たれるのは，発生と同じ量の熱が，周囲の環境に放散されるからである。実際，摂取したエネルギーの大部分は熱として放散され失われるのであるが，その過程は，体内深部の熱源から皮膚表面への熱移動，皮膚から周囲の環境への熱放散の2つの過程にわけて考えられる。

(2) 放熱

1) 熱移動

体内で産生された熱エネルギーは，熱伝導，血液の移流，血管壁からの熱伝達によって別の部位へ移動する。熱伝導の程度は，隣接する組織との温度差と熱伝導率によって決まる。生体内では脂肪層の熱伝導率が低いことが知られ，他の組織に比べ1/3程度である。つまり，脂肪層は保温の役割を果たしており，低温環境での生命維持に重要な役割を果たしている。生体内の熱移動では，組織に流入する動脈血の熱が重要な役割を果たす。一方で動脈と静脈の間でも血管壁を通して熱交換が行われている。これは深部体温の維持に大きな役割を果たしている（三枝，2005）。

2) 熱放散

皮膚から周囲の環境への熱放散は，伝導，対流，放射，蒸散によって説明される。我々の身体は，周囲の環境の様々な物質に触れており，たとえば寝ている場合はベッドを通して，座っている場合は椅子を通して熱伝導が生じている。熱伝導は，皮膚と接触面との温度差，熱伝導率によって決まる。身体の周りに存在する流体との間で熱移動が生じるのは対流現象によるものである。対流による熱伝達量は，流体との温度差と，対流熱伝達率，熱伝達部位の形状によって決まる。また，対流による熱伝達は，流体の速度，流体の物性（粘性係数，熱伝導率）の影響も受ける。風が吹くと寒く感じるのは，流体の速度の影響であり，暖房より風呂が暖かく感じるのは，空気と水の物性の違いである。体と周囲の物質との間を電磁波の形で熱が移動する現象を放射と呼ぶ。ヒーターのような暖房器具，人やイヌのような恒温動物のそばによるとあたたかみを感じるのは，放射によるものである。太陽の光にあたると暖かく感じるのも放射である。また，特に人において大きな役割をはたしているのが，発汗を介した蒸発に伴う熱放散である。特に外気温が体温より高い場合は，蒸散のみが有効な熱放散手段となる。また，呼吸によっても熱伝達は生じる。吸気の際に，腔，気管，肺などを通し空気は熱せられ，その熱は呼気を通して体外へ排出される。発汗による体温調節機能を持たない動物では，このような仕組みが体温調節に大きな役割を果たす。通常温度環境での裸のヒトの場合，熱の60％が放射で，22％が蒸散によって，15％が空気の対流で，3％が物体への伝導により放散される（Guyton & Hall, 2006）。

2. 体温調節機構

体温を調節しようとするならば，まず体温を測らねばならない。測った体温が高すぎる場合は温度を下げる方向へ，低すぎる場合は温度を上げる方向への制御が必要であるが，そのような制御を行う機構の他，熱の保持や放散を担う身体機構（効果器）も

必要である。このような体温調節過程は，入力系（センサーである温度受容器），中枢（各部位からの温度情報を処理・判断する神経機構），出力系（核心部の温度を上昇・下降させるためにはたらく各種の効果器）にわけて考えられる。以下，順を追って説明する。

(1) 入力系

温度受容器には，温受容器と冷受容器，その他の情報も同時に感知するポリモーダル受容器があり（入來，2005），全身に広く分布している。中でも重要なのは，皮膚と視床下部の温度受容器であり，前者は体表面の温度を，後者は核心部の温度をそれぞれ受容している。

皮膚表面には，温かいと感じる部位である温点と，冷たいと感じる冷点が存在し，ヒトの場合，顔面の温点の密度は1.7/cm²，冷点の密度は8.5～9.0/cm²であり，手のひらの温点の密度は0.4/cm²，冷点の密度は1.0～5.0/cm²であり，分布に部位差があると同時に，冷点の密度が高い特徴がある（彼末・中島，2000）。核心部（脳内）の温度受容器は，脊髄，延髄網様体，視床下部の視索前野・前視床下部に存在し，前視床下部が最も強力で精度の高い体温調節反応を生じる（彼末・中島，2000）。

(2) 中枢

通常体温調整には視床下部が大きく関与するが，中でも視索前野が体温調節中枢として重要な役割を果たしている。視索前野には，温度感受性ニューロンが存在し，温度の上昇で変化するものを温ニューロン，温度の低下により活動が増すものを冷ニューロンという（彼末・中島，2000）。視索前野は，皮膚や脳に存在する温度受容器からの求心性の信号を受け，遠心性神経を通じて熱産生や熱放散を制御する。また，視索前野の温度ニューロンには，温度以外の多くの入力信号があり，運動など様々な状況に応じて核心部温度を適切に調節していると考えられている（彼末，2010）。

(3) 出力系

体温調節を行う仕組みは様々あるが，大きくわけると行動性調節と自律性調節に分類できる（図11-3-1）。以下では，我々が環境の温度変化にさらされた時の調節反応を，高温の場合と寒冷の場合にわけて考えていく。

高温環境においては，熱放散を促進するように調節が行われる。まず最初に，脱衣をおこなったり，場所を移動したりする行動性調節が生じ，続いて皮膚血管の拡張による熱放散が増加する。しかし，環境温が体温に近くなると血管拡張による熱放散ができなくなり，発汗による蒸散性熱放散が行われる。発汗は強力な体温調節機構であるが，水分を消費する点でコストが高いため，最終的な調節手段と言える。

寒冷環境では，皮膚血管を収縮させて熱放散を抑制し，かつ熱産生を促進するよう調節が行われる。寒冷環境においても，まず最初に衣服の着用や暖房などの行動性調節が生じ，それらの調整限界を超えた際に，褐色脂肪細胞による非ふるえ熱産生，骨格筋を用いたふるえによる熱産生の順で熱産生が行われる。後者のふるえによる熱産生は，骨格筋を使うため必然的に運動に制約が生じる問題がある。寒冷環境での調節反応が，このような順番で生じるのは，これが最もエネルギー消費が少なく，かつ運動の制約も少ないからである。上記のような調節反応の動員順序は，各種の生体内資源を節約する点で合目的であると言える（彼末，2010）。

(4) 調節の原理

何かの量を一定に保とうとする時は，その量をセンサーにより測定して，目標と

する値から変化したとき，それを打ち消すような処理をする。これは工学の分野では，ネガティブフィードバックと呼ばれ，人間の体温もこのような原理によって調節されている。制御対象は，脳や内臓などの核心部温度であり，それらの器官には温度を検出するための受容器が備わっているため，そこで検出された体温が上昇した場合には，発汗や血管拡張

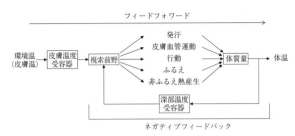

●図 11-3-2 体温調節の様式 (彼末, 2010)

による熱放散など，体温を下げるための調節機構が働き，体温の下降を検知した場合は，ふるえによる熱産生など，体温を上げるための調節機構が働く。しかし，このような機構のみだと調節作用が後手に回ってしまう問題点がある。そこで我々の体には，深部体温の変化が生じる前に，変化を見越して調節を行うフィードフォワード機構も備わっている。これは，より環境に近い部位である皮膚の温度受容器により環境温を検出し，より迅速に調整機構を働かせるしくみである（彼末, 2010; 図 11-3-2）。

3. 熱放散機構としての末梢循環

すでに述べたとおり，体温調節中枢の制御対象は核心部温度であり，適切な温度を維持するために，様々な効果器が働いている。これらの現象の内，生理心理学に大きく関与するのが，皮膚血管活動と発汗活動であるが，ここでは皮膚血管活動とその結果として変化する皮膚温を中心に説明する。多くの研究で示されている通り，皮膚血管活動，皮膚血流，皮膚温は，様々な心理的刺激に対して変化を示す。これらの反応の起点は，皮膚血管活動である。

(1) 皮膚の血管構造と動静脈吻合

皮膚血管は，皮下組織までの間に3層の構造をもっている（図 11-3-3）。これらの血管は，皮膚にある各種の器官への酸素と栄養の供給も担いつつ，外環境に最も近い皮膚組織の血流を適宜変化させることで体温調節機能を果たす。通常，細動脈と細静脈の間は，直径5〜10μmほどの毛細血管がつないでおり，ここで栄養と酸素の供給が行われる。しかし，四肢末端の無毛部皮膚や，唇，耳介，鼻の皮膚には，毛細血管を介さずに細動脈と細静脈を直接つなぐ太い（20〜100μm）連絡路，動静脈吻合（arteriovenous anastomosis: AVA）が存在する（図 11-3-4）。常温環境下では，体幹の有毛部よりも手掌などの無毛部で血流が多い事が知られており（山崎, 2010），28.3℃の環境下では，手指総血流量のうち，実に80％が動静脈吻合を通過するものであることが確かめられている（Coffman & Cohen, 1971）。指部の動静脈吻合を通過した多量の静脈血は，前腕の表在静脈を通過するときに皮膚温を増加させ，熱を効率的に放散するため，動静脈吻

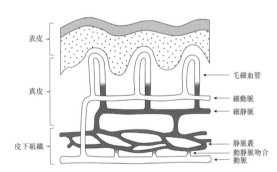

●図 11-3-3 皮膚血管組織の模式図

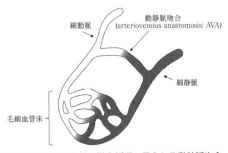

●図 11-3-4 末梢の微小循環に見られる動静脈吻合

合の開閉が，熱放散過程に寄与する割合は非常に大きい。ヒトだけでなく，ウサギの耳介やラットの尾などにもAVAが存在し，放熱機能を果たしている。動静脈吻合の開閉はアドレナリン作動性血管収縮神経により中枢から制御されており，皮膚毛細血管が栄養血管と呼ばれるのに対し，これらの血管は熱放散を調節するための機能血管と呼ばれる（山崎，2010）。

(2) 皮膚血管の制御と神経支配

皮膚血管を制御する信号は，視床下部から延髄を通り，自律神経節を介して節後ニューロンによって伝えられる。動静脈吻合が存在する手掌や足底，唇や耳などの部位では，皮膚血管の収縮拡張は，アドレナリン作動性神経のみによって制御されている。それ以外の部位の皮膚血管は，アドレナリン作動性神経とコリン作動性神経によって制御されている（Johnson et al., 1995）。コリン作動性の血管拡張神経による血流の増加が動員されるのは，発汗をともなうような極端な場合であり，通常の体温調節はアドレナリン作動性の血管収縮神経活動の増減だけで行われていると考えられている（彼末・中島，2000）。

皮膚血管反応は，主となる神経の活動亢進による能動的な反応と，それらの神経活動の低下を反映した受動的な反応がある。能動的な皮膚血管収縮反応を担う神経伝達物質は，ノルアドレナリンと共存伝達物質である神経ペプチドYである。皮膚血管のアドレナリン受容体は，α（アルファ）とβ（ベータ）があり，α受容体は収縮反応，β受容体は拡張反応を担う。皮膚血管にある受容体はほとんどがα受容体である（Stephens, 2001）。一方，前腕部皮膚などに見られる能動的な皮膚血管拡張反応には，アセチルコリンが関与しているとされる。こちらに関しては，神経終末から放出されたアセチルコリンが一酸化窒素合成を介して皮膚血管拡張を生じる可能性が指摘されている（Shibasaki et al., 2002）。

神経終末から放出される主となる神経伝達物質（ノルアドレナリンやアセチルコリン）の他，各種の共存伝達物質，さらには血流や血圧による物理機械的力が内皮細胞を刺激して一酸化窒素を産出し血管拡張が生じる過程，加えて液性および局所性の因子による影響もあり，実際に生じる血管収縮・拡張反応は，極めて複雑な過程により生じている。

4. 末梢循環の測定

中枢による，あるいは末梢による局所的な血管活動制御の結果として，血流が変化し，最終的に皮膚温が変化する。これらはいずれも，皮膚血管活動を起点とする皮膚循環を，異なる手法でとらえているにすぎない。ここでは，皮膚循環の測定法を，皮膚血管活動，皮膚血流，皮膚温の順で紹介する。特に皮膚血管活動，皮膚血流量に関しては，精神的負荷に鋭敏な反応をしめす血管構造が豊富に発達している理由から，指尖部で用いられることが多く，特に断りがない限り指尖部での測定を想定した説明となる。

(1) 容積脈波による皮膚血管活動の測定

脈波とは，心臓の収縮によって血管に生じた波動が，全身の動脈を介して伝播してゆく現象のことである。この脈波を圧の変化から見たのが圧脈波，血管の容積の変化から見たのが容積脈波である（澤田，1999）。心的活動に対して鋭敏であること，測定

が比較的容易であること，交感神経活動の評価法として優れていることなどの理由により，生理心理学的研究においては古くから用いられてきた。近年は，近赤外光LEDとフォトトランジスタを用いた光電容積脈波（finger photoplethysmogram: FPG）が一般的である。LEDから発せられた光は，生体組織を通過する際，血中のヘモグロビンによって吸収され，フォトトランジスタに到達する。血管の収縮拡張にともなうヘモグロビン量の変化を波形として導き出すのがFPGであり，センサーの形状によって，透過式と反射式がある。測定値を直流増幅したものを血液容積脈（blood volume: BV），0.1秒程度の時定数で低周波成分を除去し，増幅したものを容積脈波（pulse volume: PV）といい，特にPVはαアドレナリン作動性交感神経活動を反映するとされ，広く用いられる。

(2) レーザードップラー血流計による血流量の測定

末梢の血流量を測る手法として，Bonner & Nossal（1981）の理論に基づいた，レーザードップラー式血流測定法（laser doppler flowmetry: LDF）がある。これは，組織にレーザー光を照射したときに，赤血球により散乱される光のドップラーシフトの広がりから，組織血流量を推定する手法である。生体を傷つけることなく，非侵襲的に末梢皮膚血流量を計測できる利点がある。また，心理事象への応答性に優れる，センサーの装着が容易で扱いやすい，外部からの光や装着部の動きなど外乱の影響を比較的受けにくい等，運用上の利点が多くある（廣田・髙澤，2002）。反面，現在普及している装置は比較的大型で価格も高価であり，センサー部分に用いる光ファイバーが破損しやすく測定用途が限られるなどの問題がある。しかし近年は，光通信技術の転用により，小型で運用しやすい装置が開発されつつある（Higurashi et al.; Kimura et al., 2010）。

(3) 皮膚温測定法

1）半導体センサーを用いた手法

サーミスターは，金属酸化物セラミックや金属酸化物ポリマーなどの伝導体材料で構成された半導体で，温度に応じて抵抗値が変わる特徴がある。皮膚表面に直接装着し，身体の特定部分の皮膚温を連続的に測定するのに向いており，精度に依存するがコストは比較的低めである。サーミスターと抵抗値の関係は通常は直線的ではなく，精度の高い測定には抵抗値を温度に変換するための演算過程が必須であり，システムのコストが高くなる弱点がある。近年は，サーミスターを用いないアナログ温度センサーIC（サーマルダイオード方式）が広く普及している。CPUなどの発熱しやすい集積回路の温度をモニターするために，半導体パッケージの機能として内臓される場合が多いが，単体のICとしても入手可能である。測定温度と出力電圧は比例関係にあり，生産時に校正され，誤差範囲も規定されており扱いやすいため，測定システムのコストも概してサーミスターより低く抑えられる。

2）サーモグラフィ

物体から放出される電磁波のひとつである赤外線の強度を検出し，温度に換算して画像表示する装置がサーモグラフィである。測定対象面の温度分布を可視化できる，非接触で温度測定ができる，1/60程度の比較的短い間隔で温度を連続モニターできるなどの利点がある。一方，装置は概して高価であり，測定温度の分解能も，0.1℃〜0.01℃であり，半導体センサーを用いた手法と変わらない。多くの生理心理学的研究に当てはまるが，測定対象が動いてしまう場合は，同一部位の温度を正確にモニ

ターし続けるのが難しく，運用が難しい側面がある（松田，1989; Watmough & Oliver, 1970）。人間のような動く測定対象の場合，定点の末梢循環を正確にとらえ続けるならば，半導体センサーを用いた方法や，レーザードップラー血流計の方が運用しやすい。また，周囲の環境の変化による影響をもとらえてしまうため，正確に測定するには，測定室の室温は24〜28℃に一定に保ち，室内の空気の流れをできるだけ抑えて生体表面に風がかからないようにする，ストーブ，ヒーターなどの直接熱源を置かない，高湿度を避ける，着衣の影響を避けるために脱衣後10〜20分ほど経過してから測定する，などの注意が必要となる（中山，2005）。

(4) 各測定指標の比較

図11-3-5に，末梢循環指標の評価法の比較を行った図を示した。FPGにより測定されたPVとLDFの値は明確に対応しており，交感神経活動の亢進により血管収縮が生じると，即座に血流が低下している事が見て取れる。PVの変化に対するLDFの遅れは数秒程度であり，PVの振幅とLDFの絶対値も比較的対応しているように見受けられる。皮膚温は，PVやLDFに比べると変化が緩慢であり，数十秒程度の遅れが見て取れる。また，後半の安静状態では，PVやLDFが一定の高い値で留まっても皮膚温は上昇し続けている。これは皮膚組織に熱を貯める性質があるためと

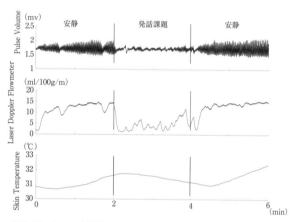

●図11-3-5　末梢循環評価手法の比較

考えられる。血流量の皮膚温への影響は，環境温や皮膚温の絶対値に左右される。皮膚温と血流量の関係性については，廣田（1997）に詳しく説明されている。皮膚温のこのような性質は，安静期間や課題期間をどの程度とるかなどの実験計画にも影響を及ぼす。騒音刺激の影響を鼻部皮膚温により検討した苗村ら（1993），吉田ら（1995）においても，刺激提示に対し皮膚温が変化するまで，30秒から1分程度の期間が必要であり，騒音刺激終了後も皮膚温が下降し続けるため，そのような変化を想定した測定スケジュールの設定が必要である。

FPGは測定コストが比較的低いものの，測定部位の動きや環境光などの外乱に弱く，身体の動きを伴う課題では測定が困難であり，それ以外の課題であっても，測定部位を動かさないよう教示することが必須である。LDFは外乱要因の影響を受けにくいため，幅広い実験用途に用いる事ができるが，価格はかなり高めである。皮膚温は，上述のような問題はあるものの，比較的外乱の影響を受けにくく，圧倒的にコストが低いメリットがある。

(5) 測定上の注意

末梢循環は環境温に大きく影響を受ける。同じ程度の血流変化であっても，外気温が低い時は皮膚温が大きく上昇するのに対し，高い時は皮膚温変化が生じにくい（廣田，1997）。また，指尖部の場合，20℃以下の場合では，血管が収縮し皮膚温は環境温と同一となり，心理的な刺激に対する血管活動の応答は鈍くなる。一方で，25℃を超えると血管の収縮性が失われるため（澤田，1999），室温は20〜25℃程度の範囲で，

実験期間を通してなるべく一定に保つ必要がある。

指尖容積脈波は，測定する部位の高さによって変動する事が知られている（澤田，1999）。測定部位が心臓より高い場合は虚血，低い場合はうっ血状態となり，結果として測定部位の血管活動だけでなく，血流，皮膚温にも影響を及ぼす。したがって，測定部位の高さは心臓付近とし，参加者によって心臓との位置関係が大きく異ならないようにする必要がある。

半導体センサーやサーモグラフィの温度分解能は，0.1〜0.01℃と鋭敏であるため，空調設備により生じる微妙な空気の流れが皮膚表面の温度を変化させ，測定値に混入する危険がある。空調機器のルーバーの動作に起因する周期的な変動が測定値に重畳する事があるため，実験を開始する10〜20分前から空調を動作させておき，室温が一定に落ち着いてから風速を弱めた後，実験を開始する等の工夫が有効である。半導体センサーの場合は，センサー本体だけでなく，センサーに至る導線の温度が測定値に影響するため，指に装着する場合はセンサー付近の導線部分も指に沿わせるようにメンディングテープで密着させると良い。

その他，一過性の外乱要因として，運動，食事，喫煙などがある。運動は熱産生を盛んにし，深部体温を上昇させるが，その後体温は低くなり数時間継続する，食事は体温を上昇させる効果がある（本間，2005）。また，喫煙は末梢血流の低下を生じ，その影響は10〜20分ほど持続する（Goodfield et al., 1990; 上原ら，2010）。このような点を考慮し，実験参加者には実験開始1〜2時間前の運動，食事，喫煙を控えるよう予め伝える必要がある。

(6) 測定事例

古くから，様々な感情状態や人格が末梢の皮膚温に影響するとの指摘があり，不安や怒り，敵意や恐れ，罪悪感などの否定的感情が皮膚温を低下させるのに対し，安全の確保や快適感，リラックスや眠気などの肯定的感情，あるいは恨みや屈辱を客観化すること，敵意に対する許しといった感情のコントロールが，皮膚温を上昇させるとの報告が存在した（Boudewyns, 1976; Ekman et al., 1983; Mittelman & Wolff, 1939; Mittelman & Wolff, 1943）。前述のとおり，指尖部だけでなく鼻部にも，血管収縮性交感神経の支配を受ける動静脈吻合が豊富に存在する。そのため，様々なストレス事態で，交感神経の活動亢進を反映した血流減少，その結果として生じる皮膚温の低下を観察する事ができる。これまで，計算課題や騒音への暴露，警告音などにより，これらの鼻部の温度低下が報告されている（菊本ら，1993; 日沖ら，2007; 水野ら，2010; 苗村ら，1993; 吉田ら，1995）。

一方，ストレス事態からの開放は，交感神経活動を低下させ，結果として末梢部位における皮膚温を上昇させる。そのため，リラクセーションを行う際の手がかり，あるいは既存リラクセーションテクニックの補助的手段として，皮膚温測定が用いられてきた経緯がある。リラクセーション法の中でも，特に自律訓練法は，「両腕が温かい」という公式（心のなかで繰り返し唱える言葉）を有しており，血管拡張による末梢皮膚温の上昇を到達目的のひとつとしている。実際自律訓練法を行うと，指尖容積脈波の波高増大や皮膚温の上昇を生じるという（岡・小山，2012）。一方，測定した生体情報を，コンピュータを介して本人にフィードバックし，自己制御を目指す手法をバイオフィードバックというが，皮膚温のバイオフィードバックは単体でも有

効なリラクセーション手法であると同時に，その相性の良さからしばしば autogenic biofeedback training: ABT として自律訓練法と統合され使用されてきた（Norris, Fahrion, Oikawa, 2007）。これらのリラクセーション手法は，皮膚温の上昇をリラックス状態の手がかりとし，偏頭痛やレイノー病など，交感神経の過剰活動亢進に起因すると考えられる疾患の治療手段として用いられ，その有効性が検証されてきた（Gauthier et al., 1981; 端詰ら，2008; Keefe et al., 1980; Kewman & Roberts, 1980; Labbé, 1995）。

さらに，近年は鼓膜温度計の普及などにより，ストレスなどの心的負荷と核心部温度の関係性が調べられつつある。ストレス負荷時の核心部温度の上昇は，動物実験では確かめられているものの（Olivier et al., 2003; Van Der Heydena et al., 1997），人間を用いた検討例はまだ多いとはいえない。核心部皮膚温と様々な部位の体表皮膚温の変化を同時に検討した Vinkers et al.（2013）では，ストレス時に温直腸温は低下するものの側頭動脈から測定した核心部温度は変化せず，皮膚表面の温度は部位によって変化方向が異なる事が示された。具体的には，指先や指の付け根では温度の低下が認められたが，鎖骨付近などの体幹付近では変化が認められず，顔面に関しては男女で異なるという結果であった。一方，日常生活における実際のストレス事態を検討した例では，核心部の温度が上昇するとの報告がある。たとえば，大学生を用い通常状態と試験の直前で体温を比較した場合，腋窩では平均 0.6℃ 程度（Marazziti et al., 1992），口内では 0.2℃ 程度（Briese, 1995）高いとの結果が報告されている。慢性疲労症候群の患者に関する事例研究を報告した Oka et al.（2013）では，ストレスインタビュー中に腋窩で最大 1.0℃，鼓膜で最大 0.8℃ の上昇を，指尖部では最大 2.4℃ の下降を示した。これは，交感神経活動の亢進が，褐色脂肪細胞による非ふるえ熱産生や，末梢血管収縮による熱損失抑止を介して，深部体温を上昇させた結果であると考えられている（Oka et al., 2001）。

5. まとめ

測定事例の最後に触れたが，一定に保たれているという深部体温も，実は変化し続けている。深部体温には，昼間高くなり深夜に低くなる概日リズムが存在し，手足などの末梢の温度は概して逆位相となる（本間，2005）。これは，休息時は，核心部の温度を下げるために積極的に末梢から放熱を行い，活動時はその逆の事がおきている事を示す。このような周期変動以外にも，ウィルスなどに感染すると核心部温度が上昇するが，これは中枢からの制御により，2～3日程度高体温状態を意図的に作り出しているものと考えられている。トカゲや魚のような変温動物でも，感染時は自ら高温域に移動し，通常より 2～3℃ 程度高い体温を維持する事，そしてそれを阻害すると死亡率が上昇することから（彼末・中島，2000），一定期間の高体温維持は，多くの種で共通した生体防御システムのひとつと考えられる。これらの事実からは，精神負荷時に見られる末梢血流減少は，放熱を抑制することによる核心部温度上昇を意図したものであり，リラクセーション時に見られる末梢血流増大は，積極的に放熱を行い睡眠に近い状態をつくる事を意図したものであると理解できそうである。核心部温度は，生体の制御目標であるのに対し，末梢の温度は，制御に用いられる効果器の動作結果と言える。両者の特徴を見極め，生体の制御が何を目指したものなのかを意識しながら，測定を行う事が重要といえるだろう。

視覚−運動系

12章

眼は球体でできていて，眼窩という頭蓋骨のくぼみの中におさまり3対からなる6個の外眼筋によって上下左右方向だけでなく時計・反時計方向に回転を行うようになっている（図12-1-1，図12-1-3）。その上部を眼瞼が覆い，瞬目の際には眼瞼が閉じ，すぐに開く。虹彩の中央部には光を取り入れるための瞳孔があり，明るいときには瞳孔が約1.5 mmまで収縮し，暗くなると約8〜9 mmまで散大する（Andreassi, 2000）。

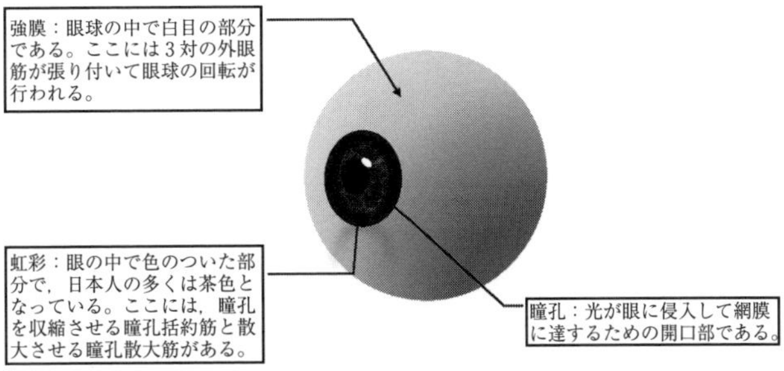

眼は不思議な存在である。たとえば目の前にリンゴがあり，それを見つめているとき，リンゴは，私たちの体から離れた別のところにあって，そこにあるリンゴを指さすことができる。しかし，指さす元となっているものは，眼の網膜に映った像である。リンゴの映像は網膜上にあるのに，それを外の世界にあると私たちはとらえている（図12-1-2A）。いっぽう，リンゴが指の一部に触れたときには，指で触れたリンゴと指で感じたリンゴの位置は完全に一致している（図12-1-2B）。このように，眼は対象物に直接触れることもできないのに，それを自分の外の世界にあるものとしてとらえている。

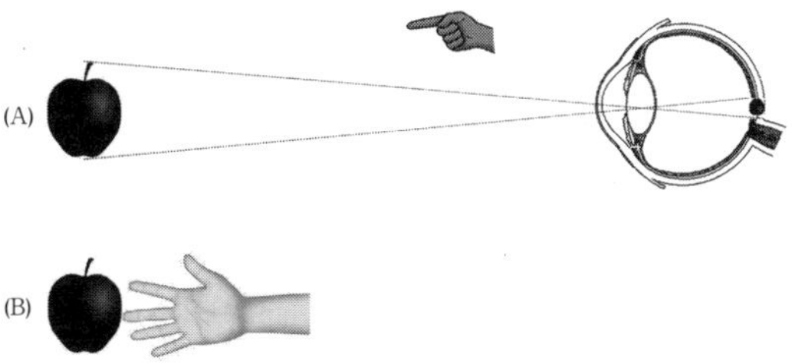

眼はしょっちゅう動いているだけではない。数秒間に1回は瞼が目の前を覆いかぶさって0.1〜0.2秒間，暗闇になっている。さらに，瞳孔は明るさに応じて，その直径を変化させている。にもかかわらず，私たちに見える世界が目の動きによって動いたり，まばたき（瞬目）によって暗闇になったり，瞳孔径の変化によって明るさの印象が変わったりということをほとんど経験しない。つまり，網膜に映った世界は頻繁に動いたり明るさが変化したりしているが，その変化についてはほとんど意識せず，見えている世界は安定している。

眼の動きは他人からも観察できる。ここで簡単な実験をやってみよう。二人で向かい合って，一方の人は観察役となり，指を相手の目の前でゆっくり左右に動かしてみ

強膜：眼球の中で白目の部分である。ここには3対の外眼筋が張り付いて眼球の回転が行われる。

虹彩：眼の中で色のついた部分で，日本人の多くは茶色となっている。ここには，瞳孔を収縮させる瞳孔括約筋と散大させる瞳孔散大筋がある。

瞳孔：光が眼に侵入して網膜に達するための開口部である。

図12-1-1 眼球の模式図

図12-1-2 目のもつ驚くべき機能を表した図
(A) 遠くにあるリンゴを，「あそこにある」と指さしているところ。しかし，その元となっているのは目の網膜に映し出されたリンゴの映像である。網膜上のリンゴの映像と実際のリンゴの位置は一致していない。(B) リンゴに手で触れているところ。手に触れられたリンゴの感触とリンゴの位置は一致している。

る。もう片方の人は被験者役となり，できるだけ首を動かさずに指の動きを追う。被験者の眼の動きを観察してみると，眼はとてもスムーズに，指の動きを追っているはずである。今度は，A4用紙を被験者の目の前に見せて，一方の右端からもう一方の左端まで紙の縁に沿って視線を動かしてもらう。さっきとは異なり，眼の動きはスムーズではなく，カクッカクッと動いているはずである。ところが，被験者にとっては，眼の動かし方を変えたつもりはない。このように，眼の動き1つをとってみただけでも，われわれの意識しているものとはかなり異なった動きをしている。

実は，眼球だけでなく，瞳孔，瞬目も，われわれの意識とはかなり異なった動きをしている。どうして，このような動きが生じるのであろうか。この章では，眼球運動，瞳孔運動，瞬目活動について，それらの動きをどのように測定するのか，それらがどのようなふるまいをするかによって，われわれの心の動き（認知活動）とどのように関わっているのかについて述べていく。

1節　眼球運動

1. 眼球運動の生理的基盤

眼の動きは，6種類の外眼筋活動による回転運動である（図12-1-3）。この6種類の外眼筋は，それぞれ対となっており，一方の筋肉が緊張するともう一方の筋肉は弛緩し，その神経支配も異なっている。動眼神経（第Ⅲ脳神経）は，上直筋，下直筋，内直筋，下斜筋を支配し，外転神経（第Ⅵ脳神経）は外直筋を支配し，滑車神経（第Ⅳ脳神経）は上斜筋を支配している。たとえば，視線を右に向けようとすると，右目は外転神経支配を受けた外直筋が緊張し，左目は外転神経支配を受けた内直筋が緊張することになる（Harvey et al., 2011）。

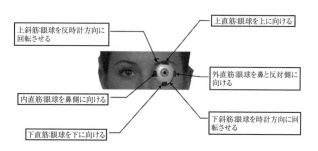

○図 12-1-3　眼球の回転運動を行うための6本の筋肉
筋肉はそれぞれ対になっていて，対の一方の筋肉が緊張するともう一方の筋肉は弛緩する。これによって眼球は様々な回転を行う。眼球の上下に奥から張り付いた筋は，上方向に眼球を回転させる場合は上直筋が緊張し，下方向に眼球を回転させる場合は下直筋が緊張する。眼球の左右に奥から張り付いた筋は，鼻側に回転させる場合は内直筋が緊張し，耳側に回転させる場合は外直筋が緊張する。眼球の上下に鼻側から斜めに張り付いた筋は，眼球をこちらから見て時計方向・反時計方向に回転させる。眼の動きは複雑で，対象物に視線を合わせて左右の眼が協調し，さまざまな動きをくり返す。

2. 眼球運動の種類

われわれの眼は何か関心のあるものがあれば，網膜内で解像度のもっとも高い中心窩に焦点が合うように視線をその対象物に向ける。そのために眼球は様々に回転する。眼球運動は大きく分けると，①注視運動（Martinez-Conde et al., 2013），②サッケード，③滑動追従運動，④補償性眼球運動，⑤眼振，に分けられる（Harvey et al., 2011）。

①注視運動には，マイクロサッケード（micro-saccade），ドリフト（drift），トレマー（tremor）が含まれる。それらは，眼球を微細に回転させ，網膜内の視細胞に入る刺

激を常に変化させることで，注視している対象物が順応によって消失しないようにするものである（Martinez-Condeet al., 2013）。

②サッケード（saccade）とは，注視位置を変えるときに視線をキョロキョロ動かす速い運動である。その最高速度は眼球の回転角度にして500度/秒に達すると言われている（本田，2001）。すなわち，眼球の中心部を0点として眼球が回転すると考えられる。Harvey et al.（2011）は，サッケードは反射性サッケードと随意性サッケードに分けられるとしている。反射性サッケードは，視野の中に関心のありそうなものがあったときに反射的にそこに視線が向けられるものである。随意性サッケードは，視野の中に必ずしも対象物がなくても瞬間的に視線を動かすものである。たとえば，「あっち向いてホイ」の遊びのように指さされた方向とは逆の方向に視線を向けるアンチサッケード（anti-saccade），「ここに財布を置いていたはず」とその場所に視線を向ける記憶依存性サッケード，「相手の打ったサービスがここに来るはずだと」とその場所に視線を向ける予測性サッケードである（Harvey et al., 2011）。これとは別にMartinez-Conde（2013）は，マイクロサッケード（micro-saccade）がものを注視するために重要な働きをしていると主張している。マイクロサッケードとは，対象物の注視中に起こるもので，その際の眼球の回転角度は約（12/60）度で，キョロキョロしているときのサッケードによる眼球の回転角度が10～30度であることから考えると，とても小さいことがわかる。注視運動においては，細かい動きをくり返すことによって網膜から常に新鮮な情報が脳に送られ，目の前の対象物は消失することなく見え続けるのである。

③滑動追従運動（smooth pursuit eye movement）とは，ゆっくり動いている対象物を眼で追跡する運動である。常に対象物の画像が網膜内でもっとも解像力の高い中心窩に焦点を結び，その投影された画像がぶれないように滑らかに動いている。この運動は，両眼で協調しながら行われ，対象物が目の前を動く場合は両眼の視線は対象物と両目の間で三角形となり対象物を頂点とする輻輳角をなす。対象物が目に近づいてくる場合は，視線は両眼とも内側に向き始め，それを輻輳（convergence）というのに対し，対象物が眼から遠ざかる場合は，内側を向いていた視線は両眼とも外側に向き始め，それを開散（divergence）という。

④補償性眼球運動（compensatory eye movement）とは，たとえば，何か対象物を見つめている人の眼を観察すると，その人が顔や体を動かしても視線は対象物に固定されている。しかし眼は，その人の顔に対して相対的に動いており，それを補償性眼球運動という。この運動は，頭や体が動いても，網膜に映る外界の対象物は動かないようにするという働きを持ち，前庭動眼反射（vestibulo-ocular reflex: VOR）と言われている。この動きは左右・上下だけでなく，顔を右に傾けたり左に傾けたりすると，それに合わせて眼は反時計回りや時計回りのように反対側に回転することを確認することができる。

⑤眼振（nystagmus）とは，早い眼球運動と遅い眼球運動が交互にリズミックにくり返し起こる現象である。たとえば，目の前の人を回転椅子に座らせて10回転してもらい，その後すぐにどこかを注視させたときの眼球運動を観察すると，眼が左右に動いているはずである。これらは前庭性の刺激や視覚性の刺激によって生じている。このような運動が起きるのは他にもある。たとえば電車に乗ってぼんやりと外の景色

を眺めていると，流れていく風景を追うように動く眼球運動と，元に戻す逆向きの眼球運動がくり返される。これを視覚運動性眼振（optokinetic nystagmus: OKN）という。これらは，網膜上の像が外界の動きによってブレないように作用する眼球運動であり，前庭動眼反射とともに姿勢保持に重要な役割を演じている（永雄，2014）。しかし，そのような刺激がないにもかかわらず眼振が生じる場合，前庭系に関与する小脳，脳幹の中枢神経系の病変によると考えられている（Harvey et al., 2011）。

3. 眼球運動の測定

眼球運動を測定するときに一番知りたいことは，その人がどこに視線を向けているかである。しかし，このことを知るのはとてもむずかしい。第1に頭も一緒に動くので，頭の動きを止めるか，頭の動きも同時に記録しなければならない。第2に眼の動き（特にサッケード）は速いので，それを追尾できるだけの装置が必要である。眼球運動を測定する試みは，1800年代から行われているが，眼球運動測定の歴史については古賀（1993）が詳しく解説している。ここでは，現在の心理学実験においてよく用いられている(1) EOG法，(2)強膜反射法，(3)角膜反射法について解説していく。

(1) EOG法（眼電図法）

Electro-Oculo-Graphyの略である。眼球は角膜側が＋（プラス），網膜側が－（マイナス）に帯電しているので，眼が右を向くと右側が＋（プラス），左側が－（マイナス）になる。これを両目の左右に装着した電極で導出し，その差分を生体アンプで増幅すると，眼が右側を向くと針はプラス側に振れ，目が左側を向くとマイナス側に振れる。この振れぐあいを，時間を追って記録したものがEOGである（図12-1-4）。

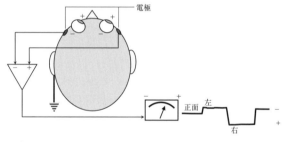

●図12-1-4 EOG測定の際の電極装着位置と差動アンプによる増幅の様子

ビデオカメラを用いた光学的な方法とは異なり，EOGは閉眼中でも記録できるので，睡眠中の眼球運動の測定も可能である（八木，2001）。しかし，顔の表面に電極を装着するので，測定に当たっては以下の点に注意が必要である。交流増幅の場合は，時定数を長め（数秒）に設定することによって，たとえば視線が右を向いているとき，視線の動きにともなう記録された波形がすぐに元に戻らないような処置を行う。直流増幅の場合は，分極電圧によるドリフトが発生して波形の軌跡が端にずれてしまいやすいので，元に戻せるような処置を行う。

電極については，銀／塩化銀電極を用い，皮膚に装着する前に表皮の角質層を除去しておくほうが望ましい。EOG法のサンプリングレートは，多くの場合1000 Hz（1秒間に1000個のデータを取る）なので，10度を500度／秒で動いたとき，それに要する時間は1/50秒になる。つまり1000 HzのEOGでは20個分のデータで表すことができるので，サッケードの様子を表すには十分なデータ量があると言える。ただし，EOGでは，瞬目にともなう瞼の動きも同時にとらえてしまい，とくに上下の眼球運動を測定する場合は，どれが眼瞼運動でどれが眼球運動による変化かを読み取りにくいという問題点を持っている。EOG測定の場合は，実験室などのノイズの少ない部

屋で，顔をできるだけ動かさないようにして記録することが望まれる。

(2) 強膜反射法

一方の眼の正面から，眼に照射されても影響の少ない弱い赤外線LED（発光ダイオード：図12-1-5A）を照射し，赤外線センサー（図12-1-5B）でとらえた白目（強膜）と黒目（虹彩）の反射率の違いにより目の動きを検出するものである。簡単で比較的安価に検出でき，1000Hzのサンプリングレートにすることも可能である（Takei, 2014）。ただし，外部から光が入ると検出の精度は落ちるので，実験室内など直接外部光が入らない状況で使用することが必要である。また水平方向の眼球運動は高精度に計測できるが，垂直方向の眼球運動の計測精度は低い。

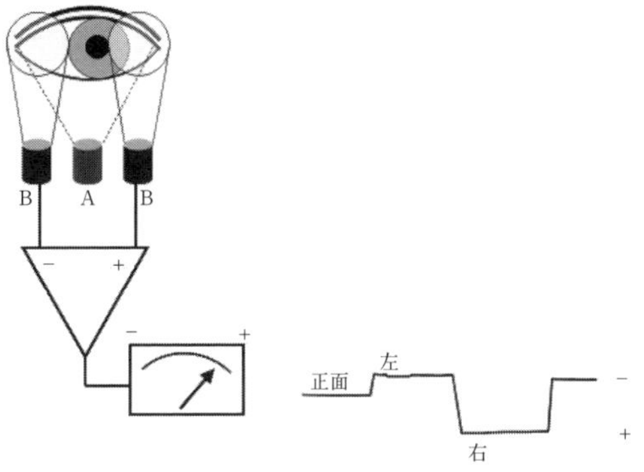

↑図12-1-5 強膜反射法による眼球運動測定の仕組み

(3) 角膜反射法

眼球に赤外LEDを照射すると，瞳孔の近くに反射光による光点（プルキンエ像）が生じる。眼球が回転すると，それとともに瞳孔の位置が移動し，瞳孔と反射光点の位置関係も変化する（図12-1-6）。この位置関係の時間的変化をとらえることで視線の位置をとらえようとするのが角膜反射法である。

角膜反射法では，赤外線LEDを帽子に装着し，その反射光を同様に帽子に装着した小型CCD（固体撮像素子）カメラでとらえる場合と，赤外線LEDを被験者の前面に固定し，そこに固定されたCCDカメラで視線の動きをとらえる場合がある。前者の場合は，小型カメラが約数cmの距離から撮影するので，細かい動き

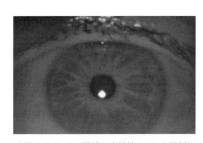

↑図12-1-6 眼球に赤外線LEDを照射したときの光点と瞳孔の位置関係
中央部の黒い部分が瞳孔。その中で白く光る点は，赤外線LEDの反射光（プルキンエ像）。全体の灰色の部分は虹彩。

（約0.1度）までとらえることができるが，後者の場合は細かい動きをとらえることは困難になる。いっぽう，前者はカメラが帽子に固定されているため頭も一緒に動くので，眼の動きからどこを見ているかをとらえることは困難だが，後者は，頭や体の動きに伴う眼の動きと，眼球運動に伴う眼の動きを分離することができる。このことにより，後者の場合は，被験者がどこを向いているかを比較的容易に見ることができるので，多くの研究において使われている。一般に角膜反射法はサンプリングレートが30Hzや60Hzなので，サッケードのような速い眼球運動を測定することはできない。最近では，240Hz（NAC, 2014）や300Hz（Tobii, 2014）の製品もあるが非常に高価で400万円を超える。

いずれの方法においても，視線が正確にどこを向いているかを明らかにするには，キャリブレーションが欠かせない。キャリブレーションとは，実際の眼球運動の計測前に，視野内の複数の既知の地点（約9か所）を注視させ，それと計測装置の信号値を対応させることで，その後の計測で眼が実際にどこを向いているかを確定させることである。

4. 眼球運動と認知過程

眼球運動と認知過程との関係を最初の記述したのはYarbus（1967）である。ある絵画を提示したときの被験者の視線の動きを記録した。その結果，同じ絵を見てい

るにもかかわらず，自由に見たとき，絵の中の人物の年齢に注目したとき，人の着ている服に注目したときでは視線の軌跡は全く異なっていた（図12-1-7：カラー口絵参照）。

本を読むときにも視線は特有の動きをし，それをEOGで表すと図12-1-8のようになる。この図を見ると，階段状の軌跡を示しているが，これは読書が，サッケードと注視から成り立っていることを示している。すなわち，数文字を注視した後，視線はサッケードによって数文字先まで飛び，このことが繰り返されて文章の最後尾（右端）まで来ると，一気に文章の先頭部（左端）まで跳ぶ。この場合，やさしい文章の場合は階段の数が少なくなるが，難しい文章に

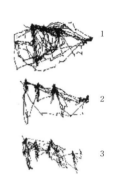

Ilya Repin　予期せぬ帰宅　油絵　ロシア・モスクワ Tretyakov Gallery

◯図 12-1-7　絵「予期せぬ帰宅」を見たときの視線の軌跡（Yarbus, 1967）
1．自由視。2．それぞれの人たちの年齢は？　3．ここにいる人たちはどんな服を着ていますか？
→カラー口絵参照

◯図 12-1-8　EOGで測定された読書中の眼球運動
時間経過とともに階段状に上っているように見えるのは，文章の左端から右端にサッケードと注視点によるものである。階段の上までいくといきなり下まで落ちているように見えるのは，改行により文章の右端から下の行の文章の左端までサッケードが行われている様子である。

なると階段の数が多くなったり，途中で数文字前まで戻ったりといった動きを示す。こういった実験により，1回の注視で何文字を処理できるかを示すことができる。

2つの左右に並んだ顔でどちらが好みかをボタン押しで示すように求めた場合，視線は好みの顔の方にまるで階段状の滝（カスケード）のように移動していき，その後でボタン押しが行われた。しかも，たとえば丸顔はどちらかといった課題の場合には，そのような現象は起きなかった（Shimojoら，2003）。このことは，好みによる視線のカスケード現象が，ボタン押しによる意思決定よりも先に起こっていることを示している。

2節　瞳孔運動

1．瞳孔運動の生理的基盤

瞳孔は，虹彩の中に開いた小さな穴で，そこから光を通して網膜に光を投射する。瞳孔の主な役割は，径の大きさを変えることで網膜に投射される光の量を調節することである。瞳孔径は瞳孔括約筋と瞳孔散大筋という対となる2つの筋肉によって動かされている。瞳孔括約筋は瞳孔の周りにリング状に配置され，その筋が緊張すると瞳孔は収縮する。いっぽう，瞳孔散大筋は瞳孔から放射状に配置され，その筋が緊張すると瞳孔は散大する。瞳孔括約筋は，中脳に端を発する副交感神経系による支配を受

け，それに対して瞳孔散大筋は，視床下部に端を発する交感神経系による支配を受けている（図12-2-1：カラー口絵参照）。

瞳孔がその直径を変化させる要因としてはさまざまなものがある（表12-2-1）。代表的なものを3つ上げることができる。1つ目は，明るさの変化である。瞳孔に光が照射されると，瞳孔は約200 msで縮瞳を開始し，そこから約500 msで最小値となり，その後ゆるやかに散瞳していき，2～3秒で元に戻る（Steinhauerら，2000）。2つ目は，極端に近くを見ると瞳孔は収縮する。これを近見反応（near reflex）という。通常，眼のレンズは遠くを見るときは薄くなり，近くを見るときは厚くなる。ある対象物をさらに眼に近づけ，それを注視し続けると，レンズを厚くするだけではピントを合わせられなくなる。そのとき瞳孔が小さくなる。こ

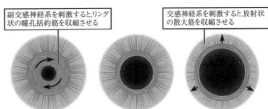

● 図12-2-1 瞳孔径を縮小させる瞳孔括約筋と散大させる瞳孔散大筋 Copyright © 2004 Pearson Education, Inc. publishing as Benjamin Cummings.

→カラー口絵参照

● 表12-2-1 瞳孔の大きさを変化させる要因 (Andreassi, 2000)

要因	瞳孔径への効果
暗反射	定常光の遮断による瞬間的な散瞳
共感性反射	一方の眼に光を照射することによる反対側の瞳孔の収縮
近見反応	近くのものを注視することによる瞳孔の収縮
閉眼反射	閉眼による散瞳後の瞬間的な縮瞳
心理感覚反射	外的刺激による瞳孔収縮からの復帰
年齢	年齢による瞳孔径の縮小と瞳孔変動の増加
馴化	刺激提示の持続に伴う瞳孔径の縮小，収縮速度の増大および反射量の増大
両眼加重	両眼の同時刺激による瞳孔収縮の増大

れは，瞳孔径を小さくすれば被写界深度（ピントの合う範囲）が深くなり，これによってピントが合いやすくなる。3つ目は，緊張や計算などといった心的負荷をかけることである。このことについては，後で詳しく述べる。

2. 瞳孔運動の記録と分析

瞳孔運動は通常でも観察できるが，虹彩が黒い人の場合は，瞳孔との区別が困難になる。そのような場合は，暗闇でも撮影できる市販の赤外線ビデオカメラを使って観察すると，瞳孔を容易に観察できる。

実験室の中で瞳孔を記録する場合，眼に赤外線を照射し，赤外線ビデオカメラを使って撮影すると，瞳孔は光を反射しないので，瞳孔の部分だけが黒くなる（図12-1-6）。黒くなった部分を反転させて黒と白だけの像に変換すると（二値化），瞳孔だけが白くなる。その瞳孔画像の水平で最大値を瞳孔の直径とし，その変化をビデオカメラの1秒当たりのフレーム数（60 Hz）に合わせて記録していく（松永，1990）。

瞳孔径の正確な値を求める場合には，カメラと瞳孔の間の距離が変化すると記録された瞳孔径も変わってくるので，顔を固定するか，帽子やゴーグルにカメラを取り付けてビデオカメラと瞳孔の距離が変化しないようにすることが必要である。いずれの場合も，キャリブレーションには瞳孔の位置で何種類かの疑似瞳孔（たとえば2 mm，4 mm，8 mmの黒点）を撮影する必要がある。この操作により，現在測定している瞳孔径が何mmであるかを確定できる。

瞳孔測定の誤差を生じやすいものとしては，メガネ・コンタクトレンズによる光の反射，瞬目（瞳孔は記録できない），部屋の明るさの変化などがあげられる。実験に際しては，メガネやコンタクトレンズはできればはずしてもらい，刺激提示後数秒間は瞬目をしばらくの間，とめてもらうことが望ましい。瞳孔はわずかの明るさの変化に

も直径を変化させるので，刺激提示にも注意が必要である。画面の中央部に注視点を設けて，その後，文字刺激や画像刺激を提示したとき，瞳孔の変化が刺激の処理によって生じたものなのか，刺激提示に伴う明るさの変化によって生じたものなのかの区別がつきにくい。そのため刺激の明るさを一定にするために，文字を提示する場合は，注視点にたとえば「※※※※」のような記号を並べておいて，その後，「※満足※」を提示させるといったように，明るさの変化を最小限に抑えるべきである（森ら, 2015）。また画像を提示する場合は，画像をいくつかのブロック（できれば20×20個以上）に分けて，それらをランダムに並べ替える必要がある（図12-2-2; Conway et al., 2008）。このようにすることで，ランダム化された画像と元の画像を連続して提示する場合，明るさの変化が全くないので，元の画像に対して起きた瞳孔の変化は，画像に対する認知変化によって生じたものだと考えることができる。

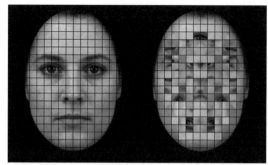

図12-2-2　顔をいくつかのブロックに分け，ランダムに並べ替えた写真 (Conwayら, 2008を改変)

　瞳孔は，定常状態でも自発的に動揺をくり返すので，刺激提示に伴う瞳孔変化を記録する場合，それが自発動揺によるものか，刺激提示によるものかの区別がつきにくくなる。そのため，刺激提示の場合は少なくとも5回程度はくり返してその平均値をとるべきである (Steinhauer, 2014)。

3. 瞳孔と心的過程

　瞳孔径の変動に心理的な意味があることを最初に主張したのはヘスとポルト (Hess & Polt, 1960) である。彼らは，男性ヌードや赤ん坊の写真を見せたとき，女性被験者では赤ん坊の写真に対して男性の場合よりも瞳孔散大が大きく，男性被験者では女性のヌードに対して瞳孔散大が大きいことを報告している。この報告は一世を風靡し，その当時の心理学者の活動を高めた。

　瞳孔散大筋は交感神経系の支配を受けているので，交感神経系の賦活によって生じる感情とも関連している。したがってタブー語などの感情的な言葉を聞かせると瞳孔は散大する。ただし，これらの言葉が被験者自身の抑うつの程度によって変化するかどうかについてははっきりしていない (Siegle et al., 2001)。

　瞳孔反応が認知過程と関連していることを示したのはビーティ (Beatty, 1982) である。彼は，それまでの研究を総括して，瞳孔は課題を負荷することによって散大し，それを課題誘発瞳孔反応 (task evoked pupillary response) と呼んだ。たとえば，実験参加者は1秒おきに提示される1桁数字を覚えていったとき，その数を3個から7個まで増やしていくと瞳孔は散大し，その散大は報告前の段階でもっとも顕著となり，報告が終わるとともに元に戻ることが示されている (Kahneman & Beatty, 1966)。こういったことから，瞳孔散大が心的負荷の程度と関連していることが示唆される。

　最近では，課題誘発瞳孔反応を定型発達児と自閉症スペクトラム児の間で比較している研究がある (Martineau et al., 2014)。彼女らは，暦年齢7歳6か月の自閉症スペクトラム児44名と暦年齢7歳4か月の定型発達児88名に，人の顔の表情が中立から，

悲しみ，幸福に変化するときの瞳孔反応を計測している。定型発達児では表情変化1秒後から散瞳が見られたのに，自閉症スペクトラム児では，散瞳は明確には認められなかった。このことは，瞳孔を指標として自閉症スペクトラムの表情変化に対する感度を見ることができることを示唆している。

3節　瞬目活動

1. 瞬目活動の生理的基盤

　瞬目活動は，眼輪筋と上眼瞼挙筋という眼球の周りを取り巻く筋肉の動きによって生起する。すなわち，リング状に配置された眼輪筋が眼瞼を閉じさせ（閉眼），上眼窩部内で眼球に沿って配置された上眼瞼挙筋が上眼瞼を上げさせる（開眼）ことで，瞬目が成立している。随意性瞬目では表情の動きに連動した前頭筋や皺眉筋も活動しているが，本項は主に眼輪筋と上眼瞼挙筋の活動とそれらに関する神経支配について記す。

　眼輪筋は顔面神経支配である。上眼瞼挙筋は3層に分かれているが，第二層のみ交感神経節後線維支配で，残り2つの層は動眼神経支配である。このように瞬目は異なる神経支配の筋肉の動きで成り立っている。しかしその筋肉を動かす神経機構は不明瞭な点が多く残っている。反射性瞬目のみ脳幹内に中枢を持つ複数のシナプス反射であることが確かめられている（栢森, 1993）。瞬目の直前に上眼瞼挙筋を支配する運動神経は瞬間的に発火を止め，その一方で眼輪筋を支配する運動神経が瞬間的に発火することで上眼瞼は一気に下降する。その後，眼輪筋の運動神経が発火を止め，上眼瞼挙筋の運動神経が発火することで，上眼瞼は上昇し元の状態に戻る（Bour et al., 2000）。

　自発性瞬目については，上記の反射性瞬目とは異なった中枢神経に関わる機構を持つことが推察されている。これらについての知見はいくつかの動物研究，および疾患研究から得られたものが多い。その中に，パーキンソン病患者では，自発性瞬目の生起率が低下するという知見がある（Karson, 1983）。パーキンソン病の病変部位が20世紀初頭にかなり明らかになった同時期の瞬目研究（Ponder & Kennedy, 1927）において，病変部位である黒質と大脳基底核が瞬目の発生機序の1つと推察された。しかし，パーキンソン病は脳内の病変のみならず，脳内のドーパミン活性の関与が指摘されるようになった（Ehringer & Hornykiewicz, 1960）。これは，ドーパミンという神経伝達物質が瞬目生起に重要な役割を演じていることも示唆する知見（Karson et al., 1982）とも一致している。以上の知見は，大脳基底核により制御された脊椎三叉神経活動がドーパミンによる自発性瞬目生起頻度変化に関与しているとするKaminer et al.（2011）の指摘とも共通点が多い。

　ドーパミンと自発性瞬目の関連については統合失調症患者の知見も多い（Karson et al., 1990）。これらの臨床的知見を踏まえると現時点では，橋・外側膝状体・黒質・中脳蓋・小脳・後頭皮質などの多部位の活動が自発性瞬目生起に関わっているとするKarson et al.（1988）の仮説が生理的基板として妥当と考えられる。

　ドーパミンと自発性瞬目に関する知見は21世紀になってから増えている（Colzato,

2009)。これは上記の Karson et al. (1988) による自発性瞬目生起機構に及ぼすドーパミンの影響が強いという仮説に基づくものである。昨今，自発性瞬目の記録のみでドーパミン活性を検証する研究も増加している。ドーパミンは，前頭前野に存在するとされる実行機能（Executive function）でも重要な役割を演じている（Zhang et al., 2015）。すなわち，自発性瞬目の検討を重ねることが認知制御システムをより明確にするとも考えられる。しかしながら，まだ自発性瞬目はドーパミン指標として頑健さに欠けるという知見（van der Post, 2004）もある。瞬目の生理的基盤はこれらの知見にさらなる検討を加えることで，今後より明確になると思われる。

2. 瞬目活動の種類

(1) 反射性瞬目：EOG，EMG 法，PPI，PPF，誘発刺激

　反射性瞬目は触覚刺激，聴覚刺激，視覚刺激などの様々な外的刺激によって，刺激開始から数 10ms の潜時で誘発される瞬目である。反射性瞬目の神経支配は，反射を誘発する種々の刺激によって入力経路は異なるが，反射中枢は脳幹部にあると考えられている（山田，2003）。

　随意性瞬目や自発性瞬目の測定には本節 3 にあるように EOG（electrooculography）法やビデオ解析法などが用いられるが，反射性瞬目の測定には主に EMG 法を用いる。EMG（electromyography）法とは，瞬目が生起する際に，目のまわりにある眼輪筋という筋肉の収縮を筋電図で捉えるものである（図 12-3-1）。反射性瞬目の測定は随意性瞬目の測定とは異なり，瞬目反射の動作筋の活動を記録することを目的としているので EOG 法よりも EMG 法が適している。反射性瞬目を分析する際に用いられる測度には，刺激提示から眼輪筋収縮開始までの潜時，筋電図波形の振幅が最も大きくなったときの値（最大振幅）や，筋収縮波形の面積の算出した値（反射量）が用いられる（図 12-3-2）。

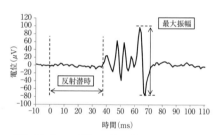

図 12-3-1　瞬目反射の筋電図波形とパラメータ

横軸の 0ms で反射誘発刺激を提示しており，瞬目反射が起こるまでの時間が反射潜時である。筋電図波形の中で最も振幅が大きい箇所を最大振幅とする。

　生理心理学や医学の分野では，反射性瞬目の中でも驚愕性瞬目反射を指標として用いることが多い。驚愕性瞬目反射は，突然提示される強音などによって誘発される一連の防御反射パターンのうち，最も速く現れる瞬目反射であり，環境内の急激な変化に対して即座に応答する驚愕反応パターンの主要な成分である（Landis & Hunt, 1939）。たとえば車のクラクションや雷鳴など，急で大きな音に対して驚いて体がビクッとし，すくみこむことがあるが，これは驚愕反応といって緊急な事態に対して行う防御反射の 1 つである。

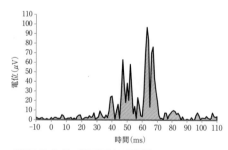

図 12-3-2　瞬目反射の反射量

図 12-3-5 の波形の絶対値を取りグラフ化したもの。斜線部分の面積を反射量とする。

防御反射とは脊椎反射の 1 つで，全身の屈筋が収縮する運動であり，それらに先立ち眼輪筋が収縮し，瞬目が起きる。驚愕反射の誘発には 100dB 程度の音刺激を使用することが多いが，他にも電気刺激，眉間の殴打，角膜への空気の吹きつけ，ならびに光刺激も用いて誘発することができる（田多ら，1991）。

　驚愕性瞬目反射には先行刺激効果と呼ばれる現象が存在する。先行刺激効果とは，

反射を誘発する刺激に先行して，それ自体では反射を誘発しない微弱な刺激を付加することで反射の変容が起こる現象である。驚愕性瞬目反射の先行刺激効果に関する研究は Graham (1975) から始まり，現在でも瞬目反射を用いた研究の主要なテーマとなっている。先行刺激効果には先行刺激促進効果 (pre pulse facilitation: PPF) と先行刺激抑制効果 (pre pulse inhibition: PPI) の 2 つがある。PPF は先行刺激と反射誘発刺激の間隔が 1 秒以上の場合に反射が促進される現象で，選択的注意に関する研究などに用いられている (Bohlin & Graham, 1977; Schell et al., 2000)。PPI は先行刺激と反射誘発刺激の間隔が 1 秒より短い場合に反射が抑制される現象である。先行刺激と反射誘発刺激の間隔が 1 秒以上の場合は，先行刺激により誘発刺激への準備がなされた結果，反射が促進され，1 秒以内の場合は，先行刺激の方に注意が向けられた結果，反射が抑制されたと考えられている (Blumenthal et al., 2005)。PPI は統合失調症患者では抑制が低下することがわかっており，統合失調症の薬効検定やバイオマーカーとしての研究が盛んに行われている (Swerdlow et al., 2008)。

(2) 随意性瞬目

「あっ，目にゴミが入った！」 こんな時，われわれは目をバチバチさせるだろう。このバチバチさせる行動はまぶたを意図的に開閉させていることである。この行動が随意性瞬目である。随意性瞬目によって眼球表面に涙液が大量に発生し，目に入ったゴミを流し出している。これは眼輪筋の収縮あるいは上眼瞼挙筋の弛緩が随意的に起こることによる。

田多ら (1991) は，随意性瞬目は反射性・自発性瞬目と異なり，対象者の意志の関与が明確なものであると定義している。随意性瞬目が持つ心理学的な意味はいくつかある。まず，ノンバーバルコミュニケーションの手段としての位置づけである。意図的に瞬目を生起させることで，相手は何かしらの情報を読み取っている。たとえばウィンクが代表的なもので，そこには好意的な情報が含まれているようだ。ウィンクのみならず表情に同期した意図的な目の開閉，すなわち随意性瞬目も少なくない。表情は「感情それ自身」とも指摘されている (Richmond et al., 2006)。それ故，コミュニケーションツールとしての随意性瞬目の役割も大きい。

また，随意性瞬目に同期した網膜の感受性低下が確認されている (Volkman et al., 1982) ことから，視覚感度更新や網膜休息が瞬目の役割であるというように (福田, 1991) 視覚系機能との関連も指摘される。強制的な随意性瞬目実施が，視覚感度更新や網膜休息を補完するという仮定の下に研究が行われているが，その特徴は明確に確認されていない (田中, 2009)。

随意性瞬目の特徴を知ることは，反射性瞬目や自発性瞬目との区別を明確にするという意味で重要である。随意性瞬目は，その人の意思による眼輪筋収縮あるいは上眼瞼挙筋弛緩で起こる。その結果，測定された瞬目を（たとえば EOG 記録等で波形）確認すると，反射性瞬目や自発性瞬目と異なる特徴が見られる。随意性瞬目は，他 2 つの瞬目より瞬目持続時間が長く，瞬目振幅が大きい (田中, 2009)。加えて表情変化の際に随意性瞬目が生起する場合は，それとともに前頭筋や皺眉筋が活動しやすい。持続時間や振幅の特徴を基準にして，反射性瞬目および自発性瞬目研究や臨床脳波測定場面において随意性瞬目の識別が行われることがある。ただし，随意性瞬目を識別するための瞬目持続時間および瞬目振幅の基準には厳密なものではない。0.5 秒を超

える持続時間の瞬目は随意性であることが多いが，覚醒水準が低下した際の0.5秒を超える持続時間の自発性瞬目が生起することもある。前頭筋や皺眉筋を測定しない場合は，自発性瞬目と随意性瞬目との区別がつきにくいので，注意が必要である。

(3) 自発性瞬目

自発性瞬目は，随意性でもなく外的反射刺激を特定できない瞬目，と定義されている（福田，1991）。周期性瞬目および内因性瞬目も同じ瞬目行動を指している。本項では，これまでの自発性瞬目の研究変遷を概略する。なお，自発性瞬目の詳細は平田ら（2011）によるレビューを参照されたい。

瞬目が心理的な要因によって生起することの体系的な実証的研究はPonder & Kennedy（1927）が最初であろう。詳細な検討で反射的でも随意的でもない自発性瞬目を明確にして，それを研究する意義を言及したものである。その後，自発性瞬目は，散発的ではあるがさまざまな分野の研究で利用されてきた。その際，主に使用されてきたのが単位時間あたりの瞬目生起数である瞬目率である（瞬目率も含めた測定パラメータについては12章3節4参照）。これまでの多くの知見から，人間は安静状態で1分間20回程度の瞬目が生起していることが確認されている（田多ら，1991）。

瞬目率と心理的変数の関係，すなわち，心理変数によってなぜ自発性瞬目頻度が増減するか，については多くの要因が指摘されつつある。これまでの知見を勘案すると特性変数（発達や性差），状態変数（快‐不快や覚醒水準），課題要求変数（注意や課題要求）が自発性瞬目生起に関わる要因と考えられており（平田ら，2011），いくつかの仮説が構築されている。

瞬目の発達的変容についての研究の数は多くはないが，その中でも杉山・田多（2010）は，3ヶ月から16歳までのコンタクトレンズ非着用者699名のデータに基づき，以下の発達的変化を確認した。まず，瞬目率は加齢による変化が明瞭で，特に5歳以降の増加が顕著であった。また瞬目持続時間は3歳過ぎから増加し始めることを確認した。瞬目率および瞬目持続時間とも9歳前後で成人と同様の水準になることも確認された。以上の結果は，睡眠覚醒リズムや認知・神経系機能の発達と関連づけられるとしている。なお，性差と自発性瞬目については12章3節4にまとめた。

快‐不快といった情動的側面について，快状態での瞬目の抑制と不快状態での瞬目の増加がこれまで指摘されている。快状態は向精神薬投与データ，不快状態は状態不安やストレス場面におけるデータ，に基づいている（Tecce, 1989, 2008）。この瞬目生起要因は特に，特定の課題との対応を検証する状態でない連続試行パラダイムにおける瞬目生起の解釈で有用性が発揮される。

覚醒水準については，基礎研究（たとえば，Stern et al., 1984および田中，1990）のみならず実場面での応用研究も多い。たとえば自動車に装備されつつある居眠り検出（たとえば，内藤ら，2013）では瞬目数の増加や上眼瞼の下垂といった瞬目測定データが活用されている。

注意については多くの研究が瞬目生起と関連づけた検証を行っている（たとえば，Stern et al., 1984およびTecce, 1989, 2008）。瞬目と注意を論じた研究においても，注意という概念の扱いは一貫してはいない。それでもTecce（1989, 2008）による，外界の情報を取り込む外的注意（たとえば，読書やテレビ視聴等）状態では瞬目は抑制され，内的な心的状態を操作する内的注意（たとえば，暗算や連想等）状態では瞬目が増加す

るという仮説は再現性の高いものである（Doughty, 2001）。

　課題要求（task demand）は，Stern et al.（1984）で提唱された概念である。注意と幾分重複するが，個々の刺激に対応した情報処理過程を想定したものである。情報処理過程と密接な関係の課題要求が，瞬目の振る舞いに強く影響をしていると考えられる。瞬目の振る舞いには，情報処理終了に同期した瞬目生起のみならず，情報処理過程での瞬目波形の変化様態も含まれる。12章3-4節）で触れる分離試行パラダイムではこの課題要求がより明確に検証できる。

3. 瞬目の計測

　瞬目の計測方法としては，機械式測定法，EOG法，EMG法，ビデオ撮影法等が知られているが，ここでは，EOG法とビデオ撮影法について説明をする。なお，機械式測定法は上眼瞼の端に糸を取り付けて糸の動きに連動するポテンショメータの軸の回転角度を計測する方法で，EMG法は眼輪筋の筋電図（EMG）を計測する方法である。

(1) EOG法

　EOG法は眼電（位）図法とも呼ばれている方法であり，眼球運動計測時のEOG法と同じ眼電位（角膜網膜電位）を利用した計測方法である。電極は眉毛の少し上と頬骨突起におく。このとき，両方の電極を結んだ線が瞳孔を通過するようにする。眼球は角膜側が＋に網膜側が－に数十mVほど帯電しているが，眼が正面を向いた開眼時には，眼の上と下に装着した電極間でほぼ均衡が保たれている。瞬目発生時に上眼瞼が下垂してくるのに伴い，上眼瞼の内側（上眼瞼結膜）と角膜が接する面積が増え，角膜の＋電位が上眼瞼結膜を通して眉の方へと伝わる。その結果，眼の上部においた電極は下部においた電極と比較して＋に帯電した状態となる。上眼瞼が上がるときは，眉毛の方へと伝わる角膜の＋電位が徐々に少なくなり，最終的に元の状態に戻る。

　EOG法は計測に必要な機器が脳波計ないしは生体アンプであるため，これらの機器を備えている研究室では容易に瞬目計測ができるという利点がある。また，瞬目は意識的にも行えるため，瞬目が研究対象であることが実験参加者に知られると不都合であるが，EOG法による瞬目計測の場合は，脳波計測と称して実験をカモフラージュして実験参加者に研究目的を知られないようにすることができる。実際，脳波計測では瞬目がアーティファクトとなるためEOGを計測する必要がある。アーティファクトとは，測定しようとしている生体反応とは別のものが混入することである。EOG法の欠点は，顔に電極を貼り付けなければならないことである。乳幼児や子どもたちは顔に電極を貼られることを嫌がる場合が多い。また，眼や顔，身体を動かすとそれがアーティファクトとして入ってしまう問題もある。特に，すばやく眼が動いたときは眼球運動と瞬目との判別が難しい。このため，確認のために顔あるいは眼をビデオ撮影しておく等の手段を講じておくことが望ましい。

　図12-3-3にEOG法による瞬目の計測例を示す。EOG法で瞬目計測をする場合は，直流増幅あるいは2秒以上の時定数で交流増幅を行う。この例では時定数3秒で交流増幅のあと，1 kHzでサンプリングした。急激に下がっている箇所が上眼瞼が下垂する瞬目の前半部分であり，その後に少しゆっくりと上がっている箇所が上眼瞼が元に

戻っていく後半部分である。EOGの変化量は上眼瞼の下がり具合とほぼ比例していると考えられているため，EOG記録の波形解析も行われている。波形解析を行う場合は，100Hz以上のサンプリングレートが必要である。波形の解析方法については，様々な提案がなされているが，基本的には瞬目の開始点からピークまでの時間およびその振幅等を算出する。しかしながら，EOG法によって得られた瞬目波形が，上眼瞼の動きと完全に対応しているかどうかについてはまだ明確ではない。

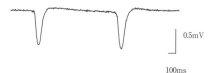

◐図12-3-3　EOG法による瞬目計測例

(2) ビデオ撮影法

　近年，眼領域を撮影した動画像からコンピュータで画像解析を行う方法が注目を集めている。図12-3-4は筆者らが開発しているシステムを使って，瞬目時の眼領域を時系列に並べたものである。このシステムは，コンピュータビジョン向けのライブラリであるOpenCVを用いて，ビデオ撮影した動画から顔領域さらに眼領域を確定している。最初の1枚は瞬目直前で，2枚目は上瞼が少し下がりかかっている時，4～6枚目は完全瞬目時，7枚目は上瞼が上がり始めた時で，12枚目で瞬目が終了している。この連続画像からも，上瞼が下垂す

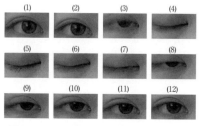

◐図12-3-4　瞬目時の眼領域撮影例
1コマが30分の1秒（0.033秒）なので，瞬目開始（1）から瞬目終了（12）まで，0.396秒

る瞬目前半部の速度が速く，上昇する後半部の速度が遅いことが読み取れる。ビデオ撮影法の利点は非接触で計測が可能な点である。顔や眼の自動検出が可能な範囲であれば実験参加者は動くこともできる。したがって，実験参加者には負担がかからず，自然な状態での瞬目計測が可能となる。また，解析者が瞬目の様子を実際に目で確認できる点も利点といえるであろう。逆に欠点は，動画から眼領域を自動検出する処理がまだ不十分であること（以前は解析者が一コマ一コマ視察により判定していたが，非常に大変な作業であった）とサンプリングが粗いことである。通常のビデオ映像は30Hzで撮影されているため，EOG法で提案されているような波形解析を適用することはできない。

　眼球運動計測装置の多くは瞬目を検出できるようになっているため，実験セッション中の瞬目率や瞬目間隔（inter blink interval: IBI）を求める程度であれば，これらの装置を利用することもできる。また，最近では一般利用されている電子機器（たとえば，iOS7を搭載したiPhoneやiPad等）が瞬目検出機能を持っていることも増えてきている。精度的にはまだ問題があるが，今後改善されていくことが見込めるであろう。今後，瞬目検出システム（アプリ）が開発，公開され，瞬目研究がより手軽に行えるようになることも期待できよう。

4. 瞬目の解析

　瞬目データは，前項までで示された方法で解析される。瞬目として同定されたデータはいくつものパラメータで検証することが可能である。本項では，自発性瞬目に特化したパラメータとして，(1)瞬目率，(2)瞬目時間分布，(3)瞬目間間隔を中心にまとめる。

(1) 瞬目率

　「一定時間内にまばたきが何回起こったか」という観点で検証することは，測定機

器を使用しない自然観察によっても可能である。この方略が瞬目率というパラメータの基礎にある。これまでの視覚系機能との関連も指摘される。多くの研究は1分間あたりの瞬目生起頻度を使用し，これが一般的な瞬目率として用いられることが多い。瞬目率は，12章3節-(2)-3）でも記されているように，これまでの多くの研究では安静時において1分間あたり20回程度とされている。杉山・田多（2007）の精緻な検証では，安静時の瞬目率は平均19.9回（標準偏差14.6）とされている。なお，瞬目率には性差が確認される。杉山・田多（2007）では男性が平均18.2回（標準偏差14.4），女性が平均21.3回（標準偏差14.7）である。平均値に近い標準偏差の値から考えると，個人差の大きいパラメータであることがわかる。すなわち，瞬目の少ない人では1分間に約4回，多い人では1分間に約36回ということになる。

　瞬目率を使用する場合に重要なことは，測定条件統制と測定パラダイムを適切に設定することである。たとえば，瞬目測定条件としてコンタクトレンズ着用が，瞬目生起に影響を及ぼすという指摘がある（Tada & Iwasaki, 1985）。研究によってその影響の知見は異なるが，着用による瞬目率増加を指摘する研究が多い（たとえば，杉山・田多，2007）。そのため，可能な限り非コンタクトレンズ使用者を実験参加者とすることが望ましい。

　瞬目率の増減についての理論は複数存在する。その中でTecce（1985, 2008）による二要因説では，注意という認知的側面と快-不快という情動的側面を指摘している（詳細は12章3節-(2)-3) 参照)。1分間を単位の瞬目率の変動要因を考える場合，特に後者の情動的な側面の影響を考えることは重要であろう。もちろん認知的な側面も加味されている場合も多いであろう。認知的側面について瞬目を通して捉える場合は，以下に記す瞬目時間分布を適応して検証することが望ましい。

　これまで記した1分間あたりという時間単位の瞬目生起数（瞬目率）は便宜的に使われるだけであり，人間の心的事象の変化は，これより短い場合が多い。たとえば，1分間に等間隔に瞬目生起する事態と，1分間の前半に瞬目が集中して生起し後半は全く起こらない事態では，心理的特性が変化することが十分予測される。特に秒単位で完結することが多い情報処理過程を検証する場合，より短い時間を単位にすることが必要不可欠である。瞬目データをより短い時間単位で検証する方法として，瞬目時間分布と瞬目間間隔がある。

(2) 瞬目時間分布

　瞬目時間分布は，瞬目がどのくらい多く発生したかよりも，いつ発生したかをより細かな時間単位で瞬目を検証する手法である。時間単位に関しては研究場面に依存するが，単位時間が0.6秒以下になると単一刺激に対応した瞬目生起を捉えることが容易となる（福田，1985）。このような瞬目時間分布は，刺激に対応した瞬目生起を明確にする方略でもある。刺激提示開始から最初の瞬目生起までの時間間隔としての瞬目潜時も重要なパラメータである。この瞬目潜時と情報処理過程を明瞭に関連づけるためには，分離試行パラダイム（福田ら，1990）を適用することが必要不可欠である。

　Fukuda & Matsunaga（1983）および福田ら（1984）は瞬目時間分布を適用し，刺激と瞬目生起の関連を明確にしている。その際，提示後刺激が処理された直後に瞬目が生じやすいことを，同種の刺激の開始に同期させ0.6秒以下のサンプリングタイムで瞬目発生分布を捉えた。瞬目時間分布で明確化されているのは，脳波事象関連電位

(7章参照)と同様に，特定の刺激特性および情報処理に対応した瞬目生起である。その結果，自発性瞬目は意味ある刺激提示の直前1秒前には抑制され，直後1秒までに刺激に対しての反応をしなくても生起すること，視覚刺激のみならず聴覚刺激でも提示直後の自発性瞬目生起が確認されること，刺激に対する反応を要求すると反応終了時に自発性瞬目が生起すること，を確認している。これらの結果は，瞬目時間分布が情報処理に関する瞬目解析パラダイムとしての有用性を示すものである。最近では，これらの瞬目がビデオ画面の切り替え場面に同期し (Nakano, et.al., 2009)，画面内の話者の瞬目に同期しやすい一方で，自閉症スペクトラム者ではその同期がないことが示されている (Nakano, et.al., 2011)。こういったことから，このようなタイミングで生じる瞬目が脳内のデフォルトモードネットワークと関連があることが示されている (Nakano, et.al., 2013)。

(3) 瞬目間間隔

瞬目間間隔は，文字通り瞬目生起の間隔をパラメータとしたものである。前記のように1分間を単位とした瞬目率の場合，1分間という枠組みの中であるなら，どこで起こっていてもパラメータの値として変わらない例がありうる。20回の瞬目が1分間に等間隔（つまり3秒間隔で20回）で生起しても，前半20秒間のみに集中して生起して（1秒間隔で20回，その後40秒間生起しない）も，瞬目率は両者とも平均20回／分である。瞬目間間隔を用いると，瞬目が連続的に生起する状態と間欠的に生起する状態を区別できる。しかし，両者の心理生理的意味は間違いなく異なる。連続的な瞬目を瞬目バーストと呼び，1秒間に2個以上の瞬目が発生する状態を意味する（山田, 1991）。この状態像を明確にするために瞬目間間隔が使用される。

星野（1994）は，安静時と心的負荷時の2条件下で各々30分間ずつ自発性瞬目の測定を行った。その瞬目間間隔を検証した結果，定常性のある瞬目生起とそれ以外の瞬目生起（瞬目バースト）の違いを確認した。定常性のない瞬目生起は認知的処理に同期したものと考えられる。

これまで瞬目は単位時間あたりの生起率（瞬目率）をパラメータとして多用されてきた。しかし，瞬目の時間分布や生起間隔の観点から検証することによって，より多くの心理的要因を明らかにすることが可能である。なお，瞬目率，瞬目時間分布，瞬目間間隔以外のパラメータとして瞬目波形分析がある。瞬目生起時において，眼瞼の開閉時間は一定ではない。この開閉時間を瞬目波形の持続時間として検討することが可能である。たとえば覚醒水準が低下すると持続時間は延長する（田中, 1999）。また，瞬目生起時に眼瞼がどの程度眼球を覆うかもバラツキがある。完全に眼瞼が閉じきらない不完全な瞬目も実は多い。この眼瞼の眼球を覆う度合いが瞬目波形の振幅として表現される。たとえば，視覚認知課題下の瞬目は振幅の小さいものが多く，瞬目数が減少するとともに瞬目振幅は小さくなる（福田, 1989）。ビデオ画像から瞬目を測定する場合，電極法とは異なり眼瞼の動きを直接記録しているので，瞬目の波形分析を行うことは容易である。瞬目波形分析は，1つひとつの瞬目の特徴とその瞬目が生起した心理状態の関連を検証することが可能である。同一の瞬目データに対して複数のパラメータで検証することにより，さらに多くの情報を得ることができるだろう。

5. 従属変数としての瞬目と独立変数としての瞬目

(1) 測定範囲の広さ

心理学において測定指標となる生理反応のひとつとしての瞬目が持つ大きな特徴は，日常的に観察できること，多様な心的要因を反映すること，測度が多いことである（詳しくは，12章3-(4)を参照）。そのため，瞬目は，測定する対象や状況が限定されにくく，実験内容ごとに他の生理指標と異なる役割を十分に有し，分析によって得られる成果に対する期待感が強い従属変数として利用されている。

瞬目は，生理反応のなかではめずらしく他者が直接観察することができるため，瞬目の記録はビデオカメラによる顔面撮影によって可能となる。電極を皮膚に装着したり，実験室で記録したりする必要がないことから，乳幼児や高齢者，障がい者，ヒト以外の動物といった，他の生理反応は多くが測定困難である対象にも有用な指標である。たとえば，3か月児から80歳代までの対象者の瞬目をビデオ解析法で検討することにより，瞬目生起の発達的側面が詳細に示されている（杉山・田多，2007, 2010）。また，重症心身障がい児（者）の瞬目を分析し，刺激受容を評価する指標としての可能性も検討されている（林ら，2011; 田中ら，2011）。動物園などで飼育されている霊長類71種類をビデオ撮影して瞬目の頻度を調べた研究では，行動する群れのサイズが大きな種類のほうが，瞬目が多発していたことから，瞬目と社会性の関係が示唆されている（Tada et al., 2013）。このことは，視線のやりとりと同様に瞬目発生が他者とのコミュニケーション手段になっていることを推測させる。

さらに，瞬目は，自然観察場面のみならず，できるかぎり日常的もしくは自然な状況や設定が求められるような実験における記録に都合がよい。特に，対人場面での測定に非常に適しており，座席配置の違いによる会話中の瞬目など（大森・千秋，2013），豊富な実験状況に対応できる指標といえる。この実験では，同性の友人同士である被験者2人が，正面または直角の座席位置で会話をしているときの瞬目を，ビデオカメラの設置を意識させないように録画記録した顔面映像から，瞬目の分析を行っている。

瞬目に影響を与える心的変数はとても多く，不安や神経症傾向といった人格特性や，覚醒水準，認知過程，感情などの心理状態がある（田多ら，1991）。これらのさまざまな要因が反映しているものとしてまず利用されるのは，理解しやすくて算出方法も簡易な瞬目の頻度，すなわち瞬目率（blink rate）である。同様に単位時間あたりの回数に換算され，よく測定される生理反応に心拍数がある。心拍数は覚醒水準や緊張などによって顕著に変化するが，瞬目に比べると変動の要因は少ない。その一方，瞬目は，さまざまな心理的変数との関連づけが可能であると考えられる。なお，生理指標は，1種類だけではなく多種の反応が同時に計測されることが一般的である。設定状況や課題内容しだいで，瞬目に加えて，心拍，精神性発汗，呼吸などが同時にポリグラフ記録されたりする。他の生理反応との関連性のなかでこそ，瞬目生起の独自性に注目する価値がある。

従属変数として測定される瞬目は，反射性瞬目と自発性瞬目である。歴史的には反射性瞬目を用いた研究が発展していたが，スターンら（Stern et al., 1984）の指摘によって，それまでは頻度のみに着目する傾向が強かった自発性瞬目の活用が飛躍的に広がった。比較的大きな単位時間あたりの瞬目率という測度を使用するのは，監視作

◎図12-3-5　1コマ1/30秒でビデオ記録した瞬目画像

業のような連続課題（continuous task）が適している一方，ひとつの刺激に対応した反応を求めるような秒単位の短い時間変化を扱うものは分離試行課題（discrete trial task）と呼ばれ，瞬目の時間的分布といった測度を扱うことが有効といえる。特に，瞬目のみ，または主たる指標として瞬目の測定を行う場合，生起の時間的側面や波形分析など，数多くの測度から幅広い研究ができる。映画を見ているときのストーリー展開に同期する瞬目を見出し，思考や注意と関連づけた報告もなされている（Nakano et al., 2009）。また，従来の電気生理学的な EOG 法にとどまらず，記録や分析のしかたを工夫することで画像解析による詳細な検討も可能となっている（図 12-3-5）。

(2) 統制による影響

　生理心理学の領域で研究対象となっている生理反応のうち，瞬目は実験の独立変数としても扱われる数少ない存在である。独立変数になりうる理由には，瞬目が他者によって感知できると同時に表情として重要な目の行動のひとつであること，瞬目の生起が心的変数と関わっているという認識は少ないこと，瞬目の大半が不随意的に生じているにもかかわらず意志によってコントロールできることがあげられる。

　生理反応にはいろいろあるが，指標として用いられている生理反応のなかで，他者によって感知できるものはかなり限定される。日常的な場面で，相対する人の生理反応の変化を直接に感じ取ることはほぼない。その点，瞼の開閉である瞬目は顔面上の大きな動きであるため，非常に微小な変動を問題にする瞬目の一部の測度を除いて，瞬目の生起や瞼の動きの速さは見てとることができる。さらに，瞬目は瞬目行動と表現されることもあり，重要な表情の一部をなす目のふるまいである。瞬目は，コミュニケーションにおけるノンバーバル行動のひとつといえ，意思や感情といった内的な情報を，もう一方の他者が読み取って解釈している，すなわち伝達していると考えられる。たとえば，ビデオ中の人物の瞬目率を独立変数として印象評定を求める一連の実験により，瞬目の多少によって人に与える印象が異なることが示されている（大森ら，1997; Omori & Miyata, 2001）。なお，こうした実験における瞬目の操作は，刺激人物となる実験協力者が瞬目を意図的に抑制または頻発することによる。ただし，目の周辺の開閉のみの画像処理によって刺激映像の作成が平易に可能であり，あるいは，CG（computer graphics）でまばたき機能を付加したキャラクタなども実験に使用しやすい。CG モデルを用いた実験の結果，ヒト型であってもイヌやモンスターなどのキャラクタであっても，実際のヒトと同様の瞬目と印象の関係が認められている（高嶋ら，2008; 図 12-3-6）。

　通常行われている瞬目は，無意識的なものである。また，瞬目の多さは個人や状況によって多様に変動するが，こうした変化は日常的にはあまり感知されていないし，瞬目が起こったことも本人には気づかれにくい。しかも，瞬目が心理状態によって影響を

◎図12-3-6　高嶋ら（2008）の実験で用いられた刺激キャラクタ

受けているという一般的な認識は低い。高校生から大学院生までの200名を対象にした調査によると，他者のまばたきが多いと感じた経験があるのは全体の53%，少ないと感じたことがあるのは15%にすぎず，多いと感じたのは話をしているときやそういう癖の人に対して，少ないと感じたのは相手がぼーっとしているときや眠いときなどと報告されている（大森，2003）。

　生理反応の多くは，自身による意図的な操作が入り込む余地はないが，瞬目は意志による制御がある程度可能である。ただし，がまんをして瞬目をしない努力はできるものの，完全に瞬目を抑制することは無理である。一方，大部分の瞬目は，意志に関係なく不随意的に生じているが，随意的にも出現するため，たとえば字が見にくいときに焦点をあわせようと連続した瞬目をすることができる。この意図的な瞬目，すなわち随意性瞬目は，他者に合図を送るために利用されることがある。重症心身障がい者が，瞬目によってパネルから文字を選んで会話をしたり，返事の代わりに瞬目をしたりする。随意性瞬目を独立変数とした実験が，集中する時間が長くなると瞬目が減って目が疲れることを利用していくつか行われている。具体的には，被験者に随意性瞬目を行わせることにより，視覚作業における休息効果やストレス効果が検討されている（田中，2002; 田中，2007）。さらに，バイオフィードバック法を用いて瞬目が生起するように訓練することで，モニタの長時間凝視が原因で生じるドライアイを防ぐ試みもある（福島・斎藤，1998）。

骨格筋系

13章

1節　筋電図法：筋電図計測技術・解析技法

　筋電図（electromyogram: EMG）は，いわゆる筋肉（筋）の動きを電気的に記録し，定量的に評価するための指標であり，脳波とともに生理心理学研究領域において，その初期から計測されてきた．筋電図を用いた研究としては，歩行・姿勢・維持に関わる骨格筋活動の研究，感情の表出に関連した表情の研究，睡眠研究，運動関連脳電位との関係に関する研究等を挙げることができる．筋電図は，電気生理学的検査の他，行動科学や動作学，運動生理学やスポーツ科学などの様々な分野に応用されているが，近年はバイオメカニズムやバイオメカニクスなどに応用分野が拡がっている．ここでは骨格筋の概要及び筋電図の計測と解析の手法について概説する．

1．骨格筋の組織学と生理学

　筋（muscle）は，運動を可能にする器官の1つであり，組織学的に分類すると横紋筋，平滑筋，心筋に大別することができる．骨格筋（skeletal muscle）は横紋筋の1つで，意識的に動かすことができる随意筋に分類される．骨格筋を構成する細胞単位を筋線維（筋細胞）と呼ぶが，単核の筋原線維同士が融合してつくられるため，多くの核を持っている合胞体（多核細胞）であり，細長い形状をしている．横紋筋では，筋原線維がミオシンフィラメントとアクチンフィラメントという2種類のタンパク線維（フィラメント）が交互に重なり合う構造によって形成されているため，光学顕微鏡で観察すると規則正しい縞模様が見られる．

　特定の姿勢の保持や運動を伴う多くの日常の行動は，骨や骨格を構成する組織に直接接続された骨格筋が関節などの可動部にはたらきかけることによって可能になる．関節の動きは骨格筋の収縮（筋張力の発生）と弛緩によって実現される．この収縮は，筋原線維のアクチンフィラメントがミオシンフィラメントの間に滑り込むことによっておこる（フィラメント滑走説）．解剖学的には，関節を曲げるために収縮する筋を屈筋，伸ばすために収縮する筋を伸筋に分類する．その他にも，四肢を体幹に近づける内転筋，反対に遠ざける外転筋，ねじれの動きをさせる回旋筋があり，これらの筋類が互いに拮抗的・協調的にはたらくことで円滑な関節の曲げ伸ばしが実現される．

　随意運動においては，大脳の皮質連合野，皮質運動野及び他の脳内中枢において修

飾された運動指令が遠心性下行路を介して脊髄に達する。また反射性筋収縮では各種の感覚受容器からの刺激が，反射回路を伝わり，脊髄に達する。骨格筋に投射する運動神経細胞は，脊髄から末梢に向かって軸索を出しており，1本の軸索の先端はいくつかに分岐し，各分枝が通常，それぞれ1本1本の筋線維のほぼ中央に付着し，神経筋接合部（神経終板）を形成する。筋活動は，脊髄に存在するα（アルファ）運動ニューロン（α-motoneuron, α-motorneuron）の興奮によって生じた活動電位が，筋線維群に伝わることから始まる。神経筋接合部に到達した活動電位が神経終末に作用して化学伝達物質であるアセチルコリンを放出させると，筋側のアセチルコリン受容体に結合し，接合部の細胞膜のイオン透過性が亢進する。それによって各筋線維の神経筋接合部に脱分極が起こり，終板電位（end plate potential: EPP）と呼ばれる電位が発生する。その結果，筋線維に活動電位が生じ，筋線維の両端に向かって伝播することで，筋線維内に化学的・構造的変化が起こり，骨格筋の収縮が生じる。

図13-1-1に示すように，1つの運動ニューロンと，それに支配されている多数の筋線維をまとめて運動単位（motor unit: MU）と呼ぶ。

運動単位あたりの筋線維の数（神経支配比）は，体幹や大腿のように大きな力を出す筋では多く，表情筋や眼球・指・舌などを動かす筋のように繊細な調整を要する筋では少ない。運動単位の興奮は，全か無かの法則に従ってオン・オフしかないため，活動の目的に沿った適切な筋張力（筋収縮によって物体に及ぼす力）に変化させるためには，活動する運動単位の数を変化させるか，運動単位が興奮する頻度（発射頻度）を変化させることが必要となる。また，筋張力は筋紡錘，腱器官，皮膚受容器などによって検出されることで，反射を介した調節が行われる。

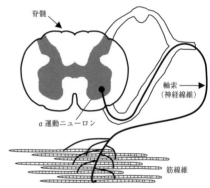

●図 13-1-1　運動単位

2. 筋電図の計測技術と解析技法

筋電図の計測は，電極によって筋線維を伝播する活動電位の変化を導出することから始まる。筋線維の脱分極によって生じた細胞膜上に発生する膜電流が，周囲の容積導体（volume conductor）を流れた結果生ずる電位の変化が，2部位におかれた電極間の電位差として記録される。

(1) 筋電図の種類と導出電極

筋電図は導出する電極の種類によって，針筋電図と表面筋電図に大別される。前者は針電極を被検筋に挿入することによって，少数または単一の運動単位から神経パルス列を記録する計測法である。後者は皮膚表面に電極を貼付することによって活動電位を導出する計測法である。そのため，個々の運動単位活動電位（motor unit action potential: MUAP）ではなく，多数のMUAPが時間的・空間的に重畳し，干渉し合った総和としての電位が導出される。

針電極には，同心型針電極，多極針電極，単極針電極などの種類がある。外套針（注射針）の中に絶縁導線を固定し，針の先端から露出した導線から筋電位を導出する同心型針電極は単一運動単位の活動電位記録に用いられる。多極針電極は，外套針の側面から1本以上の導線の先端を露出させ，単一筋線維の活動電位を記録する目的

で使用される。単極針電極は外套針がなく，絶縁した非常に細い針の先端の一部を露出し直接筋に刺入するため，疼痛が弱く，露出の長さによって記録範囲や対象の調節が可能である。針筋電図検査は「針電極を穿刺する行為等が侵襲性の高い医行為に該当する（日本臨床衛生検査技師会，2011）」ため，心理学分野でヒトを対象に使用する場合には医師の協力の下に行うことが原則である。また使い捨て電極（ディスポーザブル電極）の単回使用などにより，感染症に対する予防処置を十分に行う必要がある。

表面電極には，電気的に安定し適切なS-N比を得やすい銀／塩化銀（Ag/AgCl）製の皿電極が用いられることが多い。測定する筋の大きさに応じて電極の大きさの選択や電極間の距離の調整が必要である。一般的な皿電極は，電極面に電極のりや塩化ナトリウム（NaCl）溶液を含んだスポンジ等を入れ皮膚表面に貼りつける。加えて，伸縮性のあるサージカルテープ等で皮膚表面に圧着して，電極と皮膚との隙間をなくすことでアーティファクトの混入を防ぎ，記録を安定させる必要がある。運動負荷時の表面筋電図を導出する場合は，一般に抵抗が小さく，脱着が簡便で粘着力も強い，使い捨て電極が用いられることが多い。以上の表面電極は従来から使用されてきたパッシブ電極（passive electrode）に分類されるが，高インピーダンスのままで使用すると気温や湿度，運動時の電極コードの揺れなどの影響を受けてアーティファクトが発生しやすいという短所がある。そこで，近年はアクティブ電極（active electrode）の実用化が進んでいる。これは，電極側で電気的に皮膚に近い水準のインピーダンスをあらかじめ作り出すことで，アーティファクトの発生を防ぐ電極であり，商業用電源や外部機器からのハムノイズの影響がある日常生活の環境下でも計測を可能にする。電極脱着時における時間の短縮も含めた検査者・参加者の負担軽減などの効果が期待できる電極であり，計測機器の小型化・軽量化などと合わせて進化，実用化が進んでいる。

加えて，被検筋支配の末梢神経に電気刺激を加え，それにより誘発される筋活動電位を表面電極で記録したものを誘発筋電図という。運動神経への電気刺激に対する興奮が神経筋接合部に達して，筋が収縮するときに生ずる活動電位をM波というが，神経伝導速度検査においては複合筋活動電位（compound muscle action potential: CMAP）と呼ぶ。一方，電気刺激により知覚神経線維（Ia線維）に生じた活動電位が脊髄に達し，興奮したα運動ニューロンに生じた神経活動が下行した結果生ずる筋の収縮反応（H反応）に伴って出現する活動電位をH波という。誘発筋電図の原理は，前述の神経伝導速度検査や運動神経伝導検査など様々な検査に応用されている。

近年の生理心理学的研究においては，非侵襲性の高い表面筋電図法が，針筋電図よりも多く利用されている。以下，心理学的な利用が可能な表面筋電図に焦点を絞ってその計測法と解析法を述べる。尚，針筋電図については，臨床医学の専門書等（e.g. 木村・幸原，2010；柳澤・柴崎，2008）が詳しい。

(2) 表面筋電図の計測

電極や測定機器，解析ソフトの進歩によって，表面筋電図の記録や分析は以前に比べて非常に効率よく行うことができるようになっている。医療分野では筋電計を用いることも多いが，生理心理学の分野では睡眠ポリグラフ記録や運動関連脳電位の記録のように，ポリグラフシステムで脳波や眼球運動などと同時計測することも多い。

目的の筋から表面筋電図を導出するにあたって，電極を適切な位置に装着するためには，考慮すべき点がいくつかある。まず，筋の位置や範囲を解剖図（e.g. Perotto,

1998; 河合・原島, 2004) とともに自らの体を用いて繰り返し確認し, しっかりと目的の被検筋上に電極をおくことができるようになることが重要である。前述のとおり表面筋電図は多数のMUAPの総和である。そのため, 特に小さな筋だけの活動を探るためにはダブル差動接続（木塚ら, 2006）によって, クロストーク（crosstalk：隣接する他の筋群からの電位混入）を軽減することが好ましい。

筋の範囲や大きさは個人差が非常に大きいため, 検査や実験の前に, 被験者毎に筋の収縮時と弛緩時の筋電図を確認し, その振幅差が大きくなるよう電極位置の微調整を図ることも重要である。その際, 特に神経支配帯の位置に注意を払うべきである。神経支配帯は, 神経筋接合部であり運動点（モーターポイント）に相当する。神経筋接合部から筋線維の両端に向かって等距離に電極を配してしまうと, 活動電位はお互いに相殺され, 振幅が小さいか平坦な波形になってしまう。正確に神経接合部の位置を知るためには, 筋線維方向に沿って, 複数の皿電極を等間隔に配したり, 多チャネルアレイ電極を使用したりして, 表面電極アレイを作図する方法もある。

また, アース電極と導出電極で心臓を挟む位置に配すと, 心電位が筋電図に混入することがある。加えて, パッシブ電極の場合, 皮膚表面をアルコールなどで脱脂し, 電極と皮膚との隙間のないように固定し, リード線を衣服や身体に沿ってテープ止めするなどして揺れを最小限にする等, アーティファクトを押さえ, S/N比を高くする工夫が重要である。

筋内で発生した電位は, 表面電極に達するまでに1/1000以下に減衰するため, 導出できる電位は数十μV～数mVである。そのため, 増幅器を用いて100～10000倍の振幅にして記録する。近年はデジタル化が急速に進み, 従来主流であった紙記録よりも, 筋電位をリアルタイムでA/D変換しCRTや液晶ディスプレイを用いたモニタリングを行いながら, コンピュータに磁気記録する方法が主流となっている。

筋電図記録へのアーティファクトや他の生理指標からのノイズ（たとえば, 発汗による基線の揺れ等）の混入を防ぐため, 周波数帯域を限定するフィルターを適用する。記録する帯域の下限周波数（F）を決定するためには, 時定数（time constant, TC；単位：秒）を設定する計測機器や計測ソフトウェアが多い。時定数（TC）から下限周波数（F）への変換式は$F=1/(2\pi TC)$である。表面筋電図の周波数成分は5～500Hzに分布するため, 時定数は0.03秒（下限周波数：約5.3Hz）に設定することが望ましい。計測後に, オフラインでフィルターをかけることも可能であるが, その際は, 位相のずれや帯域毎の減衰率など, フィルターの特性をよく理解しておくことが求められる。

(3) 表面筋電図の解析

コンピュータを用いた信号処理技術が進んだことで, A/D変換後に半自動的に目的に沿った解析が可能となった。筋電図計測を学び始める時期には, 原波形とじっくりと向き合い, そのダイナミックな変化を観察し, 目視での分析力を培っておくことが特に重要である。データ解析を重ねることによって多くの情報が削除される前の素データを眺める経験は, アーティファクトに素早く気付き調整する力や適切な分析法の選択を可能にする力を付けるためにも不可欠であると考えられる。

筋電図を定量的に評価するための代表的な指標は, その振幅と周波数である。平均振幅は筋収縮の強さ（放電量）の指標となるが, その自乗平均平方根（root mean square:RMS；時間軸上で変化する信号の大きさを評価する目安となる）の算出と, 積分法

による整流化（振幅の絶対値を求める）が代表的な解析手法である．整流化には，原波形を絶対値に変換してから平滑化する全波整流と，正極性もしくは負極性の部分だけを用いて平滑化する半波整流があり，一般的には情報量の多い全波整流が用いられる．振幅の時間変動には，筋活動の始まりと終わり，運動に参加している運動単位の変化など多くの情報が含まれている．

周波数解析では，運動単位の重畳の変化を推定したりアーティファクトを分離したりすることが可能になる．周波数の特徴を定量化するためには，一般的にファーストフーリエ変換（FFT）による解析が行われる．近年では，時間－周波数解析手法が発達してきており，ウェーブレット解析，高次統計量（higher order statistics: HOS）を用いたランダムプロセスの推定，経験的モード分解（empirical mode decomposition: EMD）など，新たな分析法による筋電図の解析も試みられている（Chowdhury et al., 2013: review）．

2節 動作解析：3D動作解析技術

1．3D動作解析とは

動作分析は，日常生活やオフィス，医療，福祉，ロボット開発，スポーツなど多岐分野にわたり使用されている．ヒトの動きや姿勢は外的な力や内的な力によって大きく変化し，その動きをとらえ，数量化するために動作分析が用いられており，今日では映画やアニメーションに用いられるコンピュータグラフィックス（computer graphics: CG）や仮想空間を表現するバーチャルリアリティ（virtual reality: VR）技術などに応用されている．

古くから医療などの臨床場面で利用されている計測方法は，身体をありのままに記録する観察法や動作一回当たりの課題遂行量を計測する方法，床反力計を用いて床からの反力を計測する方法，加速度計，ジャイロセンサーにより，動きによってかかる慣性力を測定する方法など様々である．

1800年代後期，イギリスの写真家 Muybridge（1901）は，複数台のカメラを並行に設置し，順にシャッターをきる方法を用いた連続撮影法により馬の走る様子を初めて記録し，馬の脚がすべて空中にある状態を確認することに成功した．彼はその後，カメラの設置角度を変化させ，多方向からヒトの動作を撮影している．これが画像を用いた動作分析の始まりと考えられる（図13-2-1）．1990年代に入り，画像や映像は姿勢制

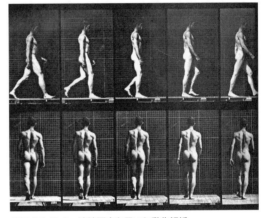

○図13-2-1 連続写真を用いた動作解析

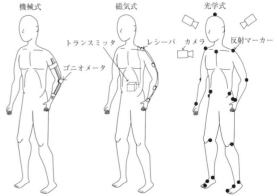

○図13-2-2 機械式，磁気式，光学式動作解析装置

御や歩行動作の分析に用いられはじめ，モーションキャプチャとしてバイオメカニクス研究法などの発展に貢献している。その方法は光学式，機械式，磁気式に大きく分けることができ，それぞれにメリットとデメリットを備えている（図13-2-2）。

2．3D動作解析の種類

(1) 光学式3D動作解析

光学式3D動作解析は複数のカメラを使用して3次元空間内にある計測点の位置座標値を算出する技術である。そのメカニズムは，カメラ側から照射した光が計測部位に反射し，その反射光をセンサーで捉え，平面状に表示する。それを複数のカメラで同時に実施し，各計測部位の位置情報を合成することにより3次元座標値を算出するものである。

光学式の特徴の1つは貼付した反射マーカーの3次元座標を取得出来る為，動作分析の目的に応じて反射マーカーの貼付位置（マーカーセット）を機器の位置変更を行うことなく，自由に実施することが可能な点である。また近年は屋外や水中も含め，様々な環境にカメラを配置し，簡単なキャリブレーション作業を行うだけで高精度に計測ができるほど技術が発展している。

ただし，カメラで囲まれている空間内での計測となる為，広大な空間での計測（たとえばスキージャンプの動作における踏切から着地までの動作分析）は不得手である。

(2) 機械式3D動作解析

機械式は上腕と下腕のように肘で可動性結合された関節を結ぶ2つの骨格に沿って装具を取り付け，その装具の回転運動について測定する方式である。使用される機器には，ゴニオメーターやジャイロセンサー，加速度計などがある。

一般的に使われているゴニオメーターは2本の装具がなす回転角度を電気的に計測することが可能であり，ジャイロセンサーは航空機や船舶の水平，垂直を維持するために用いられる機械であり，全方向に対する単位時間あたりの回転角を計測することが可能なセンサーで，十分なキャリブレーションを行う必要がある。データの欠落やスワッピングが発生せず，リアルタイムで計測が可能であるという利点はあるが，コンピュータの処理能力に比例してセンサー数の制限をうけることや，ケーブル等が体中に張り巡らされる接触計測システムが主なため，体にかかる負荷が大きくなる欠点を持っている。昨今では無線技術の発展やバッテリーの高電力，小型化により，IMU (inertial measurement unit) センサーやMEMS (micro electro mechanical systems) センサー，AI (artificial intelligence) を用いた簡略化が進んでいる。

(3) 磁気式3D動作解析

磁気式は，トランスミッタを用いて空間に磁界を形成し，その磁界の変動を各部位に装着した磁気センサー（レシーバ）を用いて読み取り，分析することができる。この方式は磁界が形成されている空間内であれば，たとえば小型の磁気センサーを口腔内に装着しても計測が可能であり，他の方式では計測出来ない部位の計測を行う事が可能である。ただし，磁界を発生させるトランスミッタにより，測定範囲が限られることに加え，磁場の影響を受けやすいことを考慮する必要がある。特に，他の金属類を身体に装着しての測定が難しいことから，生理指標を計測するために貼付する電極

などの使用も制限されることがある。

3. 3D動作解析における位置の記述方法

定量的に点や物体の位置を記述するための手段として、座標系が用いられる。国際バイオメカニクス学会が採用している座標系では、X軸は床に平行する軸であり、Y軸はX軸と直交し、鉛直上向きに指す。3軸目のZ軸は、X-Y平面に直交する向きを指す。座標系は親指をX軸、人差し指をY軸、中指をZ軸として示す。右手で座標軸を示す「右手系」は反時計回りを

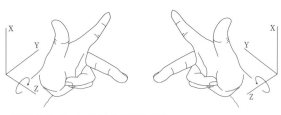

●図13-2-3　左手系と右手系の座標

正とし、「左手系」は時計回りを負として示す。3D動作解析においては、原点を決定することが大切になり、姿勢制御がどの方向に向かって行われているかを決定する必要がある（図13-2-3）。

また、身体の各セグメントに同様の座標系を持たせることで3次元的な角度算出が可能となる。3次元的な角度は、たとえば肩関節のような稼働方向が限定されない関節の評価が可能になると同時に、関節同士の相対的な角度（屈曲や捻じれ）等の計測に用いられる。その他、3次元動作分析では速度、加速度、身体重心[★1]、部分重心、回旋角度、トルク[★2]などの値を算出することが可能である。

注）★1：身体重心は頭部、胴体部、上腕部などのセグメントごとの質量等のパラメータを与える必要がある
　　★2：トルクは反力を計測する機械との同期計測を必要とする

4. 3D動作解析の将来性

現在、広く用いられている機械式、光学式、磁気式のモーションキャプチャはそれぞれに特徴を持ち、開発されており、その技術は時にオーバーラップして使用される。

たとえば、機械式の良さは体にセンサーが装着されている点である。光学式のようにカメラを使用して動きをキャプチャーする場合、測定部位が隠れてしまうことにより、座標データの取得が困難になる。隠れた場合には補間する機能があるが、幾何学的な動作を行うような場合、補間した数値に信頼性はなくなってしまいがちである。光学式の不得意とする点を機械式によって補間するような双方を併用した計測を行うことはより有意義である。動作分析をリアルタイムで行う事ができる現在の形になるまでには様々な技術の発展を伴っている。半導体の価格低下や無線を初めとした伝送技術の発達、計算機の処理能力の発達を伴った演算方法（アルゴリズム）の発展等により、簡便で高精度な計測ができるようになっている。しかしながら、動作の取得を行うにあたり、いずれの方式も身体にマーカーやセンサーを貼付する必要があり、被験者への負担が多少とはいえある。マーカーやセンサーを貼付する必要性は関節の部位や微細な動作を取得する精度を高くし、正しい計測を行うためである。今後、更なるハードウェア技術の発展や計測原理の発展により、マーカー等を貼付せず、被験者の自然で自由な状態を高精度に計測できる日が来る事であろう。

また、筋電計や脳波計といった生理指標を計測するための機器と併用して使用することで、体外の動きと体内の動きを同時に計測することが可能となり、生理心理学研

究の発展に期待される技術であるといえる。動作計測が目指すべき所は被験者に自然な状態で精度の高い情報を即座に取得することであり，その研究は日々続けられている。

3節　活動量・アクチグラフの原理，リズム解析

　心理現象と関連のある生体反応を非侵襲的に測定する技術の進歩の中で，ヒトの身体活動に関連する生理指標の計測手技の1つが，骨格筋反応を電位活動として記録する筋電図（第1節参照）である。一方で，日常生活に見られるダイナミックな身体活動を生体反応や心理現象と関連づけることへの関心も高まるなかで，従来の電気生理学的指標は，たとえば日常生活から隔離した電気的シールド室というように時間的・空間的に測定場面を制限せざるを得なかったため，そのような研究には適さなかった。そのため，1つの発展の方向としては，機器の小型・軽量化やS/N比向上のための様々な技術革新によって，持ち運び可能なポリグラフやアーティファクトの混入しにくいアクティブ電極などが開発されてきた。もう一方で，参加者の負担をより軽減し，たとえば歩行や運動，活動と休息，覚醒と睡眠の交代などといった，自然な身体活動の変化そのものを定量的に連続計測し，生理的・心理的現象との関連性を探る研究が進展してきた。その1つには，前節の3D動作解析技術などを挙げることができるが，ここでは20世紀半ばから徐々に機器や解析法の研究が進み，時間的・空間的制限の極端な少なさや参加者への負担の軽さ，使用に関する各種ガイドラインの整備などを背景に，近年関連する研究が急増（図13-3-1）したアクチグラフ（actigraph）について概説する。

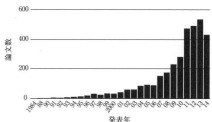

○図13-3-1　アクチグラフを用いた研究論文数の推移（過去30年間）
PubMed（アメリカ国立医学図書館国立生物工学情報センター，URL：http://www.ncbi.nlm.nih.gov/pubmed）において，検索ワード「actigraph OR actigraphy OR actigram」によって検索した結果（2014年8月）。

1. アクチグラフの原理

　アクチグラフは，加速度センサ，CPU（中央演算処理装置），A/D変換器，データ記録用メモリおよび通信装置が内蔵された本体と，体や服に装着するための留め具を基本構造とする身体活動量の記録機器である。非利き手に装着する腕時計型や腰や足首に巻いたベルトに装着するものなど様々なタイプがある。

　開発の初期には，ひずみゲージ加速度センサが採用されたようであるが，外付けの磁気テープ記録器への長時間のデータ記録を可能にしたKripkeら（1978）のアクチグラフ（actigraphic telemetry system）においては，より応答性能や計測精度が高い圧電気変換器（piezo-electric transducers）を利用したセンサが採用された。現在のアクチグラフは，他にもMEMS（micro electro mechanical systems）技術を用いた最新の加速度センサを選択することで小型化・軽量化が進んでおり，加速度を検出する運動方向が1方向（X軸），2方向（X-Y軸），3方向（X-Y-Z軸）の機器がそれぞれ製造されており，比較的廉価で購入できる。また専用のソフトウェアを備えて，高精度に活動量を計算する機能を実装している。

形状や機能が一見似ている歩数計の最も原始的な構造では，歩行に伴う上下運動を振り子式スイッチのオン・オフによって検出し，その頻度を歩数として表示する。一方でアクチグラフは，運動による加速度の変化を分解能の高い振幅や時間の情報として記録でき，波形解析と閾値設定に基づいたパターン認識やノイズ除去がリアルタイムで行われる。そうすることで，より正確な歩行や走行，運動強度の判定が可能になり，相対的な代謝量（metabolic equivalents: METs）や消費カロリーなどが数値化される。また，本体にハードウェアスイッチを配し，任意のタイミングでイベントや照度を記録する機能を持つものもある。単位時間当たりの活動量は時系列データとして本体のメモリに約30日間連続で記録され，専用の通信ソフトを用いることで，他のデータとともにパソコンに保存することができる。近年では，タブレットPCなど，各種通信機能を備えたモバイル機器との連携によって，リアルタイムモニタリングを可能にする技術も見られる。

加速度計は，定義した軸の方向に依存したデータ収集を行うため，装着する身体部位や方向によって，活動量の値の解釈が変わる恐れがある。多くの機種ではマニュアル等に装着に関する説明が詳細に示されている。近年は，ジャイロスコープ（角速度センサ）などと組み合わせた慣性計測装置によって，前後左右方向の直線的な動きだけではなく，姿勢の変化に関連するような体の傾きや回転といった情報をより高い精度で収集する技術も進み，スポーツ科学や臨床医療などの分野で運動や日常生活動作の定量的評価に活用され始めている（e.g. Vathsangam et al., 2010; Heldman et al., 2011）。

(1) アクチグラフを用いた研究

アクチグラフを用いた研究は，その初期から睡眠と覚醒の判別への関心が特に高く（e.g. Kripke et al., 1978），睡眠段階判定の国際的基準（Rechtschaffen & Kales, 1968）の指標である睡眠ポリグラフ検査（polysomnography: PSG）との相関についての研究が多い。特に非利き手手首に装着する腕時計型のアクチグラフは研究発表数が非常に多く，PSG検査と相関が高い睡眠覚醒判定アルゴリズム（e.g. Webster et al., 1982; Cole et al., 1992）が示されている。PSG検査に際して，日常生活の習慣やリズムを把握するために，参加者自身や保護者等によって睡眠日誌（sleep log；宮下，1994）を検査前1週間以上にわたって記録されることが多いが，アクチグラフを同時に記録することにより，睡眠覚醒の行動を定量的に把握することが可能になり，また睡眠日誌の記録の信頼性を客観的に評価することもできる（広重，2012b）。

睡眠分野における利用の際は日本睡眠学会のまとめ（白川，2009）が参考になる。また，睡眠や睡眠障害の研究及び臨床にアクチグラフを使用する際のガイドラインや指標（practice parameter）となる総説も定期的に示されており（Sadeh et al., 1995; Ancoli-Israel et al., 2003; Morgenthaler et al., 2007; Sadeh, 2011），睡眠障害やリズム障害の診断ツールとしての利用（American Academy of Sleep Medicine, 2005; 三島，2012）も始まっている。

アクチグラフは，大学生（e.g. 広重，2011, 2012a），高齢者（e.g. 田中ら，2007；Fung et al., 2013），発達的変化や子ども（e.g. Yoon, 2003; Spruyt, 2011）などを対象として，身体活動量・生活リズム・昼寝を含む睡眠覚醒リズムのアセスメントや認知行動的介入の計測などの研究に利用されている。また健常者と比較して，睡眠覚醒リズムが乱れやすく，PSG検査などが心身の負担となりやすい障害児を対象とした研究で

は，脳性まひ（e.g. 白垣ら，2000; Capio et al., 2010），注意欠如多動症（e.g. Corkum et al., 2001），自閉スペクトラム症（e.g. Wiggs et al., 2004; 平野ら，2012）などで指標として用いられ，睡眠障害の診断だけでなく教育や福祉場面における個別の支援計画立案に関わるアセスメントツールとしての活用が期待されている。

　アクチグラフは，装着位置の問題，乗車中の振動や激しい運動，体動を伴わない覚醒状態などの正確な判別，健康状態や発達，加齢などの影響の解明など，妥当性や信頼性を高めるための基礎研究が必要な指標であるため，可能な限り生理指標や行動指標との同時記録をし，活動量の定義やその解釈に関しては慎重に行うべきであろう。実際の同時記録の例としては，前述したPSG，睡眠日誌（起床時刻，就寝時刻，運動，食事，眠気などの記録）の他にも，体温，心拍，唾液コルチゾール，メラトニン濃度，パフォーマンステスト，自覚的眠気評価などを挙げることができる。

(2) リズム解析

　アクチグラフによって計測された活動量は，一般的に24時間の時系列データとして図示（図13-3-2）され，加えて，運動時間・運動強度毎の活動量・睡眠開始時刻・起床時刻・総睡眠時間・連続睡眠時間・中途覚醒時間・入眠潜時・睡眠効率・睡眠率などの睡眠変数の情報が機種によっては自動的に算出される。ただし，さまざまな試みは見られるものの，PSGよりは睡眠の構造や質に関する情報は少ないため，単体で睡眠段階等を詳細に検討することは困難である。一方で，時間分解能（精度）は通常1分と長い（粗い）ことから，日内の細かな変動よりも週単位の長期にわたる活動量の規則性の解明に適している。

　活動量の時系列は，睡眠覚醒リズムや体温リズムに代表される，サーカディアンリズムやサーカセミディアンリズム，ウルトラディアンリズムなどの生体リズムの指標として分析することができる。活動量とその他のデータは，テキストデータとして出力することが可能であるため，目的によって統計的な分析やリズム解析を適用することができる。

　最も基礎的な解析法としては，視察（visual inspection）によるリズム周期の計測や特徴の分析がある。図13-3-2のように1日毎のデータを縦に並べて視察することで，睡眠覚醒や日中活動の変化パターンや周期性を大まかに確認することができる。図に

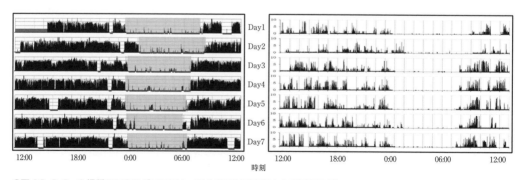

○図13-3-2　2機種のアクチグラフによって1週間同時記録した活動量の例

　左図は腕時計型3軸アクチグラフ（A.M.I.社製マイクロミニRC型，zero-crossingモードで活動信号を1分毎に連続計測）で計測し，専用ソフト（AW2，A.M.I.社）によりグラフィック用データとして出力した図。右図は腰ベルト装着型1軸アクチグラフ（スズケン社製ライフレコーダEX4秒版）で計測し，表計算ソフトでグラフ化した図。横軸は各計測日の正午12時から翌正午12時までの24時間であり，各日の縦軸はそれぞれ独自のアルゴリズムによって計算された運動量を示す。

おいては，主に装着部位と加速度検出の軸数が異なる2機種の同時記録を行っているが，検出基準やアルゴリズム等の違いが活動量の違いとして表れている．機種ごとにその研究にとっての長所と短所を明らかにしながら，結果を解釈することが求められる．前述したように，睡眠日誌をはじめとした他の指標との同時記録が非常に有効である．視察の場合は，基準の定義と複数の専門家間における一致率の高さなどによって信頼性を高める工夫が必要となる．より客観的にリズムを分析するためには，自己相関，ペリオドグラム，パワースペクトルなどの時系列解析法を用いる．

自己相関は，その結果をカイ自乗ペリオドグラムによる周期性検定やパワースペクトル解析による周波数分析に利用することのできる基本的な手法である．概要のみ示すと，活動量の時系列をある時間（τ）ずらして，元の時系列とどのくらい類似性があるかという自己相関係数（$-1 \leq R \leq 1$）を算出する解析法である．一定時間毎にずらすことによって，類似性が高くなるずらし時間が，その時系列の持つ周期性（リズム）であると推定することができる．

図13-3-3は，介入（睡眠制限法）の前と介入中における睡眠覚醒のサーカディアンリズムの変化を示す自己相関図（autocorrelogram）である（広重，2011）．自己相関係数（縦軸）の値がもっとも1に近づくピーク時間（横軸：ずらし時間τ）が，参加者の持つリズムであると推定することができるため，介入前（破線：Before SR）の約27時間周期が，介入中に約24時間の安定したリズムに変化したことが示されている．この例のように活動量の絶対値ではなく，睡眠と覚醒という行動カテゴリーの交代の周期性に関心がある場合，「覚醒期：1，睡眠期：0」などに数値変換して自己相関にかけることで視点を絞った解析も可能である．

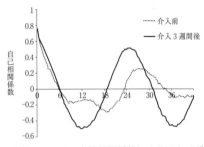

●図13-3-3　自己相関係数によるアクチグラフ分析の例（広重，2011）
縦軸が自己相関係数，横軸がずらし時間（τ：時間）を示す．例では，介入による睡眠覚醒リズムの改善（実線）を示している．

他にも自己回帰（AR）法や最大エントロピー法（maximum entropy method: MEM）など，周波数分解能とスペクトルの推定精度を向上させる方法も提案されている．加えて，疾患に基づく複雑な行動の理解などにアクチグラフのデータを利用しようとする研究（e.g. Ohashi, 2004）においては，フラクタル解析などの適用が始まっている．

以上述べてきたように，アクチグラフは他の指標と同じく，単体で研究利用するには一定の制限や工夫の必要性があるが，特にエビデンスの蓄積が系統的になされている睡眠覚醒などの生体リズム研究にとっては非常に有用であるといえ，今後その活用場面も拡がることが期待される計測機器である．

14章 生化学的指標

　生理心理学の分野では，伝統的に，中枢神経系あるいは末梢神経系の反応の電気的活動をとらえて，指標として扱ってきた。しかしながら，近年，様々な測定技術の発展とともに，生理心理学の分野でも，血液や唾液などの試料から，ごく微量の生化学的な物質を測定し，それを指標として扱うことが多くなってきた。本章では，内分泌系，自律神経系，免疫系の生化学的指標を紹介する。

1節　概論

　心理社会的なストレスが原因となって，胃潰瘍が生じたり，喘息の症状が悪化したりする。楽観的な人や笑うことはガンの予後を良くする。こうした現象は，それ以外の様々な疾患でも観察され，長年，心身医学（psychosomatic medicine）の分野で注目され，またそれと同時に，心理社会的なストレスの生理学的影響に関する研究を発展させた。現在では，心理社会的なストレスが，自律神経系，内分泌系，免疫系に与える影響が多く明らかにされており，また，各系の相互関係（クロストーク）についても多くの研究が行われている。こうした領域は，最近では，精神神経免疫学（psychoneuroimmunology: PNI），あるいは，精神神経内分泌免疫学（psychoneuroendocrinoimmunology: PNEI）と呼ばれる（Ader, 1981; Solomon, 1987）。ヒトの体では，中枢神経系を中心に，自律神経系，内分泌系，免疫系が互いに作用することによって，生体内の恒常性（homeostasis）が維持され，逆にそのバランスが崩れると，不健康な状態が作り出されることがわかってきている。

　こういった分野の研究では，生化学的な指標が多く用いられている。そこで，本節では，ストレスを中心に，自律神経系，内分泌系，免疫系の活動やその相互関係についてまとめ，各系の生化学的な指標について概説する。

1. ストレスに対する生理学的な反応

(1) 自律神経系・内分泌系の賦活

　生体がストレッサーにさらされると2つの系が賦活される（図14-1-1）。1つは脳幹の青斑核を起点とした交感神経 - 副腎髄質系（sympathetic adrenomedullary system: SAM系）である。ノルアドレナリンのはたらきによって自律神経系とくに交感神経系が活性化される。その結果，神経末端からノルアドレナリンが分泌され，標的組

織に影響を与えるとともに，副腎髄質からカテコールアミン（アドレナリン，ノルアドレナリン）が血中へ分泌される。このうち，アドレナリンは特に心拍出量を増大させる，糖新生によってエネルギー産生を活性化させる，などの作用がある。

もう1つは，視床下部—下垂体—副腎系（hypothalamic-pituitary-adrenal axis: HPA系）と呼ばれる内分泌系である。ストレス刺激を受けると視床下部の室傍核よりコルチコトロピン放出ホルモン（corticotropin releasing hormone: CRH）が分泌され，これが下垂体前葉からの副腎皮質刺激ホルモン（adrenocorticotropic hormone: ACTH）の分泌を促進し，さらにACTHの作用によって副腎皮質から血中へコルチゾールが分泌される。コルチゾールは，糖新生を促進する，カテコールアミンの作用を増強する，などの効果をもつ。

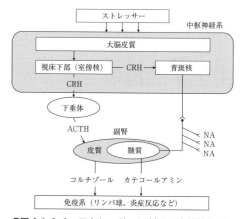

●図14-1-1　ストレッサーに対する自律神経系・内分泌系・免疫系の反応
CRH：コルチコトロピン放出ホルモン，ACTH：副腎皮質刺激ホルモン，NA：ノルアドレナリン

このようなストレッサーに対する一連の反応は，数秒から数十分の間に起こる急性のものであり，適応的な反応と考えられている。特に，動物などにおいては，エネルギーを産生し，心臓の循環機能を高め，脳や骨格筋に優先的にエネルギーを配分することは，外敵に襲われた際に，その敵と戦う，あるいはその敵から逃げるなど，生存のために必須の反応となる。そのことから，これらの反応は，闘争あるいは逃走反応（fight or fright response）ともよばれる（Cannon, 1929）。

(2) 免疫系への影響

SAM系やHPA系が賦活することにより，免疫系にも大きな影響が及ぶ（免疫系の指標については第4節を参照）。例えば，T細胞やB細胞などのリンパ球表面にはACTH，アドレナリン，コルチゾールなどに対する受容体が存在し，この2つの経路から複雑な調節を受けている。さらに，胸腺や脾臓などの免疫担当器官は交感神経系の支配を受けている。その結果，急性のストレス状況では，ナチュラルキラー（NK）細胞などのリンパ球が一時的に増加する（Segerstrom & Miller, 2004）。これらの免疫系の急性の反応は，闘争—逃走のような状況において，皮膚を擦りむいたり，傷を負ったりした際に，生体を感染から守るための適応的な反応であると考えられている。

(3) 中枢神経系への影響

これらの末梢の反応は，また中枢神経系にも作用を及ぼす。例えば，コルチゾールは濃度が上昇すると，数分から数時間のうちに，CRHやACTHの合成と分泌が抑制される。これは視床下部や下垂体にあるコルチゾール受容体を介したもので，ホルモンの血中濃度が一定範囲内に維持されるためのものである。負のフィードバック制御（ネガティブ・フィードバック）とよばれる。例えば，うつ病の患者ではコルチゾールが高いが，これはネガティブ・フィードバックが弱いことが1つの原因として考えられている（Herbert, 2013）。視床下部や下垂体以外にも，海馬，扁桃体，前頭前野などにもコルチゾールの受容体があることがわかっており，コルチゾールは，記憶，情動などにも影響を与えることがわかっている（第2巻も参照）。また免疫系の伝達物質で

あるサイトカイン（インターロイキンなど）は迷走神経を介して中枢神経系に作用することで認知や感情状態に影響を与えることもわかっている（第4節も参照）。

(4) 中長期的影響

ストレッサーに中長期的にさらされると，初期は適応的な側面が強かった反応が，やがては生体を疲労させ，疾病の発症を引き起こすと考えられている。古典的なものとしては，副腎皮質の肥大，胸腺の萎縮，胃や十二指腸の潰瘍がストレスの反応として現れることが動物を対象とした実験で報告されている（Selye（1958）の汎適応症候群）。前述したように，副腎はストレス反応の主要な臓器であり，胸腺は免疫担当器官であり，ストレスの影響が臓器レベルで観察されることを意味している。疾病につながる前段階のストレスの反応としては，軽度炎症（low-grade inflammation）もあげられる。これは，炎症の制御が効いていない状況であり，動脈硬化や抑うつ症状を引き起こすことも報告されている。軽度炎症は，C反応性蛋白（CRP）やインターロイキン6（IL-6）などの指標で評価されることが多い。

2. 各指標の概観

生理心理学の分野で比較的多く用いられる自律神経系，内分泌系，免疫系の生化学的指標は表14-1-1に示すとおりである。全体的には，内分泌系は唾液から測定できるものが多く，免疫系は血中の指標が多く，唾液から測定できる指標は限られている。

自律神経系では，カテコールアミン（アドレナリン，ノルアドレナリン）が代表的な生化学物質であるが，それに代わるものとして，近年では，いくつかの物質が研究されている。内分泌系では，前述したコルチゾールの他に，性腺系のステロイドホルモン（テストステロン，エストラジオール，プロジェステロン）の測定が可能である。オキシトシンは，視床下部で合成され，下垂体後葉から分泌されるペプチドホルモンであり，出産や授乳に関わるホルモンであるが，それと同時に養育行動，ソーシャルサポート，ストレス緩和などの文脈で研究が行われている。メラトニンは松果体から分泌されるホルモンであり，睡眠覚醒リズムや光に大きく関わることが知られている。免疫系に関しては，各種の免疫細胞の数や機能性（例えば，病原体の殺傷性）が指標とされる。また，サイトカインなどの炎症系の指標は，ストレスと健康を結びつける指標として，近年，多くの研究で利用されている。

2節以降では，各系の代表的な生化学的指標について，その特徴，検体の扱い，測定方法について説明する。はじめに，生理心理学の分野で頻用される内分泌系指標を説明し，引き続き，自律神経系指標，免疫系指標を説明していく。

●表 14-1-1　各系の代表的な指標と測定可能な生体試料

	血液	唾液	尿
【自律神経系】			
アドレナリン，ノルアドレナリン	○		○
α-アミラーゼ		○	
クロモグラニンA		○	
MHPG	○	○	○
【内分泌系】			
ACTH	○		
コルチゾール	○	○	○
性ホルモンなど（DHEA，テストステロン，エストラジオール，プロジェステロン）	○	○	
オキシトシン	○	○	
メラトニン	○	○	○
【免疫系】			
免疫細胞数（白血球，リンパ球，顆粒球，単球）	○		
免疫細胞機能（リンパ球幼若化，NK活性）	○		
サイトカイン	○	△	
C反応性蛋白	○		
分泌型免疫グロブリンA		○	

MHPG：3-メトキシ-4-ハイドロキシフェニルグリコール
ACTH：副腎皮質刺激ホルモン
DHEA：デヒドロエピアンドロステロン
NK活性：ナチュラル・キラー細胞活性
○：測定可，△：確立されていないが測定されることもある

2節　内分泌系指標

　心理学の分野で利用される内分泌系指標には様々なものがあるが，その代表的なものとしてはストレスホルモンとして知られているコルチゾールや各種の性ホルモン（デヒドロエピアンドロステロン，テストステロン，エストラジオールなど）があげられる。近年になり，これらのステロイドホルモン（化学構造によって分類されるホルモンの3つの型のうちの1つであり，コレステロールから生合成される）はいずれも唾液から測定が可能となっている。そこで，本節では，まず唾液の採取法について紹介し，続いてコルチゾール，それぞれの性ホルモンの特徴について述べ，最後に，その測定法について紹介する。

1. 唾液の採取法

　PNEI研究の初期の頃は，各種ホルモンの測定は血液や尿を試料として行うことが主流であったため，侵襲性の問題などによる研究遂行上の様々な制約があった。しかし，1970年代後半から血液等に代わる試料として唾液が注目されるようになり，その後1980年代に代表的なストレスホルモンであるコルチゾールが唾液中から高精度で測定可能となると，心理学のみならず様々な分野において，唾液を試料としたPNEI研究が飛躍的に増えた（Kirschbaum & Hellhammer, 1989; Kirschbaum & Hellhammer, 1994）。

　ここでは，唾液の採取法について代表的な2つの方法，スワブとPassive Droolについて紹介する。まず，1つ目はスワブ（コットンもしくはポリプロピレン・ポリエチレン重合体）を用いた方法である。図14-2-1に示すサリベット（Salivette, Sarstedt社）は，採取方法が簡便であることから一般的に用いられている採取容器である。採取手順は，まずスワブを口に入れ，1分程度の咀嚼もしくは舌下や耳下腺の位置に留置して，唾液をスワブに十分に含ませる。その後スワブを（c）に戻し，蓋をして遠心分離を行い，（d）の採取容器に0.5～1.5ml程度の唾液が抽出される。

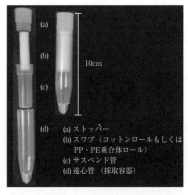

●図14-2-1　サリベット

　スワブの素材に関しては，測定するホルモンによって，使用の際の注意が必要となる。デヒドロエピアンドロステロンやテストステロンにおいては，コットンの方が化学繊維の素材を用いた場合よりも測定値が大きく歪むことが報告されている（勝又ら，2009; Gröschl et al., 2008）。そのため，これら代表的なステロイドホルモンに関しては，コットン素材ではないスワブの使用が推奨されるものの（Gröschl, 2008），その他のホルモンについては十分な検証はなされていないことに留意する必要性がある。

　次に，Passive Drool（以下，PDと略す。流涎法と紹介されることもある）について説明する。これは，自然に分泌された唾液を数分間かけて口の中にため，唾液がたまった後に，ストローを用いて容器に採取する方法である。例えば，図14-2-2に示すような容器とストロー（Salimetrics社）を用いる。近年，コットン素材のスワブと

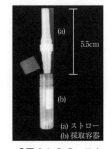

●図14-2-2　ストロータイプ

PDによる採取法でホルモンの測定値に相違が認められることが明らかにされており（Shirtcliff et al., 2001; 勝又ら, 2009; 小川ら, 2010）, デヒドロエピアンドロステロン, テストステロン, エストラジオールに関してはPDが推奨される。

2. コルチゾール

コルチゾールは, HPA系のストレス反応の指標として最もよく研究されているステロイドホルモンといえ, 最終的に副腎皮質の束状層から血中に分泌されるグルココルチコイドの1つであり, 分子量は362.47である。血中に分泌されたコルチゾールの約3～10％が生理活性をもつ遊離コルチゾールとして存在し, 残りの約85％はコルチコステロイド結合グロブリン (corticosteroid-binding-globlin: CBG) と, また約7％はアルブミンと結合し生理的不活性の状態となる (Greenstein, 1994)。ストレス反応の指標となりうるコルチゾールは遊離型であり, 生理的作用としては, 抗ストレス, 抗ショック, 抗炎症作用などがあげられる。コルチゾール濃度の血中と唾液中との相関は, .90前後と高いが (Umeda et al., 1981; Riad-Fahmy et al., 1982), 唾液中に現れるコルチゾールは血中の約5％程度であるため (Wüst et al., 2000), 唾液試料を用いてコルチゾール測定を行う際は, 口内の出血などに注意が必要である（唾液採取の際の注意点に関する詳細は第5節を参照のこと）。なお, 近年毛髪中のコルチゾール測定も可能となっており, 非侵襲的な測定法の広がりをみせている (Stalder & Kirschbaum, 2012)。

(1) 唾液中コルチゾールによるストレス評価

コルチゾールはストレスホルモンと呼ばれ, 心理社会的ストレス実験におけるストレス反応や慢性ストレスを客観的に評価する指標として広く用いられている。血液や尿を試料とした場合と比較して, 唾液の場合は, 短い時間間隔で複数回の採取が簡易にできるため, 時系列変化の検討に適している。例えば, ストレス実験においては, ストレッサー負荷前のベースラインから負荷後のピークにかけてのコルチゾール値上昇度を反応性の指標として算出したり, ストレッサー負荷前から負荷後ベースラインに戻るまで継時的に測定したコルチゾール値の分泌曲線よりコルチゾール積分値 (area under the curve: AUC値) を算出する方法も多く用いられている。また, 慢性ストレスの指標として, 近年注目されている指標としてCAR (cortisol awakening response: 日本ではコルチゾール起床反応と紹介されることもある。詳細は第2巻を参照のこと) やコルチゾールの日内リズムの平坦化などが挙げられる。コルチゾール分泌には, 朝に高く, 夜に低いという顕著な日内変動があることが広く知られているが, 慢性ストレス状態の者 (Ockenfels et al., 1995; Rosmond et al., 1998) やPTSD患者 (Yehuda, 2005) において日内変動が平坦化していることが多くの研究で指摘されている。

(2) トリア社会的ストレステスト（TSST）

TSST (trier social stress test) は, HPA系のストレス反応を実験室実験で検討する際, 世界中で最もよく用いられるストレスプロトコルである (Kirschbaum et al., 1993; 永岑, 2009)。これは, 5分間の人前でのスピーチと5分間の暗算からなり, コルチゾール分泌を誘発させる特徴的なストレッサーの質として挙げられるコントロール不可能性と社会的評価による脅威という要素が備わっている (Dickerson & Kemeny, 2004)。このプロトコルでは, 被験者の約70～80％において唾液中コルチゾール値が

2～3倍に上昇し，ストレッサー負荷終了後10～20分でピークを示すことが明らかにされている（図14-2-3）。

3．性ホルモン

ここでは，唾液試料から測定可能な代表的な性ホルモン（デヒドロエピアンドロステロン，テストステロン，エストラジオール）について説明する。

(1) デヒドロエピアンドロステロン（DHEA）

DHEA（dehydroepiandrosterone）は副腎皮質の網状層から分泌されるステロイドホルモンであり，副腎性の男性ホルモンである。コ

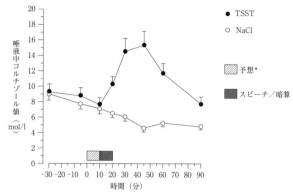

●図14-2-3　TSSTおよび生理食塩水注入時の唾液中コルチゾール分泌変化（Kirschbaum et al., 1993を抜粋）
＊スピーチ課題の内容が伝えられ，その準備をする期間

ルチゾールと同様にACTHの作用によって副腎皮質から血中に分泌されるが，これらのホルモンは拮抗作用を示すことが知られている（Maninger et al., 2009）。DHEA濃度の血中と唾液中との相関は，.86と高いが，前述の第2節第1項で説明したように，唾液試料の採取法にコットンを用いた場合は，相関が.21と低くなるので注意が必要である（Shirtcliff et al., 2001）。前述のTSSTを用いたIzawa et al.（2008）の実験研究では，唾液中のコルチゾールとDHEAの両方を測定し，ストレッサーへの反応性の相違が検討され，以下のことが明らかにされている。コルチゾール同様，約70％の被験者においてDHEA値がTSSTにより上昇するが，そのピークはコルチゾールよりも早い。また，慢性ストレスとの関連が指摘されている"コルチゾール／DHEA比"（Jeckel et al., 2010）に関しては，TSSTの最中および終了後のネガティブな気分との間に有意な正の相関が認められた。コルチゾール研究と比してDHEA研究の数は少なく，今後更なる研究が待たれる。

(2) テストステロンとエストラジオール

テストステロンおよびエストラジオールはともに精巣，卵巣，副腎皮質から分泌されるが，テストステロンが主に精巣で生成される一方，エストラジオールは主に卵巣で生成されるため，それぞれ男性ホルモン，女性ホルモンと呼ばれる。テストステロンおよびエストラジオール濃度の血中と唾液中との相関には，ともに性差が認められ，テストステロンは男性では中程度の相関がある一方，女性では有意な相関はなく（男性：.67, 女性：.37）（Granger et al., 2004），エストラジオールでは男性では有意な相関はないが，女性では中程度の相関がある（男性：-.07, 女性：.60）（Shirtcliff et al., 2000）。

現時点では心理的ストレスとの関連において唾液中のこれらのホルモンが測定されている研究は少なく，TSSTを用い，唾液を試料とした唯一の研究では，コルチゾールやDHEAとは異なり，テストステロンとエストラジオールともに有意な変化は認められていない（Schoofs et al., 2011）。しかし，TSST時に血中のテストステロンとエストラジオールを測定した別の研究では，男女ともに両方の性ホルモンが有意な上昇を示しており，唾液試料では十分にその変化を抽出できていない可能性が考えられる（Lennartsson et al., 2012）。競争的要素を含むストレッサーに対しては，テスト

ステロン値が上昇するとの報告や (Hasegawa et al., 2008), 身体的ストレッサーに対しては急性期に一時的に上昇するものの, 長期的には減少することが示されており (Chichinadze & Chichinadze, 2008), 今後の更なる研究が待たれる。

4. 唾液中ステロイドホルモンの測定法：ELISA

ホルモンの測定方法には様々なものがあるが，より安全で安価で行える測定方法としては ELISA (enzyme-linked immunosorbent assay) という酵素免疫測定法があげられる。これは, 抗原－抗体反応を定量化するために酵素の発色を利用する方法であり, エライザ法と呼ばれている。図 14-2-4 に示す 96 穴のマイクロプレートの

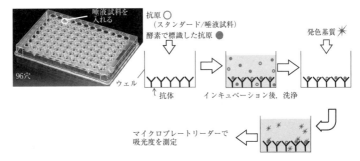

図 14-2-4　エライザ法の原理

各ウェルには抗体が固定されており, 試料 (唾液) 中の抗原と酵素標識抗原 (競合物質) を添加し, 一定時間置いて抗体と結合させる (インキュベーション)。その後, 余剰分の抗原と競合物質を洗浄し, 酵素の発色基質を注入し反応させ, 吸光度を測定して試料中の抗原量を算出する。計算方法は, 濃度が既知の標準物質 (スタンダードと呼ばれる) の吸光度から求めた標準曲線の式に濃度未知の吸光度を代入することによって求める。なお, 試料中の抗原量が多い場合, 発色が弱くなり吸光度は低くなる。

測定にあたっては, 検査会社に委託する方法もあるが, 測定装置が身近にある場合には, 測定法を習得して市販のキットを利用することも可能であろう。測定に要する時間は, ホルモン毎にインキュベーション時間が異なるため一概に言えないが, 1 プレートあたり数時間程度である。また, 近年では様々なメーカーから ELISA 法の測定キットが販売されており, 1 プレートあたり 5 万円程度となっている。

3節　自律神経系指標

不随意 (自分の意思ではコントロールが不可能) である自律神経系 (autonomic nervous system: ANS) は, 循環, 消化, 呼吸, 発汗や身体温度, 血圧, 情動行動など生理心理学者にとって関心のある様々な側面を含む, 重要な身体活動を制御する。ANS の主な機能は内分泌系と協調しながら体内環境を一定に保つ, いわゆるホメオスタシス (homeostasis) の維持である。

ANS を反映する代表的な生化学的指標として, ストレス時に副腎髄質より分泌されるカテコールアミン (アドレナリン, ノルアドレナリン) が挙げられる。また, 近年では, ANS あるいはそれに関連する唾液中の指標である α-アミラーゼ, クロモグラニン A (Chromogranin A; CgA), 3-メトキシ-4-ハイドロキシフェニルグリコール (MHPG) を用いた研究が数多く行われている。本節ではこれらの指標について紹介するとともに, 最後に, これらの指標の測定で比較的多く利用される質量分析につい

て紹介する。

1. カテコールアミン（アドレナリン，ノルアドレナリン）

外界からの様々な刺激（ストレッサー）にさらされると交感神経－副腎髄質（sympatho-adrenal medullar: SAM）系が活性化され，血中にカテコールアミンが放出される。カテコールアミンによって賦活された心臓血管系と神経内分泌系により，血圧や心拍，呼吸数，血糖値が上昇し，逆に消化活動を抑制する等，生体がストレッサーに対処できるよう作用する。これらの反応はストレッサーによって引き起こされた怒り・恐怖などの緊急事態に対する生体の変化もしくは反応であり，生体が適応するための合目的な反応である。しかし，近年ではカテコールアミンの増加は，身体よりはむしろ社会的あるいは精神的な脅威でみられることが多い（Choen et al., 2006; Mausbach et al., 2006）。

ノルアドレナリン（ノルエピネフリン），アドレナリン（エピネフリン）はANSを反映する代表的な生化学的指標として，一般的かつ幅広く測定されてきた。カテコールアミンにはドーパミン（ノルアドレナリンの前駆体）も含まれ，脳や交感神経または副腎髄質において，アミノ酸の一種であるチロシンの水酸化および脱炭酸化によって合成される（図14-3-1）。ノルアドレナリンのほとんどが交感神経終末から放出されたものであるが，アドレナリンは副腎髄質由来である。カテコールアミンに対する受容体には，α（アルファ）受容体とβ（ベータ）受容体とが知られており，一般的にアドレナリンはα受容体とβ受容体の両方に親和性をもち，心拍数の増加や心筋収縮力の増強に関与している。ノルアドレナリンは主にα受容体に作用して血管を収縮させ，血圧を上昇させる。

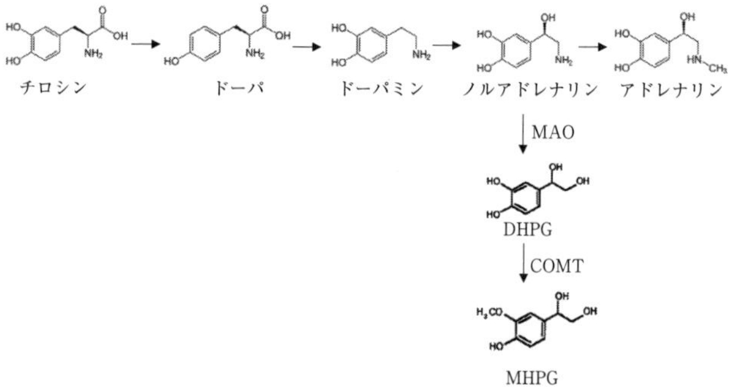

図14-3-1 カテコールアミンの代謝経路
MAO：モノアミン酸化酵素，COMT：カテコールアミン-O-メチル基転移酵素，DHPG：3, 4-dihydroxyphenylglycol，MHPG：3-Methoxy-4-hydroxyphenylglycol

α受容体：血管平滑筋（収縮，血圧上昇），腸管括約筋収縮，瞳孔散大筋
β受容体：心筋（心拍数，心筋収縮力増加），気管支平滑筋の弛緩

血中のカテコールアミン濃度はストレッサーに対して急速に変化を示すため，慢性ストレスの影響による反応性を検討するにはあまり適していないが，実験室でメンタルストレス・テスト（計算課題，スピーチ課題など）を負荷するような，急性ストレッサーに対する交感神経の反応性を検討するには有用である。一方，尿中のカテコールアミンもストレッサーに対して素早く反応するが，採取時間に依存しており，その値は最後に排尿してから尿採取するまでの交感神経系の賦活の平均的な推定値となる。一般的には，24時間分の蓄尿を行い，1日または1時間あたりのカテコールアミンの排出率を求める方法がとられている。血中カテコールアミンに比べて，長期的かつ安定した指標であるため，慢性的または常態的なストレス暴露による反応性を検討する研究で古くから用いられてきた。しかしながら，排尿間隔や採取量が不明な場合には，一定の割合で分泌されるクレアチニン等によって値を補正することが必要となる（田中，2009）。

2. カテコールアミンに代わる ANS あるいはそれに関連する指標

カテコールアミンも唾液中に分泌されるが，その濃度が極めて低く（nM 以下），さらに口腔内ですぐに分解が始まることから，正確に測定することが困難である。そこで，近年では，カテコールアミンに代わる ANS あるいはそれに関連する指標である唾液中の α-アミラーゼ，クロモグラニン A，MHPG が測定されている。

(1) α-アミラーゼ

α-アミラーゼは唾液や膵液に含まれる消化酵素の 1 つである。唾液中 α-アミラーゼは口腔内の唾液腺で合成され，SAM 系すなわち交感神経の活性化による直接作用と血中に分泌されたノルアドレナリン濃度の上昇によって分泌が促進される（van Stegren et al., 2006）。それ故，ストレッサーに対しての反応性が早い。

唾液中の α-アミラーゼは，試験，スピーチ，暗算，そして運動などの心理社会的ストレスや身体的ストレスによって上昇することが知られており（Nater & Rohleder, 2009），その濃度は，ストレス負荷中・直後に 50-100% ほど増加することが報告されている（Nater et al., 2005）。さらに，唾液中の α-アミラーゼは，急性ストレス（TSST：第 2 節を参照）を負荷した際の血中ノルアドレナリンの増加を予測することも報告されている（Thoma et al., 2012）。最近では，精神および身体疾患との関連も明らかにされており，不安障害や気分障害患者では濃度が高く，逆に喘息やアトピー皮膚炎の子供では低いことが示されている（Schumacher et al., 2013）。

α-アミラーゼを測定する際は，舌下あるいは耳下腺にスワブを留置するか，Passive Drool の 2 つの方法が推奨されている（第 2・5 節を参照）。また，唾液中の α-アミラーゼは，性差や加齢による影響性は少ないが，喫煙，アルコール，カフェイン，飲食，アドレナリン作動薬および拮抗薬などは重要な影響因子であることが示されている（Rohleder & Nater, 2009）。コルチゾールと同様に α-アミラーゼも顕著な日内変動があることが広く知られており，午前に低く夕方にかけて上昇し，16 時〜17 時にピークに達する。最近では，唾液量によって濃度が変化するという報告もあり，ストレス負荷などを行い，唾液量が少なくなるような状況では，唾液量の補正等を行うのが望ましい（第 5 節も参照）。また副交感神経系も α-アミラーゼの分泌に関わっており，その指標としての意義には注意が必要である（Bosch et al., 2011）。

なお，本邦では唾液アミラーゼ活性を分析する唾液アミラーゼモニター（ニプロ株式会社）が販売されている。使い捨てのシートに唾液を含ませ，1 分程度で測定が可能である。妥当性については，山口（2007）などを参照されたい。

(2) クロモグラニン A（CgA）

CgA（Chromogranin A）は副腎髄質のクロマフィン細胞から分泌される塩基性糖タンパク質であり，顎下腺導管部位に存在し，カテコールアミンと共に血中に放出される。自律神経刺激により血中に分泌されるため，交感神経活動を反映したストレスマーカーになり得ることが報告されているが（Kanno et al., 2000），必ずしも血漿中と唾液中の CgA に変動パターンは一致しないことが示されている（Den et al., 2007）。

唾液中 CgA はスピーチ課題，コンピュータ作業や高速道路の運転などの精神的ストレスによって上昇することが報告されている（Nakane et al., 1998; Nakane et al., 2002）。また，最近では，インクリメント式水泳試験やトレッドミル運動負荷試験な

どの高強度な運動後に上昇することが示されている（Bocanegra et al., 2012; Gallina et al., 2011）。唾液中のCgAは年齢による影響を受けないという報告もあるが（Toda et al., 2005），その濃度は朝に高く，日中は平坦になり夜に再び上昇すること，性周期に影響をうけることが示されており注意が必要である。また，ストレスマーカーとしての有用性は十分に示されていない報告も多く，今後更なる研究が待たれる。

(3) 3-メトキシ-4-ハイドロキシフェニルグリコール（MHPG）

ノルアドレナリンの最終代謝産物であるMHPG（3-methoxy-4-hydorxyphenylglycol）は，中枢または末梢交感神経終末におけるカテコールアミン代謝と密接な関連があり，生体内のストレス状況を示す有用な指標として利用されている（Reuster et al., 2002）。末梢のMHPGの25-60%が中枢由来であると言われているが，報告によって大きく隔たりがある（Cooper et al., 1996）。唾液中では80%以上が遊離型MHPGである。濃度は7-10 ng/mlであり血漿中MHPG濃度の約2倍になる。唾液中MHPG濃度は血漿中MHPGと高い相関（r=0.94）が示されていることから，ノルアドレナリン神経系の活性を反映する指標として注目されている（Yajima et al., 2001）。

唾液中MHPGは運動や心理的ストレスによって上昇する（Brydon et al., 2009; Drici et al., 1991）。たとえば，Okamura et al.（2010）は，実験室でストループ課題を負荷した際の反応性が習慣的睡眠時間いかんによって異なることを報告した。すなわち，適時間睡眠（6～8時間睡眠）群は課題中に有意に上昇し，回復期で順応期の水準に戻ったのに対し，短時間睡眠（5時間以下の睡眠）群は，基礎値が高く，課題直後には変化を示さなかったが，回復期に顕著な上昇を示した。また，長時間睡眠（9時間以上睡眠）群においては，課題による変化が認められなかった（図14-3-2）。MHPGは，実験室場面でのストレス研究のみならず，ストレス関連疾患や精神疾患の臨床的研究においても，その有用性が報告されている。治療前の不安障害および気分障害患者のMHPGは健常者に比べて高値を示し，抗不安薬や抗うつ薬の投与により低下することが報告されている（Yamada et al., 1998）。同様に，抑うつ症状を呈する気分障害患者のMHPGは健常者に比べて高値であり，特に，高齢者においては，安静時のMHPGが高い個人ほど，3年後の抑うつ状態が強いことが示されている（Watanabe et al., 2012）。

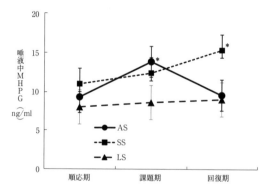

○図14-3-2 ストループ課題負荷による唾液中MHPGの変化（岡村ら，2014を一部改変）
*$p < 0.05$（vs. 順応期）
AS（adequate sleepers）：適時間睡眠時間群，SS（short sleepers）：短時間睡眠群，LS（long sleepers）：長時間睡眠群

唾液中MHPGの分泌においては，午前8時から午後8時までの2時間毎の変動は殆ど認められず，男女差も認められない（Yajima et al., 2001）。しかしながら，女性においては性周期の影響を受ける可能性を示唆した報告もあり（Li et al., 2006），注意を要する。また，唾液中MHPGを測定する際はスワブによる唾液採取が行われ，主に液体クロマトグラフィ，またはガスクロマトグラフィを用いて測定される。

3. 質量分析

質量分析とは，極めて少量の試料で，信頼性のある分子量を測定する方法である。

ここでは，カテコールアミンや唾液中 MHPG の濃度を測定する際に用いるガスクロマトグラフィ質量分析法（GC/MS）について説明する。

GC/MS とは，優れた分解機能を持ったガスクロマトグラフ（gas chromatography: GC）と高感度かつ高精度の同定力を備えた質量スペクトロメトリー（mass spectrometry: MS）の結合によって誕生した分析システムである。両手法の長所を併せ持った優れた分析機械を用いることで，微量で複雑な混合物の中から目的の化合物を単離し，化合物の構造ならびに絶対量を明らかにすることができる。GC では，抽出した有機化合物をヘリウムガスとともにカラム内を移動させながら，各成分を分離して MS へ送り込む。MS 内部では，熱電子が降り注がれているイオン化室（イオン源）に化合物を注入することで，正電荷を持った分子イオンに変化する。そして，この分子イオンを磁場や電場によって質量ごとに分離し，検出部で捕らえマススペクトルとしてモニターに表示する（図14-3-3）。

GC/MS では，高温に加熱させることから揮発性の無いもしくは低い化合物は測定することができない。そのためサンプルは前処理の段階で誘導体化を施行し揮発性を高める必要がある。また，GC/MS で測定する際に，測定試料に性格の似た標準物質を用いることで，分析時の抽出，蒸発，誘導体化などでの誤差を補正することができる。一般的に標準物質は測定物質の D（deuteriumr label）体が用いられる。しかしながら，生体アミンを GC/MS で直接分析するには誘導体化操作を必要とし，前処理操作が煩雑であることが否めない。

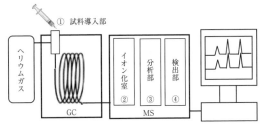

① 導入部：ヘリウムガスと一緒に試料を挿入
② イオン化室：送られてきた成分をイオン化し，分析部（電場や磁場）に送る
③ 分析部：分子イオンを磁場や電場によって質量ごとに分離する
④ 検出部：イオンの種類と量を検出する

◯図 14-3-3　GC/MS の模式図

4 節　免疫系指標

近年，心理学領域で免疫系の指標の計測がなされるようになってきた。個体内でウイルスや細菌を排除することが主目的の免疫系が心理的な状態により影響を受けることは驚くべきことである。近年の研究は，免疫系がいかに敏感に心理状態により変動するかについて，その生物学的なメカニズムとともに明らかにしつつある。本節では免疫系の概略の後，主要な免疫系の指標であるリンパ球（lymphocyte）やサイトカイン（cytokine），C 反応性蛋白（C-reactive protein, CRP），唾液中分泌型免疫グロブリン A（secretory immunoglobulin A, s-IgA）について紹介する。最後に，血液採取についての留意点，リンパ球の測定で用いられるフローサイトメトリー（flow cytometry）について説明する。

1．免疫系の概略

免疫系は，非常に多くの構成要素から成り立ち，各要素の働きの体系化により生体防御機構を築き上げている。免疫系の大まかな構成を図14-4-1にまとめた。免疫系は大きく自然免疫系と獲得免疫系に分けることができる。自然免疫系はナチュラ

ルキラー細胞（natural killer cell: NK cell）やマクロファージ（macrophage），好中球（neutrophil）などからなる。自然免疫系は，細菌やウイルスなどの外来抗原の侵入に対して迅速に反応して非特異的な排除を行う。一方，獲得免疫系はT細胞やB細胞などからなり，抗原特異的に強力な排除機能を発揮するものの，その効力の発揮には時間がかかる。また，それらの免疫細胞間は密な情報ネットワークを形成しているが，細胞間の情報伝達を担う物質がサイトカイ

○図14-4-1 免疫系の概略

免疫系は大きく自然免疫系と獲得免疫系に分けることができる。各系には様々な細胞が存在し，個体に侵入を試みるウイルスや細菌に対して効率的に防御機能を発揮する。

ン（cytokine）である。サイトカインには，インターロイキン-6（interluikin-6, IL-6）や腫瘍壊死因子α（tumor necrosis factor-α: TNF-α）などがあり，免疫細胞間の情報伝達だけではなく中枢神経系に作用することで発熱の惹起，認知，感情状態に影響を与えて疾病行動（sickness behavior）を誘発する（Dantzer & Kelly, 2007）。これらのシステムは独立に機能するわけではない。例えば，自然免疫系であるマクロファージが外来抗原の貪食，分解を行い，抗原を獲得免疫系の細胞に提示することで抗体産生を促進する。このようなシステム間での相互作用により免疫系は絶え間なく外来抗原の侵入を防いでいる。

2. リンパ球サブセット

血液中に存在する白血球の一種であるリンパ球は，形態・機能からさまざまな種類に分けることができる。これをリンパ球サブセットと呼ぶ（lymphocyte subset）。リンパ球は細胞表面にさまざまな分子を発現しているため，この表面分子を利用することで細胞の種類を分類できる。リンパ球サブセットへの分類はヘルパーT細胞，細胞障害性T細胞，サプレッサーT細胞，B細胞，NK細胞が最も一般的である。リンパ球サブセットの分類には後述するフローサイトメトリーを用いる。

リンパ球サブセットは，心理的ストレスの負荷により大きく変動する。図14-4-2にクレペリン型暗算課題を急性的な心理ストレスとして負荷したときのリンパ球サブセットの典型的な変化を示す。急性的な心理ストレス状態ではリンパ球サブセットは一様に変化するわけではなく，細胞の種類に応じた変動が生じる。具体的には，急性ストレス時にはリンパ球の中でもNK細胞のみ顕著に増加する。さらに，NK細胞の上昇は心理ストレスの開始から2分という非常に早い段階で生じる（Kimura et al., 2005）。このことは，生体防御を主要な目的とする免疫系がストレッサーの認知により敏感に変動していることを示している。

このNK細胞の増加は，ストレスによる血圧の増加や血中アドレナリン濃度の増加により血管内皮や脾臓に貯蔵されていたNK細胞が末梢血中に放出されたことが原因である（Benschop et al., 1996）。よって，ストレスによ

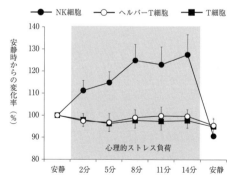

○図14-4-2 急性心理ストレス負荷によるリンパ球サブセットの変化（Kimura et al., 2005を改変）

心理的ストレスとしてクレペリン型暗算課題を負荷したときのリンパ球サブセットの変化。各リンパ球サブセットの絶対数（cells/μl）を求めて安静時からの変化率を算出した。

り新たにNK細胞が生成されたわけではない。このように免疫細胞は必要に応じて生体内で配分場所が変化することがある。この現象はリンパ球再配分（lymphocyte redistribution）と呼ばれる（Dhabhar, 2002）。動物研究では，急性ストレスにより生じるNK細胞や顆粒球の再配分は，直後の感染箇所や負傷箇所へ素早く適切な免疫細胞を集めることで抗原駆除や抗体産生を促進することが分かっている（Viswanathan & Dhabhar, 2005）。このことから，急性ストレスによるNK細胞の増加は，非特異的に外来抗原を駆除する細胞群をあらかじめ血中に増加させることで，後の感染や負傷に備えるという適応的な意義をもつと考えられる。

3. サイトカイン

サイトカインは免疫細胞間の情報伝達分子となる微量生理活性タンパク質である。その種類は数百にも及ぶが，心理学領域ではIL-6をはじめとする炎症性サイトカイン（pro-inflammatory cytokine）が測定される。炎症性サイトカインは，炎症を促進する機能をもつサイトカインであり，高血圧や冠状動脈性心臓病，糖尿病などの疾病と関連するだけではなく心理状態により変動する。たとえば，認知症の配偶者を介護するという慢性的なストレスに曝されている高齢者は，介護をしていない高齢者に比べて年齢に伴うIL-6の増加率が4倍も高い（Kiecolt-Glaser et al., 2003）。また，うつ病患者ではIL-6，IL-1βの血中濃度が高い（Raison et al., 2006）。さらに，末梢における炎症性サイトカインの上昇は様々な経路を介して中枢神経系に作用することで認知や感情に影響を及ぼす（Dantzer & Kelly, 2007）。一方，急性的な心理的ストレス負荷もIL-6，TNF-α，IL-1βを一過性に増加させる（Steptoe et al., 2007）。このような急性的な増加は，心理的ストレスに対して即自的に反応するリンパ球サブセットとは異なり，心理的ストレス負荷の終了から45分後や2時間後に観察される（von Kanel et al., 2006）。心理ストレスによる一過性の炎症性サイトカインの増加メカニズムは不明な点が多いが，血漿量の変動，ストレスによるサイトカインの生成，サイトカインを生成する細胞の循環血中における増加，などの可能性が示唆されている（Steptoe et al., 2007）。

近年の研究では，唾液中から様々なサイトカインを定量化する試みもなされている。たとえば，井澤ら（Izawa et al., 2013b）は唾液中IL-6が急性ストレス課題に対して一過性の増加を示すことを報告している。しかし，唾液中サイトカインは血清中の濃度との相関が低いことが指摘されており（Riis et al., 2014），全身の濃度を反映しているというよりは口腔内の免疫系の活動を反映している可能性が高い。よって，計測するときにはその点に留意して考察する必要がある。

4. C反応性蛋白（CRP）

CRP（C-reactive protein）は生体内で炎症反応が起きているときに炎症性サイトカイン，特にIL-6が肝臓に作用することで生成される蛋白質である。CRPは肺炎球菌がもつC多糖体と反応する蛋白質として発見されたので"C"反応性蛋白と名づけられている。CRPは，局所性，全身性の炎症に対して顕著に上昇するため炎症反応の指標として用いられる。CRP濃度の顕著な増加はウイルスや細菌などへの感染により引き起こされるが，心理社会的要因によってもCRP濃度は変動することが報告されている。たとえば，抑うつや不安感情が高い個人では，CRP濃度が高いことや

(Copeland et al., 2012; Howren et al., 2009)。収入や教育歴といった社会経済的地位，社会的孤立がCRP濃度と関連することも報告されている（Hänsel et al., 2010）。近年では，特に微量なCRPの測定が行われており（高感度CRPとよばれる），急性の炎症反応とは無関係にCRPや炎症性サイトカインの濃度が通常よりも2～4倍程度に高い状態が持続することを軽度炎症（low-grade inflammation）と呼んでいる。慢性的な軽度炎症は，肥満や動脈硬化とも関連するため，慢性的なストレスと健康状態とをつなぐ生物学的なメカニズムとして研究が進められている（Hänsel et al., 2010）。

サイトカイン同様，CRPも唾液から定量化することが可能である。また，唾液中CRPは血液中CRPと比較的強い相関を示すため（Ouellet-Morin et al., 2011），心理状態と炎症状態との関連を比較的計測の簡便な唾液採取により検討しようとする試みがなされている。唾液中CRPの計測の際には，唾液採取は舌下あるいは耳下腺にスワブを留置する方法かPassive Droolが推奨されている（詳しくは第2・5節を参照）。また，唾液中CRPは起床時に高い値を示して日中から夜間にかけて濃度が安定するという日内変動を示すため，計測を行う際には日内変動を考慮することが必要である（Izawa et al., 2013a）。

5. 唾液中分泌型免疫グロブリンA（s-IgA）

免疫グロブリンとはリンパ球のうちB細胞の産生する糖タンパク分子であり，体内に侵入してきた細菌やウイルスなどの微生物を抗原として認識して結合，排除する感染防御機構における重要な物質である。中でも，s-IgA（secretory immunoglobulin A）は，唾液，初乳，涙，鼻粘膜，気管や消化管分泌液中に含まれており，外来抗原の粘膜部への吸着を阻害する役割を担う。

唾液中のs-IgAは上気道感染の発症との関連が報告されており，唾液中から定量可能であるため，心理学領域においても比較的早い段階から計測されてきた。s-IgAを計測するための唾液採取にはコットンスワブを用いることが多かったが，現在ではPassive Droolが推奨されている（詳しくは第2・5節を参照）。また，s-IgA濃度は早朝に高く夜にかけて低くなるという日内変動を示す（Hucklebridge et al., 1998）。採取された唾液検体は酵素免疫測定法により分析され，s-IgAの濃度や唾液流量からs-IgA分泌率が算出される（第5節も参照）。心理状態との関連では，ストレスフルなライフイベントを経験している個人はs-IgA濃度が低いことが報告されている（Phillips et al., 2006）。また，クレペリン型暗算課題のような能動的対処を求める急性ストレス課題はs-IgA濃度を一過性に上昇させる（Isowa et al., 2004）。一過性のs-IgAの上昇が生じるメカニズムは明らかではないが，数分の急性ストレス課題においても濃度変化が生じることから，ストレスによる自律神経系の変容により唾液腺が刺激され，貯蔵されているs-IgAが放出されることが原因と考えられる（Bosch et al., 2002）。これに加え，慢性ストレス状態におけるs-IgA濃度の低下にはタンパク質生成も含めたより複雑な過程が存在すると考えられる。

6. 血中免疫指標の計測手法

(1) 血液採取

近年，心理学者でも医師や看護師と共同研究をすることで血液検体からリンパ球サ

ブセットやサイトカインを計測することが可能になってきた。血液採取の具体的方法は医学，看護の技術書に譲るとして，ここでは心理学の実験で血液採取を行う際の注意点について触れたい。心理学実験における血液採取の注意点は，いかに穿刺に伴う心理的ストレスを軽減して実験への影響を少なくするかである。血液採取は，他の生理心理指標に比べて侵襲性が高く，安静時での心臓血管系，内分泌系の挙動に影響を与えて，その後の実験操作への行動・生理的な反応性を変えてしまう恐れがある。このため，少しでも穿刺に伴う心理的ストレスを軽減するために採血者から採血の目的や方法について丁寧に説明すること，出来るだけ手際よく採血を進めることが重要である。また，実験中に複数回採血するときには，留置針を用いて抗血液凝固作用をもつヘパリンを希釈して充填させたカテーテルから血液採取を行うなど，一度の穿刺で複数回採血する工夫が必要である。

(2) フローサイトメトリー

採血された血液検体は，目的に応じて様々な分析が行われる。ここではリンパ球サブセットの分析に用いられるフローサイトメトリー（flow cytometry）について説明する。フローサイトメトリーとは，細胞を1つずつレーザー光の中を通過させ，レーザー光を通過するときに発生する散乱光や蛍光などを計測することで細胞の特徴を高速で解析する技術である。大まかには以下のような原理で細胞を計測する。血液から処理されたサンプル液はフローサイトメーターの流路系に取り込まれて細胞が液中を一列で流れるよう整えられる。この細胞の列にレーザー光が照射されると，1つひとつの細胞の大きさや形態，核や顆粒などの細胞内部構造に応じた散乱光や蛍光が生じる。この散乱光や蛍光はフォトダイオードなどの検出器により検出された後，デジタル変換されて細胞1つずつについての測定値がコンピュータに記録される。

リンパ球サブセットの分析では，ヒトの末梢血から単離した白血球と蛍光色素をつけたモノクローナル抗体を反応させた後にフローサイトメーターで分析する。はじめに，サンプルを細胞の大きさと細胞内部構造により生じる散乱光に基づきリンパ球，単球，顆粒球の集団に分離する。次に，リンパ球集団のみを選択して蛍光色素によりリンパ球サブセットを分類する。上述の通り，リンパ球サブセットは特異的な表面分子の発現により分類することができる。たとえば，NK細胞はCD3分子を発現せずにCD16分子とCD56分子を発現している細胞と一般的に定義される。この3つの分子を蛍光色素によりマーキングすることでリンパ球集団の中からCD3陰性CD16陽性CD56陽性の細胞群を分離する。リンパ球サブセットの分離後は，全リンパ球中における各サブセットの比率や各細胞の絶対数を算出して統計に用いることが多い。

5節　各指標を利用する際の留意点

4節までは，それぞれの生体試料から測定できる様々な生化学的指標の基本的特徴について述べてきたが，これらの指標は，他の生理心理学の分野で用いる指標と比べると，実験前の制限事項，実験の時間帯など利用にあたって留意すべき点が多い。また，これらの方法論上の点については，論文などでも明確に書くことを求められる。そこで，本節では，これらの生体試料を用いて研究を行う際に留意すべき点について述べる。

1. 実験前の制限事項や留意事項

激しい運動や飲食は，生体試料の採取前の1時間は避けさせるべきである。また，アルコールも前日の夜から控えさせるのが望ましい。その他に避けるべきものとしては，薬物や喫煙があげられる。もし可能であれば，薬の服用者や喫煙者は，研究対象から除外したほうが望ましい。また，疾患の既往歴も確認し，その既往歴が測定する指標に影響を及ぼす場合には研究対象から除外するべきである。

唾液を採取する場合は，採取前のはみがきも避けさせるべきである。はみがきは歯茎を出血させる可能性があり，得られた唾液に血液が混入すると，測定結果に大きな影響を与える。また唾液を採取する前は可能な範囲で口をゆすがせたほうがよい。しかし，口をゆすいだ直後に唾液を採取すると唾液に水分が混入してしまうため，十分に時間をおいてから唾液を採取するのがよい。

その他に留意すべき点としては性差がある。ベースライン値やストレス反応性に性差がある指標もある（例えば，井澤他（2007）などを参照）。また，女性では性周期が値に影響を与えるため，性周期を統制するなどの対応が必要である。例えば，コルチゾールは黄体期にストレスに対する反応性が高いことも報告されている（Kirschbaum et al., 1999）。研究によっては，女性ホルモンの分泌の少ない黄体期後期から卵胞期前期に実験を実施するものもある（Isowa et al., 2004）。性周期を把握するには，基礎体温，あるいは血中の性ホルモンを調べるのがゴールドスタンダードであるが，これはハードルが高いので，最近の月経の時期と普段の性周期の長さを最低でも確認しておくのが望ましい。

2. 実験の時間帯

2～4節でも触れられているが，各生化学的指標には日内変動があることがわかっている。例えば，コルチゾールなどのステロイドホルモンやs-IgAは朝に高く，夜に低くなる。逆にα-アミラーゼは朝に低く，夕方にかけて高くなる（図14-5-1）。したがって，試料を採取する時間帯を統一することが必要である。ストレス負荷などを行い，複数回のサンプルを採取する際は，日内変動の影響が少ない時間帯に行うべきである。

またストレスを負荷するような実験では，回復期の時間の設定にも配慮が必要である。例えば，2節で示されているように，コルチゾールは反応のピークがストレス負荷の10～20分後にくるので，30分程度の回復期は必要である。サイトカインは反応のピークが遅いので，1時間から2時間程度の回復期を考慮したほうがよい。

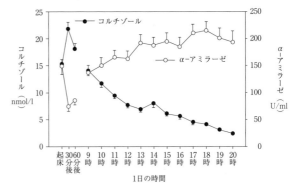

●図14-5-1　唾液中のコルチゾールとα-アミラーゼの日内変動
(Nater et al., 2007)

3. 唾液検体を扱う際の留意点

(1) スワブの利用

第2節でも述べたが，スワブの素材によって測定値に影響が及ぶので注意が必要である。特にコットン素材は，性ホルモンやs-IgAなどの測定値に大きく影響を与えることがわかっている（Shirtcliff et al., 2001）。また，近年では，ELISAを利用する場合は，コルチゾールについてもコットン以外の素材のスワブを利用することが各メーカー（ザルスタット社，サリメトリックス社など）から推奨されている。唾液中にコットン素材が含まれることは，ELISAの抗原─抗体反応に影響を及ぼすことが懸念されている。スワブを利用する際には，測定方法との組み合わせも十分に考慮して，検討する必要がある。

また，s-IgA，α-アミラーゼ，CRPなどを指標として利用する際には，口腔内の唾液腺の分布も考慮する必要がある。これらの指標は唾液腺によって濃度が異なることが想定されるため，スワブを利用する際は，特定の口腔内の箇所（例えば，舌下や耳下腺）にスワブをあて，唾液を採取するのがよい。耳下腺は唾液量が少ないので注意が必要である。またスワブを咀嚼すると，唾液流量の増加や口腔内の圧刺激が生じるため，これらの指標を測定する場合には，スワブの咀嚼は避けさせるべきである。逆に，コルチゾールなどを測定する場合は，唾液腺の位置やスワブの咀嚼に関しては特に考慮する必要はない（(3) 唾液流量の影響も参照のこと）。

(2) 検体の回収・保存方法

得られた検体は可能な限り早い時間に-20℃〜-30℃以下の状態で冷凍することが望ましい。スワブを用いた場合は遠心分離を行い，唾液を抽出してから冷凍するのが一般的である。室温保存に関しては，例えば，DHEAは9日間の室温保存で濃度が上昇することが（小川他, 2010），CRPは24時間のうちに濃度が低下することが報告されている（Ouellet-Morin et al., 2011）。コルチゾールに関しては，郵送による回収が可能であるという報告もあるが（Clements & Parker, 1998），室温条件下で測定値が10%低下したという報告もある（Whembolua et al., 2006）。室温保存は唾液中の細菌を増加させ，これが，例えばELISAの測定結果に影響を及ぼす可能性も考えられる。したがって，実験参加者の自宅で唾液を採取させ，郵送で検体の回収するような実験を計画する際には，事前にこの点について確認しておく必要がある。室温保存が難しい場合は，一時的に実験参加者の自宅で検体を冷凍させて，冷凍状態で検体を回収するのも1つの方法である。

(3) 唾液流量の影響

唾液中の生体試料を測定する場合，各指標によって唾液への分泌の機序は異なるため，唾液流量補正，あるいは蛋白補正を行う必要がある（図14-5-2）。コルチゾールや性ホルモンなどのステロイドホルモンは，分子量が低く，腺房細胞の細胞膜を透過し，唾液中に受動拡散するため，唾液量に濃度は左右されないことがわかっている。一方で，s-IgAについては，B細胞によって産生された二量体IgAが腺房細胞に取り込まれ，唾液中に能動的にs-IgAとして分泌されることがわかっている。α-アミラーゼは唾液腺の腺房細胞で合成・貯蔵され，口腔内の圧刺激や咀嚼が刺激となって唾液中に分泌される。このことから，s-IgAやα-アミラーゼは唾液量に影響を受

ける可能性があり，測定の際には唾液流量による補正，あるいは蛋白補正を考慮するのが望ましい。例えば，急性ストレス負荷時にs-IgAやα-アミラーゼの濃度が上昇するが，これは交感神経賦活による唾液量自体の減少によっても引き起こされる。唾液流量による補正にあたっては，一定時間（例えば3分）の間に分泌された唾液量を測定し，濃度×得られた唾液量／時間（分）の式で分泌率（1分あたりに分泌された量）を算出することが一般的である。蛋白補正の場合は，唾液中の総蛋白の濃度を測定し，s-IgAやα-アミラーゼの濃度を総蛋白の濃度で除せばよい。なお，唾液中の分泌機序がわかっていない指標もあり（例えばCRP），そのような場合は，唾液流量なども同時に評価しておくのがよい。

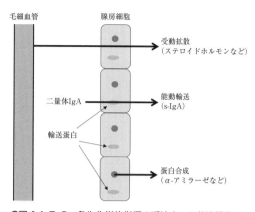

● 図14-5-2　各生化学的指標の唾液中への分泌機序
能動輸送や蛋白合成による場合は，口腔内の位置や唾液流量に測定値が影響を受ける可能性がある。サリメトリックス社のホームページ（http://www.salimetrics.com/）を参考に作成。

4. 生化学的指標の利用に向けて

本章では生化学的指標の特徴やその利用について紹介してきたが，生理心理学の初学者には，生化学的指標は，他の生理心理学の分野で用いられる指標と比べると，敷居が高く感じられるかもしれない。例えば，生化学や免疫学などが必須科目でない心理学の講座では，内分泌や免疫指標の基礎知識すら怪しいのが現状であろう。実験計画においても様々な制約が多く，また生化学指標の測定も日本の生理心理学の実験室では手軽にできるものではなく，費用がかかることも多々ある。

したがって，生理心理学の初学者が生化学的指標を利用する研究を計画するにあたっては，生化学ないし免疫学の専門家と共同研究体制を敷くことが一番の近道であろう。共同研究であれば，測定技術や測定機器などの様々な援助を受けられる可能性が高く，費用も最低限に抑えることができる。また，生理心理学系の学会でこれらの指標を使う研究者と情報を交換したり，研究会に参加したりすることも，これらのバリアを乗り越える1つの方法である。日本では，精神神経内分泌免疫学研究会というものも年に1～2回開催されている。

生化学的指標にはこれらの問題を乗り越えて利用するだけの有用性や意義がある。例えば，従来の生理心理学の実験は実験室で行われるものが多いが，非侵襲的に採取できる唾液試料を利用すれば，場所や時間の制約を受けずに，フィールド場面でもデータの収集が可能である。また1つの試料から様々な指標を測定できることも1つの魅力である。本章でとりあげたような生化学的指標の技術は日進月歩であり，最近では，毛髪からコルチゾールなどのステロイドホルモンを測定する試みや（Stalder & Kirschbaum, 2012），唾液からセロトニントランスポーター遺伝子などの分析を行う試みもある（Nemoda et al., 2011）。このような最先端の指標を利用して何かを解明することは生理心理学を研究する上での1つの醍醐味であろう。

コラム①：生理心理学の始祖 ハンス・ベルガー

生理心理学を語る上で，ヒトの脳波を最初に記録したベルガー（Hans Berger, 1873-1941）を忘れるわけにはいかないだろう（図1）。ベルガーは1924年に手術で頭蓋骨の一部が欠損した患者の脳の表面や健常者の頭皮上から脳波を計測することに成功し，1929年に発表した（図2, Berger, 1929）。ところがベルガーは精神科医で，神経生理学や電気的知識は乏しかったため，多くの研究者が彼の論文に対して懐疑的だった。イギリスの著名な神経生理学者で，既にノーベル医学・生理学賞を受賞していたエイドリアンらが1934年にベルガーの結果を確認して，ようやく認められるようになった（Adrian and Matthews, 1934; 宮内, 2016a, 2016b, 2016c）。

その後の脳波への期待は非常に大きいものだった。図3は，後に国際10-20法を提唱したヤスパーが1938年にベルガーに送ったクリスマスカードである（Jasper, 1938）。ヤスパーの頭から増幅された脳波が文字に変わり（"Wishing you a Pleasant Yuletide (Christmas) And New year as you like it"），また脳波に戻っている。自分の思いが脳波という脳の電気的活動として表される事，裏返して言えば，脳波を研究すればヒトの精神活動がわかるだろうという，当時の脳研究者の期待を巧みに表現している。

ベルガーが最初にヒトの脳波を記録したことは知られているが，脳波の研究を始める前に，イヌにさまざまな刺激を見せた際の脳血流の変化を知るために脳の温度変化を調べたり，頭蓋骨が欠損した患者の脳に弱い電流を流して，その影響を調べていた事はあまり知られていない。さらにベルガーの研究で特筆すべきは，当時の多くの研究者が純粋な生理現象として脳活動を記録し，精神活動との対応はあまり考えていなかったのに対し，ベルガーはイヌの脳温を測っていた時から脳活動と精神活動の関連を考えていた事である。彼の最初期の脳波の研究でも心理学の祖と言われるヴントが提唱していた注意や，知覚，感情，情動，思考などの精神活動を脳波の変化と対応づけようとしていた（Borck, 2005; Millet, 2001）。図4は1931年の彼の日誌の一部である。最初の論文を発表したにもかかわらず信用されず，苦しんでいた時期でも，自らが発見したα（アルファ）波・β（ベータ）波と精神活動や脳の代謝活動との関連について考えをめぐらしていたことが伺える（Gloor, 1969）。

Jena大学を退官したベルガーは，うつ病を患い，

●図1　1920年代にJena大学で講義中のベルガー（Millet, 2001）
彼は非常面に几帳面な性格だったことが知られているが，写真右側の黒板の板書からもそれが伺える。

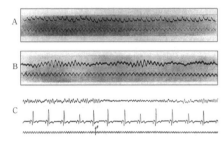

●図2　ベルガーの発表した脳波（Gloor, 1969）
A：ヒトの脳波として最初に公表された記録。左半球の硬膜上の針電極からの記録。この記録では当時の多くの研究者がベルガーの論文に対して懐疑的だったのも無理はない。B：ベルガーが最初に記録した頭皮脳波。被験者はベルガーの息子のクラウス。C：ベルガーが1930年の第二報に載せた頭皮脳波と心電図。こちらは現在の脳波計による記録と遜色がない。各記録の下段は10Hzの正弦波。

●図3　1938年のクリスマスに，ヤスパーがベルガーに送ったクリスマスカード
文字に変わる前後のα波が，文字になっている最中は速いβ波に置き換わっていると見るのは考えすぎだろうか？（Christmas Reverie. Deutsches Hygiene-Museum Dresden（http://www.dhmd.de/index.php?id=1113）よりダウンロード）

1941年に自殺している。ナチスに非協力的で研究を続けられなくなったため，持病が悪化したためなど諸説あり，真相は不明である（山口，1994）。しかし研究を続けていれば，おそらくノーベル賞をもらっていただろう。100年近く前にヒトの脳波を最初に記録し，この本で解説しているfMRI，PET，fNIRSが計測している脳血流を測り，経頭蓋磁気刺激に相当する脳への電気刺激まで用いて脳と心の関連を調べたベルガーは，まさしく生理心理学の始祖と言っていいだろう（Gloor, 1969, 1994）。

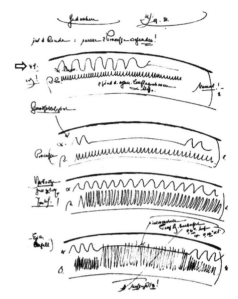

◯図4　1931年4月9日のベルガーの日誌（Gloor, 1969）
遅い方のリズムがα波，早い方のリズムがβ波を表している。矢印右側のφφ. は psychophysical の略。

コラム②：electroencephalogram, electroencephalograph, electroencephalography

　脳波（EEG）を表現する英語として electroencephalogram, electroencephalograph, electroencephalography の三種類がある。これらの接尾辞は，いずれもギリシャ語の「$\gamma\rho\alpha\phi\omega$（グラフォー）＝書く・記述する」と言う動詞に由来する。gram は，$\gamma\rho\alpha\mu\mu\alpha$（グランマ，"that which is drawn, written character letter"）を語源とし，「（ルールに従って）記述された文字など」を意味する。graph と graphy は，$\gamma\rho\alpha\phi os$（グラフォス）あるいは $\gamma\rho\alpha\phi\varepsilon\iota ov$（グラフェイオン）を語源とする。$\gamma\rho\alpha\phi os$ は英語の written の意味，$\gamma\rho\alpha\phi\varepsilon\iota ov$ には pencil や paint-brush の意味がある。そこから graph は，「書く道具，記録する機械」を意味し，graphy は，「描く（記録するなどの）方法・形式」やそれに関係のある「…術」，「…学」を意味する。したがって

Electroencephalogram ：記録された脳波
Electroencephalograph ：脳波計
Electroencephalography ：脳波学，脳波検査あるいは計測法としての脳波

を意味する。皮質脳波（electrocorticography: ECoG），脳磁図（magnetoencephalography: MEG）や，心電図（electrocardiography: ECG），眼電図（electrooculography: EOG），筋電図（electromyography: EMG）なども同様。

引用文献・参考文献

◆ 1 章
引用文献

Adrian, E. D., & Matthews, B. H. C. (1934). The Berger rhythm: Potential changes from the occipital lobes in man. *Brain, 57*, 355-385.
Allen, A. P., Kennedy, P. J., Cryan, J. F., Dinan, T. G., & Clarke, G. (2014) Biological and psychological markers of stress in humans: Focus on the Trier Social Stress Test. *Neuroscience and Biobehavioral Reviews, 38*, 94-124.
Andreassi, J. L. (2007). *Psychophysiology: Human behavior and physiological response* (5th ed.). Hillsdale, NJ: Lawrence Erlbaum Associates. 今井　章（監訳）(2012). 心理生理学—こころと脳の心理科学ハンドブック— 北大路書房
Aserinsky, E., & Kleitman, N. (1953). Regularly occurring periods of eye motility, and concomitant phenomena during sleep. *Science, 118*, 273-274.
Bastos, A. M., Usrey, W. M., Adams, R. A., Mangun, G. R., Fries, P., & Friston, K. J. (2012). Canonical microcircuits for predictive coding. *Neuron, 76*, 695-711.
Berger, H. (1929). Über das Elektrenkephalogramm des Menschen. *Archiv für Psychiatrie, 87*, 527-570.
Boring, E. G. (1950). *A history of experimental psychology* (2nd ed.). New York: Appleton-Century-Crofts.
Bosch, J. A., Ring, C., de Geus, E. J. C., Veerman, E. C. I., & Amerongen, A. V. N. (2002). Stress and Secretory Immunity. In A. Clow & F. Hucklebridge (Eds.), *Neurobiology of the immune system*. Amsterdam: Academic Press. pp.214-254.
Bressler, S. L., & Menon, V. (2010). Large-scale brain networks in cognition: Emerging methods and principles. *Trends in Cognitive Sciences, 15*, 483-506.
Carpenter, W. B. (1874). *Principles of mental physiology*. London: Henry S. King & Co.
Caton, R. (1875). The electric currents of the brain. *The British Medical Journal, 2*, 278.
Chang, C., Metzger, C. D., Glover, G. H., Duyn, J. H., Heinze, H.-J., & Walter, M. (2013). Association between heart rate variability and fluctuations in resting-state functional connectivity. *NeuroImage, 68*, 93-104.
Danziger, K. (1997). *Naming the mind: How psychology found its language*. London: Sage. 河野哲也（監訳）(2005). 心を名づけること（上・下） 勁草書房
Davidson, R. J., Scherer, K. R., & Goldsmith, H. (2003). *Handbook of affective sciences*. New York: Oxford University Press.
Dunn, R. (1858). *An essay on physiological psychology*. London: John Churchill.
Eckstein, M., Scheele, D., Weber, K., Stoffel-Wagner, B., Maier, W., & Hurlemann, R. (2014). Oxytocin facilitates the sensation of social stress. *Human Brain Mapping, 35*, 4741-4750.
Feldman, R. S., Meyer, J. S., & Quenzer, L. F. (1997). *Principle of Neuropsychopharmacology*. Sunderland: Sinauer.
Finger, S. (1994). *Origins of neuroscience*. New York: Oxford University Press.
Fiore, V. G., Mannella, F., Mirolli, M., Latagliata, E. C., Valzania, A., Cabib, S., Dolan, R. J., Puglisi-Allegra, S., & Baldassarre, G. (2014). Corticolimbic catecholamines in stress: A computational model of the appraisal of controllability. *Brain Structure and Function, 220*, 1339-1353.
Friston, K. (2005). A theory of cortical responses. *Philosophical Transactions of the Royal Society B, 360*, 815-836.
Gasser, H. S., & Erlanger, J. (1922). A study of the action current of nerves with the cathode ray oscillograph. *American Journal of Physiology, 62*, 496-524.
Goldstein, D. S., Bentho, O., Park, M.-Y., & Sharabi, Y. (2011). Low-frequency power of heart rate variability is not a measure of cardiac sympathetic tone but may be a measure of modulation of cardiac autonomic outflows by baroreflexes. *Experimental Physiology, 96*, 1255-1261.
Haven, J. (1857). *Mental philosophy*. Boston: Gould & Lincoln. 西　周（訳）(1875). 心理学 文部省
Iannaccone, R., Hauser, T. U., Staempfli, P., Walitza, S., Brandeis, D., & Brem, S. (2015). Conflict monitoring and error processing: New insights from simultaneous EEG-fMRI. *NeuroImage, 105*, 395-407.
Jacobson, M. (1993). *Foundation of neuroscience*. New York: Plenum Press.
James, W. (1890). *The principles of psychology*. New York: Henry Holt.
Kimura, M. (2012). Visual mismatch negativity and unintentional temporal-context-based prediction in vision. *International Journal of Psychophysiology, 83*, 144-155.
Ladd, G. T. (1887). *Elements of physiological psychology*. New York: Charles Scribner.
Ladd, G. T. (1890). *Outlines of physiological psychology*. New York: Charles Scribner. 渡邊千治郎（訳）(1901). 生理的心理学 中外出版社
Lindquist, K. A., Wager, T. D., Kober, H., Bliss-Moreau, E., & Feldman-Barrett, L. (2012) The brain basis of emotion: A meta-analytic review. *Behavioral and Brain Sciences, 35*, 121-143.
Lorch, M. (2016). The third man: Robert Dunn's (1799-1877) contribution to aphasia research in mid-nineteenth-century England. *Journal of the History of the Neurosciences, 25*, 188-203.
Meyer, J. S., & Quenzer, L. F. (2005). *Psychopharmacology: Drugs, The brain, and Behavior*. Sunderland: Sinauer.
McDonald, P. G., O'Connell, M., & Lutgendorf, S. K. (2013). Psychoneuroimmunology and cancer: A decade of discovery, paradigm shifts, and methodological innovations. *Brain, Behavior, and Immunity, 30*, Supplement, S1-S9.
三上参次（1909）．外山正一先生小伝　外山正一（著）、山存稿（pp.1-37）丸善
宮田　洋（2012）．日本生理心理学会30年の歩み　生理心理学と精神生理学, *30*, 3-18.

宮内　哲（2013）．脳を測る―改訂　ヒトの脳機能の非侵襲的測定―　心理学評論, 56, 414-454.
Mizoguchi, H., Katahira, K., Inutsuka, A., Fukumoto, K., Nakamura, A., Wang, T., Nagai, T., Sato, J., Sawada, M., Ohira, H., Yamanaka, A., & Yamada, K. (2015). Insular neural system controls decision-making in healthy and methamphetamine-treated rats. *Proceedings of the National Academy of Sciences of the United States of America, 112,* E3930-3939. doi: 10.1073/pnas.1418014112.
元良勇次郎・米山保三郎（1897）．生理的心理学講義　大山　正（監修）（2013）．　元良勇次郎著作集　2巻　クレス出版　pp.111-323に翻刻掲載
Näätänen, R. (2007). The mismatch negativity: Where is the big fish? *Journal of Psychophysiology, 21,* 133-137.
Ohira, H., Fukuyama, S., Kimura, K., Nomura, M., Isowa, T., Ichikawa, N., Matsunaga, M., Shinoda, J., & Yamada, J. (2009) Regulation of natural killer cell redistribution by prefrontal cortex during stochastic learning. *NeuroImage, 47,* 897-907.
Ohira, H., Isowa, T., Nomura, M., Ichikawa, N., Kimura, K., Miyakoshi, M., Iidaka, T., Fukuyama, S., Nakajima, T., & Yamada, J. (2008). Imaging brain and immune association accompanying cognitive appraisal of an acute stressor. *NeuroImage, 39,* 500-514.
Olds, J., & Milner, P. (1954) Positive reinforcement produced by electrical stimulation of septal area and other regions of rat brain. *Journal of Comparative and Physiological Psychology, 47,* 419-427.
Pinel, J. P. J. (2000). *Biopsychology* (4th ed.). Boston: Allyn & Bacon.
Pinel, J. P. J. (2003). *Biopsychology* (5th ed.). Boston: Allyn & Bacon. 佐藤　敬・若林孝一・泉井　亮・飛鳥井　望（訳）（2005）．　バイオサイコロジー　西村書店
Quigley, K. S., & Feldman-Barrett, L. (2014). Is there consistency and specificity of autonomic changes during emotional episodes? Guidance from the Conceptual Act Theory and psychophysiology. *Biological Psychology, 98,* 82-94.
Raichle, M. E., & Mintun, M. A. (2006) Brain work and brain imaging. *Annual Review of Neuroscience, 29,* 449-476.
Saddoris, M. P., Sugam, J. A., Stuber, G. D., Witten, I. B., Deisseroth, K., & Carelli, R. M. (2015). Mesolimbic dopamine dynamically tracks, and is causally linked to, discrete aspects of value-based decision making. *Biological Psychiatry, 15,* 903-911.
Stefanics, G., Kremlácek, J., & Czigler, I. (2014). Visual mismatch negativity: A predictive coding view. *Frontiers in Human Neuroscience, 8,* 1-19. doi: 10.3389/fnhum.2014.00666.
Sutton, R., & Barto, A. (1998). *Reinforcement learning: An introduction.* Cambridge, MA: MIT Press.
Sutton, S., Braren, M., Zubin, J., & John, E. R. (1965). Evoked potential correlates of stimulus uncertainty. *Science, 150,* 1187-1188.
Thayer, J. F., Åhs, F., Fredrikson, M., Sollers III, J. J., & Wager, T. D. (2012). A meta-analysis of heart rate variability and neuroimaging studies: Implications for heart rate variability as a marker of stress and health. *Neuroscience and Biobehavioral Reviews, 36,* 747-756.
Walsh, M. M., & Anderson, J. R. (2012). Learning from experience: Event-related potential correlates of reward processing, neural adaptation, and behavioral choice. *Neuroscience and Biobehavioral Reviews, 36,* 1870-1884.
Walter, W. G., Cooper, R., Aldridge, V. J., McCallum, W. C., & Winter, A. L. (1964). Contingent negative variation: An electric sign of sensorimotor association and expectancy in the human brain. *Nature, 203,* 380-384.
Winkler, I. (2007). Interpreting the Mismatch Negativity. *Journal of Psychophysiology, 21,* 147-163. doi: 10.1027/0269-8803.21.34.147
Winkler, I., Karmos, G., & Näätänen, R. (1996). Adaptive modeling of the unattended acoustic environment reflected in the mismatch negativity event-related potential. *Brain Research, 742,* 239-252.
Wundt, W. (1874). *Grundzüge der physiologischen Psychologie.* Leipzig: Wilhelm Engelmann.

◆2章
引用文献
Cairns, R. B., Elder, Jr., G. H., & Costello, E. J. (1996). *Developmental Science.* Cambridge University Press. 本田時雄・高梨一彦（監訳）（2006）．発達科学―発達への学際的アプローチ―　ブレーン出版
Fernandez de Molina, A., & Hunsperger, R. W. (1959). Central representation of affective reactions in forebrain and brain stem: Electrical stimulation of amygdala, stria terminalis, and adjacent structures. *Journal of Physiology, 145,* 251-265. doi: 10.1113/jphysiol.1959.sp006140
Gottlieb, G., Wahlsten, D., & Lickliter, R. (2006). *The significance of biology for human development: A developmental psychobiological systems view. in Handbook of child psychology.* John wiley & Sons.
Hafting, T., Fyhn, M., Molden, S., Moser, M.-B., & Moser, E. I. (2005). Microstructure of a spatial map in the entorhinal cortex. *Nature, 436,* 801-806. doi: 10.1038/nature03721
Hetherington, A. W., & Ranson, S. W. (1942). The spontaneous activity and food intake of rats with hypothalamic lesions. *American Journal of Physiology, 136,* 609-617.
井ノ口　馨（2011）．記憶形成のメカニズム―分子・細胞認知学の展開―　生化学, 83, 93-104.
清野茂博（1995）．脳，行動，そして環境　清野茂博・田中道治（編著）　障害児の発達と学習（pp.13-29）コレール社
Luria, A. R. (1959). *Speech and the development of mental processes in the child.* London: Staples Press. 松野　豊・関口　昇（訳）（1969）．言語と精神発達　明治図書
永渕正昭（1991）．母語の定着　九州大学医学部同窓会誌　学士鍋, 79, 55-57.
岡田　隆（2012a）．認知機能の解剖学的基盤　道又　爾・岡田　隆（2012）．認知神経科学（pp.16-28）放送大学教育振興会
岡田　隆（2012b）．神経細胞のはたらき　道又　爾・岡田　隆（2012）．認知神経科学（pp.29-44）放送大学教育振興会
岡田　隆（2015）．脳の信号　岡田　隆・廣中直行・宮森孝史（2015）．生理心理学第2版（pp.29-48）サイエンス社
O'Keefe, J., & Nadel, L. (1978). *The Hippocampus as a Cognitive Map.* Oxford University Press.
Pinaud, R., Perner, M. R., Robertson, H. A., & Currie, R. W. (2001). Upregulation of the immediate early gene arc in the brains of rats exposed to environment enrichment: Implications for molecular plasticity. *Brain research. Molecular brain research, 91,* 50-56.
Pinel, J. (2006). *Biopsychology* (6th ed.). Pearson Education. 佐藤　敬ら（訳）（2005）．ピネルバイオサイコロジー：脳―心と行動の神経科学　西村書店

Smith, E. E., Nolen-Hoeksema, S., Fredrickson, B. L., & Loftus, G. R. (2003). *Atkinson & Hilgard's Introduction to Psychology* (14th ed.). Wadsworth: Thomson Learning.
杉岡幸三（1995）．神経系の構造と機能　岡市広成（編）　行動の生理心理学（p.78）ソフィア
The Nobel Foundation press release (2014). A Positioning System, an "Inner GPS" Scientific Background. The Brain's Navigational Place and Grid Cell System.
鳥居修晃・望月登志子（1992）．視知覚の形成 1―開眼手術後の定位と弁別―　倍風館
Tzingounis, A. V., & Nicoll, R. A. (2006). Arc/Arg3.1: Linking Gene Expression to Synaptic Plasticity and Memory. *Neuron, 52*, 403-407.
津本忠治（1986）．脳と発達　朝倉書店
津本忠治（1999）．記憶はどのようにして保持されるのか　久野 宋（編）（pp.64-73）細胞工学別冊
谷口　清（1995）．脳の発達　清野茂博・田中道治（編著）　障害児の発達と学習（pp.41-68）コレール社
谷口　清（2011）．発達における遺伝と環境の相互作用―発達的心理生物学と発達科学―　人間科学研究（文教大学人間科学部）, *33*, 55-63.
柚崎通介（2003）．記憶はどのようにして形成されるか？―最近の話題―　慶応医学, *80*(4), 131-139.

◆3章
引用文献
Asem, J. S., & Holland, P. C. (2013). Immediate response strategy and shift to place strategy in submerged T-maze. *Behavioral Neuroscience, 127*, 854-859.
Barnes, C. A. (1979). Memory deficits associated with senescence: A neurophysiological and behavioral study in the rat. *Journal of Comparative and Physiological Psychology, 93*, 74-104.
Ben-Ami Bartal, I., Decety, J., & Mason, P. (2011). Empathy and pro-Social behavior in rats. *Science, 334*, 1427-1430.
Brown, E. N., Frank, L. M., Tang, D., Quirk, M. C., & Wilson, M. A. (1998). A statistical paradigm for neural spike train decoding applied to position prediction from ensemble firing patterns of rat hippocampal place cells. *Journal of Neuroscience, 18*, 7411-7425.
Cheng, K. (2008). Whither geometry? Troubles of the geometric module. *Trends in Cognitive Sciences, 12*, 355-361.
Cheng, K., & Newcombe, N. S. (2005). Is there geometric module for spatial orientation? Squaring theory and evidence. *Psychonomic Bulletin & Review, 12*, 1-23.
Church, R. M. (1959). Emotional reactions of rats to the pain of others. *Journal of Comparative and Physiological Psychology, 52*, 132-134.
Fogassi, L., Ferrari, P. F., Gesierich, B., Rozzi, S., Chersi, F., & Rizzolatti, G. (2005). Parietal lobe: From action organization to intention understanding. *Science, 308*, 662-667.
Fyhn, M., Molden, S., Witter, M. P., Moser, E. I., & Moser, M. B. (2004). Spatial representation in the entorhinal cortex. *Science, 305*, 1258-1264.
Gheusi, G., Bluthé R. M., Goodall, G., & Dantzer, R. (1994). Social and individual recognition in rodents: Methodological aspects and neurobiological bases. *Behavioural Processes, 33*, 59-87.
Hafting, T., Fyhn, M., Molden, S., Moser, M. B., & Moser, E. I. (2005). Microstructure of a spatial map in the entorhinal cortex. *Nature, 436*, 801-806.
Hargreaves, E. L., Rao, G., Lee, I., & Knierim, J. J. (2005). Major dissociation between medial and lateral entorhinal input to dorsal hippocampus. *Science, 379*, 1792-1794.
Hattori, M., Onoda, K., & Sakata, S. (2010). Identification of rat P3-like processes in anterior cingulate cortex and hippocampus. *Neuroscience letters, 472*(1), 43-46.
Hofer, M. A. (1996). Multiple regulators of ultrasonic vocalization in the infant rat. *Psychoneuroendocrinology, 21*, 203-217.
Hoffman, M. L. (2000). *Empathy and moral development: Implications for caring and justice*. New York: Cambridge University Press.
Horn, G. (2004). Pathways of the past: the imprint of memory. *Nature Reviews Neuroscience, 5*, 108-120.
今田　寛（1996）．学習の心理学　培風館
Kendrick, K. M., Da Costa, A. P., Broad, K. D., Ohkura, S., Guevara, R., Levy, F., & Keverne, E. B. (1997). Neural control of maternal behaviour and olfactory recognition of offspring. *Brain Research Bulletin, 44*, 383-395.
Keverne, E. B., & Kendrick, K. M. (1994). Maternal behaviour in sheep and its neuroendocrine regulation. *Acta Paediatrica Supplement, 397*, 47-56.
Kiyokawa, Y., Kikusui, T., Takeuchi, Y., & Mori, Y. (2004). Alarm pheromones with different functions are released from different regions of the body surface of male rats. *Chemical Senses, 29*, 35-40.
Kohler, E., Keysers, C., Umilta, M. A., Fogassi, L., Gallese, V., & Rizzolatti, G. (2002). Hearing sounds, understanding actions: Action representation in mirror neurons. *Science, 297*, 846-848.
Kosaki, Y., Austen, J. M., & McGregor, A. (2013). Overshadowing of geometry learning by discrete landmarks in the water maze: Effects of relative salience and relative validity of competing. *Journal of Experimental Psychology Animal Behavior Processes, 39*, 126-139.
Langford, D. J., Crager, S. E., Shehzad, Z., Smith, S. B., Sotocinal, S. G., Levenstadt, J. S., Chanda, M. L., Levitin, D. J., & Mogil, J. S. (2006). Social modulation of pain as evidence for empathy in mice. *Science, 312*, 1967-70.
Lorenz, K. (1949). *King Solomon's ring*. Munich, Germany: Deutscher Taschenbuch Verlag.
Mooney, R. (2014). Auditory-vocal mirroring in songbirds. *Philosophical Transactions of The Royal Society B Biological Sciences, 369*. doi: 10.1098/rstb.2013.0179.
Morris, R. G. M. (1981). Spatial localization does not require the presence of local cues. *Learning and Motivation, 12*, 239-260.
Morris, R. G., Garrud, P., Rawlins, J. N., & O'Keefe, J. (1982). Place navigation impaired in rats with hippocampal lesions. *Nature, 297*, 681-683.
Mussen, P., & Eisenberg-Berg, N. (1977). *Roots of caring, sharing, and helping: The development of prosocial behavior in children*. San Francisco: W. H. Freeman.
Noirot, E. (1972). Ultrasounds and maternal behavior in small rodents. Developmental Psychobiology, *5*, 371-387.

O'keefe, J., & Dostrovsky, J. (1971). The hippocampus as a spatial map. Preliminary evidence from unit activity in the freely-moving rat. *Brain Research*, *34*, 171-175.

O'keefe, J., & Nadel, L. (1978). *The hippocampus as a cognitive map*. Oxford, UK: Clarendon.

Olton, D. S., & Papas, B. C. (1979). Spatial memory and hippocampal function. *Neuropsychology*, *17*, 669-682.

Olton, D. S., & Samuelson, R. J. (1976). Remembrance of places passed: Spatial memory in rats. *Journal of Experimental Psychology Animal Behavior Processes*, *2*, 97-116.

Packard, M. G., & McGaugh, J. L. (1996). Inactivation of hippocampus or caudate nucleus with lidocaine differentially affects expression of place and response learning. *Neurobiology of Learning and Memory*, *65*, 65-72.

Papez, J. W. (1937). A proposed mechanism of emotion. *Archives of Neurology and Psychiatry*, *7*, 103-112.

Pearce, J. M. (2009). The 36th Sir Frederick Bartlett lecture: An associative analysis of spatial learning. *Quarterly Journal of Experimental Psychology*, *62*, 1665-1684.

Picton, T. W., & Hillyard, S. A. (1974). Human auditory evoked potentials. II. Effects of attention, Electroencephalogr. *Clinical Neurophysiology*, *36*, 191-199.

Ranck, J. B. Jr. (1984). Head-direction cells in the deep cell layers of entorhinal cortex is location specific and phase locked to hippocampal theta rhythm. *Society for Neuroscience Abstracts*, *12*, 1524.

Rescorla, R. A., & Solomon, R. L. (1967). Two-process learning theory: Relationships between pavlovian conditioning and instrumental learning. *Psychological Review*, *74*, 151-182.

Reynolds, G. S. (1975). *A primer of operant conditioning*. Glenview, Illinois: Scott, Foresman and Company. 浅野俊夫（訳）(1978). オペラント心理学入門―行動分析への道― サイエンス社

Rice G. E., & Gainer, P. (1962). "Altruism" in the albino rat. *Journal of Comparative and Physiological Psychology*, *55*, 123-125.

Rizzolatti, G., & Craighero, L. (2004). The mirror-neuron system. *Annual Review of Neuroscience*, *27*, 169-192.

Rizzolatti, G., & Fogassi, L. (2014). The mirror mechanism: Recent findings and perspectives. *Philosophical Transactions of the Royal Society B*, *369*. doi: 10.1098/rstb.2013.0420.

坂田省吾（2003）．学習　生和秀敏（編）　心の科学　北大路書房

坂田省吾・杉本助男（1990）．強化随伴性の先行経験が後の回避学習に及ぼす効果　広島大学総合科学部紀要Ⅲ，*14*, 59-75.

Sakimoto, Y., & Sakata, S. (2014). Hippocampal theta activity during behavioral inhibition for conflicting stimuli. *Behavioural Brain Research*, *275*, 183-190.

崎本裕也・服部　稔・坂田省吾（2010）．非線形課題と線形課題中のラットの海馬θ波の検討　生理心理学と精神生理学，*28*(3), 187-197.

Sakurai, Y., & Takahashi, S. (2013). Conditioned enhancement of firing rates and synchrony of hippocampal neurons and firing rates of motor cortical neurons in rats. *European Journal of Neuroscience*, *37*, 623-639.

Sato, N., Sakata, H., Tanaka, Y. L., & Taira, M. (2006). Navigation-associated medial parietal neurons in monkeys. *Proceedings of the National Academy of Sciences of the United States of America*, *103*, 17001-17006.

Sato, N., Sakata, H., Tanaka, Y. L., & Taira, M. (2010). Context-Dependent Place-Selective Responses of the Neurons in the Medial Parietal Region of Macaque Monkeys. *Cerebral Cortex*, *20*, 846-858.

Sato, N., Tan, L., Tate, K., & Okada, M. (2015). Rats demonstrate helping behavior toward a soaked conspecific. *Animal Cognition*, *18*(5), 1039-1047.

Shemyakin, F. N. (1962). Orientation in space. In B. G. Anayev et al.(Eds.), *Psychological Science in the U. S. S. R.* (vol. 1, pp.286-255). Washington, DC: Office of Technical Services.

Siegel, A. W., & White, S. H. (1975). The development of spatial representations of large-scale environments. In H. W. Reese (Ed.), *Advances in Child Development and Behavior* (Vol 10, pp.9-55). New York: Academic Press.

Simson, R., Vaughan, H. G., & Walter, R. (1976). The scalp topography of potentials associated with missing visual or auditory stimuli. *Electroencephalography and Clinical Neurophysiology*, *40*(1), 33-42.

Solstad, T., Boccara, C. N., Kropff, E., Moser, M. B., & Moser, E. I. (2008). Representation of Geometric Borders in the Entorhinal Cortex. *Science*, *322*, 1865-1868.

Sutton, S., Tueting, P., Zubin, J., & John, E. R. (1967). Information delivery and the sensory evoked potential. *Science*, *155*, 1436-1439.

Steinmetz, J. E., Rosen, D. J., Chapman, P. F., Lavond, D. G., & Thompson, R. F. (1986). Classical conditioning of the rabbit eyelid response with a mossy-fiber stimulation CS: I. Pontine nuclei and middle cerebellar peduncle stimulation. *Behavioral Neuroscience*, *100*(6), 878-887.

Takahashi, N., Kawamura, M., Shiota, J., Kasahata, N., & Hirayama, K. (1997). Pure topographic disorientation due to right retrosplenial lesion. *Neurology*, *49*, 464-469.

Taube, J. S., Muller, R. U., & Ranck, J. B. Jr. (1990). Head-direction cells recorded from the postsubiculum in freely moving rats. I. Description and quantitative analysis. *Journal of Neuroscience*, *10*, 420-435.

Terranova, M. L., Laviola, G., de Acetis, L., & Alleva, E. (1998). A description of the ontogeny of mouse agonistic behavior. *Journal of Comparative and Physiological Psychology*, *112*, 3-12.

Thompson, R. F. (1986). The neurobiology of learning and memory. *Science*, *233* (4767), 941-947. doi: 10.1126/science.3738519

Thor, D. H., & Holloway, W. R. (1982). Social memory of the male laboratory rat. *Journal of Comparative and Physiological Psychology*, *96*, 1000-1006.

Thor, D. H., & Holloway, W. R. (1984). Developmental analyses of social play behavior in juvenile rats. *Bulletin of the Psychonomic Society*, *96*, 1000-1006.

Tolman, E. C. (1948). Cognitive maps in rats and men. *Psychological Review*, *55*, 189-208.

Tolman, E. C., Ritchie, B. F., & Kalish, D. (1946). Studies in spatial learning. II. Place learning versus response learning. *Journal of Experimental Psychology*, *36*, 221-229.

Uematsu, A., Kikusui, T., Kihara, T., Harada, T., Kato, M., Nakano, K., Murakami, O., Koshida, N., Takeuchi, Y., & Mori, Y. (2007). Maternal approaches to pup ultrasonic vocalizations produced by a nanocrystalline silicon thermo-acoustic emitter. *Brain Research, 1163*, 91-99.

Wilson, M. A., & McNaughton, B. L. (1993). Dynamics of the hippocampal ensemble code for space. *Science, 26*, 1055-1058.

参考文献

Mazur, J. E. (2006). *Learning and behavior* (6th ed.). Pearson Educaion. 磯　博行・坂上貴之・川合伸幸（訳）（2008）．メイザーの学習と行動　日本語版第3版　二瓶社

◆4章

引用文献

Amemori, K., & Graybiel, A. M. (2012) Localized microstimulation of primate pregenual cingulate cortex induces negative decision-making. *Nature Neuroscience, 15*, 776-785

Carlson, N. R. (2004) *Physiology of behavior* (8th ed.). Boston: Pearson Education.

Graziano, M. S. A., Taylor, C. S. R., & Moore, T. (2002) Complex movements evoked by microstimulation of precentral cortex. *Neuron, 34*, 841-851.

Jarrard, L. E. (2002). Use of excitotoxins to lesion the hippocampus: Update. *Hippocampus, 12*, 405-414.

Kobayashi, K., Morita, S., Sawada, H., Mizuguchi, T., Yamada, K., Nagatsu, I., Fujita, K., Kreitman, R. J., Pastan, I., & Nagatsu, T. (1995). Immunotoxin-mediated conditional disruption of specific neurons in transgenic mice. *Proceedings of the National Academy of Sciences of the United States of America, 92*, 1132-1136.

Markou, A., & Koob, G. F. (1993) Intracranial self-stimulation thresholds as a measure of reward. In A. Sahgal (Ed.), *Behavioral Neuroscience: Volume 2 A Practical Approach.* New York: Oxford University Press.

Okada, K., & Okaichi, H. (2009). Functional differentiation and cooperation among the hippocampal subregions in rats to effect spatial memory processes. *Behavioural Brain Research, 200*, 181-191.

Paxinos, G., & Watson, C. (2005). *The Rat Brain in Stereotaxic Coordinates* (6th ed.). Sydney: Academic Press.

Reynolds, R. W. (1963). Ventromedial hypothalamic lesions without hyperphagia. *American Journal of Physiology, 204*, 60-62.

Reynolds, R. W. (1965). An irritative hypothesis concerning the hypothalamic regulation of food intake. *Psychological Review, 72*, 105-116.

Sakurai, Y., & Hirano, T. (1983) Multiple unit response in reward areas during operant conditioning reinforced by lateral hypothalamic stimulation in the rat. *Behavioural Brain Research, 8*, 33-48.

Wichmann, T., & DeLong, M. R. (2006) Deep brain stimulation for neurologic and neuropsychiatric disorders. *Neuron, 52*, 197-204.

◆5章

引用文献

Benjamin, J., Li, L., Patterson, C., Greenberg, B. D., Murphy, D. L., & Hamer, D. H. (1996). Population and familial association between the D4 dopamine receptor gene and measures of novelty seeking. *Nature Genetics, 12*, 81-84.

Blum, K., Cull, J., Braverman, E., & Comings, D. (1996). Reward Deficiency Syndrome. *American Scientist, 84*, 132-145.

Bouchard, T. J. Jr. (1998). Genetic and environmental influences on adult intelligence and special mental abilities. *Human Biology, 70*, 257-279.

Bronson, S. K., & Smithies, O. (1994). Altering mice by homologous recombination using embryonic stem cells. *Journal of Biological Chemistry, 269*, 27155-27158.

Brown, S. D. M., & Hancock, J. M. (2006). The mouse genome. In J. N. Volff (Ed.), *Vertebrate Genomes.* (pp.33-45) Basel: S Karger AG.

Capecchi, M. R. (1989). Altering the genome by homologous recombination. *Science, 244*, 1288-92.

Capecchi, M. R. (1994). Targeted gene replacement. *Scientific American, 270*, 52-59.

Carroll, M. E., & Overmier, J. B. (Ed.). (2001). *Animal research and human health: Advancing human welfare through behavioral science.* Washington, DC: American Psychological Association.

Chaouloff, F., Durand, M., & Mormède, P. (1997). Anxiety- and activity-related effects of diazepam and chlordiazepoxide in the rat light/dark and dark/light tests. *Behavioral Brain Research, 85*, 27-35.

Cheng, J., Dutra, A., Takesono, A., Garrett-Beal, L., & Schwartzberg, P. L. (2004). Improved generation of C57BL/6J mouse embryonic stem cells in a defined serum-free media. *Genesis, 39*, 100-104.

Cooper, R. M., & Zubek, J. P. (1958). Effects of enriched and restricted early environments on the learning ability of bright and dull rats. *Canadian Journal of Psychology, 12*, 159-164.

Costantini, F., & Lacy, E. (1981). Introduction of a rabbit beta-globin gene into the mouse germ line. *Nature, 294*, 92-94.

Crawley, J. N. (1989). Animal models of anxiety. *Current Opinion in Psychiatry, 2*, 773-776.

Doetschman, T. C. (1991). Gene targeting in embryonic stem cells. *Biotechnology, 16*, 89-101.

File, S. E. (1997). Animal tests of anxiety. In *Current Protocols in Neuroscience.* (pp.8.3.1-8.3.15) New York: Wiley.

File, S. E., Andrews, N., Wu, P. Y., Zharkovsky, A., & Zangrossi, H. Jr. (1992). Modification of chlordiazepoxide's behavioural and neurochemical effects by handling and plus-maze experience. *European Journal of Pharmacology, 218*, 9-14.

File, S. E., Zangrossi, H. Jr., Sanders, F. L., & Mabbutt, P. S. (1994). Raised corticosterone in the rat after exposure to the elevated plus-maze. *Psychopharmacology, 113*, 543-546.

File, S. E., Zangrossi, H. Jr., Viana, M., & Graeff, F. G. (1993). Trial 2 in the elevated plus-maze: A different form of fear? *Psychopharmacology, 111*, 491-494.

Floss, T., & Schnutgen, F. (2008). Conditional gene trapping using the FLEx system. *Methods in Molecular Biology, 435*, 127-138.

Friedel, R. H., Seisenberger, C., Kaloff, C., & Wurst, W. (2007). EUCOMM-the European conditional mouse mutagenesis program. *Briefings in Functional Genomics, 6*, 180-185.

Gianoulakis, C., Krishnan, B., & Thavundayil, J. (1996). Enhanced sensitivity of pituitary beta-endorphin to ethanol in subjects at high risk of alcoholism. *Archives of General Psychiatry, 53*, 250-257.

Gordon, J. W., & Ruddle, F. H. (1981). Integration and stable germ line transmission of genes injected into mouse pronuclei. *Science, 214*, 1244-1246.

Griebel, G., Blanchard, D. C., & Blanchard, R. J. (1996). Evidence that the behaviors in the Mouse Defense Test Battery relate to different emotional states: A factor analytic study. *Physiology and Behavior, 60*, 1255-1260.

Harbers, K., Jähner, D., & Jaenisch, R. (1981). Microinjection of cloned retroviral genomes into mouse zygotes: Integration and expression in the animal. *Nature, 293*, 540-542.

畑田出穂（編）(2014). 実験医学 2014 年 7 月号 Vol.32 No.11 ゲノム編集法の新常識！ CRISPR/Cas が生命科学を加速する　羊土社

Henderson, N. D., Turri, M. G., DeFries, J. C., & Flint, J. (2004). QTL analysis of multiple behavioral measures of anxiety in mice. *Behavior Genetics, 34*, 267-293.

Holmes, A., Kinney, J. W., Wrenn, C. C., Li, Q., Yang, R. J., Ma, L., Vishwanath, J., Saavedra, M. C., Innerfield, C. E., Jacoby, A. S., Shine, J., Iismaa, T. P., & Crawley, J. N. (2003). Galanin GAL-R1 receptor null mutant mice display increased anxiety-like behavior specific to the elevated plus-maze. *Neuropsychopharmacology, 28*, 1031-1044.

Holmes, A., & Rodgers, R. J. (1998). Responses of Swiss-Webster mice to repeated plus-maze experience: Further evidence for a qualitative shift in emotional state? *Pharmacology Biochemistry and Behavior, 60*, 473-488.

Holmes, A., & Rodgers, R. J. (1999). Influence of spatial and temporal manipulations on the anxiolytic efficacy of chlordiazepoxide in mice previously exposed to the elevated plus-maze. *Neuroscience and Biobehavioral Reviews, 23*, 971-980.

Hommel, J. D., Sears, R. M., Georgescu, D., Simmons, D. L., & DiLeone, R. J. (2003). Local gene knockdown in the brain using viral-mediated RNA interference. *Nature Medicine, 9*, 1539-1544.

井ノ上逸朗（2011）．遺伝子変異により生じる行動異常疾患　小出　剛・山本大輔（編）　行動遺伝学入門（pp.172-182）裳華房

Jaenisch, R. (1988). Transgenic animals. *Science, 240*, 1468-1474.

治徳大介・吉川武男（2011）．精神疾患の行動遺伝学　小出　剛・山本大輔（編）　行動遺伝学入門（pp.183-195）裳華房

Jung, S., Rajewsky, K., & Radbruch, A. (1993). Shutdown of class switch recombination by deletion of a switch region control element. *Science, 259*, 984-987.

Lavery, K. S., & King, T. H. (2003). Antisense and RNAi: Powerful tools in drug target discovery and validation. *Current Opinion in Drug Discovery Development, 6*, 561-569.

Ledermann, B. (2000). Embryonic stem cells and gene targeting. *Experimental Physiology, 85*, 603-613.

Lister, R. G. (1987). The use of a plus-maze to measure anxiety in the mouse. *Psychopharmacology, 92*, 180-185.

Mansuy, I. M., & Bujard, H. (2000). Tetracycline-regulated gene expression in the brain. *Current Opinion in Neurobiology, 10*, 593-596.

McIlwain, K. L., Merriweather, M. Y., Yuva-Paylor, L. A., & Paylor, R. (2001). The use of behavioral test batteries: Effects of training history. *Physiology and Behavior, 73*, 705-717.

小澤貴明（2012）．次世代の研究　高瀬堅吉・柳井修一（編）　トランスジェニック・ノックアウトマウスの行動解析（pp.261-289）西村書店

Pascoe, W. S., Kemler, R., & Wood, S. A. (1992). Genes and functions: Trapping and targeting in embryonic stem cells. *Biochimica et Biophysica Acta, 1114*, 209-221.

Paylor, R., Spencer, C. M., Yuva-Paylor, L. A., & Pieke-Dahl, S. (2006). The use of behavioral test batteries, II: Effect of test interval. *Physiology and Behavior, 87*, 95-102.

Ramos, A., Mellerin, Y., Mormède, P., & Chaouloff, F. (1998). A genetic and multifactorial analysis of anxiety-related behaviours in Lewis and SHR intercrosses. *Behavioral Brain Research, 96*, 195-205.

Rodgers, R. J., & Johnson, N. J. (1995). Factor analysis of spatiotemporal and ethological measures in the murine elevated plus-maze test of anxiety. *Pharmacology Biochemistry and Behavior, 52*, 297-303.

Sasaki, E., Suemizu, H., Shimada, A., Hanazawa, K., Oiwa, R., Kamioka, M., Tomioka, I., Sotomaru, Y., Hirakawa, R., Eto, T., Shiozawa, S., Maeda, T., Ito, M., Ito, R., Kito, C., Yagihashi, C., Kawai, K., Miyoshi, H., Tanioka, Y., Tamaoki, N., Habu, S., Okano, H., & Nomura, T. (2009). Generation of transgenic non-human primates with germ line transmission. *Nature, 45*, 523-527.

Sauer, B., & Henderson, N. (1988). Site-specific DNA recombination in mammalian cells by the Cre recombinase of bacteriophage P1. *Proceedings of the National Academy of Sciences of the United States of America, 85*, 5166-5170.

Seong, E., Saunders, T. L., Stewart, C. L., & Burmeister, M. (2004). To knockout in 129 or in C57BL/6: That is the question. *Trends in Genetics, 20*, 59-62.

Simpson, E. M., Linder, C. C., Sargent, E. E., Davisson, M. T., Mobraaten, L. E., & Sharp, J. J. (1997). Genetic variation among 129 substrains and its importance for targeted mutagenesis in mice. *Nature Genetics, 16*, 19-27.

Smithies, O. (1993). Animal models of human genetic diseases. *Trends in Genetics, 9*, 112-116.

Smithies, O., & Kim, H. S. (1994). Targeted gene duplication and disruption for analyzing quantitative genetic traits in mice. *Proceedings of the National Academy of Sciences of the United States of America, 91*, 3612-3615.

高橋阿貴（2012）光遺伝学（オプトジェネティクス）―行動を制御する神経回路をあきらかにする試み―　動物心理学研究, *62*, 147-162.

Tenenbaum, L., Chtarto, A., Lehtonen, E., Velu, T., Brotchi, J., & Levivier, M. (2004). Recombinant AAV-mediated gene delivery to the central nervous system. *Journal of Gene Medicine, 6*, Suppl 1, S212-222.

Thompson, P. M., Cannon, T. D., Narr, K. L., van Erp, T., Poutanen, V. P., Huttunen, M., Lönnqvist, J., Standertskjöld-Nordenstam, C. G., Kaprio, J., Khaledy, M., Dail, R., Zoumalan, C. I., & Toga, A. W. (2001). Genetic influences on brain structure. *Nature Neuroscience, 4*, 1253-1258.

Tryon, R. C. (1934). Individual differences. In F. A. Moss (Ed.), *Comparative Psychology*. New York: Prentice-Hall. pp.409-448.

Tsien, J. Z., Chen, D. F., Gerber, D., Tom, C., Mercer, E. H., Anderson, D. J., Mayford, M., Kandel, E. R., & Tonegawa, S. (1996). Subregion- and cell type-restricted gene knockout in mouse brain. *Cell, 87*, 1317-1326.

Turkheimer, E. (2000). Three laws of behavior genetics and what they mean. *Current Directions in Psychological Science, 9*, 160-164.

Võikar, V., Vasar, E., & Rauvala, H. (2004). Behavioral alterations induced by repeated testing in C57BL/6J and 129S2/Sv mice: Implications for phenotyping screens. *Genes, Brain and Behavior, 3*, 27-38.

Wagner, T. E., Hoppe, P. C., Jollick, J. D., Scholl, D. R., Hodinka, R. L., & Gault, J. B. (1981). Microinjection of a rabbit beta-globin gene into zygotes and its subsequent expression in adult mice and their offspring. *Proceedings of the National Academy of Sciences of the United States of America, 78*, 6376-6380.

Wall, P. M., & Messier, C. (2000). Ethological confirmatory factor analysis of anxiety-like behaviour in the murine elevated plus-maze. *Behavioral Brain Research, 114*, 199-212.

Wynshaw-Boris, A., Garrett, L., Chen, A., & Barlow, C. (1999). Embryonic stem cells and gene targeting. In W. E. Crusio & R. T. Gerlai (Eds.), *Handbook of molecular-genetic techniques for brain and behavior research.* (pp.259-271) Amsterdam: Elsevier Science.

山本　卓（編）（2014）．今すぐ始めるゲノム編集―TALEN&CRISPR/Cas9 の必須知識と実験プロトコール―　羊土社

◆6章
引用文献

Einevoll, G. T., Franke, F., Hagen, E., Pouzat, C., & Harris, K. D. (2012). Towards reliable spike-train recordings from thousands of neurons with multielectrodes. *Current Opinions in Neurobiology, 22*, 11-17.

福田正人（編）（2008）．精神疾患と脳画像　中山書店

Gilja, V., Chestek, C. A., Nuyujukian, P., Foster, J., & Shenoy, K. V. (2010). Autonomous head-mounted electrophysiology systems for freely behaving primates. *Current Opinions in Neurobiology, 20*, 676-686.

Gruen, S., & Rotter, S.(Eds.). (2010). *Analysis of Parallel Spike Trains.* New York, Springer.

橋本晴夫・斎藤　徹・高橋和明（1992）．ラット頚静脈への簡易カテーテル挿入法　日本実験動物技術者協会　図解・実験動物技術集編集委員会（編）　図解・実験動物技術集Ⅰ　アドスリー, 236-239.

八田武志（2003）．脳のはたらきと行動のしくみ　医歯薬出版

Hochberg, L. R., Serruya, M. D., Friehs, G. M., Mukand, J. A., Saleh, M., Caplan, A. H., Branner, A., Chen, D., Penn, R. D., & Donoghue, J. P. (2006). Neuronal ensemble control of prosthetic devices by a human with tetraplegia. *Nature, 442*, 164-171.

礒村宜和・木村梨絵・高橋宗良（2011）．マルチニューロン記録実験の実用プロトコル　日本神経回路学会誌, *18*, 14-21.

Jung, M. W., Wiener, S. I., & McNaughton, B. L. (1994). Comparison of spatial firing characteristics of units in dorsal and ventral hippocampus of the rat. *Journal of Neuroscience, 14*, 7347-7356.

Kandel, E. R., Schwartz, J. H., Jessell, T. M., Siegelbaum, S., Hudspeth, A. J., & Mack, S. (2013). *Principles of Neural Science* (5th ed.). McGraw-Hill.

Kennedy, R. T. (2013). Emerging trends in in vivo neurochemical monitoring by micordialysis. *Current Opinion in Chemical Biology, 17*, 860-867.

Köbbert, C., Apps, R., Bechmann, I., Lanciego, J. L., Mey, J., & Thanos, S. (2000). Current concepts in neuroanatomical tracing. *Progress in Neurobiology, 62*, 327-351.

Lanciego, J. L., & Wouterlood, F. G. (2011). A half century of experimental neuroanatomical tracing. *Journal of Chemical Neuroanatomy, 42*, 157-183.

中原大一郎・加藤　武（1999）．マイクロダイアリシスによる細胞外物質濃度の測定　日本生理学雑誌, *61*, 363-376.

中原大一郎・尾崎紀夫・永津俊治（1991）．マイクロダイアリシス法における基本的問題　薬物・精神・行動, *11*, 1-16.

大野陽一（1992）．ラット中心静脈カテーテル挿入法　日本実験動物技術者協会　図解・実験動物技術集編集委員会（編）　図解・実験動物技術集Ⅰ　アドスリー, 99-101.

Oweiss, K. G. (Ed.). (2010). *Statistical Signal Processing for Neuroscience and Neurotechnology.* New York: Academic Press.

Sakurai, Y. (1996) Hippocampal and neocortical cell assemblies encode memory processes for different types of stimuli in the rat. *Journal of Neuroscience, 16*, 2809-2819

櫻井芳雄（1998）．スパイク相関解析法　医学のあゆみ, *184*, 607-612.

櫻井芳雄（2004）．マルチニューロン活動の記録―なぜ・どのようにして―　電子情報通信学会誌, *87*, 279-284.

櫻井芳雄（2010）．脳の情報表現を担うセル・アセンブリ―局所的セル・アセンブリの検出―　生物物理, *50*, 84-87.

Santos, L., Opris, I., Fuqua, J., Hampson, R. E., & Deadwyler, S. A. (2012). A novel tetrode microdrive for simultaneous multi-neuron recording from different regions of primate brain. *Journal of Neuroscience Methods, 205*, 368-374.

Schneidman, E., Berry, M. J., Segev, R., & Bialek, W. (2006). Weak pairwise correlations imply strongly correlated network states in a neural population. *Nature, 440*, 1007-1012.

志村　剛（1998）．自由行動中の動物におけるマイクロダイアリシス法の適用　日本味と匂学会誌, *5*, 153-156.

塩坂貞夫（1987）．　研究方法　遠山正彌・塩谷弥兵衛（編）化学的神経機能解剖学（p.30）厚生社

Song, P., Hershey, N. D., Mabrouk, O. S., Slaney, T. R., & Kennedy, R. T. (2012). Mass spectrometry "sensor" for in vivo acetylcholine monitoring. *Analytical Chemistry, 84*, 4659-4664.

Song, P., Mabrouk, O. S., Hershey, N. D., & Kennedy, R. T. (2012). In vivo neurochemical monitoring using benzoyl chloride derivatization and liquid chromatography − Mass spectrometry. *Analytical Chemistry, 84*, 412-419.

Stevenson, I. H., & Kording, K. P. (2011) How advances in neural recording affect data analysis. *Nature Neuroscience, 14*, 139-142.

杉岡幸三（1998）．2-DG（2-deoxyglucose）法　藤澤　清・柿木昇治・山崎勝男（編）新生理心理学1巻（pp.79-82）北大路書房

Swanson, L. (2014). *Neuroanatomical Terminology: A Lexicon of Classical Origins and Historical Foundations.* Oxford University Press.

高橋昭喜（編）（2005）．　脳MRI　1　正常解剖　第2版（p.31）秀潤社

Takahashi, S., & Sakurai, Y. (2005). Real-time and automatic sorting of multi-neuronal activity for sub-millisecond interactions in vivo. *Neuroscience, 134*, 301-315.

Takahashi, S., Anzai, Y., & Sakurai, Y. (2003a). A new approach to spike sorting for multi-neuronal activities recorded with a tetrode - how ICA can be practical. *Neuroscience Research, 46*, 265-272.

Takahashi, S., Anzai, Y., & Sakurai, Y. (2003b). Automatic sorting for multi-neuronal activity recorded with tetrodes in the presence of overlapping spikes. *Journal of Neurophysiology, 89*, 2245-2258.

龍野正実（2010）．自由行動中の動物からの多電極同時記録とそのデータ解析　日本神経回路学会誌，*17*, 124-138.

寺島俊雄・薛富義・山本達朗（2001）．神経回路標識法—各種トレーサーの利用法—　組織細胞化学，*2001*, 64-72.

Vercelli, A., Repici, M., Garbossa, D., & Grimaldi, A. (2000). Recent techniques for tracing pathways in the central nervous system of developing and adult mammals. *Brain Research Bulletin, 51*, 11-28.

参考文献

平山恵造・河村　満（1993）．　MRI脳部位診断　医学書院

石原健司（2010）．CD-ROMでレッスン脳画像の読み方　医歯薬出版

Mai, J. K., Paxinos, G., & Voss, T. (2008). *Atlas of the human brain* (3rd ed.). Elsevier Academic Press

高橋昭喜（編）（2005）．　脳MRI　1　正常解剖　第2版　秀潤社

◆ 7章

引用文献

Abe, T., Matsuoka, T., Ogawa, K., Nittono, H., & Hori, T. (2008). Gamma band EEG activity is enhanced after the occurrence of rapid eye movement during human REM sleep. *Sleep and Biological Rhythms, 6*, 26-33.

Achermann, P., & Borbely, A. A. (1997). Low-frequency (<1 Hz) oscillations in the human sleep electroencephalogram. *Neuroscience, 81*, 213-222.

Aftanas, L. I., Pavlov, S. V., Reva, N. V., & Varlamov, A. A. (2003). Trait anxiety impact on the EEG theta band power changes during appraisal of threatening and pleasant visual stimuli. *International Journal of Psychophysiology, 50*, 205-212.

Aftanas, L. I., & Golocheikine, S. A. (2001). Human anterior and frontal midline theta and lower alpha reflect emotionally positive state and internalized attention: High-resolution EEG investigation of meditation. *Neuroscience Letters, 310*, 57-60.

American Electroencephalographic Society. (1991). American Electroencephalographic Society guidelines for standard electrode position nomenclature. *Journal of Clinical Neurophysiology, 8*, 200-202.

Asada, H., Fukuda, Y., Tsunoda, S., Yamaguchi, M., & Tonoike, M. (1999). Frontal midline theta rhythms reflect alternative activation of prefrontal cortex and anterior cingulate cortex in humans. *Neuroscience Letters, 274*, 4-14.

Berger, H. (1929). Über das Elektrenkephalogramm des Menschen. *Archiv für Psychiatrie und Nervenkrankheiten, 87*, 527-570.

Brunia, C. H. M. (1988). Movement and stimulus preceding negativity. *Biological Psychology, 26*, 165-178.

Buzsaki, G., Anastassiou, C. A., & Koch, C. (2012). The origin of extracellular fields and currents–EEG, ECoG, LFP and spikes. *Nature reviews. Neuroscience, 13*, 407-420.

Cantero, J. L., Atienza, M., Stickgold, R., Kahana, M. J., Madsen, J. R., & Kocsis, B. (2003) Sleep-dependent theta oscillations in the human hippocampus and neocortex. *Journal of Neuroscience, 23*(34), 10897-10903.

Cecotti, H. (2011). Spelling with non-invasive Brain-Computer Interfaces--Current and future trends. *Journal of Physiology Paris, 105*, 106-114.

Chrobak, J. J., & Buzsaki, G. (1998). Gamma oscillations in the entorhinal cortex of the freely behaving rat. *The Journal of Neuroscience, 18*, 388-398.

Contreras, D., Timofeev, I., & Steriade, M. (1996). Mechanisms of long-lasting hyperpolarizations underlying slow sleep oscillations in cat corticothalamic networks. *Journal of Physiology, 494*, 251-264.

Coop, C. F., McNaughton, N., Warnock, K., & Laverty, R. (1990) Effects of ethanol and Ro 15-4513 in an electrophysiological model of anxiolytic action. *Neuroscience, 35*, 669-674.

Crowley, K. E., & Colrain, I. M. (2004). A review of the evidence for P2 being an independent component process: Age, sleep and modality. *Clinical Neurophysiology, 115*, 732-744.

Damon, J., Mitchell, D. J., McNaughton, N., Flanagan, D., & Kirk, I. J. (2008). Frontal-midline theta from the perspective of hippocampal "theta". *Progress in Neurobiology, 86*, 156-185

Davidson, R. J., Jackson, D. C., & Larson, C. L. (2000). Human Electroencephalography. In J. T. Cacioppo, L. G. Tassinary & G. G. Berntson (Eds.), *Handbook of Psychophysiology* (2nd ed., pp.27-52). New York: Cambridge University Press.

Delorme, A., & Makeig, S. (2004). EEGLAB: An open source toolbox for analysis of single-trial EEG dynamics including independent component analysis. *Journal of Neuroscience Methods, 134*, 9-21.

Devinsky, O., Morrell, M. J., & Vogt, B. A. (1995). Contributions of anterior cingulate cortex to behaviour. *Brain, 118*, 279-306.

Dien, J. (2010). The ERP PCA Toolkit: An open source program for advanced statistical analysis of event-related potential data. *Journal of Neuroscience Methods, 187*, 138-145.

Dijk, D. J., & Czeisler, C. A. (1995). Contribution of the circadian pacemaker and the sleep homeostat to sleep propensity, sleep structure, electroencephalographic slow waves, and sleep spindle activity in humans. *The Journal of Neuroscience, 15*, 3526-3538.

Duncan-Johnson, C. C., & Donchin, E. (1977). On quantifying surprise: The variation of event-related potentials with subjective probability. *Psychophysiology, 14*, 456-467.

Duncan, C. C., Barry, R. J., Connolly, J. F., Fischer, C., Michie, P. T., Näätänen, R., Polich, J., Reinvang, I., & Van Petten, C. (2009). Event-related potentials in clinical research: Guidelines for eliciting, recording, and quantifying mismatch negativity, P300, and N400. *Clinical Neurophysiology, 120*, 1883-1908.

Farwell, L. A., & Donchin, E. (1988). Talking off the top of your head: Toward a mental prosthesis utilizing event-related brain potentials. *Electroencephalography and Clinical Neurophysiology, 70*, 510-523.

Folstein, J. R., & Van Petten, C. (2008). Influence of cognitive control and mismatch on the N2 component of the ERP: A review. *Psychophysiology, 45*, 152-170.

Gevins, A., Smith, M. E., McEvoy, L., & Yu, D. (1997). High-resolution EEG mapping of cortical activation related to working memory: Effects of task difficulty, type of processing, and practice. *Cerebral Cortex, 7*(4), 374-385.

Gevins, A., & Smith, M. E. (2000). Neurophysiological measures of working memory and individual differences in cognitive ability and cognitive style. *Cerebral Cortex, 10*, 829-839.

Goel, N., Abe, T., Braun, M. E., & Dinges, D. F. (2014). Cognitive Workload and Sleep Restriction Interact to Influence Sleep Homeostatic Responses. *Sleep, 37*, 1745-1756.

Gratton, G., Coles, M. G. H, & Donchin, E. (1983). A new method for off-line removal of ocular artifact. *Electroencephalography and Clinical Neurophysiology, 55*, 468-484.

Gray, C. M., König, P., Engel, A. K., & Singer, W. (1989). Oscillatory responses in cat visual cortex exhibit inter-columnar synchronization which reflects global stimulus properties. *Nature, 338*, 334-337.

Gross, J. (2014). Analytical methods and experimental approaches for electrophysiological studies of brain oscillations. *Journal of Neuroscience Methods, 228*, 57-66.

Gross, J., Kujala, J., Hamalainen, M., Timmermann, L., Schnitzler, A., & Salmelin, R. (2001). Dynamic imaging of coherent sources: Studying neural interactions in the human brain. *Proceedings of the National Academy of Sciences of the United States of America, 98*, 694-699.

Hajcak, G., MacNamara, A., & Olvet, D. M. (2010). Event-related potentials, emotion, and emotion regulation: An integrative review. *Developmental Neuropsychology, 35*, 129-155.

Hallez, H. I., Vanrumste, B., Grech, R., Muscat, J., De Clercq, W., Vergult, A., D'Asseler, Y., Camilleri, K. P., Fabri, S. G., Van Huffel, S., & Lemahieu, I. (2007). Review on solving the forward problem in EEG source analysis. *Journal of NeuroEngineering and Rehabilitation, 30*, 4, 46.

Herrmann, C. S., Munk, M. H., & Engel, A. K. (2004). Cognitive functions of gamma-band activity: Memory match and utilization. *Trends in Cognitive Sciences, 8*, 347-355.

Herrmann, C. S., Rach, S., Vosskuhl, J., & Struber, D. (2014). Time-frequency analysis of event-related potentials: A brief tutorial. *Brain Topography, 27*, 438-450.

堀 忠雄（2008）．生理心理学　培風館

Huber, R., Ghilardi, M. F., Massimini, M., & Tononi, G. (2004). Local sleep and learning. *Nature, 430*, 78-81.

Husain, A. M., Hayes, S., Young, M., & Shah, D. (2009). Visual evoked potentials with CRT and LCD monitors: When newer is not better. *Neurology, 72*, 162-164.

石原　務・吉井直三郎（1962）．非行少年の異常脳波型について　(2) 連続性シータ波　臨床脳波, *4*, 115-124.

Ishihara, T., & Yoshi, N. (1972). Multivariate analytic study of EEG and mental activity in juvenile delinquents. *Electroencephalography and Clinical Neurophysiology, 33*, 71-80.

Ishii, R., Shinosaki, K., Ukai, S., Inoue, T., Ishihara, T., Yoshimine, T., Hirabuki, N., Asada, H., Kihara, T., Robinson, S. E., & Takeda, M. (1999). Medial prefrontal cortex generates frontal midline theta rhythm. *Neuroreport, 10*, 675-679.

Ishii, R., Canuet, L., Ishihara, T., Aoki, Y., Ikeda, S., Hata, M., Katsimichas, T., Gunji, A., Takahashi, H., Nakahachi, T., Iwase, M., & Takeda, M. (2014). Frontal midline theta rhythm and gamma power changes during focused attention on mental calculation: An MEG beamformer analysis. *Frontiers in Human Neuroscience, 11*(8), 406.

Jackson, A. F., & Bolger, D. J. (2014). The neurophysiological bases of EEG and EEG measurement: A review for the rest of us. *Psychophysiology, 51*, 1061-1071.

Jasper, H. (1958). The ten-twenty electrode system of the International Federation. *Electroencephalography and Clinical Neurophysiology, 10*, 371-375.

Jensen, O., & Mazaheri, A. (2010). Shaping functional architecture by oscillatory alpha activity: Gating by inhibition. *Frontiers in Human Neuroscience, 4*, 186.

Jensen, O., & Tesche, C. D. (2002) .Short communication frontal theta activity in humans increases with memory load in a working memory task. *European Journal of Neuroscience, 15*, 1395-1399.

Jurcak, V., Tsuzuki, D., & Dan, I. (2007). 10/20, 10/10, and 10/5 systems revisited: Their validity as relative head-surface-based positioning systems. *NeuroImage, 34*, 1600-1611.

門林岩雄・井上　健・中村道彦（1983）．脳波　金芳堂

加賀君孝（2008）．ABRの基礎―発見より40周年を迎え新たな展開―　臨床神経生理学, *36*, 278-285.

梶　龍兒（1991）．Current source density analysis (I)　臨床脳波, *33*, 720-724.

Keil, A., Debener, S., Gratton, G., Junghofer, M., Kappenman, E. S., Luck, S. J., Luu, P., Miller, G. A., & Yee, C. M. (2014). Committee report: Publication guidelines and recommendations for studies using electroencephalography and magnetoencephalography. *Psychophysiology, 51*, 1-21.

Keil, A., Gruber, T., & Muller, M. M. (2001). Functional correlates of macroscopic high-frequency brain activity in the human visual system. *Neuroscience and Biobehavioral Reviews, 25*, 527-534.

Kelly, S. P., Lalor, E. C., Reilly, R. B., & Foxe, J. J. (2006). Increases in alpha oscillatory power reflect an active retinotopic mechanism for distracter suppression during sustained visuospatial attention. *Journal of Neurophysiology, 95*, 3844-3851.

木村元洋（2011）．視覚ミスマッチ陰性電位―視覚における時間文脈ベースの予測に関する電気生理学的指標―　生理心理学と精神生理学, *29*, 53-71.

Klem, G. H., Luders, H. O., Jasper, H. H., & Elger, C. (1999). The ten-twenty electrode system of the International Federation. The International Federation of Clinical Neurophysiology. *Electroencephalography and clinical neurophysiology, Supplement, 52*, 3-6.

Klimesch, W., Sauseng, P., & Hanslmayr, S. (2007). EEG alpha oscillations: The inhibition-timing hypothesis. *Brain Research Reviews, 53*, 63-88.

Kornhuber, H. H., & Deecke, L. (1965). Hirnpotentialänderungen bei Willkürbewegungen und passiven Bewegungen des Menschen: Bereitschaftspotential und reafferente Potentiale. *Pflügers Arch, 284*, 1-17.

Kristiansen, K., & Courtois, G. (1949). Rhythmic electrical activity from isolated cerebral cortex. *Electroencephalography and Clinical Neurophysiology, 1*, 265-272.

Kubota, Y., Sato, W., Toichi, M., Murai, T., Okada, T., Hayashi, A., & Sengoku, A. (2001). Frontal midline theta rhythm is correlated with cardiac autonomic activities during the performance of an attention demanding meditation procedure. *Cognitive Brain Research, 11*, 281-287.

Kutas, M., & Federmeier, K. D. (2011). Thirty years and counting: Finding meaning in the N400 component of the event-related brain potential (ERP). *Annual Review of Psychology, 62*, 621-647.

Kutas, M., & Hillyard, S. A. (1980). Reading senseless sentences: Brain potentials reflect semantic incongruity. *Science, 207*, 203-205.

Lopez-Calderon, J., & Luck, S. J. (2014). ERPLAB: An open-source toolbox for the analysis of event-related potentials. *Frontiers in Human Neuroscience, 8*, 213.

Lopes da Silva, F. H. (2013). EEG and MEG: Relevance to neuroscience. *Neuron, 80*, 1112-1128.

Lopes da Silva, F. H., Vos, J. E., Mooibroek, J., & Van Rotterdam, A. (1980). Relative contributions of intracortical and thalamo-cortical processes in the generation of alpha rhythms, revealed by partial coherence analysis. *Electroencephalography and Clinical Neurophysiology, 50*, 449-456.

Luck, S. J. (2005). *An introduction to the event-related potential technique*. Cambridge, MA: MIT press.

Luck, S. J. (2014). *An introduction to the event-related potential technique* (2nd ed.). Cambridge, MA: MIT Press.

Luck, S. J., & Kappenman, E. S. (Eds.). (2012). *The Oxford handbook of event-related potential components*. New York: Oxford University Press.

Lüthi, A. (2013). Sleep Spindles: Where They Come From, What They Do. *Neuroscientist, 20*, 243-256.

Makeig, S., Debener, S., Onton, J., & Delorme, A. (2004). Mining event-related brain dynamics. *Trends in Cognitive Sciences, 8*, 204-210.

Makeig, S., Westerfield, M., Jung, T. -P., Enghoff, S., Townsend, J., Courchesne, E., & Sejnowski, T. J. (2002). Dynamic brain sources of visual evoked responses. *Science, 295*, 690-694.

Marshall, L., Helgadottir, H., Molle, M., & Born, J. (2006). Boosting slow oscillations during sleep potentiates memory. *Nature, 444*, 610-613.

Massimini, M., Huber, R., Ferrarelli, F., Hill, S., & Tononi, G. (2004). The sleep slow oscillation as a traveling wave. *The Journal of Neuroscience, 24*, 6862-6870.

Mazaheri, A., & Jensen, O. (2008). Asymmetric amplitude modulations of brain oscillations generate slow evoked responses. *Journal of Neuroscience, 28*, 7781-7787.

McEvoy, L. K., Pellouchoud, E., Smith, M. E., & Gevins, A. (2001). Neurophysiological signals of working memory in normal aging. *Cognitive Brain Research, 11*, 363-376.

宮内　哲（2013）．脳を測る　―改訂 ヒトの脳機能の非侵襲的測定―　心理学評論, *53*(3), 414-454.

Mizuhara, H., Wang, L. Q., Kobayashi, K., & Yamaguchi, Y. (2004). A long-range cortical network emerging with theta oscillation in a mental task. *NeuroReport, 15*(7), 1-6.

Mizuki, Y., Hamasaki, J., Hirano, H., Miyoshi, A., Yamada, M., & Inanaga, K. (1986). Effects of centrally acting drugs on the frontal midline theta activity in man. *Japanese Society of Psychiatry and Neurology, 40*(4), 647-653.

Mizuki, Y., Kajimura, N., Nishikori, S., Imaizumi, J., & Yamada, M. (1984). Appearance of frontal midline theta rhythm and personality traits. *Folia Psychiatrica et Neurologica Japonica, 38*(4), 451-8.

水木　泰・末次正知・堀田秀文・河嶋和徳・山田通夫・桑原啓郎（1994）．睡眠紡錘波と睡眠時θリズムの関係―Fmθの起源としての可能性―　臨床脳波, *36*, 225-230.

Mizuki, Y., Suetsugi, M., Imai, T., Kai, S., Kajimura, N., & Yamada, M. (1989). A physiological marker for assessing anxiety level in humans: Frontal midline theta activity. *Japanese Society of Psychiatry and Neurology, 43*(4), 619-626.

Molle, M., Marshall, L., Gais, S., & Born, J. (2004). Learning increases human electroencephalographic coherence during subsequent slow sleep oscillations. *Proceedings of the National Academy of Sciences of the United States of America, 101*, 13963-13968.

Monto, S., Palva, S., Voipio, J., & Palva, J. M. (2008). Very slow EEG fluctuations predict the dynamics of stimulus detection and oscillation amplitudes in humans. *The Journal of Neuroscience, 28*, 8268-8272.

Muthukumaraswamy, S. D. (2013). High-frequency brain activity and muscle artifacts in MEG/EEG: A review and recommendations. *Frontiers in Human Neuroscience, 7*, 138.

Näätänen, R. (1992). *Attention and brain function*. Hillsdale, NJ: Lawrence Erlbaum.

Näätänen, R., & Picton, T. W. (1987). The N1 wave of the human electric and magnetic response to sound: A review and an analysis of the component structure. *Psychophysiology, 24*, 375-425.

Niedermeyer, E. (1997). Alpha rhythms as physiological and abnormal phenomena. *International Journal of Psychophysiology, 26*, 31-49.

日本臨床神経生理学会認定委員会（編）（2013）．　モノグラフ 脳機能計測法を基礎から学ぶ人のために　日本臨床神経生理学会

入戸野　宏（2005）．心理学のための事象関連電位ガイドブック　北大路書房

入戸野　宏（2013）．P300応用―認知科学の立場から―　臨床神経生理学, *41*, 86-92.

入戸野　宏・小野田慶一（2008）．事象関連電位の波形に及ぼすフィルタの効果　生理心理学と精神生理学, *26*, 237-246.

Nunez, P. L., & Srinivasan, R. (2006). *Electric fields of the brain. The neurophysics of EEG* (2nd ed.). New York: Oxford University Press.

Nunez, P. L., Srinivasan, R., Westdorp, A. F., Wijesinghe, R. S., Tucker, D. M., Silberstein, R. B., & Cadusch, P. J. (1997). EEG coherency. I: Statistics, reference electrode, volume conduction, Laplacians, cortical imaging, and interpretation at multiple scales. *Electroencephalography and Clinical Neurophysiology, 103,* 499-515.

Nuwer, M. R., Comi, G., Emerson, R., Fuglsang-Frederiksen, A., Guerit, J. M., Hinrichs, H., Ikeda, A., Luccas, F. J., & Rappelsberger, P. (1998). IFCN standards for digital recording of clinical EEG. International Federation of Clinical Neurophysiology. *Electroencephalography and Clinical Neurophysiology, 106,* 259-261.

Ochoa, C. J., & Polich, J. (2000). P300 and blink instructions. *Clinical Neurophysiology, 111,* 93-98.

Onton, J., Delorme, A., & Makeig, S. (2005). Frontal midline EEG dynamics during working memory. *Neuroimage, 27,* 341-356.

Onton, J., Westerfield, M., Townsend, J., & Makeig, S. (2006). Imaging human EEG dynamics using independent component analysis. *Neuroscience & Biobehavioral Reviews, 30,* 808-822.

大熊輝雄・松岡洋夫・上埜高志・齋藤秀光（2016）．臨床脳波学　第6版　医学書院

Oostenveld, R., & Praamstra, P. (2001). The five percent electrode system for high-resolution EEG and ERP measurements. *Clinical Neurophysiology, 112,* 713-719.

Ozaki, I., & Hashimoto, I. (2011). Exploring the physiology and function of high-frequency oscillations (HFOs) from the somatosensory cortex. *Clinical Neurophysiology, 122,* 1908-1923.

Pantev, C., Makeig, S., Hoke, M., Galambos, R., Hampson, S., & Gallen, C. (1991). Human auditory evoked gamma-band magnetic fields. *Proceedings of the National Academy of Sciences of the United States of America, 88,* 8996-9000.

Pardo, J. V., Pardo, P. J., Janer, K. W., & Raichle, M. E. (1990). The anterior cingulate cortex mediates processing selection in the Stroop attentional conflict paradigm. *Proceedings of the National Academy of Sciences of the United States of America, 87,* 256-259.

Pascual-Marqui, R. D. (2002). Standardized low-resolution brain electromagnetic tomography (sLORETA): Technical details. *Methods and Findings in Experimental and Clinical Pharmacology, 24* (Suppl D), 5-12.

Pascual-Marqui, R. D., Michel, C. M., & Lehmann, D. (1994). Low resolution electromagnetic tomography: A new method for localizing electrical activity in the brain. *International Journal of Psychophysiology, 18,* 49-65.

Pellouchoud, E., Smith, M. E., McEvoy, L., & Gevins, A. (1999). Mental effort-related EEG modulation during video-game play: Comparison between juvenile subjects with epilepsy and normal control subjects. *Epilepsia, 40,* 38-43.

Pfurtscheller, G., & Lopes da Silva, F. H. (1999). Event-related EEG/MEG synchronization and desynchronization: Basic principles. *Clinical Neurophysiology, 110,* 1842-1857.

Picton, T. W., Bentin, S., Berg, P., Donchin, E., Hillyard, S. A., Johnson Jr, R., Miller, G. A., Ritter, W., Ruchkin, D. S., Rugg, M. D., & Taylor, M. J. (2000). Guidelines for using human event-related potentials to study cognition: Recording standards and publication criteria. *Psychophysiology, 37,* 127-152.

Pizzagalli, D. A. (2007). Electroencephalography and high-density electrophysiological source localization. In J. T. Cacioppo, L. G. Tassinary & G. Berntson (Eds.), *Handbook of Psychophysiology* (3rd ed., pp.56-84). New York: Cambridge University Press.

Posner, M. I., & Petersen, S. E. (1990). The attention system of the human brain. *Annual Review of Neuroscience, 13,* 25-42.

Pratt, H. (2012). Sensory ERP components. In S. J. Luck & E. S. Kappenman (Eds.), *The Oxford handbook of event-related potential components.* New York: Oxford University Press. pp.89-114.

Pritchard, W. S., Shappell, S. A., & Brandt, M. E. (1991). Psychophysiology of N200/N400: A review and classification scheme. In J. R. Jennings, P. K. Ackles & M. G. H. Coles (Eds.), *Advances in Psychophysiology* (vol. 4, pp.43-106). London: Jessica Kingsley.

Raghavachari, S., Lisman, J. E., Tully, M., Madsen, J. R., Bromfield, E. B., & Kahana, M. J. (2006). Theta oscillations in human cortex during a working-memory task: Evidence for local generators. *Journal of Neurophysiology, 95,* 1630-1638.

Sauseng, P., Hoppe, J., Klimesch, W., Gerloff, C., & Hummel, F. C., (2007). Dissociation of sustained attention from central executive functions: local activity and interregional connectivity in the theta range. *European Journal of Neuroscience, 25,* 587-593.

Sauseng, P., Klimesch, W., Heise, K. F., Gruber, W. R., Holz, E., Karim, A. A., Glennon, M., Gerloff, C., Birbaumer, N., & Hummel, F. C. (2009). Brain oscillatory substrates of visual short-term memory capacity. *Current Biology, 19,* 1846-1852.

Singer, W., & Gray, C. M. (1995). Visual feature integration and the temporal correlation hypothesis. *Annual Review of Neuroscience, 18,* 555-586.

Srinivasan, R., Winter, W. R., Ding, J., & Nunez, P. L. (2007). EEG and MEG coherence: Measures of functional connectivity at distinct spatial scales of neocortical dynamics. *Journal of Neuroscience Methods, 166,* 41-52.

Steriade, M. (1999). Coherent oscillations and short-term plasticity in corticothalamic networks. *Trends in Neurosciences, 22,* 337-345.

Steriade, M. (2000). Corticothalamic resonance, states of vigilance and mentation. *Neuroscience, 101,* 243-276.

Steriade, M. (2006). Grouping of brain rhythms in corticothalamic systems. *Neuroscience, 137,* 1087-1106.

Steriade, M., Nunez, A., & Amzica, F. (1993). A novel slow (< 1 Hz) oscillation of neocortical neurons in vivo: Depolarizing and hyperpolarizing components. *The Journal of Neuroscience, 13,* 3252-3265.

Steriade, M., & Timofeev, I. (2003). Neuronal plasticity in thalamocortical networks during sleep and waking oscillations. *Neuron, 37,* 563-576.

Strijkstra, A. M., Beersma, D. G. M., Drayer, B., Halbesma, N., & Daan, S. (2003). Subjective sleepiness correlates negatively with global alpha (8-12 Hz) and positively with central frontal theta (4-8 Hz) frequencies in the human resting awake lectroencephalogram. *Neuroscience Letters, 340,* 17-20.

Suetsugi, M., Mizuki, Y., Ushijima, I., Yamada, M., & Imaizumi, J. (1998). Anxiolyticeffects of low-dose clomipramine in highly anxious healthy volunteers assessed by frontal midline theta activity. *Progress in Neuro-Psychopharmacology & Biological Psychiatry, 22,* 97-112.

Takahashi, N., Shinomiya, S., Mori, D., & Tachibana, S. (1997). Frontal midline theta rhythm in young healthy adults. *Clinical Electroencephalogr, 28,* 49-54.

Tallgren, P., Vanhatalo, S., Kaila, K., & Voipio, J. (2005). Evaluation of commercially available electrodes and gels for recording of slow EEG potentials. *Clinical Neurophysiology, 116,* 799-806.

Tallon-Baudry, C., & Bertrand, O. (1999). Oscillatory gamma activity in humans and its role in object representation. *Trends in Cognitive Sciences, 3*, 151-162.

Tallon-Baudry, C., Bertrand, O., Delpuech, C., & Pernier, J. (1996). Stimulus specificity of phase-locked and non-phase-locked 40 Hz visual responses in human. *The Journal of Neuroscience, 16*, 4240-4249.

Tallon, C., Bertrand, O., Bouchet, P., & Pernier, J. (1995). Gamma-range activity evoked by coherent visual stimuli in humans. *The European Journal of Neuroscience, 7*, 1285-1291.

Tesche, C. D., & Karhu, J. (2000). Theta oscillations index human hippocampal activation during a working memory task. *Proceedings of the National Academy of Sciences of the United States of America, 97*, 919-924.

Thut, G., Nietzel, A., Brandt, S. A., & Pascual-Leone, A. (2006). Alpha-band electroencephalographic activity over occipital cortex indexes visuospatial attention bias and predicts visual target detection. *The Journal of Neuroscience, 26*, 9494-9502.

Tsujimoto, T., Shimazu, H., & Isomura, Y. (2006). Direct recording of theta oscillations in primate prefrontal and anterior cingulate cortices. *Journal of Neurophysiology, 95*(5), 2987-3000.

Tsujimoto, T., Shimazu, H., Isomura, Y., & Sasaki, K. (2010). Theta oscillations in primate prefrontal and anterior cingulate cortices in forewarned reaction time tasks. *Journal of Neurophysiology, 103*(2), 827-843.

Tucker, D. M. (1993). Spatial sampling of head electrical fields: The geodesic sensor net. *Electroencephalography and Clinical Neurophysiology, 87*, 154-163.

Vanhatalo, S., Voipio, J., & Kaila, K. (2005). Full-band EEG (FbEEG): An emerging standard in electroencephalography. *Clinical Neurophysiology, 116*, 1-8.

Wang, P., & Nikolić, D. (2011). An LCD monitor with sufficiently precise timing for research in vision. *Frontiers in Human Neuroscience, 5*, 85.

Wang, C., Ulbert, I., Schomer, D. L., Marinkovic, K., & Halgren, E. (2005). Responses of human anterior cingulate cortex microdomains to error detection, conflict monitoring, stimulus-response mapping, familiarity, and orienting. *Journal of Neuroscience, 25*, 604-613.

Westbrook, G. L. (2000). Seizures and Epilepsy. In E. R. Kandel, J. H. Schwartz & T. M. Jessell (Eds.), *Principles of Neural Science* (4th ed., pp.910-935). New York: McGraw-Hill.

Yamaguchi, Y., Kuwano, S., & Tsujimoto, T. (1981). Properties of frontal theta bursts appearing on mental work. *Electroencephalography and Clinical Neurophysiology, 52*, S48.

Yamaguchi, Y., Ishihara, T., & Mizuki, Y. (1990a). The frontal midline theta rhythm. *Electroencephalography and Clinical Neurophysiology, 75*, S163.

Yamaguchi, Y., Tsuda, K., & Asada, H. (1990b). Topography of frontal midline theta rhythms during serial calculation. *Electroencephalography and Clinical Neurophysiology, 75*, S163.

Yordanova, J., & Kolev, V. (1997). Developmental changes in the theta response system: A single sweep analysis. *Journal of Psychophysiology, 12*, 113-126.

Yuval-Greenberg, S., Tomer, O., Keren, A. S., Nelken, I., & Deouell, L. Y. (2008). Transient induced gamma-band response in EEG as a manifestation of miniature saccades. *Neuron, 58*, 429-441.

◆ 8章
引用文献

Amassian, V. E., Cracco, R. Q., Maccabee, P. J., Cracco, J. B., Rundell, A., & Eberle, L. (1989). Suppression of visual perception by magnetic coil stimulation of human occipital cortex. *Electroencephalography and Clinical Neurophysiology, 74*, 458-462.

荒木 力 (2014). 決定版 MRI 完全解説 第2版 秀潤社

Ashburner, J. (2007). A fast diffeomorphic image registration algorithm. *NeuroImage, 38*(1), 95-113.

Ashburner, J. (2009). Computational anatomy with the SPM software. *Magnetic Resonance Imaging, 27*, 1163-1174.

Ashburner, J., & Friston, K. J. (2000). Voxel-Based Morphometry: The Methods. *NeuroImage, 11*(6), 805-821.

Ashburner, J., & Friston, K. J. (2005). Unified segmentation. *NeuroImage, 26*(3), 839-851.

Assaf, Y., & Pasternak, O. (2008). Diffusion tensor imaging (DTI): Based white matter mapping in brain research: A review. *Journal of Molecular Neuroscience, 34*(1), 51-61.

Barker, A. T., Jalinous, R., & Freeston, I. L. (1985). Non-invasive magnetic stimulation of human motor cortex. *Lancet, 8437*, 1106-1107.

Basser, P. J., Mattiello, J., & Le Bihan, D. (1994). MR diffusion tensor spectroscopy and imaging. *Biophysics Journal, 66*, 259-267.

Battelli, L., Alvarez, G. A., Carlson, T., & Pascual-Leone, A. (2009). The Role of the Parietal Lobe in Visual Extinction Studied with Transcranial Magnetic Stimulation. *Journal of Cognitive Neuroscience, 21*, 1946-1955.

Bjoertomt, O., Cowey, A., & Walsh, V. (2002). Spatial neglect in near and far space investigated by repetitive transcranial magnetic stimulation. *Brain, 125*, 2012-2022.

Buchsbaum, M. S., Tang, C. Y., Peled, S., Gudbjartsson, H., Lu, D., Hazlett, E. A., Downhill, J., Haznedar, M., Fallon, J. H., & Atlas, S. W. (1998). MRI white matter diffusion anisotropy and PET metabolic rate in schizophrenia. *Neuroreport, 9*(3), 425-430.

Buckner, R. L., Snyder, A. Z., Sanders, A. L., Raichle, M. E., & Morris, J. C. (2000). Functional brain imaging of young, nondemented, and demented older adults. *Journal of Cognitive Neuroscience, 12*, Suppl 2, 24-34.

Chance, B., Zhuang, Z., UnAh, C., Alter, C., & Lipton, L. (1993). Cognition-activated low-frequency modulation of light absorption in human brain. *Proceedings of the National Academy of Sciences of the United States of America, 90*(8), 3770-3774.

Day, B. L., Dressler, D., Maertens de Noordhout, A., Marsden, C. D., Nakashima, K., Rothwell, J. C., & Thompson, P. D. (1989). Electric and magnetic stimulation of human motor cortex: Surface EMG and single motor unit responses. *Journal of Physiology, 412*, 449-473.

Delpy, D. T., Cope, M., van der Zee, P., Arridge, S., Wray, S., & Wyatt, J. (1988) Estimation of optical pathlength through tissue from direct time of flight measurement. *Physics in Medicine and Biology, 33*(12), 1433-1442.

Di Lazzaro, V., & Ziemann, U. (2013). The contribution of transcranial magnetic stimulation in the functional evaluation of microcircuits in human motor cortex. *Frontiers in Neural Circuits, 7*, 18. doi: 10.3389/fncir.2013.00018

Fertonani, A., Pirulli, C., & Miniussi, C. (2011). Random noise stimulation improves neuroplasticity in perceptual learning. *Journal of Neuroscience, 31*, 15416-15423.

Fox, D. (2011). Brain Buzz. *Nature, 472*, 156-158.

Fujiki, M., & Steward, O. (1997). High frequency transcranial magnetic stimulation mimics the effects of ECS in upregulating astroglial gene expression in the murine CNS. *Molecular Brain Research, 44*, 301-308.

Fujiwara, K., Oogane, M., Nishikawa, T., Naganuma, H., & Ando, Y. (2013). Detection of sub-nano-tesla magnetic field by integrated magnetic tunnel junctions with bottom synthetic antiferro-coupled free layer. *Japanese Journal of Applied Physics, 52*, 04CM07.

Gao, J. H., & Liu, H. L. (2012). Inflow effects on functional MRI. *NeuroImage, 62*(2), 1035-1039.

George, M. S., Wassermann, E. M., Williams, W. A., Callahan, A., Ketter, T. A., Basser, P., Hallett, M., & Post, R. M. (1995). Daily repetitive transcranial magnetic stimulation (rTMS) improves mood in depression. *NeuroReport, 6*, 1853-1856.

Gratton, G., Corballis, P. M., Cho, E., Fabiani, M., & Hood, D. C. (1995). Shades of gray matter: Noninvasive optical images of human brain responses during visual stimulation. *Psychophysiology, 32*(5), 505-509.

Gross, M., Nakamura, L., Pascual-Leone, A., & Fregni, F. (2007). Has repetitive transcranial magnetic stimulation (rTMS) treatment for depression improved? A systematic review and meta-analysis comparing the recent vs. the earlier rTMS studies. *Acta Psychiatrica Scandinavica, 116*, 165-173.

Hämäläinen, M., Hari, R., Ilmoniemi, R. J., Knuutila, J., & Lounasmaa, O. V. (1993). Magnetoencephalography-theory, instrumentation, and applications to noninvasive studies of the working human brain. *Reviews of Modern Physics, 65*(2), 413-497.

Hari, R., Hämäläinen, H., Hämäläinen, M., Kekoni, J., Sams, M., & Tiihonen, J. (1990). Separate finger representations at the human second somatosensory cortex. *Neuroscience, 37*(1), 245-249.

Hari, R., & Kujala, M. V. (2009). Brain basis of human social interaction: From concepts to brain imaging. *Physiological Reviews, 89*(2), 453-479.

Hari, R. (1990). The neuromagnetic method in the study of the human auditory cortex. In M. Hoke (Ed.), *Auditory evoked magnetic fields and electric potentials* (Advances in Audiology, vol.6, pp.222-282). Basel: Karger.

Hari, R., Karhu, J., Hämäläinen, M., Knuutila, J., Salonen, O., Sams, M., & Vilkman, V. (1993). Functional organization of the human first and second somatosensory cortices: A neuromagnetic study. *European Journal of Neuroscience, 5*(6), 724-734.

Hari, R., & Salmelin, R. (2012). Magnetoencephalography: From SQUIDs to neuroscience. Neuroimage 20th anniversary special edition. *Neuroimage, 61*(2), 386-396.

Haxby, J. V., Gobbini, M. I., Furey, M. L., Ishai, A., Schouten, J. L., & Pietrini, P. (2001). Distributed and overlapping representations of faces and objects in ventral temporal cortex. *Science, 293*(5539), 2425-2430.

Hayashi, T., & Onoe, H. (2013). Neuroimaging for optimization of stem cell therapy in Parkinson's disease. *Expert Opinion on Biological Therapy, 13*(12), 1631-1638.

Honey, C. J., Sporns, O., Cammoun, L., Gigandet, X., Thiran, J. P., Meuli, R., & Hagmann, P. (2009). Predicting human resting-state functional connectivity from structural connectivity. *Proceedings of the National Academy of Sciences of the United States of America, 106*(6), 2035-2040.

Hoshi, Y., & Tamura, M. (1993). Detection of dynamic changes in cerebral oxygenation coupled to neuronal function during mental work in man. *Neuroscience letters 150*(1), 5-8.

Hyder, F., & Rothman, D. L. (2010). Neuronal correlate of global BOLD signal fluctuations at rest: Err on the side of baseline. *Proceedings of the National Academy of Sciences, 107*, 10773-10774.

Jobsis, F. F. (1977). Noninvasive, infrared monitoring of cerebral and myocardial oxygen sufficiency and circulatory parameters. *Science, 198*(4323), 1264-1267.

Jobsis-Vander Vliet, F. F. (1985). Non-invasive, near infrared monitoring of cellular oxygen sufficiency in vivo. *Advances in experimental medicine and biology, 191*, 833-841.

Kampe, K. K., Jones, R. A., & Auer, D. P. (2000). Frequency dependence of the functional MRI response after electrical median nerve stimulation. *Human Brain Mapping, 9*(2), 106-114.

Kanai, R., Chaieb, L., Antal, A., Walsh, V., & Paulus, W. (2008). Frequency-dependent electrical stimulation of the visual cortex. *Current Biology, 18*, 1839-1843.

Kanai, R., & Rees, G. (2011). The structural basis of inter-individual differences in human behaviour and cognition. *Nature Reviews Neuroscience, 12*(4), 231-242.

Kar, K., & Krekelberg, B. (2012). Transcranial electrical stimulation over visual cortex evokes phosphenes with a retinal origin. *Journal of Neurophysiology, 108*, 2173-2178.

Kato, T., Kamei, A., Takashima, S., & Ozaki, T. (1993) Human visual cortical function during photic stimulation monitoring by means of near-infrared spectroscopy. *Journal of cerebral blood flow and metabolism: Official Journal of the International Society of Cerebral Blood Flow and Metabolism, 13*(3), 516-520. doi: 10.1038/jcbfm.1993.66

Kida, T., Inui, K., Wasaka, T., Akatsuka, K., Tanaka, E., & Kakigi, R. (2007). Time-varying cortical activations related to visual-tactile cross-modal links in spatial selective attention. *Journal of Neurophysiology, 97*(5), 3585-3596.

Klunk, W. E., Engler, H., Nordberg, A., Wang, Y., Blomqvist, G., Holt, D. P., Bergstrom, M., Savitcheva, I., Huang, G. F., Estrada, S., Ausen, B., Debnath, M. L., Barletta, J., Price, J. C., Sandell, J., Lopresti, B. J., Wall, A., Koivisto, P., Antoni, G., Mathis, C. A., & Langstrom, B. (2004). Imaging brain amyloid in Alzheimer's disease with Pittsburgh Compound-B. *Annals of Neurology, 55*(3), 306-319.

小林哲生（2011）．高感度光ポンピング原子磁気センサ　応用物理学会誌，*80*(3), 211-215.

Koch, M. A., Norris, D. G., & Hund-Georgiadis, M. (2002). An investigation of functional and anatomical connectivity using magnetic resonance imaging. *NeuroImage, 16*(1), 241-250.

Kohno, S., Miyai, I., Seiyama, A., Oda, I., Ishikawa, A., Tsuneishi, S., Amita, T., & Shimizu, K. (2007) Removal of the skin blood flow artifact in functional near-infrared spectroscopic imaging data through independent component analysis. *Journal of Biomedical Optics, 12*(6), 062111. doi: 10.1117/1.2814249

Kosslyn, S. M., Pascual-Leone, A., Felician, O., Camposano, S., Keenan, J. P., Thompson, W. L., Ganis, G., Sukel, K. E., & Alpert, N. M. (1999). The role of area 17 in visual imagery: Convergent evidence from PET and rTMS. *Science, 284*, 167-170.

Kubicki, M., Park, H., Westin, C. F., Nestor, P. G., Mulkern, R. V., Maier, S. E., Niznikiewicz, M., Connor, E. E., Levitt, J. J., Frumin, M., Kikinis, R., Jolesz, F. A., McCarley, R. W., & Shenton, M. E. (2005). DTI and MTR abnormalities in schizophrenia: Analysis of white matter integrity. *NeuroImage, 26*(4), 1109-1118.

Le Bihan, D., Breton, E., Lallemand, D., Grenier, P., Cabanis, E., & Laval-Jeantet, M. (1986). MR Imaging of intravoxel incoherent motions: Application to diffusion and perfusion in neurologic disorders. *Radiology, 161*, 401-407.

Le Bihan, D., & Johansen-Berg, H. (2012). Diffusion MRI at 25: Exploring brain tissue structure and Function. *NeuroiImage, 61*(2), 324-341.

Logothetis, N. K., Pauls, J., Augath, M., Trinath, T., & Oeltermann, A. (2001). Neurophysiological investigation of the basis of the fMRI signal. *Nature, 412*(6843), 150-157.

Magistretti, P. J., & Pellerin, L. (1996). Cellular bases of brain energy metabolism and their relevance to functional brain imaging: Evidence for a prominent role of astrocytes. *Cerebral Cortex, 6*(1), 50-61.

Maki, A., Yamashita, Y., Ito, Y., Watanabe, E., Mayanagi, Y., & Koizumi, H. (1995). Spatial and temporal analysis of human motor activity using noninvasive NIR topography. *Medical Physics, 22*(12), 1997-2005.

Marshall, L., Helgadóttir, H., Mölle, M., & Born, J. (2006). Boosting slow oscillations during sleep potentiates memory. *Nature, 444*, 610-613.

Massimini, M., Ferrarelli, F., Huber, R., Esser, S. K., Singh, H., & Tononi, G. (2005). Breakdown of cortical effective connectivity during sleep. *Science, 309*, 2228-2232.

松本英之・宇川義一・臨床神経生理学会脳刺激の安全性に関する委員会（2011）．磁気刺激法の安全性に関するガイドライン　臨床神経生理学, 39, 34-45.

May, A., & Gaser, C. (2006). Magnetic resonance-based morphometry: A window into structural plasticity of the brain. *Current Opinion in Neurology, 19*, 407-411.

Mechelli, A., Price, C. J., Friston, K. J., & Ashburner, J. (2005). Voxel-based morphometry of the human brain: Methods and applications. *Current Medical Imaging Reviews, 1*(2), 105-113.

Merton, P. A., & Morton, H. B. (1980). Stimulation of the cerebral cortex in the intact human subject. *Nature, 285*, 227-227.

Mizuma, H., Shukuri, M., Hayashi, T., Watanabe, Y., & Onoe, H. (2010). Establishment of in vivo brain imaging method in conscious mice. *Journal of Nuclear Medicine, 51*(7), 1068-75.

宮内　哲（2013）．脳を測る―改訂 ヒトの脳機能の非侵襲的測定―　心理学評論, 56(3), 414-454.

Miyawaki, Y., Uchida, H., Yamashita, O., Sato, M. A., Morito, Y., Tanabe, H. C., Sadato, N., & Kamitani, Y. (2008). Visual image reconstruction from human brain activity using a combination of multiscale local image decoders. *Neuron, 60*(5), 915-929.

Mori, S., Crain, B. J., Chacko, V. P., & Van Zijl, P. C. M. (1999). Three-dimensional tracking of axonal projections in the brain by magnetic resonance imaging. *Annals of Neurology, 45*(2), 265-269.

Mori, S., & Zhang, J. (2006). Principles of diffusion tensor imaging and its applications to basic neuroscience research. *Neuron, 51*, 527-539.

Mosso, A. (1880). Sulla Circolazione del Sangue nel Cervello dell'Uomo. Ricerche Sfigmografiche. *Mem Real Acc Lincei, 5*, 237-358.

Müller-Putz, G. R., & Pfurtscheller, G. (2008). Control of an electrical prosthesis with an SSVEP-based BCI, *IEEE Transactions on Biomedical Engineering, 55*(1), 361-364.

Muri, R. M., Vermersch, A. I., Rivaud, S., Gaymard, B., & Pierrot-Deseilligny, C. (1996). Effects of single-pulse transcranial magnetic stimulation over the prefrontal and posterior parietal cortices during memory-guided saccades in humans. *Journal of Neurophysiology, 76*, 3102-2106.

根本清貴（2013）．VBMの利点と問題点（特集 精神科領域における最近のMRIの進歩）　精神科, 22(4), 401-404.

Nitsche, M. A., & Paulus, W. (2000). Excitability changes induced in the human motor cortex by weak transcranial direct current stimulation. *Journal of Physiology, 527*, 633-639.

Nitsche, M. A., Cohen, L. G., Wassermann, E. M., Priori, A., Lang, N., Antal, A., Paulus, W., Hummel, F., Boggio, P. S., Fregni, F., & Pascual-Leone, A. (2008). Transcranial direct current stimulation: State of the art 2008. *Brain Stimulation, 1*, 206-223.

Onoda, K., Okamoto, Y., Toki, S., Ueda, K., Shishida, K., Kinoshita, A., Yoshimura, S., Yamashita, H., & Yamawaki, S. (2008). Anterior cingulate cortex modulates preparatory activation during certain anticipation of negative picture. *Neuropsychologia, 46*(1), 102-110.

O'Reardon, J. P., Solvason, H. B., Janicak, P. G., Sampson, S., Isenberg, K. E., Nahas, Z., McDonald, W. M., Avery, D., Fitzgerald, P. B., Loo, C., Demitrack, M. A., George, M. S., & Sackeim, H. A. (2007). Efficacy and safety of transcranial magnetic stimulation in the acute treatment of major depression: A multisite randomized controlled trial. *Biological Psychiatry, 62*, 1208-1216.

Pantev, C., Bertrand, O., Eulitz, C., Verkindt, C., Hampson, S., Schuierer, G., & Elbert, T. (1995). Specific tonotopic organizations of different areas of the human auditory cortex revealed by simultaneous magnetic and electric recordings. *Electroencephalography and Clinical Neurophysiology, 94*(1), 26-40.

Pascual-Leone, A., Valls-Solé, J., Wassermann, E. M., & Hallett, M. (1994). Responses to rapid-rate transcranial magnetic stimulation of the human motor cortex. *Brain, 117*, 847-858.

Pascual-Leone, A., Walsh, V., & Rothwell, J. (2000). Transcranial magnetic stimulation in cognitive neuroscience: Virtual lesion, chronometry, and functional connectivity. *Current Opinion in Neurobiology, 10*, 232-237.

Polimeni, J. R., Fischl, B., Greve, D. N., & Wald, L. L. (2010). Laminar analysis of 7T BOLD using an imposed spatial activation pattern in human V1. *NeuroImage*, *52*(4), 1334-46.

Priori, A., Bertolasi, L., Rothwell, J. C., Day, B. L., & Marsden, C. D. (1993). Some saccadic eye movements can be delayed by transcranial magnetic stimulation of the cerebral cortex in man. *Brain*, *116*, 355-367.

Priori, A., Berardelli, A., Rona, S., Accornero, N., & Manfredi, M. (1998). Polarization of the human motor cortex through the scalp. *NeuroReport*, *9*, 2257-2260.

Raichle, M. E., & Snyder, A. Z. (2007). A default mode of brain function: A brief history of an evolving idea. *NeuroImage*, *37*(4), 1083-90; discussion 1097-9.

臨床神経生理学会脳刺激法に関する委員会（2011）．経頭蓋直流電気刺激（transcranial direct current stimulation: tDCS）の安全性について　臨床神経生理学，*39*, 59-60.

Rossi, S., Hallett, M., Rossini, P. M., & Pascual-Leone, A. (2009). Safety of TMS Consensus Group. Safety, ethical considerations, and application guidelines for the use of transcranial magnetic stimulation in clinical practice and research. *Clinical Neurophysiology*, *120*, 2008-2039.

Roth, Y., Zangen, A., & Hallett, M. (2002). A coil design for transcranial magnetic stimulation of deep brain regions. *Journal of Clinical Neurophysiology 19*, 361-370.

Saager, R. B., & Berger, A. J. (2005). Direct characterization and removal of interfering absorption trends in two-layer turbid media. *Journal of the Optical Society of America A, Optics, image science, and vision*, *22*(9), 1874-1882.

Scholkmann, F., Spichtig, S., Muehlemann, T., & Wolf, M. (2010). How to detect and reduce movement artifacts in near-infrared imaging using moving standard deviation and spline interpolation. *Physiological measurement*, *31*(5), 649-662. doi: 10.1088/0967-3334/31/5/004

Schroeter, M. L., Bucheler, M. M., Muller, K., Uludag, K., Obrig, H., Lohmann, G., Tittgemeyer, M., Villringer, A., & von Cramon, D. Y. (2004). Towards a standard analysis for functional near-infrared imaging. *NeuroImage*, *21*(1), 283-290.

Roy, C. S., & Sherrington, C. S. (1890). On the Regulation of the Blood-supply of the Brain. *Journal of Physiology*, *11*, 85-108.

Shibata, K., Watanabe, T., Sasaki, Y., & Kawato, M. (2011). Perceptual learning incepted by decoded fMRI neurofeedback without stimulus presentation. *Science*, *334*(6061), 1413-1415.

Sorensen, A. G., Wu, O., Copen, W. A., Davis, T. L., Gonzalez, R. G., Koroshetz, W. J., Reese, T. G., Rosen, B. R., Wedeen, V. J., & Weisskoff, R. M. (1999). Human acute cerebral ischemia: Detection of changes in water diffusion anisotropy by using MR imaging. *Radiology*, *212*(3), 785-792.

田中慶太・荒木　亮・片山翔太・栗城眞也・内川義則（2013）．情動に伴う脳磁界視覚誘発定常応答の変調　生体医工学，*51*(5), 285-291.

Tanaka, K., Kuriki, S., Nemoto, I., & Uchikawa, Y. (2013). Auditory steady-state responses in magnetoencephalogram and electroencephalogram: phenomena, mechanisms, and applications, *Advanced Biomedical Engineering*, *2*, 55-62.

田中悟志・渡邊克己（2009）．経頭蓋直流電気刺激法―ヒト認知神経科学への応用―　脳と神経，*61*, 53-64.

Thilo, K. V., Santoro, L., Walsh, V., & Blakemore, C. (2004). The site of saccadic suppression. *Nature Neuroscience*, *7*, 13-14.

Toussaint, P. J., Perlbarg, V., Bellec, P., Desarnaud, S., Lacomblez, L., Doyon, J., Habert, M. O., & Benali, H. (2012). Resting state FDG-PET functional connectivity as an early biomarker of Alzheimer's disease using conjoint univariate and independent component analyses. *Neuroimage*, *63*(2), 936-46.

Ueno, S., Tashiro, T., & Harada, K. (1998). Localized stimulation of neural tissues in the brain by means of a paired configuration of time-varying magnetic fields. *Journal of Applied Physics*, *64*, 5862.

Uutela, K., Hämäläinen, M., & Somersalo, E. (1999). Visualization of magnetoencephalographic data using minimum current estimates, *Neuroimage*, *10*(2), 173-180.

Villringer, A., Planck, J., Hock, C., Schleinkofer, L., & Dirnagl, U. (1993). Near infrared spectroscopy (NIRS): A new tool to study hemodynamic changes during activation of brain function in human adults. *Neuroscience Letters*, *154*(1-2), 101-104.

Walsh, V., & Cowey, A. (2000). Transcranial magnetic stimulation and cognitive neuroscience. *Nature Reviews Neurosciences*, *1*, 73-79.

Wehrl, H. F., Wiehr, S., Divine, M. R., Gatidis, S., Gullberg, G. T., Maier, F. C., Rolle, A. M., Schwenck, J., Thaiss, W. M., & Pichler, B. J. (2014). Preclinical and Translational PET/MR Imaging. *Journal of Nuclear Medicine*, *55*, Suppl2, 11-15S.

Woollett, K., & Maguire, E. A. (2011). Acquiring "the Knowledge" of London's layout drives structural brain changes. *Current Biology*, *21*, 2109-2114.

Yacoub, E., Harel, N., & Ugurbil, K. (2008). High-field fMRI unveils orientation columns in humans. *Proceedings of the National Academy of Sciences of the United States of America*, *105*(30), 10607-10612.

Yakushev, I., Chételat, G., Fischer, F. U., Landeau, B., Bastin, C., Scheurich, A., Perrotin, A., Bahri, M. A., Drzezga, A., Eustache, F., Schreckenberger, M., Fellgiebel, A., & Salmon, E. (2013). Metabolic and structural connectivity within the default mode network relates to working memory performance in young healthy adults. *Neuroimage*, *79*, 184-190.

Zangen, A., Roth, Y., Voller, B., & Hallett, M. (2005). Transcranial magnetic stimulation of deep brain regions: Evidence for efficacy of the H-coil. *Clinical Neurophysiology*, *116*, 775-779.

Zhang, Q., Brown, E. N., & Strangman, G. E. (2007). Adaptive filtering for global interference cancellation and real-time recovery of evoked brain activity: A Monte Carlo simulation study. *Journal of Biomedical Optics*, *12*(4), 044014. doi: 10.1117/1.2754714

◆9章
引用文献

Allen, J. (2007). Photoplethysmography and its application in clinical physiological measurement. *Physiological Measurement*, *28*(3), R1-39.

Allen, M. T., & Matthews, K. A. (1997). Hemodynamic responses to laboratory stressors in children and adolescents: The influences of age, race, and gender. *Psychophysiology*, *34*(3), 329-339.

Backs, R. W., & Seljos, K. A. (1994). Metabolic and cardiorespiratory measures of mental effort: The effects of level of difficulty in working memory task. International *Journal of Psychophysiology*, *16*, 57-68.

Berntson, G. G., Bigger, J. T. Jr., Eckberg, D. L., Grossman, P., Kaufmann, P. G., Malik, M., Nagaraja, H. N., Porges, S. W., Saul, J. P., Stone, P. H., & van der Molen, M. W. (1997). Heart rate variability: Origins, methods, and interpretive caveats. *Psychophysiology, 34*(6), 623-648.

Berntson, G. G., Cacioppo, J. T., & Fieldstone, A. (1996). Illusions, arithmetic, and the bidirectional modulation of vagal control of the heart. *Biological Psychology, 44*, 1-17.

Berntson, G. G., Cacioppo, J. T., & Quigley, K. S. (1993). Respiratory sinus arrhythmia: Autonomic origins, physiological mechanisms, and psychophysiological implications. *Psychophysiology, 30*, 183-196.

Bloom, L. J., & Trautt, G. M. (1977). Finger pulse volume as a measure of anxiety: Further evaluation. *Psychophysiology, 14*(6), 541-544. doi: 10.1111/j.1469-8986.1977.tb01195.x

Bradley, M. M., Codispoti, M., Cuthbert, B. N., & Lang, P. J. (2001). Emotion and motivation I: Defensive and appetitive reactions in picture processing. *Emotion, 1*, 276-299.

Campbell, B. A., Wood, G., & McBride, T. (1997). Origins of orienting and defensive responses: An evolutionary perspective. In P. J. Lang, R. F. Simons & M. T. Balaban (Eds.), *Attention and orienting: Sensory and motivational processes*. (pp.41-67) Hillsdale, NJ: Erlbaum.

Chida, Y., & Hamer, M. (2008). Chronic psychosocial factors and acute physiological responses to laboratory-induced stress in healthy populations: A quantitative review of 30 years of investigations. *Psychological Bulletin, 134*(6), 829-885.

Chida, Y., & Steptoe, A. (2010). Greater cardiovascular responses to laboratory mental stress are associated with poor subsequent cardiovascular risk status: A meta-analysis of prospective evidence. *Hypertension, 55*(4), 1026-1032.

Chin, K. Y., & Panerai, R. B. (2013). A new noninvasive device for continuous arterial blood pressure monitoring in the superficial temporal artery. *Physiological Measurement, 34*(4), 407-421. doi: 10.1088/0967-3334/34/4/407

Furedy, J. J. (1968). Human orienting reaction as a function of electrodermal versus plethysmographic response modes and single versus alternating stimulus series. *Journal of Experimental Psychology, 77*(1), 70-78. doi: 10.1037/h0025803

Giltvedt, J., Sira, A., & Helme, P. (1984). Pulsed multifrequency photoplethysmograph. *Medical & Biological Engineering & Computing, 22*(3), 212-215.

Gregg, M. E., Matyas, T. A., & James, J. E. (2002). A new model of individual differences in hemodynamic profile and blood pressure reactivity. *Psychophysiology, 39*(1), 64-72.

Gregoski, M. J., Mueller, M., Vertegel, A., Shaporev, A., Jackson, B. B., Frenzel, R. M., Sprehn, S. M., & Treiber, F. A. (2012). Development and validation of a smartphone heart rate acquisition application for health promotion and wellness telehealth applications. *International Journal of Telemedicine and Applications, 2012*, 696324.

Grossman, P., & Svebak, K. (1987). Respiratory Sinus Arrhythmia as an Index of Parasympathetic Cardiac Control During Active Coping. *Psychophysiology, 24*, 228-235.

Grossman, P., & Wientjes, K. (1986). Respiratory sinus arrhythmia and parasympathetic cardiac control: Some basic issues concerning quantification, application and implications. In K. J. P. Grossman & D. Vaitl (Eds.), *Cardiorespiratory and Cardiosomatic Psychophysiology*. New York: Plenum. pp.117-138.

Hansen, A. L., Johnsen, B. H., & Thayer, J. F. (2003). Vagal influence on working memory and attention. *International Journal of Psychophysiology, 48*, 263-274.

Hayes, M. J., & Smith, P. R. (2001). A new method for pulse oximetry possessing inherent insensitivity to artifact. *IEEE Transactions on Biomedical Engineering, 48*(4), 452-461.

廣田昭久・澤田幸展・田中豪一・長野祐一郎・松田いづみ・高澤則美（2003）．新たな精神生理学的虚偽検出の指標規準化脈波容積の適用可能性　生理心理学と精神生理学, *21*, 217-230.

北海道心臓協会（2014a）．心臓　Retrieved Nov. 11, 2014, Retrieved from http://www.aurora-net.or.jp/life/heart/freeillust/a01.html　2017 年 1 月 12 日閲覧

北海道心臓協会（2014b）．体の血液循環　Retrieved Nov. 11, 2014, Retrieved from http://www.aurora-net.or.jp/life/heart/freeillust/a03.html　2017 年 1 月 12 日閲覧

Inamori, Y., & Nishimura, K. (1995). Cardiovascular changes during different mental load tasks. *Japanese Journal of Biofeedback Research, 22*, 19-22.

Julien, C. (2006). The enigma of Mayer waves: Facts and models. *Cardiovascular Research, 70*(1), 12-21.

景山　茂（1983）．心電図 RR 間隔の変動と自律神経系—生理学的意義と糖尿病性自律神経障害への応用—　神経内科, *19*, 119-126.

Kamal, A. A., Harness, J. B., Irving, G., & Mearns, A. J. (1989). Skin photoplethysmography: a review. *Computer Methods and Programs in Biomedicine, 28*(4), 257-269.

Kasprowicz, A. L., Manuck, S. B., Malkoff, S. B., & Krantz, D. S. (1990). Individual-differences in behaviorally evoked cardiovascular-response - temporal stability and hemodynamic patterning. *Psychophysiology, 27*(6), 605-619.

片山俊郎（2010）．観血式血圧計　石原　謙・日本臨床工学技士教育施設協議会（編）　臨床工学講座　生体計測装置学（pp.103-111）医歯薬出版

Katona, P. G., & Jih, F. (1975). Respiratory sinus arrhythmia: Noninvasive measure of parasympathetic cardiac control. *Journal of Applied Physiolgy, 39*, 801-805.

小林孝寛・吉本かおり・藤原修治（2009）．特集ポリグラフ検査—実務ポリグラフ検査の現状—　生理心理学と精神生理学, *27*, 5-15.

Lacey, B. C., & Lacey, J. I. (1974). Studies of heart rate and other bodily processes in sensorimotor behavior. In P. A. Obrist, A. H. Black, J. Brenner & L. V. DiCara (Eds.), *Cardiovascular Psychophysiology*. Chicago: Aldine. pp.538-564.

Lee, J., Matsumura, K., Yamakoshi, T., Rolfe, P., Tanaka, N., Kim, K., & Yamakoshi, K. (2013). Validation of normalized pulse volume in the outer ear as a simple measure of sympathetic activity using warm and cold pressor tests: Towards applications in ambulatory monitoring. *Physiological Measurement, 34*(3), 359-375.

Lee, J., Matsumura, K., Yamakoshi, K., Rolfe, P., Tanaka, S., & Yamakoshi, T. (2013). Comparison between red, green and blue light reflection photoplethysmography for heart rate monitoring during motion. *Conference of the IEEE Engineering in Medicine and Biology Society, 2013,* 1724-1727.

Light, K. C., & Obrist, P. A. (1983). Task difficulty, heart rate reactivity, and cardiovascular responses to an appetitive reaction time task. *Psychophysiology, 20,* 301-312.

Maeda, Y., Sekine, M., & Tamura, T. (2011). Relationship between measurement site and motion artifacts in wearable reflected photoplethysmography. *Journal of Medical Systems, 35*(5), 969-976.

Manuck, S. B., Kasprowicz, A. L., & Muldoon, M. F. (1990). Behaviorally-evoked cardiovascular reactivity and hypertension: Conceptual issues and potential associations. *Annals of Behavioral Medicine, 12,* 17-29.

Manuck, S. B. (1994). Cardiovascular reactivity and cardiovascular disease: Once more unto the breach. *International Journal of Behavioral Medicine, 1,* 4-31.

Manuck, S. B., Kaplan, J. R., & Clarkson, T. B. (1983). Behaviorally induced heart rate reactivity and atherosclerosis in cynomolgus monkeys. *Psychosomatic Medicine, 45*(2), 95-108.

Martinez-Perez, B., de la Torre-Diez, I., Lopez-Coronado, M., & Herreros-Gonzalez, J. (2013). Mobile apps in cardiology: Review. *JMIR Mhealth Uhealth, 1*(2), e15.

松村健太・李知炯・山越健弘（2016）．スマートフォン式光電容積脈波測定法―日常生活中における有効利用へ向けて― 生体医工学，*54*(3), 120-128.

Matsumura, K., Rolfe, P., Lee, J., & Yamakoshi, T. (2014). iPhone 4s photoplethysmography: Which light color yields the most accurate heart rate and normalized pulse volume using the iPhysioMeter Application in the presence of motion artifact? *PLOS One, 9*(3), e91205.

松村健太・澤田幸展（2004）．精神的ストレス負荷時の血行力学的な反応パターンとコントロール可能性 生理心理学と精神生理学，*22*(3), 247-255.

松村健太・澤田幸展（2009）．2種類の暗算課題遂行時における心血管反応 心理学研究，*79*(6), 473-480.

Matsumura, K., Shimizu, K., Rolfe, P., Kakimoto, M., & Yamakoshi, T. (2018). Inter-method reliability of pulse volume related measures derived using finger-photoplethysmography across sensor positions and light intensities. *Journal of Psychophysiology, 32*(4), 182-190.

Matsumura, K., & Yamakoshi, T. (2013). iPhysioMeter: A new approach for measuring heart rate and normalized pulse volume using only a smartphone. *Behavior Research Methods, 45*(4), 1272-1278.

Matsumura, K., Yamakoshi, T., Noguchi, H., Rolfe, P., & Matsuoka, Y. (2012). Fish consumption and cardiovascular response during mental stress. *BMC Research Notes, 5,* 288.

Matsumura, K., Rolfe, P., & Yamakoshi, T. (2015). iPhysioMeter: A smartphone photoplethysmograph for measuring various physiological indices. *Methods in Molecular Biology, 1256,* Chapter 21, 305-326, New York: Springer. doi: 10.1007/978-1-4939-2172-0_21

Matsumura, K., Yamakoshi, T., Rolfe, P., & Yamakoshi, K. (2017). Advanced Volume-Compensation Method for Indirect Finger Arterial Pressure Determination: Comparison with Brachial Sphygmomanometry. *IEEE Transactions on Biomedical Engineering, 64*(5), 1131-1137.

Middleton, H. C., Sharma, A., Agouzoul, D., Sahakian, B. J., & Robbins, T. W. (1999). Contrast between the cardiovascular concomitants of tests of planning and attention. *Psychophysiology, 36,* 610-618.

Miller, S. B., & Ditto, B. (1989). Individual differences in heart rate and peripheral vascular responses to an extended aversive task. *Psychophysiology, 26*(5), 506-513.

長野祐一郎（2004）．競争型鏡映描写課題における心臓血管反応 生理心理学と精神生理学，*22,* 237-246.

長野祐一郎（2005）．評価的観察が精神課題遂行中の心臓血管反応に与える影響 心理学研究，*76*(3), 252-259.

長野祐一郎（2012）．フィジカルコンピューティング機器を用いたストレス反応の測定 ストレス科学研究，*27,* 80-87.

長野祐一郎・児玉昌久（2005）．支援的な他者の存在が心臓血管反応に与える影響 生理心理学と精神生理学，*23,* 197-205.

野川雅道・山越健弘・松村健太・田中志信・小川充洋・本井幸介・山越憲一（2011）．圧―容積曲線変曲点に着目した容積振動型収縮期・拡張期血圧決定法の提案 生体医工学，*49*(6), 968-976.

Obrist, P. A., Gaebelein, C. J., Teller, E. S., Langer, A. W., Grignolo, A., Light, K. C., & McCubbin, J. A. (1978). The relationship among heart rate, caratid dP/dt, and blood pressure in humans as a function of the type of stress. *Psychophysiology, 15,* 102-115.

Obrist, P. A. (1981). *Cardiovascular psychophysiology: A Perspective.* New York: Plenum Press.

O'Rourke, M. F., & Hashimoto, J. (2007). Mechanical factors in arterial aging: A clinical perspective. *Journal of the American College of Cardiology, 50*(1), 1-13.

Obrist, P. A. (1981). *Cardiovascular psychophysiology: A perspective.* New York: Plenum Press.

小川時洋・敦賀麻理子・小林孝寛・松田いづみ・廣田昭久・鈴木直人（2007）．覚醒水準が隠匿情報検査時の生理反応に与える影響 心理学研究，*78,* 407-415.

岡田博匡（1984）．循環系 中山 沃（編） 図説 生理学テキスト（p.163）中外医学社

Richards, J. E., & Casey, B. J. (1991). Heart rate variability during attention phases in young infants. *Psychophysiology, 28,* 43-53.

榊原雅人（2014）．心肺系休息機能と心拍変動バイオフィードバック バイオフィードバック研究，*41,* 5-10.

佐藤正明（1997）．生体器官の構造と機能 日本機会学会（編） 生体機械工学 *Biomechanical Engineering: A First Course*（pp.70-89）日本機会学会

澤田幸展（1998）．血行力学的反応 宮田 洋（編） 新生理心理学1巻（pp.172-195）北大路書房

澤田幸展（2001）．一過性ストレス―心臓血管系血行動態を強調した視点― 心理学評論，*44,* 328-348.

澤田幸展（2006）．血圧反応性再訪 生理心理学と精神生理学，*24,* 257-271.

Sawada, Y., Nagano, Y., & Tanaka, G. (2002). Mirror tracing and the provocation of vascular-dominant reaction pattern through heightened attention. *Journal of Psychophysiology, 16*(4), 201-210.

Sawada, Y., Tanaka, G., & Yamakoshi, K. (2001). Normalized pulse volume (NPV) derived photo-plethysmographically as a more valid measure of the finger vascular tone. *International Journal of Psychophysiology*, *41*(1), 1-10.

Schwartz, A. R., Gerin, W., Davidson, K. W., Pickering, T. G., Brosschot, J. F., Thayer, J. F., Christenfeld, N., & Linden, W. (2003). Toward a causal model of cardiovascular responses to stress and the development of cardiovascular disease. *Psychosomatic Medicine*, *65*(1), 22-35.

Sherwood, A., Allen, M. T., Fahrenberg, J., Kelsey, R. M., Lovallo, W. R., & van Doornen, L. J. (1990). Methodological guidelines for impedance cardiography. *Psychophysiology*, *27*(1), 1-23.

Sherwood, A., Girdler, S. S., Bragdon, E. E., West, S. G., Brownley, K. A., Hinderliter, A. L., & Light, K. C. (1997). Ten-year stability of cardiovascular responses to laboratory stressors. *Psychophysiology*, *34*(2), 185-191.

Skantze, H. B., Kaplan, J., Pettersson, K., Manuck, S., Blomqvist, N., Kyes, R., Williams, K., & Bondjers, G. (1998). Psychosocial stress causes endothelial injury in cynomolgus monkeys via beta1-adrenoceptor activation. *Atherosclerosis*, *136*(1), 153-161. doi: 10.1016/S0021-9150(97)00202-5

Smith, T. W., Baldwin, M., & Christensen, A. J. (1990). Interpersonal influence as active coping: Effects of task difficulty on cardiovascular reactivity. *Psychophysiology*, *27*, 429-437.

Smith, T. W., Houston, B. K., & Stucky, R. J. (1985). Effects of threat of shock and control over shock on finger pulse volume, pulse rate and systolic blood pressure. *Biological Psychology*, *20*(1), 31-38. doi: 10.1016/0301-0511(85)90039-0

Suess, P. E., Porges, S. W., & Plude, D. J. (1994). Cardiac vagal tone and sustained attention in school-age children. *Psychophysiology*, *31*, 17-22.

Tanaka, G., & Sawada, Y. (2003). Examination of normalized pulse volume-blood volume relationship: Toward a more valid estimation of the finger sympathetic tone. *International Journal of Psychophysiology*, *48*(3), 293-306.

Tanaka, S., Nogawa, M., Yamakoshi, T., & Yamakoshi, K. (2007). Accuracy assessment of a noninvasive device for monitoring beat-by-beat blood pressure in the radial artery using the volume-compensation method. *IEEE Transactions on Biomedical Engineering*, *54*(10), 1892-1895. doi: 10.1109/TBME.2007.894833

田中豪一・澤田幸展・藤井力夫（1994）．暗算と反応時間作業における心臓血管系ストレス反応の血行力学的対比　心理学研究，*64*(6), 442-450.

手塚洋介・敦賀麻理子・村瀬裕子・鈴木直人（2007）．認知的評価がネガティブ感情体験と心臓血管反応の持続に及ぼす影響　心理学研究，*78*(1), 42-50.

Thayer, J. F., & Lane, R. D. (2009). Claude Bernard and the heart-brain connection: Further elaboration of a model of neurovisceral integration. *Neuroscience & Biobehavioral Reviews*, *33*, 81-88.

Treiber, F. A., Kamarck, T., Schneiderman, N., Sheffield, D., Kapuku, G., & Taylor, T. (2003). Cardiovascular reactivity and development of preclinical and clinical disease states. *Psychosomatic Medicine*, *65*(1), 46-62.

Veldhuijzen van Zanten, J. J. C. S., De Boer, D., Harrison, L. K., Ring, C., Carroll, D., Willemsen, G., & De Geus, E. J. C. (2002). Competitiveness and hemodynamic reactions to competition. *Psychophysiology*, *39*, 759-766.

Weber, C. S., Thayer, J. F., Rudat, M., Wirtz, P. H., Zimmermann-Viehoff, F., Thomas, A., Perschel, F. H., Arck, P. C., & Deter, H. C. (2010). Low vagal tone is associated with impaired post stress recovery of cardiovascular, endocrine, and immune markers. *European Journal of Applied Physiology*. *109*, 201-211.

Wright, R. A., Contrada, R. J., & Patane, M. J. (1986). Task difficulty, cardiovascular response, and the magnitude of goal valence. *Journal of Personality and Social Psychology*, *51*, 837-843.

Yamakoshi, K., Shimazu, H., & Togawa, T. (1980). Indirect measurement of instantaneous arterial blood pressure in the human finger by the vascular unloading technique. *IEEE Transactions on Biomedical Engineering*, *27*(3), 150-155.

山越憲一・戸川達男（2000）．生体用センサと計測装置　コロナ社

◆ 10章
引用文献

Cohn, M. A., Rao, A. S., Broudy, M., Birch, S., Watson, H., Atkins, N., Davis, B., Stott, F. D., & Sackner, M. A. (1982). The respiratory inductive plethysmograph: A new non-invasive monitor of respiration. *Bulletin of European Physiopathology and Respiration*, *18*, 643-658.

Curzi-Dascalova, L., & Plassart, E. (1978). Respiratory and motor events in sleeping infants: Their correlation with thoracico-abdominal respiratory relationships. *Early Human Development*, *2*, 39-50.

Eichenwald, E. C., & Stark, A. R. (1993). Apnea of prematurity. In P. B. Koff, D. Eitzman & J. Neu (Eds.), *Neonatal and pediatric respiratory care* (2nd ed.). St. Louis, MO: Mosby. pp.178-185.

Goldfield, E. C., Schmidt, R. C., & Fitzpatrick, P. (1999). Coordination dynamics of abdomen and chest during infant breathing: A comparison of full-term and preterm infants at 38 weeks postconceptional age. *Ecological Psychology*, *11*, 209-232.

Haken, H. (1978). *Synergetics: An introduction* (2nd ed.). Berlin: Springer-Verlag. 牧島邦夫・小森尚志（訳）（1980）．協同現象の数理　東海大学出版会

Haken, H. (1983). *Advanced synergetics*. Berlin: Springer-Verlag. 斉藤信彦・小森尚志・長島知正（訳）（1986）．シナジェティックスの基礎　東海大学出版会

Haken, H., Kelso, J. A. S., & Bunz, H. (1985). A theoretical model of phase transitions in human hand movements. *Biological Cybernetics*, *51*, 347-356.

木間生夫（2009）．心身の調整と呼吸　心身健康科学，*5*, 1-7.

泉崎雅彦・木村　弘（2005）．呼吸の制御（呼吸はどのように調節されているか）　日本胸部外科学会・日本呼吸器学会・日本麻酔科学会　合同呼吸療法認定士認定委員会（編）　呼吸療法テキスト　改訂第2版（pp.12-16）克誠堂出版

柿崎藤泰・仲保　徹 (2009). 呼吸運動の仕組み　呼吸ケア, *7*, 883-887.

Kelso, J. A. S. (1995). *Dynamic patterns: The self-organization of brain and behavior*. Cambridge: MIT press.

Kelso, J. A. S., DelColle, J. D., & Schöner, G. (1990). Action-perception as a pattern formation process. In M. Jeannerod (Ed.), *Attention and*

performance XIII. (pp.139-169) Hillsdale, NJ: Erlbaum.
Konno, K., & Mead, J. (1967). Measurement of the separate volume changes of rib cage and abdomen during breathing. *Journal of Applied Physiology, 22*, 407-422.
黒原　彰・寺井堅祐・竹内裕美・梅沢章男（2001）．虚偽検出における呼吸系変容―裁決質問に対する抑制性呼吸の発現機序　生理心理学と精神生理学, *19*, 75-86.
桑平一郎（2010）．呼吸機能検査「原理の理解から実践と解釈まで」　スパイロメトリーとフローボリューム曲線　呼吸, *29*, 612-624.
Ley, R. (1985). Agoraphobia, the panic attack and the hyperventilation syndrome. *Behavior Research and Therapy, 23*, 79-81.
Mead, J., Peterson, N., Grimby, G., & Mead, J. (1967)Pulmonary ventilation measured from body surface movements. *Science, 156*, 1383-1384.
大久保輝男（2008）．肺機能検査機器　*Medical Techonology, 34*, 1648-1660.
Schmidt, R. C., & O'Brien, B. (1997). Evaluating the dynamics of unintended interpersonal coordination. *Ecological Psychology, 9*, 189-206.
Schöner, G., Haken, H., & Kelso, J. A. S. (1986). A stochastic theory of phase transitions in human hand movement. *Biological Cybernetics, 53*, 27-35.
高瀬弘樹・古山宣洋・三嶋博之・春木　豊（2003）．二者間の呼吸と体肢運動の協調　心理学研究, *74*, 36-44.
Takase, H., Mishima, H., & Haruki, Y. (2002). Coordination between thoracic and abdominal respiration in relaxed and stressed situations. *Japanese Health Psychology, 9*, 33-47.
高瀬弘樹・三嶋博之・春木　豊（2004）．呼吸と体肢運動の意図的協調―ダイナミカル・システム・アプローチからの検討―　認知心理学研究, *1*, 63-73.
寺井堅祐・竹内裕美・梅沢章男（2005）．呼吸セルフコントロールがストレス刺激に対する生理反応性に及ぼす効果　生理心理学と精神生理学, *23*, 207-215.
冨田忠雄・高井　章（2005）．生体機能の調節　生命維持機能の生理学―生きていくための体の働き―（pp.99-121）昭和堂
Turvey, M. T. (1990). Coordination. *American Psychologist, 45*, 938-953.
梅沢章男（1991）．ストレス刺激に対する呼吸活動の変容　生理心理学と精神生理学, *9*, 43-55.
West, J. B. (2008). *Respiratory Physiology: The essentials*. 8th ed. Philadelphia: Wolters Kluwer/Lippincott Williams & Wilkins. 桑平一郎（訳）（2009）．ウエスト呼吸生理学入門　メディカル・サイエンス・インターナショナル
Wientjes, C. J., Grossman, P., & Gaillard, A. W. (1998). Influence of drive and timing mechanisms on breathing pattern and ventilation during mental task performance. *Biological Psychology, 49*, 53-70.

◆11章
引用文献
Asahina, M., Suzuki, A., Mori, M., Kanesaka, T., & Hattori, T. (2003). Emotional sweating response in a patient with bilateral amygdala damage. *International Journal of Psychophysiology, 47*, 87-93.
Bonner, R., & Nossal, R. (1981). Model for laser Doppler measurements of blood flow in tissue. *Applied Optics, 20*(12), 2097-2107.
Boucsein, W. (1992). *Electrodermal Activity*. New York: Plenum Press.
Boucsein, W. (2012). *Electrodermal Activity* (2nd ed.). New York: Springer.
Boucsein, W., Fowles, D. C., Grimnes, S., Ben-Shakhar, G., Roth, W. T., Dawson, M. E., & Filion, D. L. (2012). Society for Psychophysiological Research ad hoc committee on electrodermal measurements Publication recommendations for electrodermal measurements. *Psychophysiology, 49*, 1017-1034.
Boudewyns, P. A. (1976). A comparison of the effects of stress vs. relaxation instruction on the finger temperature response. *Behavior Therapy, 7*, 54-67.
Briese, E. (1995). Emotional hyperthermia and performance in humans. *Physiology & Behavior, 58*, 615-618.
Bradley, M. M., & Lang, P. J. (2007). The International Affective Picture System (IAPS) in the Study of Emotion and Attention. In J. A. Coan & J. J. B. Allen (Eds.), *Handbook of emotion elicitation and assessment*. (pp.29-46) New York: Oxford University Press.
Coffman, J. D., & Cohen, A. S. (1971). Total and capillary fingertip blood flow in Raynaud's phenomenon. *The New England Journal of Medicine, 285*(5), 259-263.
Damasio, A. R. (1994). *Descartes' Error: Emotion, Reason, and the Human Brain*. New York: Grosset/Putnam.
Dawson, M. E., & Schell, A. M. (2002). What does electrodermal activeity tell us about prognosis in the schizophrenia spectrum? *Schizophrenia Research, 54*, 87-93.
Dawson, M. E., Schell, A. M., & Filion, D. L. (2007). The Electrodermal System. In J. Cacioppo, L. G. Tassinary & G. G. Berntson (Eds.), *Handbook of Psychophysiology* (pp.159-181) New York: Cambridge University Press.
Edelberg, R. (1972). Electric activity of the skin: Its measurement and uses in psychophysiology. In N. S. Greenfield & R. A. Sternbach (Eds.), *Handbook of Psychophysiology* (pp.367-418) New York.
Ekman, P., Levenson, R. W., & Friesen, W. V. (1983). Autonomic nervous system activity distinguishes among emotions. *Science, 221*, 1208-1210.
Fowles, D. C., Christie, M. J., Edelberg, R., Gring, W. W., Lykken, D. T., & Venables, P. H. (1981). Publication recommendations for electrodermal measurements. *Psychophysiology, 18*, 232-239.
Gauthier, J., Bois, R., Allaire, D., & Drolet, M. (1981). Evaluation of skin temperature biofeedback training at two different sites for migraine. *Journal of Behavioral Medicine*. Vol. *4*, Issue 4, 407-419.
Goodfield, M. J. D., Hume, A., & Rowell, N. R. (1990). The acute effects of cigarette smoking on cutaneous blood flow in smoking and non-smoking subjects with and without Raynaud's phenomenon. *British Journal of Rheumatology, 29*, 89-91.
Guyton, A. C., & Hall, J. E. (2006). *Textbook of Medical Physiology* (11th ed.). (p.891) Philadelphia: Elsevier Saunders.
端詰勝敬・小田原幸・奥平祐子・林　果林・天野雄一・吉内一浩・坪井康次（2008）．バイオフィードバック療法とリラクセーションとの併用

が奏功した片頭痛の一例　バイオフィードバック研究, 35(1), 41-46.
Higurashi, E., Sawada, R., & Ito, T. (2003). An integrated laser blood flowmeter. *Journal of Lightwave Technology*, Vol. 21, No. 3, 591-595.
日沖　求・野澤昭雄・水野統太・井出英人（2007）．時間的圧迫状況下におけるメンタルワークロードの生理心理評価　電気学会論文誌 C, 127(7), 1000-1006.
廣田昭久（1997）．末梢皮膚循環の計測とバイオフィードバック―生理学的機序からの方法論的提言―　バイオフィードバック研究, 24, 28-37.
廣田昭久・高澤則美（2002）．精神生理学的虚偽検出における末梢皮膚血流量　生理心理学と精神生理学, 20, 49-59.
本多麻子・山崎勝男（2010）．フットサルとサッカーの種目特性と生理反応の関連　白鷗大学教育学部論集, 4, 223-235.
本間研一（2005）．体温のリズム　山蔭道明（編）体温のバイオロジー―体温はなぜ37℃なのか―（pp.29-39）メディカル・サイエンス・インターナショナル
入來正躬（2005）．体温の調節と調節中枢　山蔭道明（編）体温のバイオロジー―体温はなぜ37℃なのか―（p.2-12）メディカル・サイエンス・インターナショナル
Johnson, J. M., Pérgola, P. E., Liao, F. K., Kellogg, D. L., & Crandall, C. G. (1995). Skin of the dorsal aspect of human hands and fingers possesses an active vasodilator system. *Journal of Applied Physiology*, 78(3), 948-954.
彼末一之（2010）．体温調節システム　井上芳光・近藤徳彦（編）体温II 体温調節システムとその適応（pp.14-24）ナップ
彼末一之・中島敏博（2000）．脳と体温―暑熱・寒冷環境との戦い　大村裕他（編）ブレインサイエンス・シリーズ 23 共立出版
Keefe, F. J., Surwit, R. S., & Pilon, R. N. (1980). Biofeedback, autogenic training, and progressive relaxation in the treatment of Raynaud's disease: A comparative study. *Journal of Applied Behavior Analysis*, 13, Issue 1, 3-11.
Kewman, D., & Roberts, A. H. (1980). Skin temperature biofeedback and migraine headaches. *Biofeedback and Self-Regulation*, 5, 327-345.
菊本　誠・源野広和・河田　宏・吉田倫幸（1993）．顔面皮膚温による作業負担の評価　第7回人間―生活環境系シンポジウム報告集, 7-10.
Kimura, Y., Goma, M., Onoe, A., Higurashi, E., & Sawada, R. (2010). Integrated laser Doppler blood flowmeter designed to enable wafer level packaging. *IEEE Transactions on Biomedical Engineering*, 57(8), 2026-2033.
Labbé, E. E. (1995) Treatment of childhood migraine with autogenic training and skin temperature biofeedback: A component analysis. *Headache*, 35(1), 10-3.
Lang, P. J., Bradley, M. M., & Cuthbert, B. N. (2008). *International affective picture system (IAPS): Affective ratings of pictures and instruction manual. Technical Report A-8*. Gainesville, FL: University of Florida.
Lober, M. F. (2004). Psychophysiology of aggression, psychopathy, and conduct problems: A meta-analysis. *Psychological Bulletin*, 130, 531-552.
Marazziti, D., Di Muro, A., & Castrogiovanni, P. (1992). Psychological stress and body temperature changes in humans. *Physiology & Behavior*, 52, 393-395.
Mittelman, B., & Wolff, H. G. (1939) Affective states and skin temperature: Experimental study of subjects with "cold hands" and Raynaud' syndrome. *Psychosomatic Medicine*, 1, 271-292.
Mittelmann, B., & Wolff, H. G. (1943) Emotions and skin temperature: Observations on patients during psychotherapeutic (psychoanalytic) interviews. *Psychosomatic Medicine*, 5, 211-231.
松田甚一（1989）．サーモグラフィの画像処理　*Biomedical Engineering*, 3(7), 7, 24-30.
水野統太・野村収作・野澤昭雄・浅野裕俊・井出英人（2010）．鼻部皮膚温度によるメンタルワークロードの継続の評価　電子情報通信学会論文誌. D, J93-D(4), 535-543.
苗村　晶・津田兼六・鈴木直人（1993）．騒音刺激が鼻部皮膚温に及ぼす効果　心理学研究, 64, 51-54.
中野昭一（2000）．図解生理学　第2版（pp.269-273）医学書院
中山禎人（2005）サーモグラフィー―臨床への応用―　山蔭道明（編）体温のバイオロジー―体温はなぜ37℃なのか―（pp.29-39）メディカル・サイエンス・インターナショナル
新美良純・鈴木二郎（編）（1986）．　皮膚電気活動　星和書店
Norris, P., Fahrion, S., & Oikawa, L. (2007). *Autogenic biofeedback training in psychophysiological therapy and stress management: Principles and Practice of Stress Management* (3rd ed.). Paul M. Lehrer, Robert L. Woolfolk, Wesley E. Sime
岡　孝和・小山　央（2012）．自律訓練法の心理生理的効果と，心身症に対する奏効機序　心身医学, 52(1), 25-31.
Oka, T., Kanemitsu, Y., Sudo, N., Hayashi, H., & Oka, K. (2013). Psychological stress contributed to the development of low-grade fever in a patient with chronic fatigue syndrome: A case report, *BioPsychoSocial Medicine*, 7, 7.
Oka, T., Oka, K., & Hori, T. (2001). Mechanisms and mediators of psychological stressinduced rise in core temperature. *Psychosomatic Medicine*, 63, 476-486.
Olivier, B., Zethof, T., Pattij, T., van Boogaert, M., van Oorschot, R., Leahy, C., Oosting, R., Bouwknecht, A., Veening, J., van der Gugten, J., & Groenink, L. (2003). Stress-induced hyperthermia and anxiety: Pharmacological validation. *Europian Journal of Pharmacology*. 463, Issues 1-3, 28:117-132.
Patterson, J. C., Ungerleider, L. G., & Bandettini, P. A. (2002). Take-independent function brain activity correlation with skin conductance changes: An fMRI study. *NeuroImage*, 17, 1797-1806.
三枝岳志（2005）体温調整における皮膚の重要性　山蔭道明（編）体温のバイオロジー―体温はなぜ37℃なのか―（pp.29-39）メディカル・サイエンス・インターナショナル
澤田幸展（1999）．指尖容積脈波再訪　生理心理学と精神生理学, 17, 33-46.
Shibasaki, M., Wilson, T. E., Cui, J., & Crandall, C. G. (2002) Acetylcholine released from cholinergic nerves contributes to cutaneous vasodilation during heat stress. *Journal of Applied Physiology*, 93(6), 1947-1951.
Stephens, D. P. (2001). Nonnoradrenergic mechanism of reflex cutaneous vasoconstriction in men. *American Journal of Physiology, Heart and Circulatory Physiology*, 280, H1496-H1504.
高澤則美（2012）．自律神経活動の研究方法　山崎勝男（監）スポーツ精神生理学（pp.67-72）西村書店

上原紘平・曽根涼子・山崎文夫（2010）．習慣的喫煙者における長時間メンタルストレス後の喫煙は無毛部の皮膚血管をより一層収縮させる　産業医科大学雑誌，*32*(4), 303-316.

Van Der Heyden, J. A., Zethof, T. J., & Olivier, B. (1997) Stress-Induced Hyperthermia in Singly Housed Mice. *Physiology & Behavior, 62*, 463-470

Vinkers, C. H., Penning, R., Hellhammer, J., Verster, J. C., Klaessens, J. H., Olivier, B., & Kalkman, C. J. (2013). The effect of stress on core and peripheral body temperature in humans. *Stress, 16*(5), 520-530.

Watmough, D. J., & Oliver, R. (1970) The thermal scanning of a curved isothermal surface: Implications for clinical thermography. *Physics in Medicine and Biology. 15*, 1-8.

Wilson, K. J. W., & Waugh, A. (1996). *Ross and Wilson Anatomy and Physiology in Health and Illness* Eight edition. London: Harcourt Publishers Limited. 今本喜久子（2000）．皮膚　島田達生・小林邦彦・渡辺　皓（監訳）健康と病気のしくみがわかる解剖生理学（pp.388-392）西村書店

山崎文夫（2010）．動静脈吻合と熱放散システム　井上芳光・近藤徳彦（編）　体温Ⅱ 体温調節システムとその適応（pp.98-105）ナップ

山崎勝男（1998）．皮膚電気活動　宮田　洋（監）柿木昇治・山崎勝男・藤澤　清（編）新生理心理学1（pp.210-221）北大路書房

吉田倫幸・菊本　誠・松本和夫（1995）．白色雑音に対する鼻部皮膚温と主観的状態の対応　生理心理学と精神生理学，*13*, 29-38.

◆ 12章
引用文献

Andreassi, J. L. (2000). *Psychophysiology: Human behavior & physiological response* (4th ed.). Lawrence Erlbaum Associates.

Beatty, J. (1982). Task-evoked pupillary responses, processing load, and the structure of processing resources. *Psychological Bulletin, 91*(2), 276-292.

Blumenthal, T. D., Cuthbert, B. N., Filion, D. L., Hackley, S., Lipp, O. V., & Van Boxtel, A. (2005). Committee report: Guidelines for human startle eyeblink electromyographic studies. *Psychophysiology, 42*(1), 1-15.

Bohlin, G., & Graham, F. K. (1977). Cardiac deceleration and reflex blink facilitation. *Psychophysiology, 14*(5), 423-430.

Bour, L. J., Aramideh, M., & Ongerboer de Visser, B. (2000). Neurophysiological aspects of eye and eyelid movements during blinking in humans. *Journal of Neurophysiology, 83*, 166-176.

Colzato, L. S. (2009). Closing one's eyes to reality: Evidence for a dopaminergic basis of psychoticism from spontaneous eye blink rates. *Personality and Individual Difference*s, *46*, 377-380.

Conway, C. A., Jones, B. C., DeBruine, L. M., Little, A. C., & Sahraie, A. (2008). Transient pupil constrictions to faces are sensitive to orientation and species. *Journal of Vision, 8*(3): 17, 1-11.

Doughty, M. J. (2001). Consideration of three types of spontaneous eyeblink activity in normal humans: During reading and video display terminal use, in primary gaze, and while in conversation. *Optometry and Vision Science, 78*, 712-725.

Ehringer, H., & Hornykiewicz, O. (1960). Verteilung von noradrenalin und dopamin (3 - hydroxytyramine) im gehirn des menschen und ihr verhalten bei erkrankungen des extrapyramidalen systems. *Wiener klinische Wochenschrift, 38*, 1126-1239.

福田恭介（1985）．瞬目に関する心理学的研究　九州大学学位論文

福田恭介（1989）．ビデオ撮影法による自発性瞬目の観察　佐賀女子短期大学紀要，*23*, 1-6.

福田恭介（1991）．まばたきの分類　田多英興・山田冨美雄・福田恭介（編）　まばたきの心理学（pp.3-7）北大路書房

福田恭介・原口雅浩・松永勝也（1984）．弁別計算課題時における瞬目率の変化―加算負荷に伴う瞬目率ピークの移動―　日本心理学会第48回大会発表論文集，51.

Fukuda, K., & Matsunaga, K. (1983). Changes in blink rate during signal discrimination tasks. *Japanese Psychological Research, 25*, 140-146.

福島　修・斎藤正男（1998）．バイオフィードバック法による瞬目の訓練　バイオフィードバック研究，*25*, 18-21.

Graham, F. K. (1975). The more or less startling effects of weak prestimulation. *Psychophysiology, 12*(3), 238-248.

Harvey, R. A., Krebs, C., Weinberg, J., & Akesson, E. (2011) *Lippincott's illustrated reviews: Neuroscience*. Wolters Kluwer Health, USA. 白尾智明（監訳）（2013）．リッピンコット シリーズ イラストレイテッド神経科学　丸善出版

林　恵津子・大石武信・田中　裕・加藤るみ子・田多英興（2011）．瞬目を指標とした重症心身障害児（者）の人関連刺激受容評価　会津大学短期大学研究年報，*68*, 85-93.

Hess, E. H., & Polt, J. M. (1960) Pupil size as related to interest value of visual stimuli. *Science, 132*, 349-350.

平田乃美・本多麻子・田多英興（2011）．内因性瞬目研究小史―19世紀末から21世紀に向けて―　白鴎大学教育学部論集，*5*, 115-154.

本田仁視（2001）．サッカード　日本認知科学会（編）　認知科学事典（p.311）共立出版

星野　聖（1994）．自発性瞬目の反応間隔のマルコフ性　テレビジョン学会誌，*48*, 317-322.

Kahneman, D., & Beatty, J. (1966). Pupil diameter and load on memory. *Science, 154*, 1583-1585.

Kaminer, J., Powers, A. S., Horn, K. G., Hui, C., & Evinger, C. (2011). Characterizing the spontaneous blink generator: An animal model. *Journal of Neuroscience, 31*, 11256-11267.

Karson, C. N., LeWitt, P. A., Clane, D. B., & Wyatt, R. J. (1982). Blink rates in parkinsonism. *Annual of Neurology, 12*, 645-653.

Karson, C. N. (1983). Spontaneous eye-blink rates and dopaminergic systems. *Journal of Neurology, 106*, 643-653.

Karson, C. N. (1988). Physiology of normal and abnormal blinking. *Advances in Neurology, 49*, 25-49.

Karson, C. N., Dykman, R. A., & Paige, S. (1990). Blink rates in schizophrenia. *Schizophrenia Bulletin, 16*, 345-354

柏森良二（1993）．瞬目反射の臨床応用　医歯薬出版

古賀一男（1993）．眼球運動測定法　苧阪良二・中溝幸夫・古賀一男（編）　眼球運動の実験心理学（pp.33-57）名古屋大学出版会

Landis, C., & Hunt, W. A. (1939). *The startle pattern*. NewYork: Farrar Rinerhart.

Martineau, J., Hernandez, N., Roché, L., Barthélémy, C., Elian, J. C., & Bonnet-Brilhault, F. (2014). *Emotional static and dynamic faces processing in autism spectrum disorders and typical development*. 17th World Congress of Psychophysiology in Hiroshima.

Martinez-Conde, S., Otero-Millan, J., & Macknik, S. L. (2013). The impact of microsaccades on vision: Towards a unified theory of saccadic function. *Nature Reviews Neuroscience, 14*, 83-96.

松永勝也 (1990). 瞳孔運動の心理学 ナカニシヤ出版

森 久美子・福田恭介・志堂寺和則・松尾太加志・早見武人 (2015). 感情語提示時における大学生の瞳孔反応と抑うつ・不安との関連 福岡県立大学人間社会学部紀要, *23*, 33-44.

NAC (2014). モバイル型アイマークレコーダー
　　http://www.eyemark.jp/product/emr_9/index.html　2014年12月23日閲覧

永雄総一 (2014). 視覚運動性眼振 伊佐 正 (編) 脳科学辞典
　　http://bsd.neuroinf.jp/wiki/　2014年12月23日閲覧

内藤千裕・杉本大樹・高野博史・小島祐幸・河合弘之・中村清実 (2013). 瞬目群発と単独瞬目を用いたリアルタイム居眠り検出法の開発 電子情報通信学会技術研究報告 MBE, MEとバイオサイバネティックス, *113*(61), 1-5.

Nakano, T., Kato, M., Morito, Y., Itoi, S., & Kitazawa, S. (2013). Blink-related momentary activation of the default mode network while viewing videos. *Proceedings of National Academy of Science, 110*(2), 702-706.

Nakano, T., Kato, N., & Kitazawa, S. (2011). Lack of eyeblink entrainments in autism spectrum disorders. *Neuropsychologia, 49*, 2784-2790.

Nakano, T., Yamamoto, Y., Kitajo, K., Takahashi, T., & Kitazawa, S. (2009). Synchronization of spontaneous eyeblinks while viewing video stories. *Proceedings of the Royal Society B: Biological Science, 276*(1673), 3635-3644.

大森慈子 (2003). 瞬目の増減に対する一般的な認識 人間学研究, *2*, 11-20.

大森慈子・千秋紀子 (2013). 会話中の視線行動と瞬目—座席配置による違い— 人間学研究, *11*, 21-27.

Omori, Y., & Miyata, Y. (2001). Estimates of impressions based on frequency of blinking. *Social Behavior and Personality, 29*, 159-168.

大森慈子・山田冨美雄・宮田 洋 (1997). 対人認知における瞬目の影響 社会心理学研究, *12*, 183-189.

Ponder, E., & Kennedy, W. P. (1927). On the act of blinking. *Quarterly Journal of Experimental Physiology, 18*, 89-110.

Richmond, V. P., & McCroskey, J. C. (2004). *Nonverbal Behavior in Interpersonal Relations* (5th ed.). Allyn & Bacon. 山下耕二 (監訳) (2006). 非言語行動の心理学 北大路書房

Schell, A. M., Wynn, J. K., Dawson, M. E., Sinaii, N., & Niebala, C. B. (2000). Automatic and controlled attentional processes in startle eyeblink modification: Effects of habituation of the prepulse. *Psychophysiology, 37*(04), 409-417.

Shimojo, S., Simion, C., Shimojo, E., & Scheier, C. (2003). Gaze bias both reflects and influences preference. *Nature Neuroscience, 6*, 1317-1322.

Siegle, G. J., Granholm, E., Ingram, R. E., & Matt, G. E. (2001). Pupillary and reaction time measures of sustained processing of negative information in depression. *Biological Psychiatry, 49*, 624-636

Steinhauer, S. R., Condray, R., & Kasparek, A. (2000). Cognitive modulation of midbrain function: Task-induced reduction of the pupillary light reflex. *International Journal of Psychophysiology, 39*, 21-30.

Steinhauer, S. R. (2014). Biometrics ホームページ
　　http://www.wpic.pitt.edu/research/biometrics/index.htm　2014年12月23日閲覧

Stern, J. A., Walrath, L. C., & Goldstein, R. (1984). The endogenous eyeblink. *Psychophysiology, 21*, 22-33.

杉山敏也・田多英興 (2007). 成人における内因性瞬目の年齢差と性差 生理心理学と精神生理学, *25*, 225-265.

杉山敏也・田多英興 (2010). 乳幼児から青年期までの内因性瞬目の年齢差と性差 感情心理学研究, *18*, 64-72.

Swerdlow, N. R., Weber, M., Qu, Y., Light, G. A., & Braff, D. L. (2008). Realistic expectations of prepulse inhibition in translational models for schizophrenia research. *Psychopharmacology, 199*(3), 331-388.

Tada, H., & Iwasaki, S. (1984). Effects of contact lens on the eyeblink frequency during a visual search task. *Tohoku Psychologica Folia, 43*, 134-137.

Tada, H., Omori, Y., Hirokawa, K., Ohira, H., & Tomonaga, M. (2013). Eye-blink behaviors in 71 species of primates. *PLoS ONE, 8*, e66018.

田多英興・山田冨美雄・福田恭介 (編) (1991). まばたきの心理学—瞬目行動の研究を総括する— 北大路書房

Takei (2014). 両眼眼球運動測定装置
　　http://www.takei-si.co.jp/productinfo/detail/98.html　2014年12月23日閲覧

田中 裕 (1999). 覚醒水準と瞬目活動 心理学研究, *70*, 1-8.

田中 裕 (2002). 視覚作業休息下における随意性瞬目の効果 川村学園女子大学研究紀要, *13*, 159-168.

田中 裕 (2007). 随意性瞬目の及ぼすストレス効果について 川村学園女子大学研究紀要, *18*, 1-8.

田中 裕 (2009). 随意性瞬目の基礎的特性について 川村学園女子大学研究紀要, *20*, 79-94.

田中 裕・林 恵津子・大石武信・田多英興 (2011). 重症心身障がい児・者の刺激受容評価指標としての瞬目 川村学園女子大学研究紀要, *22*, 147-157.

高嶋和毅・大森慈子・吉本良治・伊藤雄一・北村喜文・岸野文郎 (2008). 人の印象形成におけるキャラクタ瞬目率の影響 情報処理学会論文誌, *49*, 3811-3820.

Tecce, J. (1989). Eyeblinks and psychological functions: A two-process model. *Psychophysiology, 26*(Supplement), S5.

Tecce, J. (2008). Eye movements and U. S. Presidential election, in Symposium 34: Psychophysiology of Ocular Phenomena, *International Journal of Psychophysiology, 69*(3), 192.

Tobii (2014). トビー・テクノロジーホームページ
　　http://www.tobii.com/ja-JP/eye-tracking-research/japan/　2014年12月23日閲覧

van der Post, J. (2004). No evidence of the usefulness of eye blinking as a marker for central dopaminergic activity. *Journal of Psychopharmacology, 18*, 109-114.

Volkman, F. C., Riggs, L. A., Ellicot, A. G., & Moore, R. K. (1982). Measurements of visual suppression during opening, closing and blinking of the eye. *Vision Research, 22*, 991-996.

八木昭宏 (2001). 眼球運動 宮田 洋 (監) 新生理心理学1巻 (pp.256-265) 北大路書房

山田冨美雄（2003）．瞬目活動　産業技術総合研究所人間福祉医工学研究部門（編）　人間計測ハンドブック　(pp.119-127) 朝倉書店

Yarbus, A. L. (1967). *Eye Movements and Vision*. Plenum Press.

Zhang, T., Mou, D., Wang, C., Tan, F., Jiang, Y., Lijun, Z., & Li, H. (2015). Dopamine and executive function: Increased spontaneous eye blink rates correlate with better set-shifting and inhibition, but poorer updating. *International Journal of Psychophysiology, 96*, 155-161.

◆13章
引用文献

American Academy of Sleep Medicine (2005). *International classification of sleep disorders. 2nd ed.: Diagnostic and coding manual*. Westchester, IL: American Academy of Sleep Medicine.

Ancoli-Israel, S., Cole, R., Alessi, C., Chambers, M., Moorcroft, M., & Pollak, C. P. (2003). The role of actigraphy in the study of sleep and circadian rhythms. American Academy of Sleep Medicine Review Paper. *Sleep, 26*(3), 342-92.

Capio, C. M., Sit, C. H., & Abernethy, B. (2010). Physical activity measurement using MTI (Actigraph) among children with cerebral palsy. *Archives of Physical Medicine and Rehabilitation. 91*, 1283-90.

Corkum, P., Tannock, R., Moldofsky, H., Hogg-Johnson, S., & Humphries, T. (2001). Actigraphy and parental ratings of sleep in children with attention-deficit/hyperactivity disorder (ADHD). *Sleep, 24*(3), 303-312.

Chowdhury, R. H., Reaz, M. B. I., Ali, M. A. B. M., Bakar, A. A. A., Chellappan, K., & Chang, T. G. (2013). Surface Electromyography Signal Processing and Classification Techniques. *Sensors, 13*, 12431-12466

Cole, R. J., Kripke, D. F., Gruen, W., Mullaney, D. J., & Gillin, J. C. (1992). Automatic sleep／wake identification from wrist activity. *Sleep, 15*(5), 461-469.

藤澤　清・柿木昇治・山崎勝男（編）（1998）．　生理心理学の基礎　宮田　洋（監修）　新生理心理学1巻　北大路書房．

Fung, M. M., Peters, K., Ancoli-Israel, S., Redline, S., Stone, K. L., & Barrett-Connor, E. (2013). Total sleep time and other sleep characteristics measured by actigraphy do not predict incident hypertension in a cohort of community-dwelling older men. *Journal of Clinical Sleep Medicine, 9*(6), 585-591.

Garcia, M. A. C., & Vieira, T. M. M. (2011). Surface electromyography: Why, when and how to use it. *Revista Andaluza de Medicina del Deporte, 4*(1), 17-28.

平野晋吾・岩崎美和・寺田信一（2012）．自閉症スペクトラム障害児に対する生活リズムの現状改善型指導に関する予備的検討　高知大学教育学部研究報告，*72*, 71-78.

広重佳治（2011）．大学生の睡眠改善の試み　睡眠医療，*5*, 442-448.

広重佳治（2012a）．軽度断眠は睡眠のホメオスタシス調節を駆動するか　生理心理学と精神生理学，*30*(3), 217-225.

広重佳治（2012b）．睡眠困難の認知行動的介入と睡眠のホメオスタシス調整の実験的検証　心理科学，*33*(2), 24-31.

神山　潤（2003）．小児期―サーカディアンリズムの正常発達―　千葉　茂・本間研一（編）　サーカディアンリズム睡眠障害の臨床 (pp.82-86) 新興医学出版社

河合良訓・原島広至（2004）．肉単　エヌ・ティー・エス

木村　淳・幸原伸夫（2010）．神経伝導検査と筋電図を学ぶ人のために　第2版　医学書院

木塚朝博・増田　正・木竜　徹・佐渡山亜兵（2006）．表面筋電図　東京電機大学出版局

Kripke, D. F., Mullaney, D. J., Messin, S., & Wyborney, V. G. (1978). Wrist actigraphic measures of sleep and rhythms. *Electroencephalography and Clinical Neurophysiology. 44*(5), 674-676.

黒田　稔・若狭宏和・西澤英幸・井川正治（2000）．日常生活における活動量と睡眠　日本体育大学紀要，*29*(2), 233-240.

正木宏明・高澤則美・山崎勝男（1998）．準備電位に及ぼす運動プログラムおよびパラメータ適用過程の効果　生理心理学と精神生理学，*16*(2), 85-91.

Merletti, R. (1999). *Standards for Reporting EMG Data*. International Society of Electrophysiology and Kinesiology. http://www.isek-online.org/standards_emg.html

三島和夫（2012）．リズム障害　*Mebio. 29*(3), 70-79.

宮下彰夫（1994）．睡眠日誌(睡眠表)　日本睡眠学会（編）　睡眠学ハンドブック (pp.533-545) 朝倉書店

Morgenthaler, T., Alessi, C., Friedman, L., Owens, J., Kapur, V., Boehlecke, B., Brown, T., Chesson, A. Jr., Coleman, J., Lee-Chiong, T., Pancer, J., & Swick, T. (2007). Practice Parameters for the Use of Actigraphy in the Assessment of Sleep and Sleep Disorders: An Update for 2007. *Sleep, 30*(4), 519-529.

Muybridge, E. (1901). *The Human Figure In Motion*. Various Publishers, latest edition by Dover Publications

中村隆一・齋藤　宏・長崎　浩（2003）．基礎運動学　第6版 (pp.67-83) 医歯薬出版

中山栄純・小林宏光・山本　昇（2006）．アクチグラフによる睡眠・覚醒判定の基礎的検討　石川看護雑誌．*3*(2), 31-37.

日本臨床衛生検査技師会技師制度対策委員会（2011）．臨床検査ガイドライン＜中間とりまとめ＞　会報JAMT, *17*(36).
http://www.jamt.or.jp/information/kaiho/prompt_report/asset/pdf/111107-Vol17-No36.pdf

Ohashi, K., Bleijenberg, G., van der Werf, S., Prins, J., Amaral, L. A., Natelson, B. H., & Yamamoto, Y. (2004). Decreased fractal correlation in diurnal physical activity in chronic fatigue syndrome. *Methods of Information in Medicine, 43*(1), 26-29.

Perotto, A. (1996). *Anatomical Guide for the Electromyographer: The Limbs and Trunk* (3rd ed.). 栢森良二（訳）（1997）．筋電図のための解剖ガイド　第3版　西村書店

Rechtschaffen, A., & Kales, A. (1968). *A manual of standardized terminology, techniques and scoring system for sleep stages of human subjects*. Washington DC: Public Health Service, U.S. Government Printing Office. 清野茂博（訳）（1971）．睡眠脳波アトラス　標準用語・手技・判定法　医歯薬出版

Sadeh, A. (2011). The role and validity of actigraphy in sleep medicine: An update. *Sleep Medicine Reviews, 15*(4), 259-267.

Sadeh, A., Hauri, P. J., Kripke, D. F., & Lavie, P. (1995). The Role of Actigraphy in the Evaluation of Sleep Disorders. *Sleep, 18*(4), 288-302.

白垣　潤・岩崎信明・藤田和弘（2000）．アクチグラフによる脳性まひ児の身体活動量　心身障害学研究，24, 1-8.
白川修一郎（2008）．長時間行動・体温モニタリング　生体医工学，46(2), 160-168.
白川修一郎（2009）．アクチグラフィによる計測　日本睡眠学会（編）　睡眠学（pp.287-289）朝倉書店
Spruyt, K., Gozal, D., Dayyat, E., Roman, A., & Molfese, D. L. (2011). Sleep assessments in healthy school-aged children using actigraphy: Concordance with polysomnography. *Journal of Sleep Research. 20*, 223-232.
田中秀樹・松下正輝・古谷真樹（2007）．認知・行動的介入による高齢者の睡眠健康改善　生理心理学と精神生理学，25(1), 61-71.
Webster, J. B., Kripke, D. F., Messin, S., Mullaney, D. J., & Wyborney, G. (1982). An activity-based sleep monitor system for ambulatory use. *Sleep, 5*, 389-399.
Winter, D. (2009). *Biomechanics and motor control of human movement* (4th ed.). 長野明紀・吉岡伸輔（訳）（2011）．バイオメカニクス―人体運動の力学と制御―　第4版　ラウンドフラット
柳澤信夫・柴崎　浩（2008）．臨床神経生理学（pp.43-80）医学書院
Yao, B., Salenius, S., Yue, G. H., Brown, R. W., & Liu, J. Z. (2007). Effects of surface EMG rectification on power and coherence analyses: An EEG and MEG study. *Journal of Neuroscience Methods, 159*, 215-223.
Yoon, I. Y., Kripke, D. F., Youngstedt, S. D., & Elliott, J. A. (2003). Actigraphy suggests age-related differences in napping and nocturnal sleep. *Journal of Sleep Research, 12*, 87-93.

参考文献
江原義弘・山本澄子（2008）．臨床歩行計測入門　医歯薬出版
山岡俊樹・岡田　明（1999）．ユーザインタフェースデザインの実施　海文堂
金谷健一（2011）．画像理解―3次元認識の数理―　森北出版
Robertson, G. E. (Ed.). (2004). *Research methods in biomechanics.* 阿江道良（監訳）（2008）．身体運動のバイオメカニクス研究法　大修館書店

◆14章
引用文献
Ader, R. (1981). *Psychoneuroimmunology.* New York: Academic Press.
Benschop, R. J., Rodriguez-Feuerhahn, M., Schedlowski, M. (1996). Catecholamine-induced leukocytosis: Early observations, current research, and future directions. *Brain, Behavior, and Immunity, 10*, 77-91.
Bocanegra, O. L., Diaz, M. M., Teixeira, R. R., Soares, S. S., & Espindola, F. S. (2012). Determination of the lactate threshold by means of salivary biomarkers: Chromogranin A as novel marker of exercise intensity. *European Journal of Applied Physiology, 112*, 3195-3203.
Bosch, J. A., Ring, C., de Geus, E. J. C., Veerman, E. C. I., Nieuw & Amerongen, A. V. (2002). Stress and secretory immunity. *International Review of Neurobiology, 52*, 213-254.
Bosch, J. A., Veerman, E. C., de Geus, E. J., & Proctor, G. B. (2011). -Amylase as a reliable and convenient measure of sympathetic activity: Don't start salivating just yet! *Psychoneuroendocrinology, 36*, 449-453.
Brydon, L., Walker, C., Wawrzyniak, A., Whitehead, D., Okamura, H., Yajima, J., Tsuda, A., & Steptoe A. (2009). Synergistic effects of psychological and immune stressors on inflammatory cytokine and sickness responses in humans. *Brain, Behavior, and Immunity, 23*, 217-224.
Cannon, W. B. (1929). *Bodily changes in pain, hunger, fear, and rage.* New York: Appleton-Century-Crofts.
Chichinadze, K., & Chichinadze, N. (2008). Stress-induced increase of testosterone: Contributions of social status and sympathetic reactivity. *Physiology & Behavior, 94*, 595-603.
Clements, A. D., & Parker, C. R. (1998). The relationship between salivary cortisol concentrations in frozen versus mailed samples. *Psychoneuroendocrinology, 23*, 613-616.
Cohen, S., Doyle, W. J., & Baum, A. (2006). Socioeconomic status is associated with stress hormones. *Psychosomatic Medicine, 68*, 414-420.
Cooper, J. D., Bloom, F. E., & Roth, R. H. (1996). *The biochemical and basis of neuropharmacology* (7th ed.). New York: Oxford University press. pp.279-281.
Copeland, W. E., Shanahan, L., Worthman, C., Angold, A., & Costello E. J. (2012). Generalized anxiety and C-reactive protein levels: A prospective, longitudinal analysis. *Psychological Medicine, 42*, 2641-2650.
Dantzer, R., & Kelley, K. W. (2007). Twenty years of research on cytokine-induced sickness behavior. *Brain, Behavior, and Immunity, 21*, 153-160.
Den, R., Toda, M., Nagasawa, S., Kitamura, K., & Morimoto, K. (2007). Circadian rhythm of human salivary chromogranin A. *Biomedical Research, 28*, 57-60.
Dhabhar, F.S. (2002). Stress-induced augmentation of immune function--the role of stress hormones, leukocyte trafficking, and cytokines. *Brain, Behavior, and Immunity, 16*, 785-798.
Dickerson, S. S., & Kemeny, M. E. (2004). Acute stressors and cortisol responses: A theoretical integration and synthesis of laboratory research. *Psychological Bulletin, 130*, 355-391.
Drici, M. D., Roux, M., Candito, M., Rimailho, A., Morand, P., & Lapalus, P. (1991). Influence of beta-blockade on circulating plasma levels of 3-methoxy-4-hydroxy phenylethylene glycol (MHPG) during exercise in moderate hypertension. *Clinical and Experimental Pharmacology & Physiology, 8*, 807-811.
Gallina, S., Di Mauro, M., D'Amico, M. A., D'Angelo, E., Sablone, A., Di Fonso, A., Bascelli, A., Izzicupo, P., & Baldassarre, A. (2011). Salivary chromogranin A, but not amylase, correlates with cardiovascular parameters during high-intensity exercise. *Clinical Endocrinology, 75*, 747-752.
Granger, D. A., Shirtcliff, E. A., Booth, A., Kivlighan, K. T., & Schwartz, E. B. (2004). The "trouble" with salivary testosterone. *Psychoneuroendocrinology, 29*, 1229-1240.

Greenstein, B. (1994). *Endocrinology at a glance.* Oxford: Blackwell Science.
Gröschl, M. (2008). Current status of salivary hormone analysis. *Clinical Chemistry, 54,* 1759-1769.
Gröschl, M., Kohler, H., Topf, H. G., Rupprecht, T., & Rauh, M. (2008). Evaluation of saliva collection devices for the analysis of steroids, peptides and therapeutic drugs. *Journal of Pharmaceutical and Biomedical Analysis, 47,* 478-486.
Hänsel, A., Hong, S., Cámara, R. J., & von Känel, R. (2010). Inflammation as a psychophysiological biomarker in chronic psychosocial stress. *Neuroscience & Biobehavioral Reviews, 35,* 115-121
Hasegawa, M., Toda, M., & Morimoto, K. (2008). Changes in salivary physiological stress markers associated with winning and losing. *Biomedical Research, 29,* 43-46.
Herbert, J. (2013). Cortisol and depression: Three questions for psychiatry. *Psychological Medicine, 43,* 449-469.
Howren, M. B., Lamkin, D. M., & Suls, J. (2009). Associations of depression with C-reactive protein, IL-1, and IL-6: A meta-analysis. *Psychosomatic Medicine, 71,* 171-186.
Hucklebridge, F., Clow, A., & Evans, P. (1998). The relationship between salivary secretory immunoglobulin A and cortisol: Neuroendocrine response to awakening and the diurnal cycle. *International Journal of Psychophysiology, 31,* 69-76.
Isowa, T., Ohira, H., & Murashima, S. (2004). Reactivity of immune, endocrine and cardiovascular parameters to active and passive acute stress. *Biological Psychology, 65,* 101-120.
井澤修平・城月健太郎・菅谷　渚・小川奈美子・鈴木克彦・野村　忍（2007）．唾液を用いたストレス評価─採取及び測定手順と各唾液中物質の特徴─　日本補完代替医療学会誌，*4,* 91-101.
Izawa, S., Miki, K., Liu, X., & Ogawa, N. (2013a). The diurnal patterns of salivary interleukin-6 and C-reactive protein in healthy young adults. *Brain, Behavior, and Immunity, 27,* 38-41.
Izawa, S., Sugaya, N., Kimura, K., Ogawa, N., Yamada, K. C., Shirotsuki, K., Mikami, I., Hirata, K., Nagano, Y., & Nomura, S. (2013b). An increase in salivary interleukin-6 level following acute psychosocial stress and its biological correlates in healthy young adults. *Biological Psychology, 94,* 249-254.
Izawa, S., Sugaya, N., Shirotsuki, K., Yamada, K. C., Ogawa, N., Ouchi, Y., Nagano, Y., Suzuki, K., & Nomura, S. (2008). Salivary dehydroepiandrosterone secretion in response to acute psychosocial stress and its correlations with biological and psychological changes. *Biological Psychology, 79,* 294-298.
Jeckel, C. M., Lopes, R. P., Berleze, M. C., Luz, C., Feix, L., Argimon, I. I., Stein, L. M., & Bauer, M. E. (2010). Neuroendocrine and immunological correlates of chronic stress in 'strictly healthy' populations. *Neuroimmunomodulation, 17,* 9-18.
Kanno, T., Asada, N., Yanase, H., Iwanaga, T., & Yanaihara, N. (2000). Salivary secretion of chromogranin A. Control by autonomic nervous system. *Advances in Experimental Medicine and Biology, 482,* 143-151.
勝又聖夫・平田紀美子・稲垣弘文・平田幸代・川田智之（2009）．新しい素材を用いた唾液採取器具による唾液中のコチニン，コルチゾール，デヒドロエピアンドロステロンおよびテストステロンの測定　日本衛生学雑誌，*64,* 811-816.
Kiecolt-Glaser, J. K., Preacher, K. J., MacCallum, R. C., Atkinson, C., Malarkey, W. B., & Glaser, R. (2003). Chronic stress and age-related increases in the proinflammatory cytokine IL-6. *Proceedings of the National Academy of Sciences of the United States of America, 100,* 9090-9095.
Kimura, K., Isowa, T., Ohira, H., & Murashima, S. (2005). Temporal variation of acute stress responses in sympathetic nervous and immune systems. *Biological Psychology, 70,* 131-139.
Kirschbaum, C., & Hellhammer, D. H. (1989). Salivary cortisol in psychobiological research: An overview. *Neuropsychobiology, 22,* 150-169.
Kirschbaum, C., & Hellhammer, D. H. (1994). Salivary cortisol in psychoneuroendocrine research: Recent developments and applications. *Psychoneuroendocrinology, 19,* 313-333.
Kirschbaum, C., Kudielka, B. M., Gaab, J., Schommer, N. C., & Hellhammer, D. H. (1999). Impact of gender, menstrual cycle phase, and oral contraceptives on the activity of the hypothalamus-pituitary-adrenal axis. *Psychosomatic Medicine, 61,* 154-162.
Kirschbaum, C., Pirke, K. M., & Hellhammer, D. H. (1993). The 'Trier Social Stress Test'--a tool for investigating psychobiological stress responses in a laboratory setting. *Neuropsychobiology, 28,* 76-81.
Lennartsson, A. K., Kushnir, M. M., Bergquist, J., Billig, H., & Jonsdottir, I. H. (2012). Sex steroid levels temporarily increase in response to acute psychosocial stress in healthy men and women. *International Journal of Psychophysiology, 84,* 246-253.
Li, G. Y., Imamura, Y., Ueki, H., Yamamoto, Y., & Yamada, S. (2006). Association between the scores on the general health questionnaire-28 and the saliva levels of 3-methoxy-4-hydroxyphenylglycol in normal volunteers. *Biological Psychology, 73,* 209-211.
Maninger, N., Wolkowitz, O. M., Reus, V. I., Epel, E. S., & Mellon, S. H. (2009). Neurobiological and neuropsychiatric effects of dehydroepiandrosterone (DHEA) and DHEA sulfate (DHEAS). *Frontiers in Neuroendocrinology, 30,* 65-91.
Mausbach, B. T., Ancoli-Israel, S., von Känel, R., Patterson, T. L., Aschbacher, K., Mills, P. J., Ziegler, M. G., Dimsdale, J. E., Calleran, S., & Grant, I. (2006). Sleep disturbance, norepinephrine, and D-dimer are all related in elderly caregivers of people with Alzheimer disease. *Sleep, 29,* 1347-1352.
永岑光恵（2009）．Trier 社会的ストレステスト　ストレス百科事典翻訳刊行委員会（編）　ストレス百科事典　丸善出版　pp.2080-2085.
Nakane, H., Asami, O., Yamada, Y., Harada, T., Matsui, N., Kanno, T., & Yanaihara, N. (1998). Salivary chromogranin A as an index of psychosomatic stress response. *Biomedical Research, 19,* 401-406.
Nakane, H., Asami, O., Yamada, Y., & Ohira, H. (2002). Effect of negative air ions on computer operation, anxiety, and salivary chromogranin A-like immunoreactivity. *International Journal of Psychophysiology, 46,* 85-89.
Nater, U. M., Rohleder, N., Gaab, J., Berger, S., Jud, A., Kirschbaum, C., & Ehlert, U. (2005). Human salivary alpha-amylase reactivity in a psychosocial stress paradigm. *International Journal of Psychophysiology, 55,* 333-342.
Nater, U. M., & Rohleder, N. (2009). Salivary alpha-amylase as a non-invasive biomarker for the sympathetic nervous system: Current state of research. *Psychoneuroendocrinology, 34,* 486-496.

Nater, U. M., Rohleder, N., Schlotz, W., Ehlert, U., & Kirschbaum, C. (2007). Determinants of the diurnal course of salivary alpha-amylase. *Psychoneuroendocrinology, 32*, 392-401.

Nemoda, Z., Horvat-Gordon, M., Fortunato, C. K., Beltzer, E. K., Scholl, J. L., & Granger, D. A. (2011). Assessing genetic polymorphisms using DNA extracted from cells present in saliva samples. *BMC Medical Research Methodology, 11*, 170.

Ockenfels, M. C., Porter, L., Smyth, J., Kirschbaum, C., Hellhammer, D. H., & Stone, A. A. (1995). Effect of chronic stress associated with unemployment on salivary cortisol: Overall cortisol levels, diurnal rhythm, and acute stress reactivity. *Psychosomatic Medicine, 57*, 460-467.

小川奈美子・井澤修平・野村　忍・町田和彦（2010）．唾液中ステロイドホルモン測定における唾液採取方法と室温保存の影響　生理心理学と精神生理学, *28*, 219-224.

岡村尚昌・三原健吾・矢島潤平・津田　彰（2014）．心理社会的ストレスの精神神経内分泌免疫学的アプローチ　ストレス科学, *29*, 29-44.

Okamura, H., Tsuda, A., Yajima, J., Hamer, M., Horiuchi, S., Toyoshima, N., & Matsuishi, T. (2010). Short sleeping time and psychobiological responses to acute stress. *International Journal of Psychophysiology, 78*, 209-214.

Ouellet-Morin, I., Danese, A., Williams, B., & Arseneault, L. (2011). Validation of a high-sensitivity assay for C-reactive protein in human saliva. *Brain, Behavior, and Immunity, 25*, 640-646.

Phillips, A. C., Carroll, D., Evans, P., Bosch, J. A., Clow, A., Hucklebridge, F., & Der, G. (2006). Stressful life events are associated with low secretion rates of immunoglobulin A in saliva in the middle-aged and elderly. *Brain, Behavior, and Immunity, 20*, 191-197.

Raison, C. L., Capuron, L., & Miller, A. H. (2006). Cytokines sing the blues: Inflammation and the pathogenesis of depression. *Trends in Immunology, 27*, 24-31.

Reuster, T., Rilke, O., & Oehler, J. (2002). High correlation between salivary MHPG and CSF MHPG. *Psychopharmacology, 162*, 415-418.

Riad-Fahmy, D., Read, G. F., Walker, R. F., & Griffiths, K. (1982). Steroids in saliva for assessing endocrine function. *Endocrine Reviews, 3*, 367-395.

Riis, J. L., Out, D., Dorn, L. D., Beal, S. J., Denson, L. A., Pabst, S., Jaedicke, K., & Granger, D. A. (2014). Salivary cytokines in healthy adolescent girls: Intercorrelations, stability, and associations with serum cytokines, age, and pubertal stage. *Developmental Psychobiology, 56*, 797-811.

Rohleder, N., & Nater, U. M. (2009). Determinations of Salivary -amylase in humans and methodological considerations. *Psychoneuroendocrinology, 34*, 469-484.

Rosmond, R., Dallman, M. F., & Bjorntorp, P. (1998). Stress-related cortisol secretion in men: Relationships with abdominal obesity and endocrine, metabolic and hemodynamic abnormalities. *The Journal of Clinical Endocrinology and Metabolism, 83*, 1853-1859.

Schoofs, D., & Wolf, O. T. (2011). Are salivary gonadal steroid concentrations influenced by acute psychosocial stress? A study using the Trier Social Stress Test (TSST). *International Journal of Psychophysiology, 80*, 36-43.

Schumacher, S., Kirschbaum, C., Fydrich, T., & Ströhle, A. (2013). Is salivary alpha-amylase an indicator of autonomic nervous system dysregulations in mental disorders?- A review of preliminary findings and the interactions with cortisol. *Psychoneuroendocrinology, 38*, 729-743.

Selye, H. (1958). *The stress of life*. New York: McGraw-Hill Book. 杉靖三郎・藤井尚治・田多井吉之介・竹宮　隆（訳）（1963）．現代生活とストレス　法政大学出版会

Segerstrom, S. C., & Miller, G. E. (2004). Psychological stress and the human immune system: A meta-analytic study of 30 years of inquiry. *Psychological Bulletin, 130*, 601-630.

Shirtcliff, E. A., Granger, D. A., Schwartz, E., & Curran, M. J. (2001). Use of salivary biomarkers in biobehavioral research: Cotton-based sample collection methods can interfere with salivary immunoassay results. *Psychoneuroendocrinology, 26*, 165-173.

Shirtcliff, E. A., Granger, D. A., Schwartz, E. B., Curran, M. J., Booth, A., & Overman, W. H. (2000). Assessing estradiol in biobehavioral studies using saliva and blood spots: Simple radioimmunoassay protocols, reliability, and comparative validity. *Hormones and Behavior, 38*, 137-147.

Solomon, G. F. (1987). Psychoneuroimmunology: Interactions between central nervous system and immune system. *Journal of Neuroscience Research, 18*, 1-9.

Stalder, T., & Kirschbaum, C. (2012). Analysis of cortisol in hair--state of the art and future directions. *Brain, Behavior, and Immunity, 26*, 1019-1029.

Steptoe, A., Hamer, M., & Chida, Y. (2007). The effects of acute psychological stress on circulating inflammatory factors in humans: A review and meta-analysis. *Brain, Behavior, and Immunity, 21*, 901-912.

田中正敏（2009）．カテコールアミン　ストレス百科事典翻訳刊行委員会（編）　ストレス百科事典（pp.378-382）丸善出版

Thoma, M. V., Kirschbaum, C., Wolf, J. M., & Rohleder, N. (2012). Acute stress responses in salivary alpha-amylase predict increase of plasma norepinephrine. *Biological Psychology, 91*, 342-348.

Toda, M., Den, R., Nagasawa, S., Kitamura, K., & Morimoto, K. (2005). Relationship between lifestyle scores and salivary stress markers cortisol and chromogranin A. *Archives of Environmental & Occupational Health, 60*, 266-269.

Umeda, T., Hiramatsu, R., Iwaoka, T., Shimada, T., Miura, F., & Sato, T. (1981). Use of saliva for monitoring unbound free cortisol levels in serum. *Clinica Chimica Acta, 110*, 245-253.

van Stegeren, A., Rohleder, N., Everaerd, W., & Wolf, O. T. (2006). Salivary alpha amylase as marker for adrenergic activity during stress: Effect of betablockade. *Psychoneuroendocrinology, 31*, 137-141.

Viswanathan, K., & Dhabhar, F. S. (2005). Stress-induced enhancement of leukocyte trafficking into sites of surgery or immune activation. *Proceedings of the National Academy of Sciences of the United States of America, 102*, 5808-5813.

von Känel, R., Kudielka, B. M., Preckel, D., Hanebuth, D., & Fischer, J. E. (2006). Delayed response and lack of habituation in plasma interleukin-6 to acute mental stress in men. *Brain, Behavior, and Immunity, 20*, 40-48.

Watanabe, I., Li, G. Y., Imamura, Y., Nabeta, H., Kunitake, Y., Ishii, H., Haraguchi, M., Furukawa, Y., Tateishi, H., Kojima, N., Nizoguchi, Y., & Yamada, S. (2012). Baseline saliva level of 3-methoxy-4-hydroxyphenylglycole (MHPG) associates with a consequent cognitive decline in non-demented elderly subjects: Three-years follow-up study. *Psychiatry Research, 195,* 125-128.

Whembolua, G. L., Granger, D. A., Singer, S., Kivlighan, K. T., & Marguin, J. A. (2006). Bacteria in the oral mucosa and its effects on the measurement of cortisol, dehydroepiandrosterone, and testosterone in saliva. *Hormones and Behavior, 49,* 478-483.

Wüst, S., Wolf, J., Hellhammer, D. H., Federenko, I., Schommer, N., & Kirschbaum, C. (2000). The cortisol awakening response - normal values and confounds. *Noise & Health, 2,* 79-88.

Yajima, J., Tsuda, A., Yamada, S., & Tanaka, M. (2001). Determination of saliva free-3-methoxy-4-hydroxyphenylglycol in normal volunteers using gas chromatography mass spectrometry. *Biogenic Amines, 16,* 173-183.

Yamada, S., Yajima, J., Harano, M., Miki, K., Nakamura, J., Tsuda, A., Shoji, H., Maeda, H., & Tanaka, M. (1998). Saliva level of free-3-methoxy-4-hydroxyphenylglycol in psychiatric out patients with anxiety. *International Clinical Psychopharmacology, 13,* 213-217.

山口昌樹（2007）．唾液マーカーでストレスを測る　日本薬理学雑誌，*129,* 80-84.

Yehuda, R. (2005). Neuroendocrine aspects of PTSD. *Handbook of Experimental Pharmacology, 169,* 371-403.

◆コラム①
参考文献
Adrian, E. D., & Matthews, B. H. C. (1934). The Berger rhythm: Potential changes from the occipital lobes in man. *Brain, 57,* 355-385.
Berger, H. (1929). Über das Elektrenkephalogramm des Menschen. *Arch Psychiat Nervenkr, 87,* 527-570.
Borck, C. (2005). *Hirnströme: Eine Kulturgeschite der Elektroenphalographie.* Göttingen: Wallstein Verlag.
Gloor, P. (1969). Hans Berger on the Electroencephalogram of Man. *Electroencephalography and Clinical Neurophysiology,* Suppl. *28,* 1-36.
Gloor, P. (1994). Berger lecture. Is Berger's dream coming true? *Electroencephalography and Clinical Neurophysiolgy, 90,* 253-266.
Jasper, H. H. (1938). Christmas Reverie. Deutsches Hygiene-Museum Dresden (http://www.dhmd.de/index.php?id=1113) よりダウンロード
Millett, D. (2001). Hans Berger: From Psychic Energy to the EEG. *Perspectives in Biology and Medicine, 44,* 522-542.
宮内　哲（2016）．Hans Bergerの夢―How did EEG become the EEG?―　その1　臨床神経生理学，*44,* 20-27.
宮内　哲（2016）．Hans Bergerの夢―How did EEG become the EEG?―　その2　臨床神経生理学，*44,* 60-70.
宮内　哲（2016）．Hans Bergerの夢―How did EEG become the EEG?―　その3　臨床神経生理学，*44,* 106-114.
山口成良（1994）．Berger, Hans：ヒトの脳波の発見者―その業績と性格―　松下正明（編）　続・精神医学を築いた人びと　ワールドプランニング　pp.1-13.

人名索引

● A
Ader, R. 255
Adrian, E. D. 6
Andreassi, J. L. 5, 223
Asada, H. 124

● B
Barnes, C. A. 49
Beatty, J. 230
Ben-Ami Bartal, I. 53
Berger, H. 5, 111
Boring, E. G. 5
Bosch, J. A. 268
Boucsein, W. 211, 213
Bradley, M. M. 210

● C
Cannon, W. B. 256
Carpenter, W. B. 4
Caton, R. 5
Cooper, R. M. 69

● D
Damasio, A. R. 210
Dawson, M. E. 209, 211, 213
Donchin, E. 126
Du Bois-Reymond 5
Dunn, R. 3

● E
Ebbinghaus 4

● F
Fechner 8
Fritsch 5
福田恭介 233

● G
Gevins, A. 122
Goldfield, E. C. 203
Golgi 5
Gottlieb, G. 32
Graham, F. K. 233
Gregg, M. E. 193
Gross, J. 116
Guyton, A. C. 215

● H
Hall, J. E. 215
本間研一 222

Hattori, M. 43
Hess, E. H. 230
Hillyard, S. A. 43, 126
平田乃美 234
広重佳治 251, 253
廣田昭久 171, 220
Hitzig 5
Holloway, W. R. 51
本多麻子 214
堀 忠雄 115

● I
今田 寛 39
今本喜久子 208
入來正躬 214
礒村宜和 88
Isowa, T. 270
井澤修平 267

● J
James, W. 4
Jasper, H. 114

● K
Kales, A. 251
Kanai, R. 162
彼末一之 216
Karson, C. N. 231
Kendrick, K. M. 52
Kimura, M. 10
Kobayashi, K. 57
König 4
Korotokoff, N. S. 187
Kripke, D. F. 250
Kutas, M. 126

● L
Ladd, G. T. 4
Lang, P. J. 172, 210
Langford, D. J. 52
Loewi 7
Lopes da Silva, F. H. 121
Lorenz, K. 50
Luck, S. J. 129
Luria, A. R. 32

● M
Manuck, S. B. 171
松村健太 194
松永勝也 229

宮下彰夫 251
宮田 洋 9
宮内 哲 12, 46, 111, 273
Morris, R. G. 46
Morris, R. G. M. 48
Moser 18

● N
Näätänen, R. 10, 126
長野祐一郎 173, 194
中原大一郎 92
中野昭一 208
中山禎人 220
Nater, U. M. 263
新美良純 211
西 周 3
入戸野 宏 113, 126, 129

● O
Obrist, P. A. 194
Ohira, H. 11
Okamura, H. 264
O'Keefe, J. 18
Olds, J. 6
Olton, D. S. 48
Onoda, K. 140
大森慈子 241
Ozaki, I. 121

● P
Pavlov 34, 39
Paylor, R. 75
Penfield, W. 159
Picton, T. W. 43, 116
Pinel, J. P. J. 8
Polt, J. M. 230

● R
Ramón y Cajal 5
Rechtschaffen, A. 251
Reynolds, G. S. 41
Rizzolatti, G. 54

● S
榊原雅人 173
Sakata, S. 43
Sakimoto, Y. 43
櫻井芳雄 59, 88
Sato, N. 54
澤田幸展 171, 194, 218

Schmidt, R. C.　203
Selye, H.　257
白川修一郎　251
Skinner　41
Solomon, G. F.　255
Starling　7
Steptoe, A.　267
Steriade, M.　113, 119
Stern, J. A.　234, 239
鈴木二郎　211

●T
田多　英興　232
高峰　譲吉　7
高澤則美　212
田中豪一　194
田中　裕　233
龍野正実　88
Tecce, J.　234
寺井堅祐　199
手塚洋介　194
Thompson, R. F.　41
Thor, D. H.　51
Tolman, E. C.　45
外山正一　4
Tryon, R. C.　68
Tsujimoto, T.　124

●U
梅沢章男　199

●V
Vygotsky　32

●W
Waldeyer　5
Wundt, W.　4

●Y
八木昭宏　226
谷口　清　33
Yajima, J.　264
山田冨美雄　232
山口昌樹　263
Yamaguchi, Y.　122
山崎勝男　214

●Z
Zubek, J. P.　69

事項索引

●あ
アクチグラフ　250
アクティブ電極　114, 245
アゴニスト　63
アセチルコリン　7, 30, 218, 244
アセチルコリンエステラーゼ　30
アセチルコリン受容体　29
圧脈波　174, 186, 218
アドレナリン　7, 256, 262
アドレナリン作動性神経　57, 218
アドレナリン受容体　30
アトロピン　166
アポクリン汗腺　207
アミノ酸　30
アミン　30
安静時ネットワーク　12, 142
アンタゴニスト　63

●い
イオン・チャネル　25
イオン・チャネル型受容体　29
位相　116, 127
位相スペクトル　202
一次運動野　100
一次体性感覚野　100
一卵性双生児　69
遺伝　67
遺伝子　67
遺伝子改変技術　67
遺伝子型判定　72
遺伝 - 環境論争　68
イベントマーカー　129
イムノトキシン細胞標的法　57
陰極　162
インゲンマメ白血球凝集素　85
隠匿情報検査　210
インプリンティング　50

●う
ウェーブレット変換　169
ウェーブレット解析　123
右心系　184
運動準備電位　126
運動性言語中枢　20
運動単位　244
運動誘発電位　159

●え
エイリアシング　117
エクリン汗腺　207

エストラジオール　257, 260
エラー関連陰性電位　126
遠位手がかり　45
遠心性神経　22
遠心性線維　84
延髄　197
延滞条件づけ　40
横隔膜　198
横紋筋　243

●お
横隔膜　198
オートラジオグラフィ　82
オキシトシン　11, 257
オペラント条件づけ　39
温受容器　216
温点　216
温度受容器　216
温ニューロン　216
温熱中枢　208

●か
外因性成分　126
外殻部　214
開散　225
概日リズム　222
外側　104
外側溝　19, 97
外側膝状体　21, 106
外的注意　234
外転神経　224
カイニン酸受容体　29
海馬　20
海馬 θ（シータ）波　43
海馬傍回　20
化学シナプス　28
化学性調節　197
下丘　21
拡散強調画像　98
拡散強調画像法　145
拡散テンソル画像法　146
核磁気共鳴　143
核心部　214
覚醒　210
拡張 10-20 法　115
拡張期血圧　186
獲得免疫系　265
角膜反射法　226
家系研究　67
加算平均法　127

下垂体　21
下垂体後葉　257
ガスクロマトグラフ　265
加速度計　251
課題誘発瞳孔反応　230
課題要求　235
滑車神経　224
滑動追従運動　224
活動電位　25, 112
カテコールアミン　30, 256
カフ振動法　189
過分極　25
下方　104
間隔強化スケジュール　42
感覚情報　51
感覚性言語中枢　20
環境主義　68
眼瞼　223
観察・記録法　18
観察学習　54
感情価　210
冠状断　104
眼振　224
眼電図法　235
間脳　19
眼輪筋　231
寒冷中枢　208

●き
基準化脈波容積　177
基準電極　115
偽損傷　57
機能的近赤外分光法　111, 128, 147
機能的磁気共鳴画像　111
機能的磁気共鳴画像法　128
キメラマウス　72
逆向条件づけ　40
逆行性軸索輸送　84
ギャップ結合　28
嗅覚情報　52
求心性神経　22
求心性線維　84
嗅内皮質　46
嗅脳　20
旧皮質　20
橋　21, 197
強化学習　13
驚愕性瞬目反射　232
強化子　42

強化スケジュール 42
共感 53
胸腔 198
胸式呼吸 198
強膜反射法 226
局所フィールド電位 88
銀／塩化銀（Ag/AgCl）電極 114
近位手がかり 45
近見反応 229
筋電図 243

● く
空間学習 39, 44
空間分解能 111
屈筋 243
クモ膜 24
グリシン受容体 29
グリッド細胞 18, 46
クロススペクトル分析 202
クロモグラニン A 261
クロルプロマジン 7

● け
蛍光抗体法 80
経口投与 62
計算論的アプローチ 13
経頭蓋磁気刺激 158
経頭蓋電気刺激 161
経頭蓋電気刺激装置 159
血圧 173
血液脳関門 62
血行力学 191
血行力学平面 193
欠落刺激電位 40
血流動態反応関数 138
ゲノム編集 73

● こ
交感神経 166
交感神経系 23, 165, 209
交感神経－副腎髄質 262
交感神経－副腎髄質系 255
後期陽性電位 125
抗原抗体反応 96
後交連 103
虹彩 223
交差里親コントロール実験 68
向社会的行動 53
高周波 170
恒常性 255
高速液体クロマトグラフィ 93
高速フーリエ変換 116, 123, 169
酵素抗体法 80

酵素免疫測定法 93, 96, 261
好中球 266
光電式指尖容積脈波 173, 175
後頭結節 114
行動性調節 197, 216
行動薬理学 61
後頭葉 19, 97
後脳 19
後部帯状皮質 47
興奮性シナプス後電位 28
後方 104
硬膜 24
呼吸運動協調システム 205
呼吸数 199, 204
呼吸性不整脈 169
呼吸中枢 197
呼吸流量計 199
刻印づけ 50
国際 10-20 法 114
国際精神生理学機構 8
黒質 21
骨格筋 243
固定間隔強化スケジュール 43
固定比率強化スケジュール 42
古典的条件づけ 39
コヒーレンス 202
コヒーレンス解析 117
古皮質 20
鼓膜温 214
コリンアセチルトランスフェラーゼ 30, 80
コリン作動性神経 57, 218
コリン作動性ニューロン 30
コルチコトロピン放出ホルモン 256
コルチゾール 11, 256
コレラ毒素のBフラグメント 86
コロトコフ音 188
痕跡条件づけ 40

● さ
サーミスター 219
サーモグラフィ 219
再基準化 115, 133
最高血圧 186
最大エントロピー法 169
最低血圧 186
サイトカイン 257, 265
細胞外記録 88
細胞体 24
左心系 184
サッケード 225
サッケード抑制 160
三項随伴性 42

酸化ヘモグロビン 137, 147
産熱 214
サンプリング定理 116
サンプリングレート 168

● し
ジアミノベンジジン 86
耳介前点 114
視覚運動性眼振 226
視覚情報 52
視覚誘発脳磁界応答 153
時間条件づけ 40
時間分解能 111
磁気共鳴画像 98
軸索 24
軸索輸送 84
時系列解析法 253
刺激法 17
刺激前陰性電位 126
試行間コヒーレンス 127
視交叉 20
視交叉上核 21
自己回帰モデル 169
自己相関 253
視索 20
視索前野 216
視察 252
四肢誘導 167
視床 21, 105
視床下部 21
視床下部－下垂体－副腎系 256
事象関連スペクトル摂動 127
事象関連ダイナミクス 127
事象関連脱同期 118, 127
事象関連デザイン 140
事象関連電位 9, 125
事象関連同期 118, 127
視神経 20
自然免疫系 265
磁束密度 152
耳朶 115
実験心理学 4
質的形質 70
質量スペクトロメトリー 265
時定数 129, 168, 246
シナプス 5, 24
シナプス間隙 28
自発性瞬目 231
自発性反応 211
自閉症スペクトラム 230
社会的学習 39, 49
社会的コミュニケーション 54
十字迷路 49

収縮期血圧　186
終脳　19
周波数　116, 127
周波数解析　117
周波数分解能　117
終板電位　244
視床　105
樹状突起　24
主成分分析　134
出現頻度　213
受容体　62
馴化　209
順行性軸索輸送　84
瞬時心拍数　169
瞬目間隔　238
瞬目時間分布　237
瞬目潜時　237
瞬目バースト　238
瞬目波形分析　238
瞬目率　234, 237
松果体　21, 257
上眼瞼挙筋　231
上丘　21
条件刺激　40
条件性抑制　41
条件反射　34
条件反応　40
蒸散　215
情動伝染　53
情動伝播　53
小脳　19
上方　104
静脈環流量　191
静脈内投与　62
食道温　214
触覚情報　52
徐波　125
徐波活動　120
自律訓練法　221
自律神経系　19, 22, 255, 261
自律性調節　216
進化心理学　32
伸筋　243
針筋電図　244
シングルニューロン活動　88
神経筋接合部　244
神経終板　244
神経心理学　8
神経性調節　197
神経節　23
神経伝達物質　28
神経ペプチドY　218
心室　184

心臓　184
心臓血管反応性仮説　171
心電図　165
心拍出量　191, 193
心拍数　166, 176, 191
心拍変動　169
心拍変動性　9
振幅　116, 127, 213
深部脳波　88
心房　184
心理生理学　4
親和性　63

●す
随意筋　243
随意性瞬目　233
髄鞘　24
錐体路　20
髄脳　19
随伴性陰性変動　6, 40, 112
随伴性空間　40
水平断　104
髄膜　23
睡眠覚醒リズム　252
睡眠時無呼吸症　204
睡眠日誌　251
睡眠紡錘波　113
睡眠ポリグラフ検査　251
頭蓋骨　19
ステロイドホルモン　257
ストレス　257
ストレスホルモン　258
刷り込み　50
スワブ　258

●せ
生化学的指標　255
制御変数　201
静止膜電位　25
精神神経内分泌免疫学　255
精神神経免疫学　255
精神性発汗　208
精神生理学　4, 8
精神的ストレス課題　194
精神薬理学　8
静水圧　190
生体の窓　175
性ホルモン　258
西洋ワサビ過酸化酵素　85, 86
生理心理学　4, 8
赤核　21
脊髄　19
脊髄神経　22

脊柱　19
セクレチン　7
節後線維　23
接触説　5
節前線維　23
セル・アセンブリ　91
全か無かの法則　26, 244
先行刺激促進効果　233
先行刺激抑制効果　233
前交連　103
前後交連線　103
前障　20, 102
線条体　102
選択交配実験　68
選択的セロトニン再取り込み阻害薬　64
尖端樹状突起　112
前庭動眼反射　225
前頭葉　19, 97
前脳　19
前部帯状皮質　43, 124
前方　104
全末梢抵抗　191, 193

●そ
双極子　112
双極子モデル　124
相互作用説　32
相互相関解析　90
双生児研究　67
側頭葉　19, 97
側脳室　24, 97
ソマティック・マーカー仮説　210
損傷　55
損傷法　17, 57

●た
第一次運動野　19
第一次視覚野　20
第一次体性感覚野　20, 154
第一次聴覚野　20
体温調節中枢　208
大規模ネットワーク　12
第三脳室　24, 97
代謝型グルタミン酸受容体　30
代謝調節型受容体　29
体循環　185
帯状回　20, 100
体性感覚誘発磁界　154
体性神経系　19, 22
ダイナミカル・システム理論　201
第二次体性感覚野　154
大脳　97

大脳基底核　19
大脳脚　21
大脳縦裂　19, 97
大脳半球　19
大脳皮質　19
大脳辺縁系　19
ダイポール　112, 135
第四脳室　24, 97
対流　215
唾液　258
唾液中分泌型免疫グロブリン A　265
脱酸素化ヘモグロビン　137, 147
脱馴化　209
手綱核　21
脱分極　25
多点電極　89
探査電極　115
淡蒼球　20, 102

●ち
秩序変数　201
秩序変数方程式　201
中隔核　20
注視運動　224
中心溝　19, 97
中心後回　20, 100
中心前回　19, 100
中枢神経系　19
中脳　19
中脳蓋　21
聴覚情報　52
聴覚誘発脳磁界応答　153
長期増強　161
長期抑圧　161
鳥距溝　20, 101
聴性定常応答　154
聴性脳幹反応　128, 154
頂点時間　213
超伝導量子干渉素子　151
跳躍伝導　27
直腸温　214
チロシン水酸化酵素　80

●つ
通電法　211

●て
ディアミディノ・イエロー　86
定位反応　43, 209
定型発達　230
抵抗血管　186
低周波　170
定常状態視覚誘発応答　153

デールの法則　30
デオキシリボ核酸　67
テストステロン　11, 257, 260
デフォルトモードネットワーク　142
電位法　211
電気化学検出器　93
電気けいれん療法　161
電気シナプス　28
電極インピーダンス　116
伝導　27
電流源密度　135
電流の吸い込み口　112
電流発生源　112

●と
透過型脈波　182
動眼神経　224
凍結反応　41
瞳孔　223
瞳孔括約筋　228
瞳孔散大筋　228
橈骨動脈　174
同時条件づけ　40
動静脈吻合　217
闘争あるいは逃走反応　207, 256
頭頂葉　19, 97
ドーパミン　13, 63, 231, 262
ドーパミン作動性神経　57, 63
ドーパミン受容体　29, 30
独立成分分析　90, 132
トノメータ法　189
トポグラフィ　134
トモグラフィ　135
ドライブ　199
トランスジェニックマウス　71
トランスレータブル行動指標　77
トリガー　129

●な
内因性成分　126
内化理論　32
ナイキスト周波数　116
内側　104
内側膝状体　21, 106
内側前脳束　59
内的注意　234
内分泌系　255
ナチュラルキラー細胞　256, 265
軟膜　24

●に
ニコチン性受容体　29
二重標識法　82

日本生理心理学会　9
乳頭体　21
ニューラルオペラント　44
ニューロビオチン　85
ニューロン　5, 24
二卵性双生児　69
認知神経科学　8
認知地図　45

●ね
熱移動　215
熱伝導　215
熱放散　215

●の
脳　19
脳回　19
脳幹　19
脳幹網様体　21, 209
脳溝　19
脳磁図　111, 151
脳神経　22
脳深部刺激　60
脳定位固定装置　58
脳内自己刺激　6, 59
脳内投与　62
脳内報酬系　59
脳波　6, 88, 111
脳賦活研究　12
脳梁　19, 100
脳梁膨大後皮質　47
ノックアウトマウス　68
ノックインマウス　71
ノルアドレナリン　7, 218, 256, 262
ノルアドレナリン受容体　29
ノンレム睡眠　6, 204

●は
バーンズ迷路　49
バイオサイチン　85
バイオフィードバック　221
肺活量　199
背景脳波　127
肺循環　185
背側　104
拍動間隔　169
場所学習　49
場所細胞　18, 46
発光ダイオード　175
パッシブ電極　114, 245
発生的観点　32
発達心理学　32

パワー　127
パワースペクトル　170, 253
半球　97
反射型脈波　181
反射性瞬目　232
汎適応症候群　257
反応学習　49
反応時間　4
反応潜時　213
反復経頭蓋磁気刺激　161

●ひ
ビオチン化デキストランアミン　85
被蓋　21
比較心理学　8
被殻　20, 102
光遺伝学　12, 17
鼻根　114
皮質脳波　88
尾状核　20, 102
鼻尖　115
尾側　104
ビデオ撮影法　235
非特異的反応　211
皮膚コンダクタンス　211
皮膚コンダクタンス水準　211
皮膚コンダクタンス反応　211
皮膚コンダクタンス変化　211
皮膚抵抗　211
皮膚抵抗水準　211
皮膚抵抗反応　211
皮膚抵抗変化　211
皮膚電位活動　211
皮膚電位水準　211
皮膚電位反応　211
皮膚電気活動　9, 208
皮膚電気水準　211
皮膚電気反応　211
標識追跡法　82
標的遺伝子組換え　71
表面筋電図　244
比率強化スケジュール　42
貧環境　69

●ふ
ファストブルー　86
フィードバック関連陰性電位　13, 126
不応期　26
フォト・ダイオード　175
フォト・トランジスター　175
腹腔　198
腹腔内投与　81

副交感神経　166
副交感神経系　23, 165, 209
複合筋活動電位　245
腹式呼吸　198
副腎　257
副腎皮質刺激ホルモン　256
輻輳　225
腹側　104
部分的位相リセット　127
ブレイン-コンピュータインタフェース　129
フローサイトメトリー　265
プロジェステロン　257
ブロックデザイン　140
プロプラノロール　166
分解能　168
分時換気量　199
吻側　104

●へ
平滑化　139
平均動脈圧　186, 191, 193
ペプチド　30
ペリオドグラム　253
変動間隔強化スケジュール　43
扁桃体　20, 102
変動比率強化スケジュール　42
弁別刺激　43

●ほ
豊環境　69
放射　215
放射状迷路　46
放射免疫測定法　93, 96
報酬予測誤差　13
ボクセル　138
ボクセルベース形態計測　144
ポジトロン断層撮影法　128
補償性眼球運動　224
ホメオスタシス　21
ポリグラフ検査　171
ホルモン　7

●ま
マイクロダイアリシス　91
マイクロドライブ　90
膜電位　25
膜貫通性タンパク質　29
マクロファージ　266
末梢神経系　19
窓関数ウィンドウ　117
マルチニューロン活動　88

●み
ミスマッチ陰性電位　10, 126
ミネソタ研究　69
脈圧　174, 186
脈波　173
脈拍間間隔　176
脈拍数　173, 176
脈波伝播速度　190
ミラーニューロン　54

●む
無条件刺激　40
無条件反応　40
無髄線維　27
ムスカリン性アセチルコリン受容体　30
ムスカリン性受容体　29

●め
迷走神経　23, 166
メッセンジャーRNA　82
メラトニン　257
免疫系　255
免疫組織化学　79
免疫組織化学法　82

●も
網状説　5
網羅的行動テストバッテリー　75
モーガンの公準　77
持ち越し効果　75
モノアミン酸化酵素　63
模倣行動　54
モリス型水迷路　46

●や
薬物動態　61
矢状断　104

●ゆ
有髄線維　27
誘発筋電図　245
誘発電位　125

●よ
用・不用説　35
養育行動　50
陽極　162
容積血管　186
容積振動法　189
容積伝導　113
容積脈波　173, 186, 218
陽電子断層画像　111

陽電子断層撮影法　11
陽電子断層撮像法　155
用量反応曲線　64
抑制性シナプス後電位　28

● ら
ランドマーク　45
ランバート・ベールの法則　177
ランビエの絞輪　24, 27

● り
リガンド　63
リボ核酸　67
量的形質　70
量的形質遺伝子座　70
菱脳　19
リンパ球　265

● れ
冷受容器　216
冷点　216
冷ニューロン　216
レーザードップラー血流計　180
レーザードップラー式血流測定法　219
レム睡眠　6, 204
レンズ核　20, 103

● A
abdominal breathing　198
ABR　128, 154
AC　103
ACC　43, 124
AChE　30
AC-PC line　103
ACTH　256
actigraph　250
action potential　25, 112
ADC　146
A/D 変換　168, 200
AEF　153
affinity　63
agonist　63
all-or-none law　26
AMPA 受容体　29
amplitude　213
anode　162
ANS　19, 261
antagonist　63
anterior　104
ASSR　154
AVA　217

axon　24

● B
BCI　129
BDA　85
biographical study　67
blood-brain barrier　62
BOLD 効果　137
BOLD 反応　141
Broca 野　20

● C
capacitance vessel　186
carry-over effect　75
cathode　162
caudal　104
cell body　24
c-Fos　83
CgA　261, 263
ChAT　30, 80
chimera mouse　72
Chromogranin A　263
classical conditioning　39
CMAP　245
CNS　19
CNV　40, 112
CO　191, 193
cognitive map　45
cold center　208
concealed information test　210
conditioned suppression　41
convergence　225
core　214
CR　40
CRH　256
CRP　265
CRT　129
CS　40
CSD　135
CTB　86
cytokine　265
C 反応性蛋白　265

● D
D1 〜 D5 受容体　29
DAB　86
DBS　60
dendrite　24
deoxyHb　147
depolarization　25
DHEA　260
diaphragm　198
diffusion tensor imaging　142

dipole　112
dishabituation　209
divergence　225
dizygotic twin　69
DMN　142
DNA　67
dorsal　104
dose-response curve　64
DREADD　12
Drive　199
DTI　142, 146
DWI　145
DY　86

● E
ECD　93
ECG　165
ECoG　88
ECT　161
EDA　9, 208
EDL　211
EDR　211
EEG (electroencephalogram)　6, 88, 111
EIA　93
ELISA　261
EMG　243
EMG 法　232
EOG 法　226, 235
EP　126
EPP　244
EPSP　28, 112
ERD　118, 127
ERD/ERS 解析　123
ERN　126
ERP　9, 125
ERS　118, 127
ERSP　127

● F
FA　146
FB　86
FFT　116, 123, 169
FI　43
fight or fright response　207, 256
flow cytometry　265
fMRI　128, 137
fNIRS　111, 128, 147
Fm θ　122
FPG　175
FR　42
FRAIR 画像　98
FRN　13, 126

● G
GABAA 受容体　29
GABAB 受容体　30
GC　265
gene　67
gene targeting　71
genome editing　73
genotyping　72
goodness of fit　153
grid cell　18, 46
G タンパク共役型　29
g 値　153

● H
habituation　209
half recovery time　213
heat center　208
heredity　67
Hering-Breuer 反射　198
HF　170
homeostasis　255
hormone　7
HPA 系　256
HPA 軸　21
HPLC　93
HR　176, 191
HRF　138
HRP　85, 86
HRV　9, 169
hyperpolarization　25
H 波　245

● I
IAPS　210
IBI　169, 176
ICA　90, 132
in situ ハイブリダイゼーション法　82
inferior　104
inion　114
ion channel　25
IPSP　28, 112
ITC　127

● K
knock-in mouse　71
knockout mouse　68

● L
lateral　104
LCD　129
LDF　219
LED　175, 178

lesion　55
LF　170
LFP　88
ligand　63
LORETA　136
LPP　125
LTD　161
LTP　161
lymphocyte　265

● M
macrophage　266
MAO　63
MAP　191, 193
medial　104
MEG　111, 151
MEM　169
MEP　159
MHPG　261, 264
minute ventilation　199
MMN　10, 126
monozygotic twin　69
MRI　98, 143
mRNA　82
MS　265
MSP　40
MU　244
myelin sheath　24
M 波　245

● N
nasion　114
nature-nurture debate　68
near reflex　229
neuron　5, 24
neutrophil　266
NK cell　266
NMDA 受容体　29
NMR　143
node of Ranvier　24
NPV　177

● O
OKN　226
operant conditioning　39
optogenetics　12, 17
OR　43
orienting response　209
oxyHb　147

● P
P3　126
P300　126

Passive Drool　258
PC　103
PCA　134
PD　175, 178
PET　11, 111, 128, 155
PHA-L　85
physiological psychology　4
place cell　18, 46
PNEI　255
pneumotachograph　199
PNI　255
PNS　19
Poseuille の法則　200
posterior　104
PPF　233
PPI　233
PPR　127
PR　173, 176
preauricular point　114
PSG　251
psychophysics　8
psychophysiology　4
psychotherapy　8
PTr　175, 178
PV　174

● Q
QTL　70
qualitative trait　70
quantitative trait　70

● R
reaction time　4
receptor　62
resident-intruder テスト　51
resistance vessel　186
respiration rate　199
reticular formation　209
RIA　93
rise time　213
RNA　67
rostral　104
RP　126
RPE　13
RSA　169
rTMS　161

● S
S1-S2 パラダイム　140
saccade　225
SAM　262
SAM 系　255
SC　211

SCC　211
SCL　211
SCR　211
SEF　154
sham lesion　57
shell　214
SI　154
s-IgA　265
SII　154
sink　112
skeletal muscle　243
sleep spindle　113
slow oscillation　119
slow wave　125
smoothing　139
SNS　19
social learning　39
source　112
SPA　211
spatial learning　39
SPL　211
SPN　126
SPR　211
SQUID　151
SR　211
SRC　211
SRL　211
SRR　211
SSRI　64
SSVEP　153
superior　104
SV　191
SWA　120
synapse　5, 24

●T
T: テスラ　152
T1 緩和　144, 145
T１強調画像　98, 144
T2 緩和　144, 145
T2 強調画像　98, 144
task evoked pupillary response
　　230
TC　168, 246
TES　159, 161
TH　31, 80
thalamus　105
thoracic breathing　198
tidal volume　199
TMS　158
tomography　135
TPR　191, 193
transgenic mouse　71

trigger　129
TSST　259
twin study　67
T 字迷路　48

●U
UR　40
US　40

●V
valence　210
VBM　142, 144
VEF　153
ventral　104
VI　43
visual inspection　252
volume conduction　113
VOR　225
voxel　138
voxel based morphometry　142
VR　42

●W
Wernicke 野　20

●ギリシャ文字
α（アルファ）波　6, 117
α－アミラーゼ　261
α 受容体　29, 218, 262
β（ベータ）波　6, 117
β 受容体　29, 218, 262
γ（ガンマ）波　117
δ（デルタ）波　117
θ（シータ）波　117
μ（ミュー）律動　120

●数字
1/2 回復時間　213
10% 法　115
10-10 法　115
1 回換気量　199
1 回拍出量　191
2- デオキシグルコース（2-DG）法
　　83
3D 動作解析　250
3-methoxy-4-hydorxyphenylglycol
　　264
3- メトキシ -4- ハイドロキシフェニル
　　グリコール　261

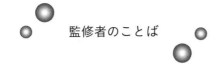

監修者のことば

　1997年から1998年にかけて「新生理心理学」第1巻，第2巻，第3巻が刊行されてから，かなりの年月が経過いたしました。この間，生理心理学を取り巻く諸状況も随分と変化しました。例えば，情報化社会の加速，計測技術の飛躍的進展，iPS細胞による再生医療の取組み，ゲノム科学の進展，ビッグデータの活用，AI技術，等，枚挙にいとまがありません。加えて，2014年には国際心理生理学機構"International Organization of Psychophysiology : IOP"による第17回国際心理生理学会議"IOP 2014"が広島で開催されました。この会議には，海外25カ国からの188名を含む430人を超える研究者が参加し，会議に先だって開催された公開講座「脳と心の科学」には800人を超える市民が参加するなど関心はますます高まってきております。また2016年には第31回国際心理学会議"ICP 2016"開催という重要な出来事もありました。

　かつて刊行されました「新生理心理学 全3巻」は刊行当時の最新知見に基づいて構成されており，大半は今なお有効な内容でありますが，上述しましたように科学技術の進展が著しい昨今，新たな知見も次々と発表されており，もはや「新 生理心理学」とは言い切れない状況も一部には出てきております。

　日本生理心理学会では，今の時代に即した内容で新たに「生理心理学と精神生理学 全3巻」を刊行することを決定し，編集を進めてまいりました。本書の刊行によって生理心理学・精神生理学が更に前進して，我が国の学術領域の発展に寄与することを願ってやみません。

2017年3月

尾﨑　久記

執筆者一覧（執筆順）

- ◆堀　　忠雄　　広島大学　名誉教授　　　　　　　　　　　　　　　　　監修，まえがき
- ◆坂田　省吾　　新潟医療福祉大学　心理・福祉学部　心理健康学科　　　　第1・2部編集，2章1節，3章1・2節
- ◆高砂　美樹　　東京国際大学　人間社会学部　　　　　　　　　　　　　　1章1節
- ◆大平　英樹　　名古屋大学　大学院情報学研究科心理学講座　　　　　　　1章2節
- ◆一谷　幸男　　東京成徳大学　応用心理学部臨床心理学科　　　　　　　　2章2節，6章1節
- ◆岡田　　隆　　上智大学　総合人間科学部心理学科　　　　　　　　　　　2章3節，6章2節
- ◆山田　一夫　　筑波大学　人間系心理学域　　　　　　　　　　　　　　　2章4節，4章3節
- ◆谷口　　清　　谷口発達科学研究科　　　　　　　　　　　　　　　　　　2章5節
- ◆佐藤　暢哉　　関西学院大学　文学部総合心理科学科　　　　　　　　　　3章3・4節
- ◆岡田　佳奈　　広島大学　大学院医系科学研究科　神経生理学，日本学術振興会　4章1節
- ◆櫻井　芳雄　　京都大学　名誉教授　　　　　　　　　　　　　　　　　　4章2節，6章3節-1
- ◆高瀬　堅吉　　中央大学　文学部人文社会学科／大学院文学研究科　　　　5章
- ◆畑　　敏道　　同志社大学　心理学部　　　　　　　　　　　　　　　　　6章3節-2
- ◆川崎　勝義　　星薬科大学　心理学研究室　　　　　　　　　　　　　　　6章4節
- ◆松井　三枝　　金沢大学　国際基幹教育院　　　　　　　　　　　　　　　6章5節
- ◆小野田慶一　　追手門学院大学　心理学部心理学科　　　　　　　　　　　6章6節，8章1節
- ◆宮内　　哲　　情報通信研究機構　未来ICT研究センター　　　　　　　　第3部編集，6章6節，8章6節，コラム①・②
- ◆阿部　高志　　筑波大学　国際統合睡眠医科学研究機構　　　　　　　　　7章1節-1・2・3・4・5
- ◆浅田　　博　　元 大阪府立大学　高等教育推進部門　基幹教育センター　　7章1節-6
- ◆入戸野宏　　大阪大学　大学院人間科学研究科　人間行動学講座　　　　7章2節
- ◆河地　庸介　　東北大学　大学院文学研究科　　　　　　　　　　　　　　8章2節
- ◆河野　　理　　徳島大学　医学部保健学科　　　　　　　　　　　　　　　8章3節
- ◆田中　慶太　　東京電機大学　理工学部電子工学系　　　　　　　　　　　8章4節
- ◆尾上　浩隆　　京都大学　大学院医学研究科附属脳機能総合研究センター　8章5節
- ◆山田冨美雄　　関西福祉科学大学　心理科学部　　　　　　　　　　　　　第4部編集
- ◆長野祐一郎　　文京学院大学　人間学部　　　　　　　　　　　　　　　　9章1節，11章3節
- ◆松村　健太　　富山大学　学術研究部医学系公衆衛生学講座　　　　　　　9章2・3節
- ◆寺井　堅祐　　福井赤十字病院　　　　　　　　　　　　　　　　　　　　10章1節
- ◆髙瀬　弘樹　　信州大学学術研究院（人文科学系）　　　　　　　　　　　10章2節
- ◆本多　麻子　　東京成徳大学　応用心理学部　健康・スポーツ心理学科　　11章1・2節
- ◆福田　恭介　　福岡県立大学　名誉教授　　　　　　　　　　　　　　　　12章1・2節
- ◆田中　　裕　　川村学園女子大学　文学部心理学科　　　　　　　　　　　12章3節-1・2-(2)・(3)・4
- ◆田中　邦彦　　大阪市立大学　大学院医学研究科システム神経科学　　　　12章3節-2-(1)
- ◆志堂寺和則　　九州大学　大学院システム情報科学研究院　　　　　　　　12章3節-3
- ◆大森　慈子　　仁愛大学　人間学部心理学科　　　　　　　　　　　　　　12章3節-5
- ◆平野　晋吾　　福山市立大学　教育学部児童教育学科　　　　　　　　　　13章1・3節
- ◆高橋　隆宜　　（株）ノビテック　　　　　　　　　　　　　　　　　　　13章2節
- ◆井澤　修平　　労働安全衛生総合研究所　産業保健研究グループ　　　　　14章1・5節
- ◆永岑　光恵　　東京工業大学　リベラルアーツ研究教育院／環境・社会理工学院　14章2節
- ◆岡村　尚昌　　久留米大学　高次脳疾患研究所　　　　　　　　　　　　　14章3節
- ◆木村　健太　　産業技術総合研究所　人間情報インタラクション研究部門　14章4節
- ◆尾﨑　久記　　茨城大学　名誉教授　　　　　　　　　　　　　　　　　　監修，監修者のことば

> 第 1 巻　監修者・編集者紹介

【監修者】

堀　　忠雄（ほり　ただお）
　　1944 年　　北海道生まれ　　2021 年　逝去
　　◇学　歴　　早稲田大学大学院文学研究科博士課程中退（医学博士）
　　◇職　歴　　広島大学総合科学部助教授を経て 1990 年教授
　　　　　　　　広島大学名誉教授，日本睡眠改善協議会名誉理事長
　　◇学会活動　日本心理学会，日本生理心理学会，日本臨床神経生理学会，日本睡眠学会
　　◇著　書　　1997 年　新生理心理学（2 巻），（分担）　北大路書房
　　　　　　　　2006 年　脳神経心理学（分担）　朝倉書店
　　　　　　　　2008 年　生理心理学　培風館
　　　　　　　　2008 年　睡眠心理学（編著）　北大路書房

尾﨑　久記（おざき　ひさき）
　　1949 年　　兵庫県生まれ
　　◇学　歴　　東京教育大学教育学研究科博士課程中退（博士（医学））
　　◇職　歴　　茨城大学教育学部助教授を経て 1994 年教授，茨城大学理事・副学長を経て 2021 年より現職
　　◇現　職　　茨城大学名誉教授
　　◇学会活動　日本生理心理学会，日本心理学会，日本特殊教育学会，日本生体医工学会，日本臨床神経生理学会
　　◇著　書　　1985 年　人間発達の生理と障害，（分担）　青木書店
　　　　　　　　1987 年　Computational systems—Natural and Artificial—（分担）　Springer,
　　　　　　　　1998 年　知的障害児の発達と認知・行動（分担）　田研出版
　　　　　　　　2001 年　育つ・学ぶ・癒す　脳図鑑 21（分担）　工作舎
　　　　　　　　2008 年　Brain Mapping Research Development（分担）Nova Science Pub.Inc.

【編集者】

坂田　省吾（さかた　しょうご）　＊第 1・2 部編集
　　1957 年　　兵庫県生まれ
　　◇学　歴　　広島大学総合科学部総合科学科卒業
　　　　　　　　広島大学大学院環境科学研究科修士課程修了
　　　　　　　　広島大学医学系研究科学位論文審査合格　医学博士（広島大学）
　　◇職　歴　　広島大学大学院総合科学研究科助教授を経て 2005 年教授
　　◇現　職　　新潟医療福祉大学心理・福祉学部心理健康学科　教授
　　◇学会活動　日本生理心理学会，日本行動科学学会，日本動物心理学会，
　　　　　　　　International Society for Comparative Psychology
　　◇著　書　　2003 年　Functional and Neural Mechanisms of Interval Timing（分担）　CRC Press
　　　　　　　　2003 年　心の科学（分担）　北大路書房
　　　　　　　　2005 年　パピーニの比較心理学（分担翻訳）　北大路書房
　　　　　　　　2008 年　知の根源を問う　21 世紀の教養 5　培風館
　　　　　　　　2009 年　心理学基礎実習マニュアル　北大路書房

山田冨美雄（やまだ　ふみお）　＊第 4 部編集
　　1951 年　　大阪府生まれ
　　◇学　歴　　関西学院大学文学部心理学科卒業
　　　　　　　　関西学院大学大学院文学研究科博士後期課程心理学専攻修了（文学博士）
　　◇職　歴　　関西福祉科学大学健康福祉学部教授を経て 2016 年より現職
　　◇現　職　　関西福祉科学大学心理科学部　教授，学部長
　　◇学会活動　日本健康心理学会，日本心理学会，日本生理心理学会，日本ストレス学会 ほか
　　◇著　書　　2013 年　最新　心理学事典（分担）　平凡社
　　　　　　　　2014 年　人間科学の百科事典（分担）　丸善出版
　　　　　　　　2014 年　健康運動指導士養成講習会テキスト（分担）　健康・体力づくり事業財団
　　　　　　　　2016 年　アカデミックナビ　心理学（分担）　勁草書房
　　　　　　　　2016 年　震災後の親子を支える―家族の心を守るために（分担）　誠信書房

生理心理学と精神生理学　第Ⅰ巻　基礎

2017年5月30日　初版第1刷発行
2024年9月20日　初版第3刷発行

監修者	堀　　忠　雄
	尾﨑　久　記
編集者	坂田　省　吾
	山田　冨美雄
発行所	㈱北大路書房

〒603-8303　京都市北区紫野十二坊町 12-8
　　　　　　電話　　（075）431-0361㈹
　　　　　　FAX　　（075）431-9393
　　　　　　振替　　01050-4-2083

©2017　　　　　　印刷・製本／モリモト印刷（株）
　　　　検印省略　落丁・乱丁本はお取り替えいたします。
　　　　ISBN978-4-7628-2972-7　Printed in Japan

・JCOPY〈㈳出版者著作権管理機構 委託出版物〉
本書の無断複写は著作権法上での例外を除き禁じられています。
複写される場合は，そのつど事前に，㈳出版者著作権管理機構
（電話 03-5244-5088, FAX 03-5244-5089, e-mail: info@jcopy.or.jp）
の許諾を得てください。